当代世界学术名著

U0853606

刑法总论

（第3版）

［日］山口厚　著
付立庆　译

中国人民大学出版社
·北京·

“当代世界学术名著”出版说明

中华民族历来有海纳百川的宽阔胸怀，她在创造灿烂文明的同时，不断吸纳整个人类文明的精华，滋养、壮大和发展自己。当前，全球化使得人类文明之间的相互交流和影响进一步加强，互动效应更为明显。以世界眼光和开放的视野，引介世界各国的优秀哲学社会科学的前沿成果，服务于我国的社会主义现代化建设，服务于我国的科教兴国战略，是新中国出版工作的优良传统，也是中国当代出版工作者的重要使命。

中国人民大学出版社历来注重对国外哲学社会科学成果的译介工作，所出版的“经济科学译丛”、“工商管理经典译丛”等系列译丛受到社会广泛欢迎。这些译丛侧重于西方经典性教材；同时，我们又推出了这套“当代世界学术名著”系列，旨在逐译国外当代学术名著。所谓“当代”，一般指近几十年发表的著作；所谓“名著”，是指这些著作在该领域产生巨大影响并被各类文献反复引用，成为研究者的必读著作。我们希望经过不断的筛选和积累，使这套丛书成为当代的“汉译世界学术名著丛书”，成为读书人的精神殿堂。

由于本套丛书所选著作距今时日较短，未经历史的充分淘洗，加之判断标准见仁见智，以及选择视野的局限，这项工作肯定难以尽如人意。我们期待着海内外学界积极参与推荐，并对我们的工作提出宝贵的意见和建议。我们深信，经过学界同仁和出版者的共同努力，这套丛书必将日臻完善。

中国人民大学出版社

中译本（第3版）序

陈兴良*

日本著名学者山口厚教授的《刑法总论》（第2版）由中国人民大学付立庆教授翻译介绍到我国刑法学界以后，使我国学者得以直接抵达日本刑法理论的最前沿，这对于推进我国刑法教义学理论的发展起到了重要的参考作用。现在，山口厚教授《刑法总论》（第3版）的中译本又摆在了我们的面前，借此我国学者得以了解日本刑法理论的最新进展。

山口厚教授热心于中日之间的刑法交流。在山口厚教授担任日本刑法学会理事长期间，我国学者赴日参加中日刑法论坛，受到他的热情接待。山口厚教授也多次带领日本学者到我国参加中日刑法论坛，并先后多次受邀来我国访问讲学。从2017年1月开始，他担任日本最高裁判所法官，以刑法学者身份出任该职，这对于日本的刑法司法应该会起到较大作用。

值得注意的是，2017年11月29日日本最高裁判所作出了具有重大影响的判决，该判决结论认定强制猥亵罪不需要性意图。日本以往的

* 北京大学法学院教授。

判例肯定了性意图对于强制猥亵罪成立的必要性。例如，在被告人出于报复目的，强迫23岁的女性赤身裸体照相的案件中，日本最高裁判所1970年1月29日的判决认为强制猥亵“必须是在刺激、兴奋犯人的性欲，使其得到满足的性欲意图之下实施的”，因此，否定本案成立强制猥亵罪。① 日本刑法学界对此却存在争议。例如基于行为无价值论的立场，日本学者大塚仁教授持肯定说，认为本罪是以作为行为人的猥亵性主观倾向的表现而实施的（倾向犯）。即，需要是在刺激行为人的性欲、使其兴奋或者使其满足的意图之下实施的，因此，例如，只是以报复或者侮辱、虐待的目的胁迫女子，使其裸体后进行照相的行为，虽然成立强要罪，但是不构成本罪。② 站在结果无价值论的立场上，山口厚教授持否定说，认为这种所谓性意图，与是否侵害了作为保护法益的性的自由毫无关系，因而无须此要件。③ 在日本最高裁判所新近判决的案件中，被告人在知道被害人系未满13岁女子的情况下，对被害人实施了使其触摸被告人阴茎、将阴茎塞入被害人口中，接触被害人阴部的行为。对于本案，被告人以没有性意图作为辩解。但一审判决认为，只要客观上实施了侵害被害人性自由的行为，而且行为人对此有认识的话，就成立强制猥亵罪，行为人性意图的有无对于本罪没有影响。对于本案，日本最高裁判所的判决认为，什么样的行为具有性意味，从而应当看成值得根据该条处罚的行为，这一问题应当作为规范性评价，在考虑该时代性被害犯罪的社会一般理解的基础上进行客观判断。就本案而言，由于该行为本身就是性的特质十分明确的行为，无须考虑其他情况，就是具有强烈性意味的行为，很明显在客观上属于猥亵行为。因此最高裁判所的判决认为，维持了肯定强制猥亵罪成立的原判决的结论是妥当的。该判例由于是对之前1970年判例的变更，因而由最高裁判所

---

① 参见［日］大谷实：《刑法讲义各论》，新版第2版，黎宏译，104页，北京，中国人民大学出版社，2008。

② 参见［日］大塚仁：《刑法概说（各论）》，第3版，冯军译，124页，北京，中国人民大学出版社，2003。

③ 参见［日］山口厚：《刑法各论》，第2版，王昭武译，122页，北京，中国人民大学出版社，2011。

全部法官参加的大法庭作出，在该判决书末尾署名的15位日本最高裁判所法官中，刑法学者出身的山口厚教授的名字赫然在列。该判决对于日本今后的相关司法实务注定会产生深远的影响，而从这一判例变更中，就可以看出秉持结果无价值论立场的山口厚教授的影响。

山口厚教授的《刑法总论》（第3版）对第2版进行了不小的修订，从这些修订内容中可以看到日本刑法理论发展的状况。在《刑法总论》（第3版）的前言中，山口厚教授特别提到了应该由实行行为危险性的现实化来判断因果关系，并且认为这一理解不仅适用于作为犯，而且适用于不作为犯。根据日本传统理论，对于刑法因果关系的判断，采用条件关系和相当因果关系的双重判断结构。条件关系是事实因果关系，相当因果关系则是法律因果关系。在相当因果关系中，又主要是对相当性的判断。然而，在相当性判断上，存在各种观点的聚讼，例如主观说、客观说和折中说等，莫衷一是。尤其是基于相当因果关系说，日本学者一般都对德国的客观归责理论持排斥态度。近些年来，日本刑法学界出现了以行为危险之现实化的判断取代刑法因果关系判断的趋势。例如，在《刑法总论》（第2版）中，山口厚教授把相当因果关系的内容，界定为从实行行为到构成要件结果的因果经过的相当性，并且具体化为：（1）能够肯定实行行为具有引起构成要件结果的充分危险性；（2）该危险性实现（现实化）为构成要件结果。应该说，这两项内容与客观归责理论提出的“制造法所不允许的风险”，以及“实现法所不允许的风险”这两个规则是十分相似的。换言之，对于相当性的讨论，不再致力于结果是否能够预见，而是着眼于危险性的客观判断。山口厚教授主张直接以实行行为危险性的现实化取代条件说与相当因果关系说的双重判断。他指出：“由于在判断实行行为（构成要件行为）的危险性向结果的现实化时当然就包含着行为与结果间的事实上的关联的判断，所以，也就没有必要将因果关系分成（1）事实的关联和（2）规范的限定这样两个阶段来加以考虑，而是直截了当地来追问有无危险性的现实化就足够了。”在《刑法总论》（第3版）中，山口厚教授进一步明确了这里所说的事实的关联就是指条件关系，而这里所说的规范的限定就是指相当因果关系。据此，他实际上已经颠覆了日本传统以条件关系和相当因果关系构成的整个刑法因果关系理论。

山口厚教授《刑法总论》（第3版）的翻译出版，为我们观察日本刑法理论的新观点和新思路打开了一扇窗。我郑重向读者推荐这本最新的山口厚《刑法总论》（第3版），并对译者付立庆教授的辛勤翻译表示敬意。

是为序。

2017年12月5日

谨识于北京海淀锦秋知春寓所

中译本（第2版）序

陈兴良*

山口厚教授《刑法总论》一书的中译本即将出版，我十分期待。译者付立庆教授把中译本的电子版发给我，嘱我写序。在先睹为快之余，写下这篇序文，可以说是山口厚教授《刑法总论》一书的读后感，愿与读者分享。

在读山口厚教授的《刑法总论》一书之前，我们应当首先了解山口厚教授在刑法学上的基本立场。在我看来，本书鲜明地体现了山口厚教授在刑法学上结果无价值论的主张，并将之贯彻于解释论中。行为无价值论与结果无价值论之争是贯穿现当代日本刑法学的一条基本线索。山口教授于2008年4月24日曾经以“日本刑法学中的行为无价值论与结果无价值论”为题，在北京大学作了一场学术报告，该报告为我们展示了自上个世纪40年代末期以来，日本刑法学界关于行为无价值论与结果无价值论之争的全貌。山口厚教授在学术报告中指出：“行为无价值论和结果无价值论的对立关系，在如何理解违法性，进而如何理解刑法

* 北京大学法学院教授。

的作用问题上，今天仍然提供着一个重要的视角。”① 同样，结果无价值论也为我们进入山口厚教授刑法总论的理论大厦提供了一条径路。在本书第1版前言中，山口教授明确指出：“本书的基本立场是，在将自由主义原则置为基础的同时将法益保护作为刑法的任务，即所谓的结果无价值论。从这样的立场出发，对于错综复杂的犯罪论体系予以合理的重新构成，这是在本书中作者所追求的。”在本书中，山口教授把结果无价值论贯彻到解释论中，使其刑法总论独具特色。在我看来，山口厚教授的结果无价值论立场，十分明显地体现在以下三个问题上。

（一）在构成要件上坚持违法行为类型说

在坚持构成要件的定型化机能的同时，强调构成要件的违法推定机能和故意规制机能。山口厚教授明确地反对将故意、过失作为构成要件要素的违法有责类型说，指出：“根据本书的理解，犯罪是值得处罚的当罚的行为，从而，构成要件是法律所规定的当罚的行为的类型。这样，行为的当罚性，虽说是依据作为犯罪的实质成立条件的违法性以及责任而确定其基础，但不管怎么说构成要件还是应该理解为违法行为类型。这是因为，在形成当罚的违法行为的类型之际，虽然也当然会考虑责任要素，但责任要素一旦作为构成要件要素而纳入构成要件之中的场合，除了后述的（盗窃罪中的不法领得的意思等）主观的要素的场合，其作为客观的要素，就具有了客观地划定违法行为类型的意义，同时也失去了作为责任要素的意味（其作为责任要素的意味，不过是通过行为人对相应客观要素的认识而得以肯定而已）。”（本书第31～32页）以上对构成要件的理解，在相当程度上坚守了违法与责任的分际，这也是一种客观的构成要件论和客观的违法性论的立场。山口厚教授甚至认为，如果将故意、过失纳入构成要件，使构成要件成为犯罪成立积极要件的总和，这实际上是否定了构成要件。对于这一观点，我是十分赞同的。构成要件的特殊理论机能是不能否认的。饱受质疑的四要件论之所以说是一种没有构成要件的犯罪构成，就是因为其将所有犯罪成立条件都纳

① ［日］山口厚：《日本刑法学中的行为无价值论与结果无价值论》，载《中外法学》，2008（4），595页。

入犯罪构成之中，形成所谓“全构成要件”，结果必然是使构成要件的定型化这一最为重要的机能丧失殆尽。山口厚教授在构成要件问题上所坚持的违法行为类型说，其根据来源于结果无价值论。因为在违法的本质上，行为无价值论与结果无价值论之间存在重大区分。正如日本学者曾根威彦所指出的那样：“行为无价值论与结果无价值论对立的原点，在于对违法本质有不同理解。犯罪是违法行为，但是，关于违法性的本质，（1）行为无价值论以规范论为前提研究违法性本质，相反地，（2）结果无价值论以法益论为前提探讨违法的实质。”① 山口厚教授把这个问题归纳为判断违法性时要不要考虑行为人的主观要素，如果应该考虑的话其根据何在？他进而指出：“在这一点上，结果无价值论和行为无价值论的观点截然不同。行为无价值论认为，当存在故意时，与没有故意的场合相比，行为人的违法意志更加强烈，需要对其给予更为强烈的否定，因此故意是违法要素。但在结果无价值论看来，这种理由不外是论证行为人责任的理由，行为无价值论其实是混淆了违法与责任两个不同的概念。”② 故意、过失等主观要素之所以不能作为违法要素而只能作为责任要素，就在于违法的本质是法益侵害及危险，而故意、过失与法益侵害及危险并无直接关联。当然，山口教授虽然反对将故意一般性地作为违法要素来对待，但例外地承认主观违法要素。山口厚教授指出：“本书认为，违法性的实质是法益侵害、危险的引起，由于有无法益侵害和行为人的意思无关，故而基本上不能认可主观的违法要素，但在属于构成要件要素的结果是法益侵害的危险的场合，例外地，也存在着行为人的行为意思（并非单纯的事实的认识）通过对于法益侵害的有无及其程度施加影响，而能够作为违法要素予以认可的场合。”（本书第95页）这里的主观违法要素，主要是指一部分目的犯中的目的以及未遂犯的既遂行为意思等。山口厚教授明确地否认了表现犯的内心状态以及倾向犯中的内心倾向属于主观违法要素，这也可谓是基于其结果无价

① ［日］曾根威彦：《刑法学基础》，黎宏译，43页，北京，法律出版社，2005。

② ［日］山口厚：《日本刑法学中的行为无价值论与结果无价值论》，载《中外法学》，2008（4），593页。

值论立场的归结，并且也构成了其在此问题上的一个重要特色。总体上，虽说采纳结果无价值论并不必然导致在构成要件的理解上采纳违法类型说（比如山口厚教授以前的同事西田典之教授和现在的同事佐伯仁志教授，都是在采结果无价值立场的同时接受了构成要件的违法有责类型说），但是山口厚教授立足于结果无价值论立场所坚持的构成要件的违法类型说主张还是有着很强的说服力的，令人印象深刻。

（二）结果无价值论在违法阻却论中的贯彻

在违法阻却的一般原理上，行为无价值论与结果无价值论也是存在分歧的。正如曾根威彦所指出："关于这一问题，行为无价值论从规范违反说的角度出发进行考察，而结果无价值论则从法益侵害说的立场出发进行考察。"① 从规范违反说出发，行为无价值论认为违法阻却的一般原理在于侵害法益是实现国家所承认的共同生活的目的所必要的手段，这就是目的说；或者违法阻却的一般原理在于行为在历史形成的社会生活秩序的框架之内，为法秩序所允许，这就是社会相当性说。无论是目的说还是社会相当性说，都倾向于对规范作主观解释或者相对解释，由此否定违法阻却事由的规范违反性，从而为违法阻却事由提供正当化的一般根据。目的说与社会相当性说的暧昧性，为人所诟病。那么，结果无价值论又如何解释在存在法益侵害的情况下何以否认其违法性呢？其答案是，某种法益侵害行为在保护另外一种更为重要的法益时，违法性被阻却，这就是法益权衡说。显然，法益权衡说提供了更为明确的判断标准，因而值得肯定。当然，法益权衡说更利于解释紧急避险的违法阻却根据，但对于正当防卫的违法阻却根据的解释却存在一定困难。对此，山口厚教授对正当防卫与紧急避险作了对比性研究，揭示了正当防卫作为违法阻却事由其原理的独特性，指出："正当防卫通过'急迫不法的侵害'这一前提要件，通过肯定被侵害者针对'急迫不法的侵害'者的利益的绝对优位性，而在成立要件上得以与紧急避险加以区别。在这个意义上，正当防卫在坚持把作为违法性阻却原理终究是妥

① ［日］曾根威彦：《刑法学基础》，黎宏译，95页，北京，法律出版社，2005。

当的‘法益衡量’置为基础的同时，从被侵害者的利益的绝对的优位性出发（在防卫的必要的限度内，‘不法的侵害’者的法益的保护价值被否认），而成了与紧急避险具备所谓（不单是量上的）质上不同的要件的一种违法性阻却事由。”（本书第114～115页）可以说，上述论述极大地深化了法益衡量说在正当防卫的违法阻却根据上的解释，也是结果无价值论的一种延伸。此外，在正当防卫是否必须具备防卫意思这一问题上，行为无价值论与结果无价值论之间也是存在争议的。行为无价值论要求正当防卫具有防卫意思，但正如山口厚教授指出：“在结果无价值论看来，防卫意思不应该是正当防卫的要件。防卫的意图与动机的存在与否，只不过反映了行为人的主观恶性程度，因此充其量只能构成责任要素，对此不应在评价违法性时加以考虑。”① 这一分歧在偶然防卫的处理上反映得最为明显。因为不要求把防卫意思作为正当防卫的要件，所以，山口厚教授在本书中认为，“就偶然防卫而言也不是不能成立正当防卫（但是，能够认定可能并非是基于正当防卫而实现构成要件的场合，偶然防卫有余地理解为成立未遂犯，尽管这也和对未遂犯的理解挂钩）。”（本书第124页）。据此可以看出山口厚教授力图保持基于结果无价值论的观点一致性。

（三）对法益侵害的危险性的判断

这主要是指未遂犯中的危险性如何判断：是该在一般人的立场上加以判断，还是更加科学地、客观地进行判断？在这个问题上反映了行为无价值论与山口厚教授所称的更加彻底的结果无价值论之间的对立。山口教授当然是坚持这种更加彻底的结果无价值论立场的，不同意具体危险说，而主张客观危险说。（本书第277～278页）

可以说，结果无价值论是贯穿于山口厚的《刑法总论》的一条红线，这对于我们领会山口教授的刑法思路具有重要意义。行为无价值论与结果无价值论自德国传入日本以后，发生了重大变化，日本刑法学在这一问题上形成了自己的特色。山口厚教授作为结果无价值论的一个代

---

① ［日］山口厚：《日本刑法学中的行为无价值论与结果无价值论》，载《中外法学》，2008（4），593页。

表人物，其对推进日本刑法学的发展作出了重要贡献。目前，我国也从日本引入了行为无价值论与结果无价值论之争，并结合中国的实际情况展开了讨论，形成了一定的学派之争。例如周光权教授主张行为无价值论①，而张明楷教授主张结果无价值论②，这只是这一学派之争的开始。在这一背景下，山口厚教授《刑法总论》一书的翻译出版，对于促进我国这一学派之争具有重要参考价值。不仅主张结果无价值论的学者可以从中找到系统的理论支撑，即便是持行为无价值论者，也完全能够从本书中获得理论的刺激和开启进一步思考的素材。我认为，一部具有学术特色的刑法教科书，正是我国当前所急需的。

本书译者付立庆教授在北大攻读博士研究生期间，经我推荐曾经到日本东京大学访学两年，师从山口厚教授。2009年付立庆和刘隽博士合作翻译了山口厚教授的《从新判例看刑法》一书并在中国人民大学出版社出版，这一工作为本书的翻译进行了必要的语言准备和理论准备。现在，付立庆教授以一人之力翻译了本书，可以说是对山口厚教授在他访学期间所给予的学术指导的最佳报答。我期待着付立庆在刑法学术上有更大的作为，尤其是在中日刑法学交流方面，有为有成。

是为序。

2011年6月29日

谨识于北京依水庄园渡上寓所

① 参见周光权：《违法性判断的基准与行为无价值论》，载《中国社会科学》，2008（4）。

② 参见张明楷：《行为无价值论的疑问——兼与周光权教授商榷》，载《中国社会科学》，2009（1）。

中文版（第3版）序

继《刑法总论》第2版（有斐阁2007年版）之后，本书的第3版（有斐阁2016年版）再次被翻译成中文，中国的读者也得以阅读本书的最新版本，作为作者，我十分欣慰。

从日文版第2版的出版到第3版的出版已有9年，本书正是以这9年间的研究成果为基础，力图基于一以贯之的视角，进一步就刑法总论的相关问题，既明确问题之间的关联性，同时还能予以统一地解决。而且，本书也是以出版当时日本最新的判例、裁判例与学说为基础进行的修订。通过阅读本书，各位读者想必能够把握日本刑法解释的最新动向，也能够了解日本刑法学的当下水准。祈望本书能有助于中国的各位读者进一步加深对日本刑法学的理解。

中国人民大学的付立庆教授对日本刑法学具备深厚的学识，也是我交往多年的朋友，能由他代执翻译之劳，优秀地完成本书的翻译，对本书作者而言，也是一件非常高兴的事情。另外，中国人民大学出版社继出版了《刑法总论》第2版之后，又继续出版本书。对此，我作为作者谨致诚挚的谢意。

山口厚

2017年12月1日

记于初冬的东京

中国語版（第3版）への序文

山口厚

このたび，本書『刑法総論・第3版』（有斐閣，2016年）が『刑法総論・第2版』（有斐閣・2007年）に引き続き中国語に翻訳され，中国の読者の方々にもお読みいただけることとなったのは，著者として大きな喜びとするところである。

本書では，『第2版』刊行以降9年間の研究成果を踏まえ，さらに一貫した視点から，刑法総論の諸問題について，関連性を明らかにしつつ統一的な解決を与えるよう心がけた。また，刊行時点での日本の判例・裁判例及び学説を踏まえて執筆を行っている。読者の方々は，本書を読まれることによって，日本における刑法解釈の動きに触れ，現時点における日本刑法学の水準についてもご理解いただけるものと思われる。本書により，読者の方々の日本の刑法学に対する理解がなお一層深められることを願っている。

本書については長年の友人である付立慶氏（中国人民大学教授）が翻訳の労をとって下さった。日本刑法学について，確かで深い学識をそなえた同氏によってすばらしい翻訳が完成したことは著者として大変喜ばしいことである。また，中国人民大学出版社は，『刑法総論・第2版』に引き続き本書を刊行して下さった。著者として心より謝意を表するものである。

2017年12月1日
初冬の東京にて

中文版（第2版）序

我的《刑法总论》（有斐阁2007年第2版）以及《刑法各论》（有斐阁2010年第2版）（以下通称“本书”）被译成中文，得以奉献给中国的读者，于作者而言，是一件非常高兴的事情。

本书系统阐述了日本刑法的解释论，无论是《刑法总论》还是《刑法各论》，不仅介绍了日本的判例以及学说，还就此展开了详细研讨，以力求阐明笔者对日本刑法之解释的基本立场。本书着力整理、介绍日本的重要判例、主要学说，尤其是《刑法各论》，在日本出版的各种系统研究日本刑法各论的书籍中，可谓最为详尽。通过阅读本书，读者诸贤若能把握日本刑法解释的脉络及其演变，并且，理解当下的日本刑法学的研究现状，将深感荣幸。同时，也切望各位能通过本书进一步加深对日本刑法学的理解。

本书的翻译，想必是一件相当艰辛的工作。尽管如此，中国人民大学的付立庆博士与苏州大学的王昭武博士仍不辞辛苦，分别翻译了《刑法总论》与《刑法各论》。两位博士都曾长期在日本研究、学习，对于日本刑法学，具备了扎实且深厚的学识。不仅如此，日本成蹊大学的金光旭教授还承担了本书翻译的审校工作。笔者深信，通过三位的辛勤工作，一定能以超出我之想象的最完美的形式，将我对日本刑法学的现状的理解传递给中国的读者。他们都是笔者多年的朋友，谨向他们的辛勤付出表示衷心的感谢！另外，中国人民大学出版社继出版了笔者的《从新判例看刑法》（有斐阁2008年第2版）的中文版[①]之后，又出版了本书，在此谨致谢意！

山口厚

2011年6月3日

记于梅雨之中的东京

① 参见［日］山口厚：《从新判例看刑法》，2版，付立庆、刘隽译，北京，中国人民大学出版社，2009。

中国語版（第2版）への序文

山口厚

このたび本書『刑法総論・第2版』（有斐閣，2007年），『刑法各論・第2版』（有斐閣，2010年）が中国語に翻訳され，中国の読者の方々にもお読みいただけることとなったのは，著者として大きな喜びとするところである。

本書は，日本刑法の解釈論を体系的に叙述した体系書である。『刑法総論』，『刑法各論』のいずれも，日本の判例・裁判例及び学説を紹介しながら子細に検討を加え，日本刑法の解釈について著者の立場を明らかにしている。本書では，重要と思われる判例，裁判例及び学説を網羅的に採り上げており，とくに『刑法各論』は日本で刊行されている刑法各論の体系書の中で最も詳しいものの一つとなっている。読者の方々は，本書を読まれることによって，日本における刑法解釈の流れとその動きに触れ，また，現時点における日本刑法学の水準についてもご理解いただけるものと思われる。本書により，読者の方々の日本の刑法学に対する理解が一層深められることを切に願っている。

本書『刑法総論』，『刑法各論』の翻訳は，それぞれかなり難しい作業であったと思われる。それにも関わらず，『刑法総論』については付立慶氏（中国人民大学）が，『刑法各論』については王昭武氏（蘇州大学）が翻訳の労をとって下さった。両氏は日本で研究を積まれ，日本刑法学について，確かで深い学識をそなえておられる。そのような両氏の手によりすばらしい翻訳が完成した。それに加えて，金光旭氏（日本・成蹊大学）には本書の監訳をしていただいた。これによって，本書を通じ，中国の方々に日本刑法学の現状についての著者の理解をこれ以上考えられない最善の形でお伝えすることが可能となったと思われる。著者の長年の友人でもある，これらの方々に厚くお礼を申し上げたい。また，中国人民大学出版社は，『新判例から見た刑法・第2版』に引き続き本書を刊行して下さった。著者として心より謝意を表するものである。

2011年6月3日

梅雨の中の東京にて

第3版前言

本书的第2版出版于2007年4月，迄今已经过了将近9年的时间。此次，进一步深化了基于第2版发行之后的判例与学说之发展的分析与考察，其成果就是呈现给大家的这个第3版。

第2版曾对第1版进行了大幅度的改订，而本书第3版也在若干地方进行了改订。其中，在理论上和实务上都很重要的是，首先，明确了这样一点：应该由实行行为危险性的现实化来判断因果关系，这一理解不仅适用于作为犯，也适用于不作为犯；与这一要件相并列，还进一步明确：结果的发生是因为违反了结果回避义务，这属于认定结果归属的要件。就前者而言，在最高裁判所的判例中，对作为犯的理解尚未及于不作为犯，但那是因为，那些有关不作为犯的判例，都是在有关因果关系的最新理解得以明确之前作出的，这说明了相应判例在理论上应该被评价为是“不彻底的”。其次，更加重视以对结果原因的支配作为实行行为性、正犯性的判断基准，并将这一点运用于对于过失犯的包括结果回避义务在内的作为义务及其相关论点的理解上。此外，在共犯论中，除了进一步加强理论性整理之外，基于最高裁判所的最新判例，重新探讨了承继的共犯的问题，尝试提出新的理论构成；与有关过失犯、共同正犯的最新理论进展相适应，对于过失犯的共同正犯的问题，也进行了新的考察。对于其他一些问题，也在解释、说明上下了一定功夫。另外，对于一直以来很在意的构成要件概念，在我看来，只要是确定了应予以实质性考虑的点，剩下的就不过是“概念的使用方法”问题而已。从这样的观点出发，也就未必硬要对属于通说的违法有责行为类型说提出异议，从而也对应于这一通说进行了一定的陈述。

本书的出版与第 2 版一样，得到了有斐阁书籍编辑第一部的藤木雄的很大帮助。我想借这个机会，对他表示深深感谢。

山口厚

2016 年 1 月

第 2 版前言

本书《刑法总论》第 1 版自 2001 年 9 月发行以来已经过了 5 年多的时间。其间，虽在 2005 年发行了补订版，但那不过是字面上所作的最小必要限度的修订而已。另一方面，在第 1 版发行之后，浅田和茂教授、西田典之教授、井田良教授等都依次出版了非常优秀的体系书、教科书，而且笔者木人也有《理论刑法学的最前线》、《理论刑法学的最前线Ⅱ》（以上两书均为与井田良教授、佐伯仁志教授合作完成）、《刑法各论》、《刑法》、《从新判例看刑法》等著作公之于世。在上述期间笔者对第 1 版的记述作了进一步的思考，并基于此对思考的结果予以体系化，从而形成了这本《刑法总论》第 2 版。由于第 1 版仅用 3 个月一气呵成，其中也有一些地方表述并不充分。第 2 版除了对上述部分予以补充说明之外，也对笔者本人一直以来的思考方法予以进一步推进，如下所述，在内容上、理论上也作了若干重要的改正。

第 1，在以前的刑法总论的解释论中，从确保形式的整合性之见地出发，实行行为的概念被广泛使用，由此，位于其背后的实质性问题可谓被隐藏起来了。不去形式地讨论实行行为这一概念，而有必要直接专心地研究为这一概念所掩盖的问题本身，从这样的考虑出发，本书第 1

版避免了使用实行行为的概念，并没有以之为媒介，而是对应该解决的问题直接加以研究处理。笔者从当初刚开始刑法学研究时即抱有的这一问题意识至今仍没有任何的改变，不过，第1版的处理方式可能会使一部分人产生这样的“误解”：对于一般的学说中通过实行行为概念所解决的问题，笔者是不是连这些问题本身的存在也都给予了否定？为了避免这样的误解，本书第2版中即使硬要使用实行行为概念，也采用了对其判断基准予以明确化的方法。在此意义上，就并不意味着笔者改变了迄今为止的思考方法，也可以说改变的不过是所谓的说明方法而已。再有，与这一点相关联，属于实行行为之重要判断基准的“正犯性”问题在第1版中虽是在因果关系的框架内探讨，但在赋予其更为合适的位置的意义上，第2版中将其独立地加以讨论。

第2，关于因果关系，进一步推进在本书第1版中所示的理解，对其内容作了改动。首先，对于一直以来都是代表性的“条件关系”与“相当因果关系”这样的因果关系论的讨论框架本身进行了重新审视。这是因为，表面上维持“相当因果关系论”这一讨论本身是没有意义的，这样的讨论框架就现在的问题状况、理论状况来说可谓已然落伍，有必要进行更进一步的理论转换。而且，在因果关系问题上之所以需要对传统理论加以重新审视与转换，甚至也可以说，这也是因为如此讨论框架本身可能会使得理解问题之所在变得困难。与这一点相关联，还有，在第1版中虽采用了相当因果关系论的客观说，第2版则将作为“实行行为之危险性向结果的现实化过程”来把握因果关系这一判例的立场定位于上述理解的延长线上，并对其予以支持。这是因为，相当因果关系论本身原本就可以理解为以危险的创出与实现为其内容，通过对因果经过的经验上的通常性与危险之实现的关系进行重新考虑，这样的变更可以认为就是必要的。

第3，关于正犯性，在第1版中导入了“溯及禁止”这一想法和基准，在此基础上又讨论了“溯及禁止”例外地不妥当的场合。因为这一“溯及禁止”论，在第1版中尚处于过渡阶段，再加上我将其定位在因果关系的框架内予以讨论，所以，这部分可能是第1版所示笔者的见解中最不被理解的地方，不过尽管如此，笔者现在也完全不认为这一理论是错的。在笔者看来，“溯及禁止”是我们关于正犯性理解的重要的构成要素，其构成了正犯性的基准这一点本身不容否定。成为问题的不过在于，仅有“溯及禁止”这一基准并不能全部解决正犯性的问题（因此，在第 1 版之中讨论了“溯及禁止”的例外）。本书第 2 版中，关于正犯性，将结果原因的支配这一理解作为位于“溯及禁止”背后的更为上位的概念和基准，而将“溯及禁止”定位为其下位基准。

第 4，作为不作为犯中保障人地位的基准，第 1 版中采用了“排他的支配”说，但在第 2 版中，虽然维持了“支配”这一观念，却放弃了排他性的要件。在过失犯中通常是承认同时犯的（过失同时犯），而此时“排他的支配”不得不说是不妥当的，据此，即便是在故意犯的场合也放弃此种“排他的支配”。作为代替其划定保障人地位之范围的概念与基准，本书则采用了结果原因的支配这一思考方法。结果原因的支配是在正犯性中所采用的理解，既然就不作为犯而言正犯性同样必要，那么在不作为犯中亦要求这样的支配可以说就是当然的归结。这样，本书也就有意识地将正犯性的问题与不作为犯的保障人地位问题关联起来加以讨论，而此前的研究中两者通常是分开的。

第 5，“法益关系的错误”与被害者同意中同意是否存在以及同意的有效性相关，本书对其的理解也作了修正。“法益关系的错误”这一思考本身，属于极其重要的解释框架，特别是其为诈骗罪赋予了重要的不可欠缺的解释基础。但是，若按照一直以来对之的理解的话，想来却难以维持。特别是，只要是将法益处分的自由理解为法益本身的内容和构成要素，那么对从来的理解予以修正可以说就不可避免。也可以这么说，笔者是通过对“法益关系的错误”的思考进行修正，而尝试着将这一解释框架本身从濒临放弃的边缘上解救出来。

第 6，就过失而言，则改变了说明的形式。第 1 版中是将作为责任要素、责任形式的过失完全从“故意的可能性”之见地出发来对待的。一直以来，笔者没有将注意义务本身而是把属于注意义务违反之要件的结果回避可能性、结果预见可能性作为问题，认为唯有这两种可能性才有讨论的必要，从这样的见地出发，并未以注意义务这一概念为媒介，而是直接地讨论了结果回避可能性、结果预见可能性的问题。第2版则对这样的说明方式予以了修正，仿效通常的说明形式，从正面采用了注意义务、注意义务违反的概念。而且，也并不止于此，在内容上也进行了一定的变更。那就是，较之故意犯而言，由于过失犯场合结果回避义务的内容要作更为限定性的理解，那么就不将其附属于结果回避可能性的判断，而是肯定结果回避义务具有独自的意义。

第7，针对原因中的自由行为，也对一直以来的见解进行了修正。也就是，依循着对于正犯性等的理解，可以认为从来的“构成要件模型”仍然是有界限的。即，作为故意的内容来说，特别是必须要有对奠定正犯性之基础的事情的认识，从这一点来看，通过“构成要件模型”来肯定故意犯之成立就存在着很大的界限。笔者从25年前开始就一贯试图通过对“构成要件模型”的修正来解决问题，但通过“构成要件模型”的修正来解决却存在着无论如何都难以逾越的实务上、适用上的障碍，在笔者看来，恐怕不得不超越这一模型来寻求解决问题的新的线索。

想要提醒本书读者注意的，其实在本书所收录的第1版前言中已经说过了。一边踏踏实实地思考一边对体系书、教科书加以研读，在理解其中所展示的作者见解的同时对之加以检讨，只有在这样的过程中才能加深对刑法的领会。在大致理解了刑法解释的基本的、基础的框架、轮廓后，希望大家一定要保持这样的一种姿态。只想着对作者的见解死记硬背、代替作者对于所熟记的见解按照字面含义去适用，作为学习方法来说可谓是不合适的。

另外，在本书的出版发行中，得益于有斐阁第一书籍编辑部酒井久雄先生以及藤木雄先生处颇多。借此机会向他们表示感谢。

2007年3月

山口厚

第1版前言

本书是对刑法总论的解释论予以体系性叙述的所谓体系书。特别是，对于应该置于犯罪论根底的基本政策原理予以明确，并且力图以尽可能清晰的形式对以这些政策原理为基础的个别的解释论予以具体的展开。近年来学习刑法的人最为欠缺的就是这样的论理的、体系的思考，而如果没有获得这样的思考，恐怕就不可能真正地理解刑法学乃至整个法学，就不可能自己展开有意义的法律论。本书通过展示著者所理解的理论体系，结合其叙述，在对一个个的问题进行检讨时，帮助读者不仅“自认为明白了”犯罪论的理论体系是什么，而且也要帮他们“确实是明白了”犯罪论的理论体系是什么。著者的如许意图多多少少能够实现的话，也就很幸运了。

从本书的如此特性出发，对于以前学说的检讨都是结合犯罪论的体系叙述，以有利于对相应问题的理解为目标的。在笔者此前的著作《问题探究　刑法总论》（有斐阁，1998）中，将对具体学说本身的总括性且详细的批判性检讨也作为一个叙述的重点，若读者能参照该书一并阅读的话，将十分有益。据此，可能会对犯罪论获得更为深刻的理解。

本书的基本立场是，在将自由主义原则置为基础的同时将法益保护作为刑法的任务，即所谓的结果无价值论。从这样的立场出发，对于错综复杂的犯罪论体系予以合理的重新构成，这是在本书中作者所追求的。书中，笔者也尝试提出了若干新的解释论上的建议。读者诸位对此予以批判的研讨，正是作者所期望的。

另外，在本书出版之际，得到了方方面面人士的帮助。高山佳奈子、岛田聪一郎、和田俊宪三位副教授，深町晋也、古川伸彦两位助手在本书尚在草稿阶段时就进行了研读，并提出了诸多宝贵意见。还有，在制作事项索引时，得到了嶋矢贵之君的协助。对这些人谨致以深深的谢意。

再有，本书的出版发行很多地方得益于有斐阁第一书籍编辑部酒井久雄先生。借此机会对他也表示衷心的感谢。

2001年7月

山口厚

文献简称

浅田　浅田和茂．刑法总论．成文堂，2007

井田　井田良．讲义刑法学・总论．有斐阁，2008

井田・犯罪论　井田良．犯罪论的现在和目的的行为论．成文堂，1995

井田・理论构造　井田良．刑法总论的理论构造．成文堂，2005

板仓　板仓宏．刑法总论．劲草书房，2004

伊东　伊东研佑．刑法讲义总论．日本评论社，2010

内田（上）（中）　内田文昭．刑法概要上卷・中卷．青林书院，1995、1999

大越　大越义久．刑法总论．4版．有斐阁，2007

大越・展开　大越义久．刑法解释的展开．信山社，1992

大塚　大塚仁．刑法概说（总论）．4版．有斐阁，2008

大谷　大谷实．刑法讲义总论．新4版．成文堂，2012

冈野　冈野光雄．刑法要说总论．成文堂，2001

川端　川端博．刑法讲义总论．3版．成文堂，2013

木村　木村光江．刑法．3版．东京大学出版会，2010

小林　小林宪太郎．刑法总论．新世社，2014

佐伯　佐伯千仞．刑法讲义（总论）．4订版．有斐阁，1981

佐伯仁志　佐伯仁志．刑法总论的思之道·乐之道．有斐阁，2013

佐久间　佐久间修．刑法讲义（总论）．成文堂，1997

盐见　盐见淳．刑法的道路指向．有斐阁，2015

铃木　铃木茂嗣．刑法总论（犯罪论）．2版．成文堂，2011

曾根　曾根威彦．刑法总论．4版．成文堂，2008

高桥　高桥则夫．刑法总论．2版．成文堂，2013

团藤　团藤重光．刑法纲要总论．3版．创文社，1990

内藤（上）（中）（下Ⅰ）（下Ⅱ）　内藤谦．刑法讲义总论上·中·下Ⅰ·下Ⅱ．有斐阁，1983、1986、1991、2002

中　中义胜．讲述犯罪总论．有斐阁，1980

中山　中山研一．刑法总论．成文堂，1982

西田　西田典之．刑法总论．2版．弘文堂，2010

西原（上）　西原春夫．刑法总论．上卷．改订版．成文堂，1993

野村　野村稔．刑法总论．补订版．成文堂，1998

桥本　桥本正博．刑法总论．新世社，2015

林　林干人 刑法总论．2版．东京大学出版会，2008

日高　日高义博．刑法总论．成文堂，2015

平野Ⅰ·Ⅱ　平野龙一．刑法总论Ⅰ·Ⅱ．有斐阁，1972、1975

平野·诸问题（上）　平野龙一．犯罪论的诸问题（上）总论．有斐阁，1981

福田　福田平．全订刑法总论．5版．有斐阁，2011

福田、大塚（上）（中）（下）　福田平，大塚仁．对谈刑法总论（上）（中）（下）．有斐阁 1986、1986、1987

藤木　藤木英雄．刑法讲义总论．弘文堂，1975

堀内　堀内捷三．刑法总论．2版．有斐阁，2004

前田　前田雅英．刑法总论讲义．6版．东京大学出版会，2015

町野Ⅰ　町野朔．犯罪论的展开Ⅰ．有斐阁，1989

松原　松原芳博．刑法总论．日本评论社，2013

松宫　松宫孝明．刑法总论讲义．4版．成文堂，2009

山口·基本判例刑法总论　山口厚．从基本判例学习刑法总论．成文堂，2010

山口·新判例　山口厚．从新判例看刑法．3版．有斐阁，2015

山口·探究　山口厚．问题探究刑法总论．有斐阁，1998

山中　山中敬一．刑法总论．3版．成文堂，2015

＊＊＊

基本讲座（1）～（4）　阿部纯二等编．刑法基本讲座1～4．法学书院，1992—1994

基本判例　芝原邦尔编．刑法的基本判例．有斐阁，1988

现代讲座（1）～（5）　中山研一等编．现代刑法讲座1～5．成文堂，1977—1982

现代的展开Ⅰ·Ⅱ　芝原邦尔等编．刑法理论的现代展开总论Ⅰ·Ⅱ．日本评论社，1988—1990

最前线　山口厚，井田良，佐伯仁志．理论刑法学的最前线．岩波书店，2001

争点　西田典之，山口厚，佐伯仁志编．刑法的争点．有斐阁，2007

渥美古稀　渥美东洋先生古稀纪念·犯罪的多角度检讨．有斐阁，2006

井上还历（上）（下）　井上正治博士还历祝贺·刑法学的诸相．有斐阁，1981、1983

植松还历（法律编）　植松正博士还历祝贺．刑法与科学·法律编．有斐阁，1971

香川古稀　香川达夫博士古稀祝贺·刑事法学的课题与展望．成文堂，1996

神山古稀（1）（2）　神山敏雄先生古稀祝贺论文集. 成文堂，2006

吉川古稀　吉川经夫先生古稀祝贺·刑事法学的历史与课题．法律文化社，1994

小林·佐藤（上）（下）　小林充先生佐藤文斋先生古稀祝贺·刑事裁判论集．判例タイムズ社，2006

齐藤还历　齐藤金作博士还历祝贺·现代的共犯理论．有斐阁，1964

下村古稀（上）（下）　下村康正先生古稀祝贺．刑事法学的新动向．成文堂，1995

立石古稀　立石二六先生古稀祝贺论文集．成文堂，2010

田宫追悼（上）　田宫裕博士追悼论集上卷．信山社，2001

团藤古稀（1）～(5)　团藤重光博士古稀祝贺论文集．有斐阁，1983—1985

内藤古稀　内藤谦先生古稀祝贺·刑事法学的现代状况．有斐阁，1994

中山古稀（1）～(5)　中山研一先生古稀祝贺论文集．成文堂，1997

西原古稀（1）～(5)　西原春夫古稀祝贺论文集．成文堂，1998

日冲还历（1）·(2)　日春宪郎博士还历祝贺·过失犯．有斐阁，1966

平野古稀（上）（下）　平野龙一先生古稀祝贺论文集．有斐阁，1990—1991

平场还历（上）（下）　平场安治博士还历祝贺·现代的刑事法学．有斐阁，1977

松尾古稀（上）（下）　松尾浩也先生古稀祝贺论文集．有斐阁，1998

三井古稀　三井诚先生古稀祝贺论文集．有斐阁，2012

宫泽古稀（1）～（3）　宫泽浩一先生古稀祝贺论文集．成文堂，2000

山口献呈　山口厚先生献呈论文集．成文堂，2014

刑集　最高裁判所刑事判例集

裁集刑　最高裁判所裁判集（刑事）

高刑集　高等裁判所刑事判例集

下刑集　下级裁判所刑事裁判例集

刑月　刑事裁判月报

一审判集　第一审刑事裁判集

最判解说昭和（平成）〇〇年　最高裁判所判例解说刑事篇　昭和（平成）〇〇年

刑法　刑法杂志

警研　警察研究

法协　法学协会杂志

曹时　法曹时报

判时　判例时报

判タ　判例タイムズ

ヅュリ　ヅュリスト

法教　法学教室

法セ　法学セミナー

目　录

第一章　序论 …… 1
　第一节　刑法、犯罪与刑罚 …… 1
　第二节　刑法的政策基础 …… 3
第二章　罪刑法定主义 …… 9
　第一节　概说 …… 9
　第二节　法律主义 …… 10
　第三节　禁止事后法 …… 14
　第四节　刑罚法规的适正 …… 17
　　第一款　概说 …… 17
　　第二款　明确性原则 …… 17
　　第三款　内容的适正性 …… 19
　　第四款　罪刑的均衡 …… 21
第三章　犯罪论的体系 …… 23
第四章　构成要件该当性 …… 26
　第一节　构成要件的概念 …… 26
　　第一款　构成要件的诸概念 …… 26
　　第二款　作为违法行为类型的构成要件及其意义 …… 29

第三款　构成要件要素 …… 34
第二节　主体 …… 35
第一款　自然人 …… 35
第二款　法人 …… 38
第三节　行为与结果 …… 41
第一款　行为 …… 41
第二款　结果 …… 44
第四节　因果关系 …… 49
第一款　概说 …… 49
第二款　基于结果回避义务违反的结果发生 …… 52
第三款　作为危险之现实化的因果关系 …… 56
第五节　正犯性 …… 66
第六节　不作为 …… 73
第一款　概说 …… 73
第二款　作为与不作为的区别 …… 76
第三款　不作为与因果关系 …… 77
第四款　保障人地位 …… 79
第五款　作为可能性 …… 93
第七节　主观的构成要件要素 …… 95
第一款　概说 …… 95
第二款　作为责任要素的主观的构成要件要素 …… 95
第三款　主观的违法要素 …… 96
第五章　违法性 …… 101
第一节　概说 …… 101
第一款　违法性的概念 …… 101
第二款　违法性与违法性阻却 …… 105
第三款　违法性阻却的实质原理 …… 107
第二节　正当行为 …… 109
第三节　正当防卫 …… 113
第一款　正当防卫的独特性 …… 113

第二款　正当防卫的成立条件 …… 117
第三款　防卫过当 …… 138
第四款　《盗犯等防止法》的特别规定 …… 143
第四节　紧急避险 …… 144
第一款　概说 …… 144
第二款　紧急避险的成立要件 …… 147
第三款　避险过当 …… 159
第五节　被害人的同意 …… 161
第一款　概说 …… 161
第二款　同意的有效要件 …… 164
第三款　同意的效果 …… 171
第四款　治疗行为与同意 …… 175
第五款　生命侵害与同意 …… 176
第六款　推定的同意 …… 178
第七款　危险的接受 …… 182
第六节　实质的违法性阻却 …… 183
第一款　超法规的违法性阻却 …… 183
第二款　“可罚的违法性”论 …… 185
第六章　责任 …… 193
第一节　概说 …… 193
第一款　责任的含义 …… 193
第二款　心理责任论与规范责任论 …… 195
第三款　行为责任与人格责任 …… 196
第二节　故意 …… 197
第一款　概说 …… 197
第二款　故意的要件 …… 198
第三款　未必的故意 …… 211
第三节　事实的错误 …… 214
第一款　概说 …… 214
第二款　具体的事实错误 …… 220

第三款　抽象的事实错误……………………………… 232
第四节　过失…………………………………………… 239
第一款　概说……………………………………… 239
第二款　过失的要件……………………………… 248
第三款　管理过失与监督过失…………………… 255
第五节　违法性意识…………………………………… 261
第一款　概说……………………………………… 261
第二款　违法性意识可能性之必要性…………… 264
第三款　违法性意识的内容……………………… 265
第四款　违法性意识的可能性…………………… 266
第六节　期待可能性…………………………………… 267
第七节　责任能力……………………………………… 269
第一款　心神丧失与心神耗弱…………………… 269
第二款　刑事未成年……………………………… 271
第三款　原因中的自由行为……………………… 272
第七章　未遂犯…………………………………………… 277
第一节　概说…………………………………………… 277
第二节　实行的着手…………………………………… 279
第三节　不能犯………………………………………… 285
第四节　中止犯………………………………………… 290
第一款　减免刑罚的根据………………………… 290
第二款　犯罪的中止……………………………… 294
第三款　任意性…………………………………… 299
第四款　预备罪与中止…………………………… 301
第八章　共犯……………………………………………… 303
第一节　共犯的基础理论……………………………… 303
第一款　概说……………………………………… 303
第二款　共犯的因果性…………………………… 317
第三款　共犯的从属性…………………………… 323
第四款　共同正犯的共同性……………………… 329

第二节　共犯类型 …… 331
第一款　教唆 …… 331
第二款　帮助 …… 333
第三款　共同正犯 …… 335
第三节　共犯的诸问题 …… 340
第一款　共犯与身份 …… 340
第二款　必要的共犯 …… 352
第三款　共犯与违法性阻却事由 …… 356
第四款　共犯与错误 …… 358
第五款　片面共犯 …… 362
第六款　承继的共犯 …… 365
第七款　共犯关系的脱离 …… 373
第八款　过失与共犯 …… 378
第九款　不作为与共犯 …… 385
第九章　罪数 …… 388
第一节　概说 …… 388
第二节　法条竞合 …… 390
第三节　包括一罪 …… 396
第四节　科刑上一罪 …… 404
第五节　并合罪 …… 409
第十章　刑法的效力范围 …… 411
第一节　刑法的时间效力 …… 411
第二节　刑法的空间效力 …… 415
第十一章　刑罚论 …… 417

第 2 版　译者后记 …… 422
第 3 版　译者后记 …… 426

第一章 序 论

第一节 刑法、犯罪与刑罚

一、刑法

所谓刑法，是指规定了何种行为属于犯罪、对于犯罪如何科处刑罚的有关法律（**实质意义的刑法**）。其中，名为“刑法”的法律（明治40年［1907年］法律第45号）（即**形式意义的刑法**，刑法典）是最为重要的。这是因为，这部法律在社会生活中具有重要的意义，规定了在全部刑法体系中占据核心地位的基本的犯罪类型（杀人罪、盗窃罪、放火罪、受贿罪等）及其刑罚。再有，除非另有“特别规定”，否则该法第一编总则的规定亦适用于规定于其他法令之中的犯罪（刑法第8条），可以说这一点在解释学上具有极其重要的意义。

实质意义的刑法，除了刑法典之外，还有很多。其中，规定了刑法典上所规定的犯罪之特殊类型的，比如暴力行为处罚法（大正15年［1926年］法律第60号），盗犯防止及处分法（昭和5年［1930年］法律第9号），关于处罚绑架人质等行为的法律（昭和53年［1978年］法律第48号），另外还有像轻犯罪法（昭和23年［1948年］法律第39

号），比刑法典还古老的爆炸物监管罚则（明治17年［1884年］太政官布告第32号）等。比较新的，则有关于对有组织犯罪之处罚及其犯罪收益等予以规制的法律（平成11年［1999年］法律第136号），关于处罚驾驶汽车致人死伤等行为的法律（平成25年［2013年］法律第86号）等。此外，规制经济活动的法律（关于禁止私人垄断以及确保公正交易的法律等）以及规制社会活动的法律（道路交通法等）也是一样，为了担保相应法律中所规定之义务的履行，规定了很多针对违反义务行为的罚则，这些罚则也都在现代社会中发挥着极为重要的作用，这一点是不容忽视的。

二、犯罪

所谓**犯罪**，形式地说，是指“针对其实施而**应予科处刑罚的行为**”。刑法解释论的任务是，通过对法令的解释，明确何种行为属于犯罪；而立法论的任务是，检讨将何种行为作为处罚的对象在刑事政策上才是妥当的。本书的考察对象是**刑法总论**，其目的在于对属于应予科处刑罚之行为的犯罪的一般的、全部犯罪所共通的成立要件（为了成为犯罪而必需的所有的、一般的成立要件）加以明确。而与此相对，**刑法各论**则以犯罪的一般成立要件为前提，其目的在于明确各个犯罪所固有的具体的成立要件。

三、刑罚

所谓**刑罚**，是对犯罪的反作用，是对犯了罪的人所科处的**制裁**，其目的在于通过其科处而抑制乃至预防犯罪。另外，通过预告刑罚并对实际犯罪者科处刑罚，以抑制、预防一般的国民实施犯罪，这称为“**一般预防**”；通过对实际犯罪的人科处刑罚来抑制、预防其将来实施新的犯罪，这称为“**特殊预防**”。正因为刑罚是预防犯罪的手段，应以能使国民由此产生避免刑罚处罚的动机为必要，为此，刑罚的内容本质上就应该是给予犯罪人以**恶害**。在日本被认可的刑罚规定于刑法第9条以下，所规定的主刑有死刑、惩役、监禁、罚金、拘留和科料，附加刑有没收。[①] 这些刑罚，均是以对于生命、自由、财产科处恶害为内容的。

关于**刑罚的目的、刑罚的正当化根据**，有的是将其理解为对犯罪的报应（报应刑论），有的是将其理解为为了抑制将来的犯罪（目的刑论），以此种对立为基轴，多年以来素有争论。但就志在追求合理的犯罪对策的现代国家来说，如上所述，必须从抑制犯罪、预防犯罪的立场来理解刑罚的目的和正当化根据问题。也就是说，刑法事先预告会因一定行为（犯罪）之实施而科处刑罚，实际中当有人作出该行为的场合，则对实施该犯罪行为的行为人科处刑罚，借以来抑制、防止将来的犯罪，刑罚作为一种迫不得已的方略，是出于这样的目的而在制度上得以正当化的。再有，如上所述，作为犯罪抑制手段的刑罚，恶害性成为其必需内容。因为不这样的话，就不可能通过刑罚来达到抑制犯罪的目的。而且不仅如此，还有一点不容忽视的是，在刑罚之中还包含着**非难**这样的特殊的意味。这一点上，刑罚与对疾病的治疗是不同的。关于"应予科处刑罚的行为"的犯罪，使得（作为具有非难意义的恶害的）刑罚的科处在各个事例中能够正当化，可以说就有必要对于犯罪的成立要件加以认真的检讨。

第二节 刑法的政策基础

一、概述

将何种行为作为犯罪而成为处罚的对象，将何种行为作为犯罪而处罚是正当的，这无论在哪一时代、哪一社会中都不会是相同的。因此，通过犯罪这一概念本身的内在的概念分析是不可能径直就明确犯罪的一般的成立条件的。

① 在此之外，作为不能完全缴纳罚金或者科料的场合的措施，规定了扣留（原文"留置"）于劳役场（刑法第18条），作为没收的换刑处分则规定了追征（刑法第19条之2）。

在规定犯罪的刑法的基础之上，立法者的选择存在着一定的政策原理。可以说，刑法就是在这样的政策原理上所构筑的法律体系。从而，刑法的诸种规定、诸多规则，就必须依照这些政策原理加以理解和解释。从这样的见地出发，首先就要求对这些被理解为（应该理解为）处在日本刑法的基础位置的政策原理加以明确，因为这些原理既是考察的出发点，也是刑法总论中最为根基性的内容。第四章以后具体加以探讨的犯罪的成立要件，就是这样的政策原理在现实法规中的具体体现，因此，后面所详细讨论的要件论，都是在这样的政策原理的指导之下展开的，而且也必须如此。欠缺这种基本立场的解释论，就会被权宜地考虑、而且时常被称为“结论的妥当性”，实际上却为易于变动的处罚感情所左右。其结果就是，政策的原理中所宣示的重要的价值也被损害。必须避免发生这样的事情。为此，犯罪的要件论就必须将政策的原理作为基础，体系地、有序地加以展开。

像这样，处在日本刑法的基础地位的政策原理，可以举出**法益保护主义**（为了拥护**法益**即**“值得法律保护的利益”**，只有在对其实施了加害行为的场合才应该肯定犯罪的成立这一原理）、**责任主义**（只有针对有责任的行为才应该肯定犯罪的成立这一原理）以及**罪刑法定主义**（只有针对事前法律已经规定为犯罪的行为才应该肯定犯罪的成立这一原理）来。法益保护主义和责任主义是和成为处罚对象的犯罪之实质相关的原理，分别应该成为违法性论以及责任论的指导原理。而罪刑法定主义是从民主主义和自由主义的观点出发对犯罪从外部加以限定、制约的原理，从而成为构成要件论的理念支撑。

本节先对其中属于犯罪的实质原理的法益保护主义和责任主义的含义予以明确。至于罪刑法定主义，将在下一章（第二章）加以探讨。

二、法益保护主义

所谓**法益保护主义**，是指对法益的拥护是刑法的任务，犯罪应该限定于对法益的加害行为，即对法益予以现实的侵害的行为，或产生了法益侵害危险的行为，这样的思考方法，已经成为如今学说中通说性质的共识。

与此相对，强调刑法的任务是**维持社会伦理**的观点也曾得到有力主张。基于这种立场，能被认定为犯罪的行为，就首先是有违社会伦理的行为，而且，是那种要维持社会伦理，就不能置之不理而有必要采取相应措施的伦理违反行为，也就是说，那种所谓"岂有此理太不像话"，伦理上难以容忍，若放任不管，社会伦理就有土崩瓦解之虞的行为。在立足于个人主义的现代日本的法律制度之下（参照日本宪法第 13 条①），有必要容许多种多样的价值观，"只要是不会给他人带来麻烦"，则行动的自由就必须予以保障，国家积极地、强制地介入"未给他人带来麻烦的行为"，强制国民接受一定的价值观并且依此行动，这样的行径必须慎之又慎。从这样的观点来看，就有必要采用作为刑法的基本政策原理的法益保护主义。但是，如后所述，判例和学说之中，对于社会伦理观念的关心、执着依然是根深蒂固的，以违法论为首，这样的论调常常在各种各样的解释论的场面中粉墨登场。这样的解释态度，可以说极可能会妨碍犯罪论的合理化，并且可能使法益保护主义仅仅流于空洞主张。因为所谓的"社会伦理"本身是无法验证的，所以，有必要究明其实质，并且在此基础上对各种具体主张的合理性加以检讨。

由此可见，刑法的目的虽在于保护法益，但作为保护法益的手段，则并非只有科处刑罚。在针对侵害行为或者违反行为所能采取的法律制裁中，科处刑罚这种保护或者应对手段，无疑是最为严峻的手段，对犯罪人科处刑罚的意图就在于，给予犯罪人以重大恶害。正因为如此，科处刑罚本身绝非我们之所愿。在此意义上，可以说，凡是能避免动用刑罚的，就应尽量避免。因此，只有在其他保护手段不足以保护法益之时，才可以动用刑罚（称之为"**刑法的补充性**"）。因此，刑法的保护领域也就是犯罪化的领域，并非所有的法益侵害都被包括在内，而必然是

---

① 日本宪法第 13 条：所有的国民，作为个人均受到尊重。对于国民的生命、自由以及追求幸福的权利，只要是不违反公共的福祉，在立法以及其他的国政之上，就有必要予以最大的尊重。——译者注

片断性的（这称为**刑法的片断性**）。

比如说，刑法第235条之2的（侵夺不动产罪）规定是在昭和35年（1960年）所导入的，在此之前，通说和判例一致认为不动产不能成为盗窃罪（刑法第235条）的对象。之所以这样理解是因为，通说和判例都是这样理解的：由于不动产是“不会动”的，即便受到了侵害，通过事后的民事法上的救济足矣，没有必要将对不动产的侵夺作为犯罪的处罚对象。再有，债务不履行虽说也损害了债权人的正当的利益，但一般并未被规定为犯罪。这也是因为，债务不履行的场合，和侵夺不动产的场合一样，对权利人的保护被认为是通过民事的救济就足够了。但是，若感觉到民事上的救济是不充分的话，为了覆盖这样的问题，犯罪化的领域就会得以扩张。也就是说，通过新的立法创设了侵夺不动产罪的规定。再有，属于债务不履行之一种的二重抵押等案件，也能通过解释被纳入背任罪（刑法第247条）的处罚范围之中。这样的解释作为现行刑法的解释是否妥当，则是刑法各论的重要的讨论课题。即便是在财产犯之外的领域之中，这样的现象也是随处可见。

三、责任主义

实施了对于法益的加害行为，结果引起了法益侵害或者是法益侵害的危险，但并不意味着仅此就能直接肯定犯罪的成立。**责任主义**认为，要想肯定犯罪的成立，就必须能够认定行为人在实施该加害行为时是有**责任**的。将处罚限定在行为人有责任的场合，就意味着，虽因自己的行为引起了法益侵害但却是出于所谓的不可抗力而不可避免的场合，或者是，虽有人引起了法益侵害，但却是由无关系的他人所引起的那种场合，或者即使与相关的他人有关系，也不能防止结果发生的场合，等等，都是不能处罚的（绝对责任、连带责任、连坐制的否定）。

即便是处罚了没有责任的行为，由于无法期待行为人控制自己的行为来回避侵害的发生，也就不能抑制其将来在同样的情况下仍会实施同样的犯罪（不存在犯罪预防、抑制效果），而且，假如通过处罚肯定了预防、抑制犯罪的效果（威慑效果），将不能避免的行为作为处罚的对象，其本身也不能被认为是正当的，因此对这样的行为不能肯定其成立犯罪。这是因为，关于责任的概念虽然多有争论，但就责任而言，其与对于疾病的治疗不同，包含着“非难”这样的独自的意味，要想让科处刑罚成为正当，则针对所实施的法益侵害行为（违法行为）而言，就必须能够肯定行为人是“值得非难”的（肯定**非难可能性的场合**）。因此，要想肯定非难可能性，就必须肯定行为人实际上是可能避免其所实施的违法行为（**他行为可能性**）的。或者是说，在不具有他行为可能性的场合，就不能肯定非难可能性。这样的使得刑罚的科处得以正当化的非难可能性，正是责任。在这样的意义上，处罚没有责任的行为是不当的，也是不能允许的。

要想就实施了违法行为而言具有责任，至少，要求行为人要有故意或者过失（与此相关的内容于第六章详述）。既没有故意又没有过失的行为，则无法肯定责任。但是，日本的判例中，在此意义上的责任主义并没有得到彻底贯彻，还是留有问题的。

所说的问题，第 1 是在**结果加重犯**的场合。也就是，由属于基本犯的犯罪（比如伤害罪）而产生了加重结果（比如说人的死亡）的场合则成立重的犯罪（比如说伤害致死罪。对此称为结果加重犯）。就这种结果加重犯中的加重结果来说，判例认为，不但当然不需要故意，甚至也不需要过失（参见最判昭和 26 年［1951 年］9 月 20 日刑集 5 卷 10 号 1937 页）。但从责任主义的观点来看，这是有问题的。与此相对，在学说上，从责任主义的见地出发，几乎一致地认为就加重结果而言需要存在过失。

第 2 是关于所谓的**两罚规定**中的业主（企业主）处罚的要件。所谓两罚规定，是指在属于工人的行为人实施了与业务有关的违法行为的场合，不但要处罚该行为人即该工人，也要处罚作为其雇主的业主（企业主）的规定。① 关于处罚业主（企业主）的根据，判例认为，业主（企

① 例如，关于与人的健康相关的公害犯罪之处罚的法律中，承接着同法第 2 条的故意犯、第 3 条的过失犯的处罚规定，其第 4 条则规定，“法人的代表人或者法人或（自然）人的代理人、雇工以及其他工人有关该法人或（自然）人的业务而犯前两条之罪时，除处罚行为人之外，对该法人或（自然）人亦科处各本条规定的罚金刑”。

业主）处罚规定，是推定企业主在行为人的选任、监督以及其他的防止违法行为方面未尽到必要的注意义务，业主处罚规定就是推定企业主存在上述过失的规定，只要是企业主未能证明自己尽到了上述的注意义务，则其不能被免除刑责。判例很明显的是采纳了所谓的**过失推定说**（最大判昭和32年［1957年］11月27日刑集11卷12号3113页）。这样的判例的立场，在其否定了无过失责任说或者是过失拟制说（大判昭和17年［1942年］9月16日刑集21卷417页）这一点上虽然值得肯定，但由于是将无过失的证明责任转嫁给了被告人，用“存疑时有利于被告”这一刑事审判的铁则来衡量，判例实际上是肯定了即便没有积极地证明过失的存在也仍有处罚之余地，就这一点来说，在对责任主义的彻底贯彻上仍然是有问题的。

第二章　罪刑法定主义

第一节　概　　说

如同上一章所示，从法益保护主义和责任主义的见地出发，要想肯定犯罪的成立并且使处罚正当化，对于法益的加害行为必须是有责地实施的，但仅此还不能肯定犯罪的成立。为了肯定犯罪之成立，法益侵害行为还必须是由法律事前规定为犯罪的行为。像这样，只有**由法律事前规定为犯罪的行为**才能肯定其成立犯罪，这样的思考方法、制度称为**罪刑法定主义**。

这一罪刑法定主义，不但是刑法理论上的基本原则，同时也是**宪法上的要求**。即，根据宪法，“任何人，若不依据法律所规定的手续，其生命或自由不受剥夺，亦不能被科处其他的刑罚”（宪法第 31 条），这里所说的“法律所规定的手续”，不单是指规制作为认定犯罪、科处刑罚之手续的刑事诉讼的程序法（刑事诉讼法），而且也包括此时所适用的实体法（刑法）。还有，宪法还规定“任何人，就……实行时适法的行为来说，不得追究刑事责任”（宪法第 39 条），并规定内阁具有制定权的“政令，除非特别具有法律的委任的场合，不得设定罚则”（宪法

第73条第6项但书）。如后所述，这些规定也都体现了罪刑法定主义的思考方法。

在以上意味着形式的“罪和刑的法定”的罪刑法定主义的背后，存在着下面所述的实质的原理或政策的基础（平野Ⅰ65页）。正是这样的实质的原理，规定着日本的罪刑法定主义的具体内容。也就是说，有必要从这些实质原理出发对于罪刑法定主义的内容（罪刑法定主义所派生的诸原则）加以理解。换言之，罪刑法定主义并不是单纯的形式原理，而有必要作为**实质的处罚限定原理**加以理解。

罪刑法定主义的背后，首先存在着**民主主义**的原理。也就是说，何种行为作为犯罪成为处罚的对象，要国民通过“正当选举产生的国会中的代表者”（宪法序言）自己来决定。这就意味着，什么是犯罪，必须要通过国会以“法律”的形式来决定，政府或是裁判所（即法院。以下一般直译为裁判所——译者注）均不能制定罚则。这是**法律主义**的原则，宪法第31条、第73条第6项但书都对此作了规定。

罪刑法定主义的背后，此外还存在着**自由主义**的原理。也就是说，何为犯罪仅由法律来加以规定尚且不够，该法律还必须是事前（行为实施前）已有规定。正确地说，罚则在事前已经**公布**还不够，还必须在事前已经**实施**。通过事后所制定（实施）的法律将某种行为规定为犯罪、并将该法律溯及行为时加以适用以处罚相应的行为的话，就会妨害行动的预测可能性，就会显著地侵害行为人的行动自由。这是必须要予以禁止的。从这样的自由保障的见地出发，就推导出了**禁止溯及处罚、禁止事后法**这些派生原则。宪法第39条也正是规定了这一点。

第二节　法律主义

一、概述

何为犯罪，对之要科处怎样的刑罚，必须要国会通过法律加以规定，这就是**法律主义**的原则。如前所述，这是从罪刑法定主义的民主主义的侧面所推导出的。再者，宪法第 31 条所说的“法律所规定的手续”，也应该理解为包含着法律所规定的实体法，这一点前文已经说过了。在与政府的关系、与地方自治体的关系以及与裁判所的关系上，法律主义的内容必须具体化。

二、命令与法律主义

行政机关在国法上享有制定**命令**的权限①，但不能用命令来自行规定罚则。但是，在存在“特别的法律委任”的场合，例外地也允许在命令中制定罚则（宪法第 73 条第 6 项但书，行政组织法第 12 条第 3 款、第 13 条第 2 款）。这里所说的“委任”，必须是所委任之事项特定的所谓特定委任，不允许一般的、包括性的委任。即便在允许政府制定具体罚则的场合，也必须遵守民主主义的原理，为此，就必须要求国会控制着罚则的内容。由于在一般的、包括性的委任时不存在国会对于罚则内容的控制，故而此等委任不获允许。② 从这样的见地出发，划定了所允许的罚则的特别委任的界限。

判例指出，在政令中要想规定罚则，必须存在应予实施的法律的“具体的委任”③。在众议院议员选举之际，某公务员（时为北海道宗谷町某村的邮政局的职员——译者注）出于支持某政党的目的，将隶属于该政党的某一候选人的选举宣传画张贴在公用张贴栏上，违反了国家公务员法第 102 条第 1 款（罚则规定于同法的第 110 条第 1 款第 19 项）

---

① 为了实施宪法以及法律的规定，内阁可以制定政令（宪法第 73 条第 6 项）。各部的大臣针对自己所主管的行政事务，为了施行法律或者政令，或者是基于法律或政令的特别委任，可以以各自部门的命令的形式发布部令（行政组织法第 12 条第 1 款）。各委员会以及各厅的长官，另外根据法律的规定，可以自行发布政令以及部令以外的规则以及其他特别的命令（行政组织法第 13 条第 1 款）。

② 在旧宪法之下，存在着关于命令的条款违反之罚则的法律（明治 23 年［1890 年］法律第 84 号），规定“对于违反命令的条款者，各自依照相应的命令，处以 200 日元以内的罚金或者是 1 年以下的监禁”。确定了这一罚则的一般的、包括性委任的法律，现在来看，已经违反了现行宪法第 73 条第 6 项的但书，故而是无效的。

③ 最大判昭和 27 年（1952 年）12 月 24 日刑集 6 卷 11 号 1346 页就判示了此等旨趣，否定了制定了罚则的铁炮火药类管理法施行规则（明治 44 年［1911 年］敕令第 16 号）的有效性。

所规定的“禁止实施《人事院规则中所规定的政治性行为》”的规定，至于禁止行为的具体内容，则交由《人事院规则》来规定。在这一称为猿猴事件的判例中，争议的焦点在于，国家公务员法将具体的禁止行为委任给人事院规则，这种概括性委任是否超出了宪法所允许的限度？对此，判例认为，“国家公务员法的第102条的第1款，是将属于有损害公务员的政治中立性之虞的行动类型的政治行为之具体规定加以委任，这是通过对该条款的合理解释所能理解得出的”，等等，认为其并未超越宪法所许可的委任限度（最大判昭和49年［1974年］11月6日刑集28卷9号393页）。

三、条例与法律主义

“只要是不违反法令”，普通地方公共团体（都道府县以及市町村）可以对依据法令有权处理的事务制定条例（地方自治法第14条第1款），“除了法令中有特别规定之外”，在条例中，对于违反条例的人，可以设定科处2年以下的惩役或者监禁、100万日元以下的罚金、拘留、科料或者是没收之刑（地方自治法第14条第3款）。条例是比法令更为下位的法律形式，在其违反法令时效力受到了明文的否定①，这就出现了这样的状况：就条例来说，规定了罚则的一般的、概括性的委任，而属于比条例更为上位的法律形式的命令，则不允许此种一般的、概括性的委任。问题是，条例场合的这种委任是否当真能被允许呢？

法律主义形式上说来是要求通过法律（也包括出于法律的具体的委任的场合）来制定罚则，而如前所述，其实质的根据在于，何为犯罪由国民决定这一民主主义的原理。要是这样理解的话，由于条例是由通过居民的选举选出的议员所构成的议会所制定的，所以即便是认可了在条

① 因此，条例的罚则违反了法律时是否无效就是个问题。对此，有必要从这样的一种观点出发予以实质的判断：即，是根据通过法律加以规制的旨趣、要求由国家进行统一的规制呢，还是应该允许适应地方的实情的规制呢？关于道路交通法和所谓的公安条例的关系，参见有关德岛市公安条例事件的最大判昭和50年（1975年）9月10日刑集29卷8号489页。关于青少年保护培养条例，参见最大判昭和60年（1985年）10月23日刑集39卷6号413页。

例中规定罚则，也丝毫并不违反民主主义的原理。在这个意义上，地方自治法一般地、包括性地委任了普通地方公共团体所制定的条例中可以制定罚则，实质地并不违反法律主义，可以认为这种委任是被允许的。在通过地方自治法对条例在制定罚则上的委任是否违反规定了罪刑法定主义的宪法第 31 条存在争议的案件中，判例认为，条例是自治立法，和政府所制定的命令等在性质上是不同的，毋宁说条例是类似于由国民所公选的议员所组成的国会经过决议所制定的法律的，因此，“在通过条例制定刑罚的场合，只要法律的授权在相当程度上是具体的、有所限定的就足够了”①，地方自治法规定就“具体内容的事项”来说在“有所限定的刑罚”范围之内可以通过条例制定罚则，并不违反宪法第 31 条（最大判昭和 37 年［1962 年］5 月 30 日刑集 16 卷 5 号 577 页）。

四、解释与法律主义

依据法律主义，裁判所作出的法律解释、适用之间的关系也是个问题。也就是说，裁判所不适用事前所公布、实施的罚则就不允许加以处罚（**仅依据判例法、习惯法之处罚的否定**），另外即便是在适用罚则的场合，只有通过解释被认为在罚则中成为处罚对象的行为才能被允许成为处罚的对象（**类推解释的否定**）。

一般认为，作为刑法的解释来说，“允许**扩张解释**而不允许**类推解释**”。这是因为，如下所示，类推解释无非就是裁判所的事后的立法而已，由于其违反了法律主义以及下节所涉及的禁止事后法，故而不为罪刑法定主义所允许。从罪刑法定主义的见地出发得以允许的扩张解释与不被允许的类推解释之间的不同、区别，未必在于结论上的不同，而在于将该结论予以正当化的论理的不同。② 扩张解释是扩张地划定成为处罚对象的行为的概念，将相应事例纳入该概念中，从而将其包含于处罚范围之中。不过，这种扩张也并非无限制地任意允许的，而要限定在**条**

---

① 可以说，地方自治法的授权是否“在相当程度上是具体的”是有疑问的。

② 从而，在同样的结论既可能通过扩张解释也可能通过类推解释推导得出的场合，为了使该结论在法律的意义上正当化，就必须通过扩张解释而非类推解释的论理。

文用语的可能理解的框架范围之内。在此意义上，扩张解释存在着语言上的限制。比如说，通过将盗窃罪（刑法第235条）之对象“财物”的概念宽泛地划定为（不是有体物而是）具有物理的管理可能性的物，将电气等能源也包含于“财物”之中从而成为盗窃罪的犯罪对象，这样的解释就是扩张解释的例子（判例肯定了电气包含在旧刑法第366条的盗窃罪的犯罪对象中。参见大判明治36年［1903年］5月21日刑录9辑874页[①]）。与此相对，类推解释虽然承认成为问题的行为不能通过罚则包含进处罚的对象中，但尽管如此，却以该问题行为与成为处罚对象的行为在恶害性、当罚性方面是相当的为理由，将该行为也作为处罚的对象。由于这一论理的前半部分承认相应的行为没有成为该罚则的处罚对象，但尽管如此还是将其作为处罚的对象，这作为“将结论予以正当化的论理”违反了罪刑法定主义，是不允许的。对于过失交通危险罪（刑法第129条第1款）的对象“火车”，有判决通过强调该规定保护往来交通安全的旨趣、火车与汽油车在动力种类上的不同并不重要等理由，认为代替火车使用的汽油车也属于这里的“火车”（大判昭和15年［1940年］8月22日刑集19卷540页），尤其是就其中的第一个理由（强调该规定保护往来交通安全的旨趣）来说，从禁止类推解释的观点来看还是留有疑问的。

第三节　禁止事后法

一、概述

自由主义是罪刑法定主义的实质原理，其要求罚则必须在事前（行为的实施前）制定（公布且实施）。不允许溯及地适用事后所制定的罚

① 顺带指出，由于当时的学说中反对将电气包含在盗窃罪对象中的声音很强烈，所以现行刑法在第245条设置了一个专门的规定，规定就“盗窃和强盗罪”一章的犯罪来说，电气也被视为财物，实际上是将大审院的解释明文化了。

则对相应行为加以处罚（**禁止溯及处罚**）。这是因为，如果不禁止溯及处罚，国民就丧失了关于自身行动的预测可能性，就有可能造成国民因害怕溯及处罚而畏缩不前，从而显著地侵害国民的行动自由。宪法第39条亦规定“任何人，就……实行时适法的行为来说，不得追究刑事责任”，实际上规定的就是禁止事后法的原则。

二、禁止事后法的诸相

宪法第39条禁止了对“实行时属适法的行为”的事后的处罚，而且，即便行为时“违法”却未被科处刑罚的行为（防止卖淫法虽将卖淫行为规定为违法（该法第3条），但针对该行为本身并不科处刑罚）事后被科处了刑罚，虽然也可以说实施违法行为的自由不值得保护，但终究还是侵害了行为人“不会被处罚”这一意义上的预测可能性，在此限度之内也就损害了其行动自由；同时，亦由于对不可罚的行为的事后的溯及处罚本身就是不公正的处罚，所以，对此种行为的处罚同样也被理解为违反了禁止事后法的原则。在此意义上，禁止事后法的原则，一方面是基于确保预测可能性这一自由主义的理念，同时也可以说是通过处罚的公正性的观念而得到了扩张。这一点在下述刑罚的事后加重的场合是很明确的。

再有，针对行为时受到处罚之行为的刑罚在事后加重了，溯及地适用此加重的刑罚是否违反禁止溯及处罚的原则？这也是个问题。这一场合和上述的场合一样，虽说也可以认为接受了要受到较轻处罚这一负担的情况下实施在行为时较轻地受处罚的行为的自由本身不值得保护，但却同样是侵害了会受到何种程度的刑罚这一点的预测可能性，再者决定溯及适用更重的刑罚这一点本身的公正性也是有疑问的，认为其同样违反了禁止事后法的原则大概是妥当的。不管怎么说，刑法第6条规定了“因犯罪后的法律致刑罚的变更时，适用处罚较轻的法律”，这就是明文否定了重刑的溯及适用。

通过禁止事后法否定溯及适用的，除了主刑以及附加刑本身的加重之外，有扣留于劳役场期间的延长（大判昭和16年［1941年］7月17

日刑集20卷425页）、缓刑条件的加重（最判昭和23年［1948年］6月22日刑集2卷7号694页，关于刑罚的执行方法的规定的变更肯定了溯及适用，但这是有疑问的）等。再有，关于诉讼法规定，尽管一般认为原则上要适用新规定，但也有判例在因刑罚加重导致追诉时效的延长时，认为要以所适用的加重前的罚条为基准（最决昭和42年［1967年］5月19日刑集21卷4号494页。就作为计算追诉时效期间之前提的刑罚来说，以加重前的刑为基准，判例的判断可以说是当然的归结）。问题是，与上述情形不同，在刑罚并未加重而只有追诉时效期间延长的场合应该如何处理。在学说中，认为此时不适用禁止事后法原则的见解很有力（比如说，团藤77页等）。与此相对，否定这种给行为人带来不利之改正的溯及适用的见解虽也得以有力主张（关于追诉时效，有平野Ⅰ69页、大塚72页、堀内22页等），但延长了公诉时效期间的平成22年［2010年］刑事诉讼法部分修改法施行时，除依据旧法公诉时效已经完成的情况外，肯定了新法的追溯适用。

三、解释的不利变更

在学说中，有见解主张，在判例变更得对行为人不利的场合，依照禁止溯及处罚的旨趣，针对相应事件中的被告人，不能（溯及）适用变更之后的解释（**判例变更不溯及既往**）（比如大谷504页，浅田65页，佐伯仁志21页）。这一见解虽是着眼于判例具有实质的法律渊源的属性的，但是，就刑法来说，在形式上，判例**不可能是**法律渊源。判例所作出的新的解释，是一种所谓**从道理上讲**“原本就应该是那样的”东西，因而只要不存在禁止规定，我们就不能否定其可以溯及适用（町野Ⅰ48页，堀内22页，西田52页，前田55页，松宫23页等）。判例也认为，即便通过溯及适用对被告人不利变更的判例对其加以处罚也不违反宪法第39条（最判平成8年［1996年］11月18日刑集50卷10号745页）。至于对被告人的救济，应该根据具体的情况，通过欠缺违法性意识之可能性的途径寻求免责等。①

第四节 刑罚法规的适正

第一款 概 说

罪刑法定主义要求通过事前的法律而达到“罪和刑的法定”，但并不意味着只要是事前的法律制定了罚则，处罚违反该罚则的行为就一定是正当的。很明确的是，该法律不能违反宪法。在此意义上，从宪法的立场上来看罚则的**内容的适正性（适当性）**就成为问题。

违反宪法的个别的具体条款的罚则，当然是违宪无效的；而没有正当理由却侵害了国民的权利、自由的罚则，即便没有直接违反宪法的具体条款，也被认为是违宪无效的（认为是违反了宪法第 31 条从而无效的，是实体的正当程序②理论）。就这样的罚则来说，成为问题的主要有：（1）罚则内容不明确，实质地违反了罪刑法定的原则；（2）处罚无害的行为，或者是规定了明显宽泛的处罚的罚则；（3）显著的罪刑失衡的罚则。

第二款 明确性原则

虽存在罚则但若其内容不明确，对何为犯罪暧昧不清（从而，这和犯罪的内容事前并未法定是一样的），何为具体的犯罪就需要由法律的适用者事后决定（从而，这和犯罪并未由立法者决定没什么两样），因此，这就违反了法律主义以及禁止事后法。在这个意义上，不明确的罚

---

① 前揭最判平成 8 年（1996 年）11 月 18 日中所附的河合裁判官的补充意见认为，对于因为信赖判例、有相当的理由相信自己的行为属于合法的人来说，存在因为欠缺故意而免责的余地，不过在本案之中，存在着可以预见到行为时的判例早晚会变更的状况，由于行为人知道这一点，故而不能肯定其免责。

② 关于实体的正当程序（Due Prosess）理论，参见芝原邦尔：《刑法的社会机能》，有斐阁 1973 年版。

则实质上违反了罪刑法定主义，是不被允许的。就罚则的不明确来说，成为问题的虽包括犯罪的构成要件的不明确以及法定刑的不明确，但实际上有争论的则是前者。①

罚则是否具有明确性，必须就罚则本身，作一般的、抽象的判断。也就是说，即便相应的案件依据罚则很明显地位于处罚对象的核心部分，但若是罚则的周边部分具有不明确性，就不能认为限于相应案件之适用的意义上罚则是明确的。这是因为，问题在于，不明确的罚则本身就具有不当的萎缩效果。再有，同样也不能认为，只要是对罚则作限定解释所能得出的犯罪成立要件是明确的就可以了。通过这样的限定解释所得到的成立要件，必须是接触到该罚则的一般的国民所能够认识、理解的。② 这是因为，未显示明确的处罚范围、暧昧的罚则的存在本身具有不当的萎缩效果，会侵害国民的自由。在此，存在着一个重要的根据，即不明确的罚则是违反宪法第31条或者说是违反罪刑法定主义的，从而是无效的。

在德岛市公安条例事件中，争论的焦点在于该条例中“维持交通秩序”的规定作为犯罪构成要件的内容是否明确。对此，最高裁判所的大法庭判决认为，在刑罚法规所规定的犯罪构成要件暧昧不明的场合，即属于违反宪法第31条从而无效的，这是因为，在罚则的犯罪构成要件不明确时，并没有为具有通常的判断能力的一般人展示出能够识别被禁止的行为与不被禁止的行为之间的基准，因此，就未能发挥向适用该罚则的国民预先告知成为处罚对象的行为的机能，对于罚则的运用就会求诸适用刑罚的国家机关的主观判断而流于恣意，就会产生这样的重大的弊端。这样，判例认为，罚则能否因暧昧、不明确而被认定为违反宪法

① 就法定刑来说，未确定刑种或未明确刑量的罚则的合宪性是个问题。虽然普遍认为对刑罚的种类和数量不加限定的绝对的不确定刑是不被允许的，但日本的法定刑的幅度，一般而言，还是相当宽泛的。比如说，杀人罪的法定刑从死刑到5年，要是再考虑到还可能减轻刑罚的话，其幅度就变得更宽了。

② 但是，如此一来罚则的解释就变得相当有技术性，一般人能否认识到处罚的范围，在实际上还是个问题。在此意义上就不得不承认，所能要求的明确性要件，其实也并没那么严格。

第 31 条，“应该根据具有通常判断能力的一般人的理解，也就是取决于在具体的场合之下，**能否从中得知有可能判断该行为是否适用此法规的基准**”（最大判昭和 50 年［1975 年］9 月 10 日刑集 29 卷 8 号 489 页）。但是，就关于“维护交通秩序”这一规定的具体的案件之解决来说，具有通常判断能力的一般人，对于自己想实施的行为是否触犯了禁止规定的判断通常并没有感到那么困难，从而驳回了该罚则违宪的主张。立法论上的当否另当别论，单看判例的具体适用的话，其关于罚则的合宪性的基准可以说大概也没多么严格。①

第三款　内容的适正性

一、概述

即便是明确的罚则，若是不当地侵害了国民的自由，仍会被理解为是违宪无效的。像这样的罚则，可以举出将无害的行为作为处罚对象的罚则、因过度的处罚范围而不当地侵害国民的自由的罚则等。②

二、处罚无害行为的罚则

处罚无害行为的罚则，无根据地侵害了国民的自由，是不能被允许的，应该理解为违反了宪法第 31 条而无效。被告人实施了以 HS 式无热高周波疗法为业的行为，其是否违反了（旧）按摩师、针灸师以及柔道正骨师法第 12 条所禁止的作为职业从事医疗类似行为、从而成为该

① 在后述的福冈县青少年保护培养条例事件（最大判昭和 60 年［1985 年］10 月 23 日刑集 39 卷 6 号第 413 页）中，青少年保护培养条例的罚则中的“淫乱行为”之处罚的宽泛性是个问题。如后所述，判例通过进行限制解释认为其不违反宪法第 31 条，且认为“这样的解释也符合具有通常的判断能力的一般人”（此外，在该判决中，也有裁判官的反对意见认为该罚则确系不明确）。但是，在德岛市公安条例事件大法庭判决之前，最高裁曾有判决认为，关于煽动劳动争议行为罪的二重限定论属于不明确的限定解释，失去了犯罪构成要件的保障机能，甚至可能有违反要求明确性的宪法第 31 条之虞（最大判昭和 48 年［1973 年］4 月 25 日刑集 27 卷 4 号 547 页）。在此，在限定解释的方向上，对明确性是严格加以考虑的。

② 最大判昭和 49 年（1974 年）11 月 6 日刑集 28 卷 9 号 393 页（猿猴事件判决）尽管是作为一般的泛论，还是认为“刑罚规定从罪刑均衡以及其他种种观点来看属显著不合理，无论如何也难以允许时，就必须判断为违宪”。

法第14条的处罚对象？在此案件中，判例认为，由于宪法第22条的选择职业的自由只要没有违反公共福祉即受到保障，就必须将处罚限定在违反公共福祉的医疗业类型行为上，从此立场出发，判例作出了合宪的限定解释，即提出成为处罚对象的应限定于“有侵害人的健康之虞的业务行为”，不允许处罚无害行为（最大判昭和35年［1960年］1月27日刑集14卷1号33页）。在有关该法之旨趣的不同理解中，原判决采纳的观点是，之所以要通过该法来禁止那些以从事医疗类似行为为业的行为，是因为此类行为既有会积极地给人体造成伤害的情形，也有虽非如此，但有可能让人丧失接受正当医疗的机会，进而延误病情诊治与恢复的情形。但针对被告方之控诉旨趣中的核心问题即这种行为究竟是否存在“侵害人的健康之虞”，原判决并未作出判断，最高裁判所正是以此为理由，撤销了原判决。① 不过，可以说此后判例对于有害性内容的理解变得更为缓和。这一点，可以从下面的判例中窥见一斑。既无许可证，也没有法定的除外事由，以业务的形式贩卖了以柠檬酸或者柠檬酸钠为主要成分的“不疲倦”“解乏丸”的事例中，判例认为，“即便是对人体有益无害”，仍成立违反药事法的犯罪。②

三、过度宽泛的罚则

依照规制的目的，过度宽泛的处罚规定，仍然会不当地侵害国民的自由，是不能允许的，应该理解为违反了宪法第31条而无效。即便是通过合宪解释对于罚则的处罚范围予以限定，这样限定后的处罚范围对于接触到罚则的一般国民来说不可能认识的场合，由于会因为罚则的过度宽泛而产生不当的萎缩效果，罚则本身仍应该理解为违宪无效。

福冈县青少年保护培养条例规定，“任何人不得对青少年实施淫乱

① 被发回重审之后，控诉审判决认为，被告人的行为存在着对他人造成侵害之虞，从而确定了该判决的有罪结论。

② 再者，同判决是将虽没有积极的危险但是可能会使他人失去恰当的医疗这一点作为了处罚的根据。但在本案中，还附录了木户口裁判官的反对意见，认为（被告人的行为不但不会产生）积极的弊害这一点自不必说，产生消极的弊害亦无可能。

行为或者猥亵行为"，其中将与青少年（从上小学一直到已满 18 岁的人）之间的"淫乱行为"作为处罚的对象。对此，有主张认为，这一罚则的处罚范围不当地过于宽泛，并且"淫乱行为"的范围亦不明确，从而该条例的罚则是违宪无效的。在此案件中，判例认为，该规定的旨趣是追求青少年的健康培养，在以青少年为对象所实施的性行为等之中，很明显，其所禁止的是有妨碍其培养之虞的、具有在社会一般观念上应该受到非难的性质的行为。由此来看，所谓"淫乱行为"，不应该宽泛地理解为对于青少年的一般性行为，而是指"通过诱惑、胁迫、欺骗青少年或者使之困惑等乘其身心发育的不成熟，而采取不正当的手段实施性交或者类似性交的行为"，另外，还包括"只能认定为纯粹是将青少年作为满足自己性欲的对象的性交或者类似性交的行为"，作如此理解才更为合适。判例并且认为，若不作如此限定很明显就会失之宽泛，而且这样的解释也是符合"具有通常的判断能力的一般人"的理解的（最大判昭和 60 年［1985 年］10 月 23 日刑集 39 卷 6 号 413 页）。

但是，并不意味着在本判决之前这样的解释就是当然的理解，即便由此来看，上述判例的结论是否符合"具有通常判断能力的一般人"的理解可以说还是要画个问号的。①

第四款　罪刑的均衡

若罚则针对所规定的犯罪设定了显失均衡的法定刑，应该认为就已经超出了立法裁量的范围，违反了宪法第 31 条的规定，从而是违宪无效的。判例（猿猴事件大法庭判决）尽管是作为一般的泛论，还是认为"刑罚规定从罪刑均衡以及其他种种观点来看属显著不合理，无论如何也难以允许时，就必须判断为违宪"（最大判昭和 49 年［1974 年］11

---

① 本判决将后者的类型（"只能认定为纯粹是将青少年作为满足自己性欲的对象的性交或者类似性交的行为"——译者注）也包括在"淫乱行为"中作为处罚的对象，其妥当性已然饱受质疑。再者，福冈县的条例将此种类型作为处罚的对象，而防止卖淫法却禁止对于卖淫行为本身的处罚，就该条例与防止卖淫法的关系来看，想来存在着条例违反了法令的问题。再有，条例中还有处罚儿童卖淫等行为的规定，但该规定随着儿童卖淫法的施行（相应的行为在儿童卖淫法中处罚）而归为无效（儿童卖淫法附则 2 条）。

月6日刑集28卷9号393页）[①]。不过，要想被认定为违宪无效，对于犯罪的刑罚之轻重，必须明显地失之均衡。再者，即便尚未达到该等程度的场合，从与其他关联犯罪所规定的法定刑的轻重的均衡上出发，通过对法律的限定解释，对于失之均衡部分的法定刑限制适用也是可能的（作出了如此解释的例子，可见东京高判平成11年［1999］3月12日判夕999号297页）。[②]

① 针对刑法已经删除的第200条尊属杀加重处罚规定，最大判昭和48年（1973年）4月4日刑集27卷3号265页指出，由于刑罚加重的程度是极端的，作为达成立法目的的手段来说是显失均衡的，普通杀人和尊属杀人之间的法定刑差别显著不合理，从而该规定就违反了宪法第14条第1款。（日本刑法第200条：杀害了自己或是配偶的尊亲属的，处死刑或者无期惩役。该规定在1996年的刑法改正中被删除——译者注）

② 再者，作为限定解释的例子，比如在处罚同意伤害的场合，适用的伤害罪（刑法第204条）的法定刑上限是有期徒刑15年，由于其重于同意杀人罪（刑法第202条）的法定刑上限有期徒刑7年，就能够解释为，否定了超过7年有期徒刑部分的适用。

第三章　犯罪论的体系

所谓**犯罪**，“是指**该当构成要件、违法且有责的行为**”。由罪刑法定主义的原理出发能导出构成要件该当性的要件，基于法益保护主义的原理可以解释违法性的要件，而根据责任主义的原理，能够导出责任（有责性）的要件。

以下各章，是对于（1）构成要件该当性，（2）违法性，（3）责任这些犯罪成立的条件分别加以具体的解释论上的检讨，在此之前，首先要简洁地阐明这样的犯罪论之全体的体系性的含义。

第一，犯罪必须是**行为**。只有行为才能成为处罚的对象，思想、信条、意思等，在其仅止于行为人的内心的意义上，不能成为处罚的对象。对于行为的含义虽将在后文予以检讨，总体上，以“基于意思的身体的动静”作为解释行为的立场是较为妥当的。在这里必须指出的是，虽说只有行为才是处罚的对象，单纯的行为人的内心不属于行为，但根据场合，“不实施一定的作为”的不作为也会成为处罚的对象。在这一场合，行为人的不作为对法益的侵害性并非只停留在单纯的内心状态，而是与作为一样，其行为性被肯定。

第二，要求“（犯罪）**构成要件**”这样的独自的要件作为犯罪成立条件。这里所说的构成要件，不同于作为犯罪的成立、科刑这样的法之效果的要件的犯罪成立要件的总体，而是一个特殊的法技术的概念。这是指，根据刑罚法规所设定的犯罪的类型，也是作为犯罪而言根据法律所确定的行为的类型。为了肯定犯罪之成立，该当这种犯罪类型首先是必要的。这正是只允许处罚法律所规定作为犯罪的行为这一罪刑法定主义的要求，不该当构成要件的行为不能成立犯罪，构成要件具有这样的**排除机能**。

第三，将**违法性**（在刑法上被禁止）与**责任**（能够认定非难可能性）予以区别，各自作为独立的犯罪成立要件。将对禁止的违反（基于客观的被害、恶害的判断）和对实施违反规范行为的非难（基于行为人内心的判断）予以区别，对此分别予以检讨。换言之，不是将犯罪的实质的成立要件归诸一元的基准，比如，不用是否属于值得社会非难的行为为基准决定犯罪的成否的思考方法，而是由违法性以及责任这样的二元的基准来划定犯罪的成否。违法性以及责任各自立足于不同的政策原理，这奠定了这样的二元基准的基础，并使其正当化了。就是说，像前文叙述所明确的那样，违法性可理解为立足于法益保护主义的原理，而责任则是基于责任主义原理的要求。

这样，将违法性与责任加以区别，承认与责任相区别的客观的违法性，也就意味着采用了属于通说的**客观的违法论**，而不是采用否定违法与责任之区别的见解。这种被称为主观的违法论的见解将法规范理解为命令（命令说），认为只有在能够遵从法规范但却违反了该规范时才属于违法，从而认为只有有责的行为才属于违法。关于客观违法性论这一点，第五章将有详述。

第四，要成立犯罪，该当于构成要件的行为必须是**违法**（在刑法上被禁止）的。作为犯罪而在法律上规定的行为，即该当于构成要件的行为，由于是为了禁止相应的行为而作出的相应规定①，原本是被设想为违法的。比如说，在明知的情况下（故意地）将人杀死的行为，该当了

① 禁止相应行为的理由在于，这是为了保护因相应行为而遭受威胁的法益。在此法益保护的理念是妥当的。

杀人罪的构成要件，被设想为是违法的。但是，就像基于正当防卫（刑法第 36 条）而杀人是被允许的那样，存在着例外的事情的场合，即便是该当了构成要件的行为也不能认可其违法性，这样的场合是存在的，称为**违法性阻却**。要成立犯罪，必要的是该当构成要件的具体行为不存在这样的特殊的事情（这称为**违法性阻却事由**），确实属于刑法上所禁止的行为。

第五，要成立犯罪，该当于构成要件且违法的行为必须是由行为人有责地（具备**责任**）实施的。尽管是该当了构成要件的违法行为，从责任主义的要求来看，不能肯定存在属于非难可能性之责任的行为（这称为**责任阻却**，导致这种责任阻却的事情，称为**责任阻却事由**），不能作为犯罪加以处罚。

第六，犯罪的成立是按照（1）构成要件该当性，（2）违法性，（3）责任这样的**顺序**来判断的。这样的判断顺序本身是有意义的。就是说，是否成立犯罪，按照由客观到主观、由事实到评价、由形式到实质（由能够相对明确判断的内容到难以相对明确判断的内容）这样的顺序进行判断，这一点是重要的。这是因为，这样的判断锁定了判断对象的顺序，难以判断的对象受到限定，就赋予了原本困难的犯罪成立与否的判断以安定性。

第四章　构成要件该当性

第一节　构成要件的概念

第一款　构成要件的诸概念

一、概述

构成要件（犯罪构成要件）是在20世纪20年代末，从德国刑法学中传入日本的概念（Tatbestand）（参见小野清一郎：《犯罪构成要件的理论》，泷川幸辰：《刑法讲义》），可以看出这一概念已然扎根于现在的学说之中。可是，大家所认可的，只是将构成要件这样的概念作为犯罪成立要件予以承认这一点，而就构成要件的内容有关的理解来说，论者不同，内容也多有不同。在这个意义上，也有评价认为构成要件论形同“密林”，纷繁错杂（参见町野朔：《构成要件的理论》，现代的展开Ⅰ，1页以下）。

所谓构成要件，一般来说基本的理解是指**立法者在法律上所规定的犯罪行为类型**，但构成要件的概念，根据其承担任务、机能的不同，可能由林林总总的内容所构成（参见平野龙一：《围绕着构成要件之概念》，平野·《诸问题》（上），1页以下）。就这样的机能来说，成为问题的是以下几个方面：（1）将犯罪予以个别化，与其他的犯罪加以区别，比如，将作为故意犯的杀人罪和作为过失犯的过失致人死亡罪在构成要件中加以区别的机能（**犯罪个别化机能**），（2）划定为认定存在故意所需要认识的事实之范围的机能（**故意规制机能**），（3）在对构成要件与违法性的关系的理解上，由于该当了构成要件而“推定”存在违法性的机能（**违法推定机能**）。

犯罪是侵害我们的宝贵利益（法益）的行为（作为法益侵害行为的犯罪），为了抑制、预防犯罪而将其作为禁止、处罚的对象，由此将构成要件解释为违法行为（作为刑法上禁止对象的行为）的类型（作为**违法行为类型**的构成要件）是基本的理解。但实际上如下文所述，有各种各样关于构成要件概念的提法、主张。

二、记述的、作为单纯的行为框架的构成要件

构成要件这一概念原本的意义是，划定行为人必须对此存在认识的事实的范围，以此认定行为人存在故意①（故意规制机能），但是在日本，有见解从强调构成要件的价值中立性、否定其违法推定机能的角度出发，将构成要件理解为**记述的、单纯的行为框架与类型**（内田（上）143 页以下，曾根 45 页以下）。另外，虽与将构成要件理解为行为的框架这一点并无直接关系，但上述见解从重视构成要件的犯罪个别化机能的见地出发，将故意、过失纳入构成要件之中（像这样，被纳入构成要件中的故意、过失称为**构成要件的故意、构成要件的过失**），其结果就是，本学说原本意义所在的故意规制机能也就遭到了否定。不过，作为全体的构成要件的内部，又区分为主观的构成要件与客观的构成要件，并承认后者具有故意的规制机能。

三、作为违法行为类型的构成要件

不同于前文“二”中所提到的见解，也有见解在维持记述的、作为单

① 德国刑法旧第 59 条第 1 款规定，在不知道存在属于法定的构成要件的事实或者是法定的加重刑罚的事实时，该事实即不能归责于行为人。在那样的立法之下，构成要件作为实定法上的概念，就有必要划定其含义与内容。

纯行为框架的构成要件概念的原初含义、将承认构成要件的故意规制机能作为出发点的同时，又将何以对属于构成要件的事实具有认识即可肯定故意作为问题意识。对此，该见解认为，正是因为属于构成要件的事实是违法的事实，为了认定故意，从而也就是必须要具有认识。在如此理解的场合，构成要件也就不再是单纯的记述的行为类型，而能理解为是**违法行为的类型**（平野Ⅰ99页）。因此，这也就肯定了构成要件的违法推定机能。并且，在这样的构成要件的理解基础之上，更进一步，将故意、过失理解为**责任要素**的场合，则故意、过失也就被置于构成要件的框架之外。也就是，否定了构成要件的故意、构成要件的过失的观念。结果就是，由于将作为责任要素来理解的故意、过失置于构成要件之外，一方面，构成要件的故意规制机能得以维持，但另一方面，会因为仅凭构成要件该当性无法区别故意犯和过失犯（比如说，在构成要件的阶段无法区分杀人罪与过失致人死亡罪），也就是，故意犯与过失犯的构成要件被认为是一样的，也就否定了构成要件的犯罪个别化机能。在此，犯罪个别化机能则由构成要件与故意、过失所构成的**犯罪类型**这一另外的概念承担了。

四、包含故意、过失且作为违法行为类型的构成要件

这一见解虽也站在将构成要件理解为**违法行为类型**的立场上，但从故意、过失属于**违法要素**的理解①出发，认为构成要件中也包含故意、过失（肯定作为违法要素的构成要件的故意及构成要件的过失）（福田69页以下，井田89页以下）。其结果就是，肯定了构成要件的违法推定机能与犯罪个别化机能，但由于故意已然被纳入构成要件之中，从而否定了故意规制机能。

五、作为违法有责行为类型的构成要件

这一见解将构成要件理解为不是单纯的违法行为类型，而是**违法**

---

① 在这里，采纳了这样的见解，即，违法性并不仅只是所引起的法益侵害（结果无价值），行为的目的、内心的态度等，不能还原于结果无价值的、属于对于行为之否定评价的行为无价值也成为考虑的对象。

有责行为类型。故意、过失作为**责任要素**而属于构成要件（即肯定了构成要件的故意、构成要件的过失）（团藤98页、大塚122页，大谷93页，佐伯仁志31页以下等。另外，请参见西田73页以下）。按照这种观点，虽能肯定构成要件具有犯罪个别化机能与违法推定机能，但由于已经将故意纳入构成要件之中，这样势必会否定构成要件的故意规制机能。

在学说之中，也有见解认为，构成要件是当罚的行为类型，其由相应犯罪所固有的违法要素及责任要素所构成，结果就是，也将构成要件作为违法有责行为类型加以把握（町野Ⅰ117页以下）。这一见解认为，并非相应犯罪所固有，而是作为一般责任要素的故意、过失并不包含于构成要件之中。结果就是，这样的见解否定了构成要件的犯罪个别化机能，而肯定了其违法推定机能。另外，既然是从构成要件之中排除了故意、过失，理应能够肯定构成要件的故意规制机能，但该见解的主张者却否定了这一机能（町野Ⅰ209页[①]）。

第二款　作为违法行为类型的构成要件及其意义

如前款“一”所述，应当将违法行为类型这一思考方法作为基础来理解构成要件。

首先，将构成要件理解为记述的单纯的行为框架、类型的理解，其意义在于否定了构成要件的违法推定机能但否定构成要件的违法推定机能本身的妥当性就有疑问。其理由如下。其一，为了肯定构成要件该当性，能够承认引起该当构成要件的结果（法益侵害或其危险）是必要的，而既然引起了这样的结果，只要是没有特殊的理由，就应肯定行为的违法性，这毋宁说是当然的事情。其二，由于否定了构成要件的违法推定机能，就会肯定构成要件该当性以外的理由，即包摄进构成要件内的法益侵害、危险以外的事情对违法性赋予积极的基础，这本身就是不

① 这一点，与在后述的抽象的事实错误问题上该见解主张不法·责任符合说是有关系的（参见后述第六章第三节第三款）。

妥当的。这是因为，存在于构成要件框架之外的法益侵害、危险本来就不能为处罚奠定基础，要是承认其赋予违法性以基础意义的话，从罪刑法定主义的见地出发，这就会产生很大的问题。只有在立法者设定的构成要件框架之内所引起的法益侵害或其危险才能为处罚赋予积极的基础，可以说这正是罪刑法定主义的意义所在。

其次，那种在将构成要件理解为违法行为类型的同时又把故意、过失作为违法要素纳入构成要件之中的见解，也就是承认作为**违法要素**的构成要件的故意、构成要件的过失的见解，可以说其将故意、过失理解为违法要素本身是有疑问的。如后文所述（参见第五章第一节第一款），违法性的实质内容应该从法益侵害、危险的惹起的角度来把握，将作为对违法事实的单纯的认识或认识可能性的故意、过失理解为违法要素的见解，属于将不同于法益侵害、危险的惹起的行为或者行为人的无价值性（否定评价）本身作为违法要素来理解，此种对违法性的理解是有疑问的。

再次，对于那种将构成要件理解为违法有责行为类型并且将故意、过失作为责任要素纳入构成要件之中的见解，也就是承认作为**责任要素**的构成要件的故意、构成要件的过失的见解也存有疑问，亦需要进一步探讨。这是因为，这种观点重视的是犯罪的个别化机能，这样虽有其道理，但是，按照这种观点，所谓构成要件，就成了犯罪本身，亦即犯罪的积极的成立要件之整体，或者说是从犯罪的成立要件的整体之中，除去了那些犯罪成立阻却事由的东西，这样一来，就几乎完全丧失了构成要件本身所具有的作为独立的犯罪成立要件的意义。在此意义上，夸张点说，这种观点就是“构成要件概念的自杀”，也可以说是构成要件否定说。即在这一见解那里，就与将故意、过失排除在构成要件之外的违法行为类型说采用的“犯罪类型”的观念相同了。再者，该观点中，由于构成要件失去了故意规制机能，其结果恐怕就是无论如何都有必要替代“构成要件”，导入承担这一机能的“故意规制机能的客观的构成要件”的概念中的“构成要件”了。其结果是，将故意、过失排除在构成要件之外的违法行为类型说采用“构成要件”—“犯罪类型”的概念，而与此对应，在此种见解中，则是采用“客观的构成要件”—“构成要件”的概念。这意味着，将故意、过失排除在构成要件之外的违法行为类型说与此种见解的不同不过是概念、用语的整理、使用方法的问题而已。无论怎样，必须得有别的概念来承担故意规制机能和犯罪个别化机能。并且，对违法有责行为类型说而言，违法要素与责任要素的区别往往变得非常暧昧，也会产生将两者混淆而进行构成要件该当性之判断的担忧。也即，将犯罪的实质的成立条件分为违法性与责任，能够依循各自背后的不同的原理进行分析的考虑，而将构成要件理解为违法有责类型的话，则妨碍了这种初衷，极有可能会导致倒霉的“全体的考察”。因而，在该见解中，就有必要特别留意将违法要素、责任要素的区别明确化。

再有，就违法有责类型说那样将故意纳入构成要件（肯定构成要件故意的概念）的见解而言，在后述（参见第六章第二节第二款“三”）违法性阻却事由该当事实的错误的场合，通过对客观的构成要件该当事实的认识而肯定了构成要件的故意，因而肯定了故意犯的构成要件该当性，与此同时，又如何推导出来判例和通说所支持的成立过失犯这一结论，对这一点也有必要花费若干理论上的工夫。

另外，那种在将构成要件理解为当罚的行为类型意义上的违法有责行为类型的同时，又认为故意或过失不是相应犯罪所固有的要件，从而将其从构成要件之中排除的见解，同样留有疑问。这一见解中，将构成要件作为当罚的行为类型来理解的出发点本身是妥当的，而将犯罪的成立要件分为具体犯罪固有的要素和一般的要素，这一区分的思考方法也值得一听。而且，将故意、过失置于构成要件以外的同时，将除此之外的违法要素、责任要素纳入构成要件，这一点在探讨对前述违法性阻却事由该当事实的错误案件的处理时，可以说也是有魅力的。但是，这就存在一个问题，既然是从正面承认了构成要件也属于责任类型，那么作为责任要素的故意、过失就很难不被纳入构成要件之中。故意、过失是作为个别的犯罪的故意、过失而成为犯罪的成立要件的，这与该犯罪固有的主观的构成要件要素一样，其内容也是该犯罪所固有的，比如杀人罪与盗窃罪的故意内容是不同的，也可以说是不同的故意成为各自犯罪的成立要件，将故意、过失从构成要件之中排除的理由恐怕就是不存在的。

在检讨构成要件概念之际，应该以这样一种理解作为出发点，即，犯罪是值得处罚的当罚的行为，从而，构成要件就是法律所规定的**当罚的行为类型**。这样，行为的当罚性，如果考虑到是依据作为犯罪的实质成立条件的违法性以及责任而确定其基础的话，可以说将构成要件理解为违法有责的行为类型就是自然而然的。但是，尽管如此，从重视故意规制机能的见地出发，将构成要件理解为**违法行为类型**也不是不可能的。这是因为，在形成当罚的违法行为的**类型**之际，虽然也当然会考虑责任要素，但责任要素一旦作为构成要件要素而纳入构成要件之中的场合，除了后述的盗窃罪中的不法领得的意思等主观的要素的场合外，其作为客观的要素，就具有了客观地形成违法行为类型的意义，同时可认为其也就失去了作为责任要素的意味。可以说，其作为责任要素的意味，不过是通过行为人对相应客观要素的认识而得以肯定而已。比如说，隐灭证据罪（刑法第104条）中，作为犯罪对象而言只规定了“关于他人的刑事案件的证据”，隐匿、毁灭关于自己的刑事案件的证据被认为是不可罚的。这是因为，从期待可能性（责任）的程度很低这样的见地出发，而能将关于自己的刑事案件的证据的隐匿或毁灭理解为不可罚的，在这个意义上，可以说，“关于他人的刑事案件的证据”这一要素就是考虑了责任之后而被纳入构成要件之中的。但是，这一要素既然已经纳入了构成要件之中，就只属于构成要件要素而不属于责任要素了（这样，就应该否定**客观的责任要素**之观念①）。这是因为，若将其理解为责任要素，就会产生如下问题。即，如果认为“关于他人的刑事案件的证据”这一要素真正地属于责任要素的话，那么成为问题的恐怕就不

---

① “关于自己的刑事案件的证据”这一情形，只有反映于行为人的主观，方才使责任减少。就是说，起着责任减少作用的是行为人对“关于自己的刑事案件的证据”之事实的认识，而“关于自己的刑事案件的证据”这样的客观事实本身，对于责任的减少并未发挥作用，其意义不过在于是行为人的认识对象而已。学说虽也存在着肯定客观的责任要素的有力说（西田72页等），但这种有力说在理解上存在着这样的疑问。

应该是客观上的“证据的他人性”，而完全应该是对“证据的他人性”的认识。理由在于，客观上的“证据的他人性”本身对于适法行为的期待可能性也就是对于责任判断没有丝毫的影响。但要是这样的话，在把所隐匿、毁灭的“关于自己的刑事案件的证据”误认为“关于他人的刑事案件的证据”的场合，由于不能肯定责任的减少，就可能导致认为此种场合是可罚的。但是，这违反了刑法第104条的明文规定，是不能采纳的解释。这样，将隐灭证据罪的对象限定在“关于他人的刑事案件的证据”虽说原本考虑了责任因素，但这种考虑一旦被作为客观的要素而纳入构成要件之中，其也就成了客观地形成违法行为类型的构成要件要素了。“关于他人的刑事案件的证据”本身不是责任要素，行为人对此的认识作为相应犯罪所固有的故意内容成为了责任要素。

从这样的理解出发，可以将构成要件理解为**当罚的违法行为类型**。[①] 其结果就是，承认了构成要件的**违法推定机能**。但这样做的问题是，基于那种将故意、过失理解为责任要素而非违法要素的立场，是否也应该将故意、过失纳入构成要件，进而承认作为违法行为类型的构成要件也具有作为有责行为类型的意义呢？与此点相关，可以考虑两种理论构成，（1）认为构成要件由客观的构成要件和主观的要素组成，而将故意、过失包含于构成要件之中，（2）在构成要件中排除故意、过失。若是连要把故意、过失作为责任要素来理解这一点也都已经确认了的话，就可以说以上两者不过是无关实质的说明方法的差异而已。就（1）来说，构成要件虽是违法行为类型，但也成了有责行为类型，而（2）之中将构成要件理解为违法行为类型，考虑到责任也被视为构成要件要素，将其作为塑造违法行为类型的要素来理解，进而作为责任要素的故意、过失就和构成要件一起，被犯罪类型这一概念所统合、吸纳了。根据（1），犯罪个别化机能由**构成要件**、故意规制机能由**客观构成要件**所

① 另外，在有的场合可以肯定存在属于构成要件的主观的要素（主观的构成要件要素）。如后所述，这种属于构成要件的主观的要素，除了违法要素（主观的违法要素）之外，还有责任要素。从后述（2）的见解出发，应该将属于构成要件的（主观的）责任要素，当做与当罚性相关的（违法行为）类型形成要素来理解。

分担，而根据（2），犯罪个别化机能由构成要件和故意、过失构成的**犯罪类型**，故意规制机能由**构成要件**分别担负。本书旧版（第30页以下）从重视故意规制机能的见地出发而坚持了（2）的立场。但既然也可能认为（1）与（2）的差异无关实质而不过是说明方法的问题，那么，就可以认为，无论何种说明都是可以的。因而，对于很多学说采用了（1）的理解，也未必就需要反对。①

在将构成要件作上述理解的场合，若是肯定了构成要件该当性，则只要是没有特别的理由（即违法性阻却事由），即属违法（违法推定机能）。学说中，曾有人主张所谓的**“开放的构成要件”**。所谓“开放的构成要件”是指，某些构成要件并没有将那些应给予违法评价的对象完全规定下来，为此，就不能承认这种构成要件具有违法推定机能，因而在违法性阶段，仍有必要积极地论证违法性。但是，不应该肯定这样的“开放的构成要件”。比如说，妨害执行公务罪（刑法第95条第1款）中，作为本罪的成立要件来说，公务的合法性虽然必要，但这不应该被理解为不属于构成要件的违法要素，而应该直截了当地被理解为构成要件要素。“开放的构成要件论”这一概念实际上是通过将这样需要在解释上补充的要件从构成要件阶段挪到违法性阶段，使之脱离于故意的认识对象之外，是为扩张故意犯的成立范围并进而扩张处罚范围设计的，这样的处罚扩张论本身没有根据，也是不妥当的。就上述属于妨害执行公务罪之成立要件的公务的合法性而言，将这种对合法性的认识作为故意的要件是必要的。

第三款　构成要件要素

构成要件由**构成要件要素**所构成。构成要件要素虽因各具体犯罪而异，但要是抽象地、一般地来看的话，也可以说，是由以下这样的要素形成了构成要件。即，（1）主体，（2）行为，（3）结果，（4）因果关

① 就用语而言，构成要件通常是在（1）的意义上使用的。根据正文中所叙述的理由，倒是也没必要非要对此种理解表示异议。

系，（5）正犯性，（6）主观的要素。从故意、过失包含于构成要件之中的见解（违法有责行为类型说）出发，故意、过失也是构成要件要素，但由于故意、过失终究是责任要素，所以要放在责任论（第六章）中予以检讨，除此之外的上述相关诸问题，则在下节以后依次予以讨论。

第二节　主　　体

第一款　自然人

一、概述

犯罪的主体在法律条文上是用“……者”来表现的，自然人即属于此。如后所述，法人不属于这里的“……者”，仅在具备将法人作为处罚对象的特别规定的场合，方才处罚法人。

二、身份犯中对主体的限定

多数的犯罪对犯罪主体未设置限定，引起了构成要件结果的人全部都属于处罚的对象。法条上，主体只规定为“者”。比如说，杀人罪、盗窃罪、诈骗罪等刑法所规定的主要的犯罪都属此类。但是在刑法之中，也存在着就主体来说要求一定的属性、对其范围予以限定的情形。这称为**身份犯**。例如，受贿罪（刑法第 197 条第 1 款）、制作虚伪公文书罪（刑法第 156 条），其主体都限定为“公务员”；泄露秘密罪（刑法第 134 条第 1 款），其主体限定为“医师、药剂师、医药品贩卖业者、助产士、律师、辩护人、公证人或者曾经从事此类职业的人”。就这些犯罪而言，只要行为人不属于作为主体所规定的特定人之列，则不能肯定构成要件该当性。[①] 与此相对，由于能引起形成构成要件之内容的法益侵害的，只限于事实上具有一定属

① 就这样的身份犯来说，由于非身份者不具有身份，也不能作为后述的间接正犯加以处罚。比如说，制作虚伪公文书罪（刑法第 156 条）、制作虚伪诊断书等罪（刑法第 160 条）都属于身份犯，非身份者不成立相应犯罪的间接正犯。

性的人，欠缺这一属性的人是不可能单独地引起法益侵害的，进而就不能肯定其单独地成立相应犯罪，不过法条上对于相应的主体并无限定，这称为**疑似身份犯**。其与身份犯的区别在于，在法条上是否存在着对于主体的限定。比如说，就强奸罪（刑法第177条）而言，由于能够“奸淫女子”的只限于男子，所以女性单独犯强奸罪在事实上是不可能的。但是，在强奸罪中，由于法条本身并未将本罪的主体限定为男性，也就是说，并未要求“实施奸淫的男子”，无论谁是“实施了奸淫的人”都可能成为主体，女性通过利用欠缺故意或欠缺责任能力的男性等方法，作为间接正犯犯下强奸罪也是可能的，这一点与身份犯是不同的。判例（最决昭和40年［1965年］3月30日刑集19卷2号125页）虽认为强奸罪是主体限于男性的身份犯，但这一理解在上述意义上可谓是有疑问的。按照这样的理解的话，对女性也能够适用刑法第65条第1款作为共犯加以处罚，但却不能肯定间接正犯的成立了。在学说中，也存在着和判例一样将强奸罪解释为身份犯的见解（比如堀内258页，西田405页，等等）。但是，需要注意的是，这些见解只是从“引起法益侵害在事实上是否可能”这样的见地出发来理解身份犯的身份的，对身份犯全部是和对疑似身份犯一样来理解的。但是，这一理解忽视了主体是在**法条上**受到限定的（身份犯），还是在条文上并未受到限定而能够实施构成要件行为、不过是在**事实上**受到限定的（疑似身份犯）这一**立法规定上的区别**，因此是有疑问的。在这些见解中，将身份仅理解为引起法益侵害的事实上的可能性，结果就是，就身份犯来说，对于那些不具有法条所规定的主体属性者，只要其有以身份者为介而引起法益侵害的可能，就肯定其具有作为单独犯的间接正犯的构成要件该当性。但这种解释超出了法条用语的最大边界，想必是不能被采纳的。比如，条文上规定“公务员在……的时候”所成立的犯罪，认为非公务员也能成立该罪的单独犯——尽管是间接正犯——这恐怕是有困难的。

三、构成的身份犯、加减的身份犯

身份犯可以分成**构成的身份犯**和**加减的身份犯**。前者指在欠缺身份的场合就一概不能肯定犯罪的成立（又称**真正身份犯**。这样的身份称为构成的身份或者是真正身份），而后者指即便欠缺身份的场合也成立犯罪，但由于存在身份，刑罚被加重或者减轻（又称**不真正身份犯**。这样的身份称为加减的身份或者是不真正身份）。问题是，在非身份者作为共犯参与了这样的身份犯的场合，非身份者成立何种犯罪？对此，作为刑法第 65 条（身份犯的共犯）的解释问题，后文（第八章第三节第一款）予以探讨。

四、违法身份犯、责任身份犯

在身份犯中，身份属于构成要件要素，之所以要求这样的身份，则是考虑作为犯罪之实质要素的违法性或者责任的结果。在这个意义上，根据身份是违法评价所考虑的东西还是责任评价所考虑的东西，身份犯可以区分为违法身份犯和责任身份犯。① 亦即，将事关违法性评价、责任评价的地位，作为构成要件要素而提升至法律性规则这个高度的，正是违法身份犯、责任身份犯。构成的身份、加减的身份的区别是法律条文的形式上的区别；而违法身份、责任身份的区别，则是基于犯罪之实质评价的实质上的区别。

在**违法身份犯**中，由于身份的存在，而使主要保护法益或者次要保护法益之侵害成为可能的场合，身份为这样的法益侵害的可能性奠定了基础，由此而被规定为犯罪的成立要件。也有观点指出，在后述的责任身份犯以外的身份犯中，存在着这样的犯罪：即便没有身份时法益侵害也是可能的，但还是对主体作出了限定。但是，就这样的犯罪来说，仅仅是所限定的主体才能肯定其具有对次要法益的侵害可能性。比如说，就泄露秘密罪（刑法第 134 条第 1 款）而言，确实，未包含于该条文的主体之内的医疗从业者等也是可能对秘密造成侵害的。但是，在将人对于处在不得不披露秘密之立场的医师等人的信赖②作为次要的保护法益的场合，那么若不是医师等主体的话，就不可能产生这样的法益侵害。③

① 在身份属于违法要素的同时也属于责任要素的场合，则是违法・责任身份犯。受贿罪（刑法第 197 条第 1 款）中的“公务员”即属于此类。另外，关于违法身份或者责任身份与刑法第 65 条的关系，将在后文（第八章第三节第一款）阐述。

② 要是认为这样的信赖提高了对于行为人的责任非难的话，就能肯定主体具有了责任身份的特征。

③ 要是从责任的见地出发对身份加以限定的场合，就成了违法・责任身份。

在这个意义上，违法身份可以统一被理解为，是这种身份为法益侵害的可能性奠定了基础。违法身份犯就是在这样的法益侵害的可能性被限定于一定主体的场合，将这种侵害可能性作为身份而规定成了构成要件要素。此场合中，不具备身份的人则不可能成为犯罪的主体。与此相对，如前所述，仅将引起的结果规定成了构成要件，而未将身份规定为构成要件要素时，就属于强奸罪这样的所谓疑似身份犯。在这样的场合，引起了符合构成要件所规定的样态的结果的人，全部都能成为犯罪的主体。

就**责任身份犯**而言，由于存在一定的身份，虽然在法益侵害方面并没有什么差别，但却使得责任非难得以加重或者减轻，从而该身份被规定为构成要件要素。① 例如，常习赌博罪（刑法第186条第1款）中的“出于常习进行赌博的人”，是由于具有了常习者这一身份而导致了责任非难加重，从而要重于赌博罪（刑法第185条）的刑罚。此外，业务上堕胎罪（刑法第214条）较之同意堕胎罪（刑法第213条）加重了刑罚，业务上侵占罪（刑法第253条）较之侵占罪（刑法第252条）加重了刑罚，这些也都是责任身份犯的适例。

第二款　法　人

一、法人的犯罪能力

与关于“法人的犯罪能力”的讨论（比如，参见伊东研佑：《法人的刑事责任》，现代的展开Ⅱ，110页以下，等等）上持何立场无关，既然有效地存在着法人处罚规定，则作为现行法的解释，就法人（参见民法第33条以下）是否能成为一般犯罪的主体这一点来说，形式上是无法对之加以否定的。虽然犯罪能力否定说②认为法人处罚规定不过是

① 正确地说，通过行为人对身份的认识，责任身份才成为责任要素。在这个意义上，此身份不是客观的责任要素。

② 过去的判例认为就处罚法人的两罚规定而言是规定了无过失责任（参见大判昭和17年［1942年］9月16日刑集21卷417页等），当时是站在了否定法人的犯罪能力的立场上（大判昭和10年［1935年］11月25日刑集14卷1217页）。关于这一点的现在的判例的立场并不明确。

承认了法人的“受刑能力”而已，但是既然是存在“受刑能力”，也就是说否定了违反责任主义的连坐制、认为刑罚只是对于“实施了犯罪者”而科处的，这也就在形式上意味着承认了法人也是犯罪的主体。

不管怎么说，可以认为，只有在存在处罚法人的规定的场合，法人才能成为该罚则的主体①，其不包含在一般的罚则中所说的“……者”之中。这样的法人处罚规定，一般的是采取了**“两罚规定”**的形式，即在处罚实际上实行了违法行为的自然人行为人的同时，也一并处罚作为业务主的法人。两罚规定的例子，比如“法人的代表人或者法人或（自然）人的代理人、雇工以及其他工人进行有关该法人或（自然）人的业务……而犯罪的时候，除处罚行为人之外，对该法人或（自然）人亦科处各本条规定的罚金刑”②。这里，以存在违法行为人为前提，规定了既处罚自然人行为人也处罚作为业务主的法人。

这一两罚规定，就规定了处罚法人这一点来说，属于刑法第 8 条所说的“特别的规定”。

二、两罚规定的含义与解释

两罚规定中处罚自然人业主的根据，从认为是无过失转嫁罚的立场转向了认为针对防止违反行为存在过失责任的立场（参见采取了**过失推定说**的最大判昭和 32 年［1957 年］11 月 27 日刑集 11 卷 12 号 3113 页），与此相对应，由于与自然人有同样的规定，作为条文解释理所当然地对法人业主的处罚根据也采取了同样的理解（围绕关于法人刑事责任理解的讨论，参见西田典之：《团体与刑事罚》，《岩波讲座基本法学 2 团体》259 页以下，伊东前引《法人的刑事责任》107 页以下，佐伯仁志：《关于法人处罚的一个考察》，松尾古稀（上），655 页以下，高山佳奈子：《法人处罚》，ジュリ 1228 号，71 页以下，川崎友巳：《企业的刑事

① 不具有权利能力的社团等，在将其规定为主体的罚则的限度内，亦成为犯罪的主体。

② 在日本，自昭和初期开始设置既处罚职员又处罚法人的两罚规定。其中 1932 年的《防止资本逃避法》第 5 条首先规定了两罚规定，现在很多法律（比如反垄断法第 95 条）都采取了两罚规定。——译者注

责任》，樋口亮介：《法人处罚与刑法理论》，等等）。也就是，判例给出了如下的判示："就业主为自然人的场合的两罚规定来说，对于其代理人、雇工以及其他职员的违反行为，推定业主未能尽到对于以上行为人的选任、监督以及其他为了防止违反行为的必要的注意而存在过失，只要是业主未能证明尽到了上述注意义务，则业主亦不能免除刑责。理解为存在这样的立法意图是适当的，这是最高裁判所屡次的判例……中已经说明了，上述的立法意图，也当然应该推及像本案这样的业主是法人（股份有限公司）而行为人并非是其代表者而是其职员的场合"（最判昭和40年［1965年］3月26日刑集19卷2号83页）。

在此，将对于法人业主的处罚根据诉诸"未尽到为了防止违反行为的必要的注意这一过失"，且认为该过失得以"推定"，只要是未能证明系无过失则受到处罚。可以说，是这样的一种思考方法：以将法定代表人的行为与法人的行为同等看待的立场（**同等看待说**）为前提，并将自然人行为人的关于防止违反行为的监督过失责任作为问题，在肯定了这种监督过失责任的场合，则视为法人的监督过失责任。与此相对，上述的判例中未有言及在法定代表人本人实施违反行为的场合，则该违反行为原封不动地归属于法人，针对法人则可追究直接行为责任，因而，法人没有免责的余地。

对于这样的在学说上亦成为通说的**"过失推定说"**，有几个问题点得以指出。首先，肯定了过失的推定，意味着只要是未能证明无过失即无从免责，但既然是将监督过失责任作为处罚的根据，参照"存疑时有利于被告"这一刑事裁判的铁则就是有疑问的，责任主义这一基本原则也未被彻底贯彻。更为实质的是，在裁判例中，为了肯定无过失之免责，仅具有一般的、抽象的注意是不够的，要求为了防止违法要给予积极的、具体的指示，要求为了防止违法行为尽了努力（比如，参见东京高判昭和48年［1973年］2月19日判夕302号310页），其结果就是，追究了严格的责任，事实上免责变得十分困难。这一点是非常重要的。由此出发，在学说之中，将监督过失责任说的思考方法彻底化、否定过失推定的**"纯过失说"**也得到了有力的主张（神山敏雄：《两罚规定与业主的过失责任》，法セ227号，85页，三井诚：《法人处罚中的法人行为与过失》，刑法23卷1、2号合刊，151页以下，齐藤59页，西田前引：《团体与刑事罚》，266页，林83页，等等）。

在采纳纯过失说的场合，非常明显的基本问题在于监督过失的内容。即，对于代表者来说，肯定其对于职员的违反行为具有具体的预见可能性，这从高度分化的企业组织体的实际状况来看是很困难的，对于代表者所实际上能肯定的预见可能性，恐怕不得不停留在一般的、抽象的层面上。由此出发，虽然也出现了这样的一种思考方法，即以能够要求具体的具有预见可能性的高级职员的监督过失责任作为问题，并将此种责任归属于法人，但是，由此就会产生这样的一种困境——导致法人就没有了免责的可能性而只得被追究责任，使得法人的责任追究范围扩大化了。可以说，出现这一问题的背景在于，将代表者的行为看作是法人的行为这样的理解是有界限的，由此出发，在学说之中，力图将法人固有的过失责任作为问题的见解得以主张（参见佐伯前引《关于法人处罚的一个考察》，655页以下，川崎前引《企业的刑事责任》，樋口前引《法人处罚与刑法理论》，等等），且受到了关注。

第三节　行为与结果

第一款　行　为

一、行为的含义

只有**行为**能成为处罚的对象，思想、信条、意志等，只要是还停留于内心，就不会成为处罚的对象，这一点前文已有述及。关于这样的行为之含义的“行为论”，以前曾有极其热烈的讨论，**自然行为论**（将行为理解为基于意思的身体的动静。藤木70页等）、**目的行为论**（将行为理解为由目的所支配的身体的运动。福田59页以下，井田243页以下等）、**人格行为论**（将行为理解为属于行为人人格的主体现实化的身体动静。团藤104页，大塚104页，佐久间35页等）、**社会行为论**（将行为理解为具有社会意义的身体的动静。佐伯145页，大谷89页，曾根49页，浅田106页等）等，各式各样的见解得以主张。但是，最近占据支配地位的理解认为，此等讨论的意义是有限的。关于行为论的体系的位置以往亦有争论，但确认一下行为属于构成要件要素这一点就足够了。

将行为理解为“**基于意思的身体动静**”是妥当的，并且这也足够了。不过，即便是身体的动静，诸如条件反射等非基于意思的身体动静，也被排除在行为之外。① 有这样一个否定了行为性的意味深长的裁判例：行为人做了个像是要被杀死的梦，被极度的恐惧感所魇，在半睡半醒的状态之下出于勒住对方脖子的打算，而勒住了正在睡觉的妻子的脖子，将其杀害。关于这一案件的判决大阪地判昭和37年［1962年］7月24日下刑集4卷7、8号合刊696页中，为成其为行为而要求有“意思支配”。该判决就要求，要谓之为行为，以存在“意思支配”为必要。

只有“**基于**意思”这一点是行为的要素，而意思的**内容**，作为故意、过失，则属于责任的要素。将行为的目的性这一意义上的意思的内容理解为行为要素的见解（目的行为论），通过意思的内容属于行为的要素而肯定其成为违法要素（行为无价值论），就将法益侵害以外的事情作为奠定违法性的基础这点来说，这样的见解是有疑问的。

二、作为与不作为

行为是基于意思的“身体的**动静**”。也就是说，就行为而言，不但包括属于身体的“动”的作为，也包含属于身体的“静”的**不作为**。这里所谓不作为，并非指身体完全不动这种单纯的静，而是指没有实施诸

---

① 此外，也有观点认为，意思的要素属于多余的要件，比如佐伯145页，平野Ⅰ113页，町野Ⅰ123页，西田82页等，但通过像本书这样的理解，可以划定必要且充分的行为概念。而且，认为行为意思本身并非故意、过失的要素，而属于行为的要素，这样理解是合适的，因而，将意思的要素排除在行为之外，想必是难以承认行为意思的。

如“救助他人”这种“被期待实施的作为”。因此，只要没有实施“救助他人”这种“被期待实施的作为”，不仅仅是诸如躺着什么也不干的情形，即便是实施了诸如“饮酒”等“被期待实施的作为”之外的作为的情形，也仍然属于不作为。在此意义上，可以说，不作为就是一种相对而言的概念，只有与“被期待实施的作为”联系在一起，才能得以认定。

另外，关于作为与不作为的区别，如后（本章第六节第二款）所述。

三、亲手实行与间接实行

除了行为人自己直接引起了结果的场合（**亲手实行**）之外，还存在着在行为人的行为与发生的结果之间介入了第三人或者被害人的行为、由该行为直接引起了结果的情况（**间接实行**）。在前者的场合，例如，行为人自己给被害人注射毒药而将其杀死的场合，是行为人的行为引起了结果，这一点很容易理解（**直接正犯**）；而即便在后者的场合，比如说，通过送货上门的邮递服务将有毒的包子送到被害人的家中，毫不知情的被害人吃了包子而被杀害的场合，尽管在行为人的行为后，介入了直接引起结果的他人的行为，有时也能看作是行为人自己引起了结果，这称为**间接正犯**。在能肯定构成要件该当性的事例中，直接正犯与间接正犯的不同之处只不过在于事例上、**事实上的区别**而已。从而，在构成要件要素要求犯罪主体是具有一定身份的身份犯的场合，要想肯定成立间接正犯，也有必要存在相应的身份。也就是说，非身份者不成立身份犯的间接正犯。此外，在犯罪之中，还存在着像侵入住宅罪（刑法第130条）、伪证罪（刑法第169条）以及道路交通法上的无证驾驶罪等，在构成要件上要求亲手实行的犯罪（这称为**亲手犯**。否定这一概念的见解，有西田76页等），这一场合也被认为不成立间接正犯（比如，参见堀内290页等）。确实，在属于构成要件要素的实行行为（构成要件行为）中，在其解释上，大概能够考虑的是存在着这样的行为：因为难于将行为的实行与引起法益侵害结果割裂开来，二者密切相关，所以该行为就不包括“使他人实施相应行为”（间接实行）而必须是“自己实施相应行为”（亲手实行）。比如说，在侵入住宅罪中，即便是让不知情的他人侵入了别人的住宅也不能说是“侵入了……”，这样理解也不是不可能。此外，由于伪证罪中的“虚伪的陈述”必须是由“根据法律进行宣誓的证人”亲自实施的，所以可以认为，强制他人作了伪证的人，也不成立伪证罪的间接正犯，而仅仅是能够成立强要罪而已。况且，伪证罪是身份犯，由于非身份者不成立身份犯的间接正犯，不管根据哪个理由，此种场合都不成立伪证罪的间接正犯。再有，可以认为没有汽车驾驶执照的人，强制有驾驶执照的人开车的场合，也不成立无证驾驶罪的间接正犯，而仅仅成立强要罪。况且，在这一场合，由于没有发生无照驾驶罪的法益侵害，不管根据哪个理由，都不能肯定成立间接正犯。此外，在强制不具有驾驶证的人开车的场合，虽产生了无证驾驶的法益侵害，认为此时不成立无证驾驶罪的间接正犯恐怕也并非完全不可能。另外，正如从上述例子也可以看到的那样，可以想到的不成立间接正犯的理由有：（1）没有发生法益侵害、（2）由非身份者完成了身份犯、（3）通过介入他人而完成了亲手犯，因而我们有必要立足于这种视角之上，探讨成立间接正犯的界限。

问题在于，在何种场合，尽管介入了他人的行为却能够和行为人直接引起结果的场合被同样看待，也就是能够肯定成立间接正犯？对此，后文（本章第五节）加以阐述。

第二款　结　果

一、结果的必要性

对于成立犯罪来说，发生结果是必要的。单单是实施加害行为的意思表现于外部还不够。犯罪是针对于保护法益的加害行为的类型，现实地由于加害行为而发生了“结果”的场合，则成立犯罪。比如说，仅仅实施了将杀人的意思予以现实化的行为尚不成立杀人罪（刑法第199条），发生了人之死亡这一结果，“杀了人”方才成立。并且，即使在未遂犯的场合，如后所述（第七章第二节），也以存在发生既遂的具体的危险这一“结果”为必要。在这一意义上，可以说犯罪是引起结果行为的类型，结果成为所有犯罪所共通的构成要件要素（**构成要件的结果**）。

如侵入住宅罪（刑法第130条）和伪证罪（刑法第169条）等，有些犯罪看上去像仅有行为就能成立（这被称为**单纯行为犯**、举动犯等），其实这样的犯罪是结果与行为同时或者几乎是同时发生的。其与其他的犯罪的区别仅仅在于，其他的犯罪是结果的发生和行为之间存在时间的、场所的间隔而已（对比于单纯行为犯，这些犯罪称为**结果犯**）。这样，在结果成为所有犯罪的构成要件要素（构成要件结果）、不存在没有结果的犯罪这样的意义上，包括被称为单纯行为犯的犯罪在内的犯罪全部都是结果犯。这种理解实则是否定“不需要结果的犯罪”意义上的单纯行为犯的观念的。

二、犯罪的分类

正如杀人罪的法条规定的结果是杀死属于行为客体的“人”那样，作为构成要件要素的结果，虽然是作为对于同样属于构成要件要素的**行为客体**的侵害而被规定下来，但我们可以这样理解：这实质上意味着，是对有别于行为客体的**保护客体**（**保护法益**）的侵害（比如说，在杀人罪中，对人的生命的侵害）。换言之，对保护法益的侵害就通过对行为客体的侵害而成为构成要件要素（构成要件的结果）。为此，何为保护法益，保护法益的内容是什么，就有通过解释法条而予以明确之必要。比如说，在妨害执行公务罪（刑法第95条第1款）中，公务员是行为客体，而通过对公务员实施暴行或胁迫所侵害的公务则可以理解为保护法益。再有，盗窃罪（刑法第235条）的行为客体是他人的财物，属于构成要件要素的结果是“窃取”（转移占有），而由此产生的实质的法益侵害，则是对物的利用可能性的侵害。此外，在这一场合，存在着这样的问题，即属于构成要件要素的结果与作为其内容的实质的法益侵害并未完全重合。认识这一点将有助于理解后述的如何区别继续犯和状态犯的问题。

属于构成要件要素的结果，不单指对保护法益的现实的侵害，也包括对保护法益的侵害的危险。前者这样的将法益侵害作为结果的犯罪称为**侵害犯**，而后者这样的将法益侵害的危险作为结果的犯罪称为**危险犯**。

属于危险犯之结果的法益侵害**危险**，是指**发生法益侵害的客观的盖然性或者可能性**，不过这是个可能附加程度的概念，有的场合要求高度的危险，有的场合只要有比较缓和的危险就足够了。在前者的场合，明文地要求“危险”的发生，是否发生了具体的、高度的危险被独立地作为判断的对象。与此相对，在后者的场合，作为要件所要求的是实行一般的、抽象的危险行为，这样的行为一旦实施通常就能肯定危险的发生，通过这样的危险的行为而展示了作为结果的危险的内容。前者那样的明文要求引起“危险”的犯罪称为**具体的危险犯**（刑法第110条的建造物等以外放火罪，刑法第125条的交通危险罪等），后者那样的法律条文上规定一般的危险的行为的犯罪称为**抽象的危险犯**（刑法第108条的现住建造物等放火罪等），不过不管何种危险犯，发生实质的危险都属于构成要件要素这一点是没有区别的，差别不过是前者的危险是高度的，后者也包括比较缓和的场合而已。再有，还存在着比如说遗弃罪（刑法第217条）等，属于两者的中间形态的**准抽象的危险犯**。这是指，在对构成要件行为的适用评价中，已经要求了某种程度的实质的危险判断 。即便是在抽象的危险犯的场合，虽说通过相应犯罪的解释而能将危险理解为该犯罪之要件，但因为具体的特殊事情而没有发生这一危险，在这样的场合，即便是实施了条文上明文规定的一般的危险的行为，也应该否定该犯罪的成立（关于这样的危险犯理解的全貌，请参见山口厚：《危险犯的研究》，东京大学出版会，1982。此外，在有关是否成立刑法第126条第2款的破坏舰船罪的最高裁决定中所附团藤、谷口两裁判官的补充意见中，也展示了对于此等属于抽象危险犯之结果的危险的实质性理解。参见最决昭和55年［1980年］12月9日刑集34卷7号513页）。

学说中，也有人将法益侵害、危险这样的结果作为构成要件要素的犯罪称为**实质犯**，而将只要实施条文上规定的行为即可成立、欠缺此等实质的结果的犯罪称为**形式犯**，但犯罪必须全部理解为实质犯，所谓的形式犯不过是以轻微的法益侵害为结果的结果犯或者是以轻微的危险为结果的抽象危险犯而已。

三、结果的发生与犯罪的终了

一旦发生法益侵害等结果犯罪即成立，但问题是，所成立的犯罪在何时终了。由于在犯罪未终了的期间，尚未开始计算追诉时效（刑诉法第 250 条、第 253 条）（最决昭和 63 年［1988 年］2 月 29 日刑集 42 卷 2 号 314 页认为，刑诉法第 253 条第 1 款中所规定的成为时效的起算点的“犯罪行为”，包含刑法各本条中所规定的结果），所以划定犯罪的终了时点具有实务上的重要意义。与此相对，作为共犯的教唆、帮助直至何时有成立之可能，这一问题就与犯罪的结束时点无关。如后文（第八章第一节第一款）所述，一般认为，属于共犯的教唆、帮助必须是介入正犯的行为而参与到构成要件的实现中，所以应该认为，在正犯行为终了后就不会成立新的教唆、帮助。

学说上一般将犯罪区别为即成犯、状态犯和继续犯。**即成犯**是指比如像杀人罪（刑法第 199 条）那样，由于发生了法益侵害等结果，在犯罪成立的同时犯罪也就终了了，而且该法益也随之消灭了；**状态犯**是指比如像盗窃罪（刑法第 235 条）那样，由于发生了法益侵害等结果，在犯罪成立的同时犯罪也就终了了，不过是在此之后仍保留着法益侵害的状态而已；而**继续犯**（又译“持续犯”——译者注）是指比如像监禁罪（刑法第 220 条）这样，由于发生了法益侵害等结果犯罪就成立了，在法益侵害等结果持续期间犯罪也持续地成立着。在这其中，由于即成犯与状态犯无论何者都是由于法益侵害的发生而导致犯罪的成立并且终了，在此之后不过是法益侵害状态在继续，在这些点上是共通的，所以对两者在概念上加以区分具有困难，并且，区别两者也并不具有实际上的意义。在与犯罪的终了时期的关系上，重要的是**继续犯与状态犯的区分**（关于这一问题，参见林美月子：《状态犯与继续犯》，神奈川法学 24 卷 2、3 号合刊，1 页以下，佐伯仁志：

《关于犯罪的终了时期》，研修556号，15页以下，等）。

在法益侵害等结果持续期间，继续犯持续成立。这是因为，正如监禁罪中的监禁等法益侵害结果那样，由于其结果持续地具有同等的侵害性，因而能持续地肯定其属于由构成要件要素的法益侵害等结果引起，进而能持续地、连续地肯定其具有构成要件该当性（构成要件该当性的继续或持续的更新）。有观点认为，继续犯的场合意味着行为本身处在继续之中（西田86页等），但未必如此。认为在监禁等场合行为是持续的，这完全是一种拟制。这不过是因为，区别于构成要件的结果的行为“效果”一直在持续，而直接认为这种情形与“行为”本身一直在持续的情形没有什么不同，从而将该情形看作是行为的持续。要是真的行为处在持续之中的话，那么虽然当初由于欠缺故意而否定了犯罪之成立，而事后产生故意的那个时刻，就会立马成立犯罪，这个结论明显是不妥当的。对这一场合，应该作为没有避免、消除结果这一不作为犯的问题来加以解决。[①] 比如说，在侵害了场所移动的自由时成立监禁罪（刑法第220条），在场所移动的自由持续地受到侵害的期间则持续地成立该罪，但这是因为属于构成要件要素的场所移动自由的侵害，由于每时每刻的侵害具有同等的侵害性持续地得到肯定，从而能够持续地肯定与当初的行为（行为本身未必是在持续之中）之间的构成要件该当性。在这一场合，如上所述，之所以也有见解认为此时监禁行为处在持续之中，可以这样来说明：不过是因为区别于构成要件结果的上锁状态等监禁行为的效果在持续之中，而给人感觉好像是监禁行为本身处在持续之中一样而已。与此相对，就状态犯来说之所以犯罪没有持续，是因为虽说由于发生了法益侵害等结果而导致了犯罪的成立，但此后即使法益侵害状态在继续，也不能持续地、继续地肯定构成要件该当性。比如说，盗窃罪（刑法第235条）由于对他人占有之下的财物的转移占有（所引起的利用可能性的丧失）

---

① 在后述的监禁罪的场合，比如说，误将他人锁在屋子里的行为人在对此有所觉察时，认为即便是在无论基于何种理由都不可能解救被害人的场合，其有所觉察之后也仍成立监禁罪（要是认为行为在继续之中的话，这样的归结就是不可避免的）是不妥当的。毫无疑问的是，此时应该通过考虑解救（法所期待的作为）的可能性等来判断是否成立监禁罪。

而成立，不过虽说在此后作为转移占有之结果的财物的利用可能性的丧失状态这一实质的法益侵害仍处在持续之中，但属于构成要件要素的占有转移并未持续，这是因为，除了偷电等情形之外，我们通常很难想象通过持续转移对物的占有的情形，因而犯罪自占有转移之后即告结束。

即便是状态犯，也存在着这样的场合：由于构成要件的结果是可以附加程度的概念，所以虽说一旦发生了构成要件的结果犯罪就成立且终了，但若结果恶化，只要其侵害性愈加强烈、引起了更重的结果，犯罪则仍旧成立，外观上看起来像是犯罪仍在持续成立之中。比如说，就伤害罪（刑法第 204 条）的场合，既然发生了人的健康状况的不良变更这一构成要件的结果，本罪就成立并且终了，但此后只要健康状态进一步恶化，就会导致针对最重的结果成立伤害罪，要是导致了最坏的死亡结果的话，在该阶段则成立伤害致死罪。此外，就该伤害结果的治愈过程或者该结果引起的身体的缺陷状态来说，由于不属于人的健康状态的“不良变更”，因而就这一过程或者状态不能再肯定成立伤害罪。在此意义上，伤害罪并非继续犯，其终归还是个状态犯。此外，近年有判例被理解为作出了这样的判断：只要由实行行为所引起的危险仍在维持或者持续（即便被认为是状态犯），犯罪就尚未结束（最决平成 18 年［2006 年］12 月 13 日刑集 60 卷 10 号 857 页认为，虚假陈述这一实行行为的结束时点并非是妨害拍卖投标罪的结束时点，只要基于虚假陈述的拍卖程序仍在进行，该罪就尚未结束）。然而，对于那些不属于继续犯的犯罪，要否定犯罪已经结束，就不能仅凭同一危险的单纯的持续，而有必要要求该危险之影响的扩大或者扩张。

第四节 因果关系

第一款 概说

一、作为结果归责要件的因果关系

行为与构成要件的结果之间，必须要有**因果关系**。这是因为，只有在能够肯定两者间存在因果关系的场合，才能说是由行为引起了构成要件的结果，才能实质地说法益受到了侵害或者危险，从而才能肯定构成要件该当性。问题在于，能够肯定构成要件该当性的因果关系的内容究竟是什么。

结论上讲，本书认为，要肯定因果关系，必须能认定，具有引起结果之现实性危险的实行行为（构成要件的行为）与构成要件的结果之间存在下述关系：（1）是基于对结果避免义务（该义务是指，解除实行行为所具有的引起结果的现实性危险，进而避免结果发生的义务）的违反而发生了构成要件的结果；（2）实行行为的危险性现实地转化为构成要件的结果。其中，第（2）点属于狭义的因果关系的认定要件，属于本来意义上的因果关系的内容；在第（2）点上再加上第（1）点，就属于要将结果归属于实行行为而需要的，广义上的因果关系的认定要件。

二、作为现实的危险行为的实行行为（构成要件行为）

虽说行为人必须是因为其行为而引起了构成要件的结果，但要想肯定构成要件该当性，成为指向构成要件结果的因果关系之起点的行为并非无所限定的，而必须是能够认定为具有引起构成要件结果的**现实危险性**的行为（参见最决平成16年［2004年］1月20日刑集58卷1号1页）。此种成为因果关系之起点的行为，一般地，称为实行行为。也就是说，作为构成要件要素的因果关系，要求的是**实行行为**（这一行为在成为构成要件要素的意义上，也被称为构成要件行为）与构成要件结果之间的关系，能够认定实行行为以前阶段的行为与构成要件结果之间的因果关系尚且不够。比如说，为了杀人而购置了毒药，并且将毒药放在了自家卧室的橱柜里边，孩子将毒药拿了出来并且误喝了毒药而死亡，在这样的场合，不能肯定杀人罪的构成要件该当性。这是因为，虽然能够肯定行为人购置毒药、保管毒药和被害人死亡之间的因果关系，但是毒药的购置、保管不能说是杀人罪的实行行为（构成要件行为），而是实行之前阶段的行为，不过是处在杀人罪的构成要件框架之外的**预备行为**而已。另外，在上述案件中，就购置、保管毒药的行为而言，即便能认定在该案具体情况之下，存在小孩误食的危险，购置、保管行为客观上具有作为杀人罪之实行行为的危险性，但由于行为人对此并无认识，不能认定其具有杀人罪的故意，因此，即便能成立过失致死罪，也不能成立杀人罪。

判断某行为究竟是实行行为，抑或只是位于前一阶段的行为，在刑法解释学上，这是极其重要的问题。如上所述，传统通说认为，“行为属于实行行为”（能认定行为人的行为具有实行行为性）这一点本身就属于构成要件要素（以团藤 139 页为代表的通说）。由此可见，传统通说超出“实行行为是因果关系的起点”这种理解，是直接认为实行行为就是“犯罪的本质、核心”。进一步而言，传统通说立足于虽认为实行行为所体现的犯罪的、反规范的意思才是犯罪的实质，但将此类行为全部作为处罚对象又显然过头这种立场，主张通过法条的用语本身来从形式上限制实行行为的范围。也就是，传统通说不是认为只要完成了实行行为就成立犯罪，而是要求达到发生结果的程度，这不过是对于属于“行为人的反规范意思之表现”的犯罪的，形式的、外部的、与实质无关的限定。应该说，这种观点是存在根本性疑问的。（参见山口·探究 2 页以下）此外，以实行行为才是犯罪的本体的理解为背景，从重视解释论的形式上的整合性这一见地出发，虽在几个不同的场面上使用实行行为的概念，但在各场面之下进行实行行为性的判断时，追问的是各自不同的问题，有必要在对这些实质的问题本身予以明确的基础之上，对之给予回答（再有，虽说在每个具体的犯罪中都要求“有所限定的实行行为”，而对各个实行行为的内容予以明确则是刑法各论的重要任务）。如果不是这样，而是将实行行为本身化为一个看不到里面的“黑盒”，将存在于其背后的实质的问题掩盖起来，没有明确地得出实体的价值判断就仓促地推导出结论，可以说是有根本性疑问的。“否定”实行行为这一“解释概念”的立场（参见本书第 1 版 45 页）就是基于这样的考虑，而并不意味着要否定对作为构成要件要素的构成要件行为加以限定。总而言之，有必要明示限定处罚的实质性根据，仅仅单纯地叙述“实行行为”这一结论是不够的。

对于行为人而言，要求其原本就不实施这样的实行行为，或者即使实施了行为本身，就要求其通过消除结果发生的现实危险性，从而回避构成要件结果的发生。这样的结果回避义务，在过失犯中一般是被认可的义务，也正因为刑法的犯罪预防作用是通过这样的结果回避义务来实现的，所以这样的义务就不限于过失犯，只要是犯罪，对故意犯当然要适用。对即使尽了结果回避义务也不能回避结果的行为人进行处罚，就无法通过结果回避义务来发挥犯罪预防作用，因为处罚了行为人，结局就是，会导致处罚造成无法避免之结果的行为人，这样的处罚是不妥当的。由此可见，如果尽了结果回避义务的话就能够**回避结果**，也就是说，要想处罚行为人，必要的是，"构成要件结果的发生是基于对结果回避义务的违反"，因而产生了构成要件的结果。最终就是，要想以产生了结果作为理由进行处罚，就要求肯定**结果回避可能性**。

也并非说，只要能谓之为，如果尽到了结果避免义务，原本就避免了结果的发生，那么，就总是能够以造成了构成要件的结果为理由而处罚行为人。一直以来，针对因果关系，我们探讨的是，是否要求有避免结果之可能的行为人所实施的实行行为与构成要件的结果之间存在某种特别关系，是以这种特别关系的内容及其理解作为问题。从结论上来说，对于这种特别关系，我们应该理解为，实行行为的危险性现实地转化为构成要件的结果。这一点与当下的判例立场是一致的。

以下，将在述及一直以来的讨论的同时，针对因果关系的内容加以探讨。首先，对基于结果回避义务违反的结果发生，即对肯定结果回避可能性的意义予以考察（第二款），其次，对成为狭义的因果关系的判断基准的实行行为危险性的现实化加以检讨（第三款）。

第二款　基于结果回避义务违反的结果发生

一、围绕"条件关系"的过往讨论

一直以来的理解认为，要想认定实行行为（构成要件行为）与构成要件结果之间存在因果关系，至少，要求存在因实行行为而引起了构成要件结果这样的事实关系，问题是如何判断是否存在这样的事实关系。

根据过去的理解，是使用“没有相应行为的话，恐怕就不会发生结果（若无行为则无结果）”这一公式（该公式意味着判断必要条件（conditio sine qua non）关系而被称为条件公式）来判断是否存在这一事实关系的。依据此公式，通过假定的消去法来判断的行为与结果之间的关系，称为**“条件关系”**，一般认为，为了肯定刑法上的因果关系，最低限度上需要条件关系。若根据这样的理解，在即便不实施实行行为大概也同样会发生构成要件结果的场合，就不能肯定实行行为与构成要件结果之间的因果关系。比如说，出于毒死别人的意图而让被害人喝了毒药，但在毒药的药效发作之前他人用手枪将被害人打死的场合，则下毒与被害人死亡之间的因果关系即会被否定。这种因他人行为的介入而导致条件关系被否定的场合，称为**因果关系或者条件关系的断绝**。

另外，这里的构成要件结果必须要具体地加以把握（**结果的具体把握**）。这是因为，在实行行为与构成要件结果之间的关系中成为问题的，不管怎么说都属于是相应的具体结果，比如说，在用手枪将被害人打死的场合，即便是不发射手枪，人应该也是终有一死，但不能由此否定开枪的行为与被害人死亡之间的因果关系。但是，即便是将结果予以具体把握，在根据“若无行为则无结果”的公式（条件公式）来判断被理解为事实关系的“条件关系”时，有时还是会产生问题。这就是下面要讨论的存在“代替的原因”的场合。

也就是说，根据“若无行为则无结果”的公式来判断实行行为（构成要件行为）与构成要件结果之间的事实关系，在通常情况下是没有问题的，但在现实中所施行的实行行为之外，存在同样地可能引起构成要件结果的**代替的原因**的场合中，有这样一个问题：即便是拿掉实行行为，由于依据代替的原因同样会发生构成要件结果，若是根据上述公式，岂不是不能肯定实行行为与构成要件结果之间的“条件关系”了吗？作为这样的场合，成为问题的有（1）属于存在现实化了的代替原因之事例的**择一竞合事例**，以及（2）属于存在潜在化的代替原因之事例的**假定因果经过**的事例。所谓（1）的择一的竞合的事例是指，比如说A和B都想将V杀掉，两人在V的饮料中各自分别混入了单独均达到致死量的同一种毒药，结果V死亡（毒药事例。在此，是以不能说由于毒量的增加而致V的死期提前这一点为前提的）。在这一场合，可以说即便是拿掉了A或者B一方的行为，由于另一方的行为同样会导致V的死亡，所以即便是因投毒而导致了V的死亡这一点明白无误，却成了无法肯定A或者B的行为与V的死亡之间的条件关系。所谓（2）的假定因果经过的事例是指，比如说在针对死刑囚马上要执行死刑时，犯罪被害人的父亲现身刑场，将马上就要按下死刑执行电钮的执行官推倒，自己按下了那个电钮，在预定的执行死刑的时刻造成死刑犯死亡（死刑执行事例）。在此场合，由于可以说即便是被害人父亲不按下死刑执行的按钮也会有执行官来按，死刑犯也会在同一时刻死亡，则尽管是被害人父亲按动了按钮导致死刑犯死亡，若根据条件公式，也会造成无法肯定按下电钮的行为与死刑犯的死亡之间的条件关系这样的局面。

学说上有见解主张，此等场合否定因果关系的存在是不妥当的，基于这一理解，对于“若无行为则无结果”的公式予以修正，而不考虑代替的原因。（1）在择一的竞合事例的场合，若是同时拿掉A的行为和B的行为的话大概就不会发生结果的场合，则认为A的行为和B的行为两者都和结果之间存在条件关系；（2）在假定的因果经过事例的场合，则认为不能附加现实中没有发生的事态（在死刑执行事例中，即行刑官按下死刑执行的电钮这一行为）（**附加禁止说**），没有附加的话就可以肯定条件关系（参见平野Ⅰ138页等）。但是，对于该观点的疑问在于：该观点完全是有别于上述公式而另外就事实关系作出判断的，因而，那已经不再是对上述公式的修正，既然如此，如下所述，直接以其他公式取而代之不是更好吗？

“若无行为则无结果”的公式，是为了判断行为与结果之间的事实的因果关系的**辅助公式**，并不意味着这一公式本身有什么绝对的意义。若是这样理解的场合，在能够认定行为成为原因、由于行为的作用而发生了结果的场合，则即便不能说是“若无行为则无结果”，也允许肯定行为与结果之间的事实的因果关系（**合法则的条件说**。山中 269 页以下，西田 98 页，等等）。从这样的立场出发，就死刑执行事例（假定的因果经过事例）来说能够肯定因果关系，而就毒药事例（择一的竞合事例）来说，只要是未能证明行为人所混入的毒对被害人发挥了作用，就不能肯定行为人的行为与结果之间的因果关系。

既往的上述论争针对的是，有关认定因果关系所必要的事实关系的判断标准。一般认为，要基于“实行行为引起了构成要件的结果”这一理由而肯定具有构成要件该当性，下面两点都是必要的：(1) 依据“若无行为则无结果”所判断的事实关系、(2) 行为与结果之间的事实关系。然而，有关第 (1) (2) 点，既往的探讨是存在疑问的，可以说，我们有必要明确其含义，同时就针对这两点的内容与理解，进行一定的修正与更改。亦即，如下所述，我们在参照有关第 (1) (2) 点的既往论争的同时，还必须作出下述修正：就第 (1) 点而言，不是将其作为实行行为与结果之间的事实关系来理解，而是应将其修正为，构成要件的结果是基于结果避免义务违反而发生这一要件；就第 (2) 点而言，应将其修正为，实行行为的危险性现实地转化为构成要件的结果这一要件。

二、结果回避可能性

要谓之为，构成要件的结果是基于对结果避免义务的违反而发生，就必须能够说，如果行为人尽到了结果避免义务，原本是能够避免构成要件的结果的。即，必要的是，能够通过履行结果回避义务来避免结果（结果回避可能性）。过去判断条件关系使用的“若无行为则无结果”的公式，在判断这样的结果回避可能性时具有特殊的意义。即使行为人尽了被科处的结果回避义务也不能回避结果，就是说，因造成了不可避免的结果来处罚行为人，属于肯定了以行为人不能左右的事态为由加以处罚，是不妥当的。在此意义上，要以构成要件的结果的发生为理由而处罚行为人，行为人有通过履行结果避免义务而避免结果的可能性，就属于必不可少的要件。在针对不作为犯（参见最决平成元年［1989 年］

12月5日刑集43卷13号879页）以及过失犯（参见大判昭和4年［1929年］4月11日新闻3006号15页，最判平成15年［2003年］1月24日判时1806号157页）的案件中，作为一种结论，判例迄今一直是承认这一点的。但从判例要求该要件的旨趣或者根据来看，本书认为，这一点不仅适合于不作为犯与过失犯，同时也应该适合于故意的作为犯。

在判断有无结果避免可能性之际，我们有必要以实际发生的事情为前提，**假定行为人实施了符合结果避免义务的行为**，并以此行为来替代行为人所实际实施的实行行为（构成要件的行为）。如果能够认定，即便实施了这种假定的符合结果避免义务的行为，仍然会发生同样的结果，那么，就应该说，在该场合下，没有结果避免可能性，因而也不能谓之为，构成要件的结果是基于结果避免义务的违反而发生，进而也能否定具有构成要件该当性。

第三款　作为危险之现实化的因果关系

一、围绕条件说与相当因果关系说的过往讨论

要想肯定作为构成要件要素所要求的实行行为（构成要件行为）与构成要件结果之间的因果关系，虽也有见解主张只要是两者间存在属于事实上联系的“条件关系”的话就足够了（这称为**条件说**），但过去的通说的见解认为，除了“条件关系”之外，作为追加的、附加的限定要件，还要求从实行行为出发一般来说通常就会发生构成要件结果、实行行为与构成要件结果二者之间的关系必须不是异常的、不适当的（这称为**相当性**。这一见解则称为**相当因果关系说**）。相当因果关系说之所以成了通说，是因为，即便是肯定了实行行为与构成要件结果之间的事实的因果关系，但就连经历了极其异常的经过而产生了结果的场合也肯定因果关系，由于引起了该结果而肯定犯罪的成立，可以认为这是不妥当的。比如说，A想要杀了B，觉得要是让B去了森林里遭到雷击的话恐怕他就会死，就劝说让B在隆冬的一个大晴天里去森林里散步，结果B就真的遭了雷击而死亡。在这一场合，劝说他人去森林里的行为和B的

死亡之间的条件关系是不能否定的，但就 A 来说（即便是存在杀人的意思）肯定其成立杀人罪是有问题的。另外，A 用小刀砍 B 致其受伤（并非致命伤），在用救护车将 B 送往医院的途中，救护车遭遇了交通事故导致 B 因事故而死，或者是所送往的医院发生了火灾导致 B 因火灾而死，在这些场合，尽管 A 的伤害行为与 B 的死亡结果之间存在条件关系这一点无可否认，但一直以来的见解都是认为，A 不承担伤害罪而承担伤害致死罪的罪责是不妥当的。由此，根据相当因果关系说，就要求实行行为与构成要件结果之间具有**因果关系的相当性**，通过这种相当性来对作为构成要件要素的因果关系加以限定。

就相当因果关系来说，重要的问题是，以何种事情为基础（这被称为是**判断基底**的问题）来判断因果经过的相当性。关于这一点，存在着（1）主观说、（2）客观说与（3）折中说之间的对立。（1）**主观说**认为，要考虑行为人已经认识、预见的事情以及能够认识、预见的事情；（2）**客观说**认为，要考虑行为当时所存在的全部事情以及行为后所产生的客观上可能预见的事情（平野Ⅰ 141 页以下等）；（3）**折中说**认为，要考虑行为当时一般人所可能认识、预见的事情以及行为人特别认识、预见到的事情（团藤 177 页等）。主观说已基本没人主张，客观说和折中说则处于对抗状态。对于客观说而言，问题在于，可能在考虑行为时所存在的全部事情的同时而否定因果关系的相当性吗？若此时否定相当性是可能的，那么是根据何种判断而使其成为可能的呢？就折中说而言，问题在于，因果关系是客观的构成要件要素这一点和考虑行为人的认识、预见（来判断因果关系的相当性）之间岂不矛盾？在复数的行为人参与引起了构成要件结果的场合，由于行为人的认识不同就会产生有无因果关系方面的判断差异，这样合适吗？比如说，在 A 教唆 B 让他去杀 V 而 B 也杀了 V 的事例中，因为 A 和 B 之间就 V 的健康状态而言存在着认识上的差异，就可能导致虽能肯定 A 的教唆行为和 V 的死亡之间的因果关系，但却不能肯定 B 的杀人行为与 V 的死亡之间的因果关系这样的结论，这合适吗？由于并不意味着只要是归责判断的话考虑什么都无关紧要，就必须要追问在因果关系判断时考虑主观要素的正当性和妥当性。

如果以相当因果关系说有关因果关系的基本理解作为问题，通过要求从实行行为发展至构成要件结果的因果进程的相当性，我们也可以说，其内部本身存在上述诸多对立观点的相当因果关系说其实就是这样一种观点：以（1）能认定实行行为具有足以引起构成要件结果的**危险性**，以及（2）该危险现实地实现于构成要件结果（现实化）为必要。因果进程的相当性，尤其与实行行为的危险现实地**实现**于构成要件结果（现实化）相关。这是因为，如果因果进程异常，就被理解为，现实地实现于结果的，是不同于实行行为之危险性的其他危险。然而，相当因果关系说的问题在于，（1）从围绕相当性的判断材料存在学说对立这一点就可以看出，究竟应以何种情况为基础来判断行为的危险性，是存在问题的；除此之外，（2）行为之危险性的实现，与因果进程不异常、在经验法则上通常是有可能的（因果进程的相当性），这两者之间的关系是不明确的，也就是，完全可能存在这样的情形：尽管不能谓之为，历经通常的因果进程而发生了结果，但能够说，实行行为的危险性已经实际实现于结果。

二、实行行为危险性的现实化

在因果关系问题上，判例并没有站在条件说的立场上。在属于因行为人的过失行为后介入了第三人行为的案件的美国士兵轧人后逃跑事件中，判例以第三人行为的事后的介入在经验法则上无法预测为理由，而否定了因果关系的成立（最决昭和42年［1967年］10月24日刑集21卷8号1116页）。但是，也不意味着判例就采纳了学说一直以来所采用的将因果经过的经验上的通常性理解为相当性的相当因果关系说。如下所示，在判例中，可以说是依据“实行行为的危险性是否向结果现实地转化了”（**危险性的现实化**）这一基准而展开了对因果关系的判断。特别是，最近的判例（最决平成22年［2010年］10月26日刑集64卷7号1019页［日本航空客机异常接近致死伤事件］，最决平成24年［2012年］2月8日刑集66卷4号200页［卡车集线器脱落事件］）就通过明示地论及危险性的现实化进行了对因果关系的判断。再者，如下所见，对于在相当因果关系说中成为问题的前述（1）和（2）两点，相关判例的立场是非常明确的。也就是，（1）实行行为的危险性，以行为时所存在的事情为基础客观地加以判断；（2）因果经过的经验上的通常性并没有独自的意义，即便是没有认可此种通常性的场合，也可能肯定行为的危险性现实化为结果了，换言之，危险性的现实化是判断的基准，而介入事情的经验上的通常性只不过在危险性的现实化的判断中才有意义。

基本上可以支持判例的这种立场。这是因为，实行行为（构成要件的行为）中所能认定的引起构成要件结果的现实的危险性实际转化为构成要件结果的过程，正是实行行为引起构成要件结果的进程即因果进程的实质内容；而且，这种理解也与通过要求实行行为（构成要件的行为）具有引起构成要件结果的现实危险性，进而限定实行行为的范围的理解是吻合的。并且，就与在相当因果关系说中成为问题的前述（1）和（2）两点有关的判例立场来说，在认为其是将因果经过理解为实行行为之现实危险性的现实化（实现）过程的场合，就可以支持。

此外，在对因果关系作如上理解的场合，由于在判断实行行为（构成要件行为）的危险性向结果的现实化时当然就包含着行为与结果间的事实上的关联，所以，不同于过去的学说将因果关系分成（1）事实的关联（条件关系）和（2）规范的限定（相当因果关系）这样的两个阶段来加以检讨，可以说，直截了当地来追问有无**危险性的现实化**就足够了。

三、诸具体案件类型的检讨

实行行为危险性的现实化，其样态大致有两种类型。（1）由实行行为直接产生了发生结果之原因的场合，即，实行行为危险性直接现实化为构成要件结果的场合（**直接型**）；（2）虽然实行行为之后另外介入的行为是构成要件结果的直接原因，但能认定该直接原因是由实行行为以及被告人实施的相关行为所诱发的场合，也就是，实行行为的危险性是通过介入行为——即属于引起结果之直接原因的行为——而间接地转化为构成要件结果的场合（**间接型**）。在（2）间接型中，要求实行行为与成为导致结果发生的直接原因的行为之间，具有前者引发后者的关系。

以下，以判例中所出现的案件为中心，对于诸种案件类型逐一予以解说。如前所述，这些案件中所展现的判例的思考方法基本上是能够支持的。

（一）被害人的特殊事情

对被害人实施了暴行，因其存在着特殊的事情（病的因素）而死亡（若无此特殊事情，则不至于死亡）的事例中，判例一贯是采取了这样的态度：在考虑被害人的特殊事情的基础上再去判断因果关系，并且肯定了因果关系。例如，行为人实施了用被子捂住被害人口鼻处的暴力，但该被害人心脏等处原本存在相当程度的病变，被害人因而心脏病发作而死亡。在这一案件（捂被子事件）中，判例认为“属于致死原因的暴行，并不需要其一定是死亡的唯一的原因或者是直接的原因，即便是偶然地因为被害人的身体存在高度的病变、病变与行为人的暴行相互结合而造成了死亡结果的场合，也不妨害成立因上述暴行的致死罪”，并且，“即便被告人在行为当时并不知道存在该特殊事情，再者，即便是不能预见到致死的结果”，上述的判断也一样是妥当的（最判昭和46年［1971年］6月17日刑集25卷4号567页）。在此，判例不问被害人的特殊事情一般人是否可能认识、预见，也不问行为人是否已经认识、预见，只是以此被害人的特殊事情为前提进行因果关系的判断，这一点是很明确的（再者，参见最判昭和25年［1950年］3月31日刑集4卷3号469页、最决昭和49年［1974年］7月5日刑集28卷5号194页，等等）。像这样对实行行为的危险性客观地加以判断的话，就能肯定行为的危险性，既然直接基于此又发生了死亡的结果，也就肯定了危险性的现实化。

（二）被害人行为的介入

在行为人的实行行为后介入了被害人的行为，该被害人的行为成为发生构成要件结果的直接原因，在这样的场合，要想肯定行为人的行为和构成要件结果之间的因果关系，必须是因为行为人当初的实行行为等给被害人的行为带来了一定程度以上的危险性，并且是这种危险性现实化成了结果。

首先，行为人的实行行为造成了被害人不得不实施了导致结果发生之行为的状况，在这样的场合，能够认为行为人的实行行为是给被害人的行为带来相当高的危险性，这种危险性最终现实化成了结果。比如说，被害人难以忍受被告人所加诸的火伤的苦痛，纵身跳入水中，因心脏麻痹而死亡的事例（大判昭和 2 年［1927 年］9 月 9 日刑集 6 卷 343 页），被害人难以忍受被告人等的暴行，力图逃走而落入了池中，由于头部磕上了所露出的岩石，造成了基于头部摩擦挫伤的蛛网膜下出血而死亡的事例（最决昭和 59 年［1984 年］7 月 6 日刑集 38 卷 8 号 2793 页），等等，能够肯定因果关系这一点是没有质疑的余地的。即便是被害人本人实施了相当危险的行为，并因此而死亡的场合，一旦考虑了被害人的精神的压迫状态，有时候也不能说被害人作出那样的事情就有什么异常的。比如说，被害人承受着被告等人的长时间的严重、恶劣的暴行，抓住时机而逃走，为了躲避被告等人的追赶而闯入高速公路，被疾速行驶的汽车撞倒，并被随后而来的汽车碾过而死。在这一案件（闯入高速公路事件）中，判例认为，虽说闯入高速公路的行为“本身是极其危险的行为”，但能够认为被害人“在对于被告等人抱有极度恐惧感的情况下，在力图逃离必死之境地的过程中，刹那之中选择了那样的行动。这样的行动，作为逃脱出被告等人的暴行的方法来说，不能说是显著不自然、不相当的”，因此，“由于可以将被害人闯入高速公路导致死亡，评价为起因于被告等人的暴行，那么就能肯定被告等人的暴行与被害人的死亡之间的因果关系”（最决平成 15 年［2003 年］7 月 16 日刑集 57 卷 7 号 950 页）。

即便是能够肯定属于导致结果之直接原因的被害人的行为是不适当的场合，若被害人的行为处在从当初的行为人的行为来看能够预测的范围之内话，就可能理解为，当初行为人的行为就具有导致被害人的不适当行为的危险性，并且这种危险最终现实化成了结果。比如说，作为戴水肺潜水（scuba diving，指潜水者背负氧气桶，借助桶内氧气呼吸，长时间潜水——译者注）指导者的被告人，在夜间潜水的指导中不慎走到别处，离开了听课生，在被告人离开听课生的期间，由于指导辅助者以及作为听课生的被害人的不合适行动而导致被害人溺死。在这一事例（夜间潜水事件）中，判例认为，被告人在夜间潜水的讲习指导中，不是注意听课生们的动向，而是不慎重地移动、离开了听课者，以致无法看护这些听课生，这样的行为本身，就是具有可能导致被害人溺死之结果的危险性的行为。尽管指导辅助者以及被害人也存在着不合适的行动这一点不容否认，但上述行动属于由于被告人的行动所“诱发”的，所以不妨碍肯定被告人的行为与被害人的死亡之间的因果关系（最决平成4年［1992年］12月17日刑集46卷9号683页）。被告人看丢了学员，这很可能导致学员因采取不恰当的行动而溺水身亡，从这一点上就能认定存在实行行为的危险性，而且，既然该危险已经直接现实地转化为构成要件的结果，认定其间存在因果关系就是理所当然。直接引起了结果的被害人的不适当的行为，即便其本身属于通常不会实施的异常的行为，但要是考虑具体的事情的话，这样的行为未必是不可能出现的，毋宁说是因行为人当初的行为进一步导致了被害人的该行为的场合，就可能肯定实行行为的危险性现实化为结果。比如说，属于柔道正骨师的被告人，答应了像是感冒了的被害人的诊察、治疗之要求，由于被告人再三指示了错误的治疗方法，遵从了这一方法的被害人最终因症状恶化而死亡。在这一事例（柔道正骨师事件）中，判例认为，“被告人的行为，由于其本身具有可能使被害人的病状恶化、从而引起死亡结果的危险性，即便被害人一方没有接受专业医生的诊察治疗而仅仅托付给被告人，其也有错误这一点不可否认，但被告人的行为与被害人的死亡之间仍具有因果关系”（最决昭和63年［1988年］5月11日刑集42卷5号807页）。

另外，行为人对被害人实施了伤害，被害人没有遵照医师的指示安静地养病（而是试图擅自出院，因此从身体上拔出治疗用管子等——译者注），介入了此等的被害人的不适当的行为，结果导致了被害人的病情进一步恶化并最终死亡，在这一场合，可以看作是当初的伤害行为所造成的危险直接现实化成了死亡的结果，即便有医师的治疗介入也不妨碍这样的认定。判例认为，“由于被告人等的行为而使被害人所受的伤害，其本身是能够带来死亡结果的对身体的伤害，即便是在被害人死亡结果发生之前的时间里……介入了被害人由于没有遵从医师的指示、未能保持安静而使治疗的效果未能发挥这样的事情，也应该说被告人等的暴行所产生的伤害与被害人的死亡之间存在因果关系”（最决平成16年［2004年］2月17日刑集58卷2号169页）。

（三）第三人行为的介入

即便是在行为人的实行行为后介入了第三人的行为，并因此而发生了构成要件结果的场合，判例也仍是将实行行为的危险性是否现实化成了结果作为因果关系的判断基准。如果是由起初的实行行为直接创造出了引起结果的原因，那么，即便其后的因果进程出乎意料，这种情形仍然被判断为，实行行为的危险性已实际转化为结果（直接型）。与此相对，不是行为人当初的实行行为，而是事后所介入的第三人的行为才属于招致结果的直接原因的场合，若能够肯定实施当初的实行行为以及与此密切关联的行为具有诱发上述第三人行为的危险性时，就可以说，实行行为的危险性以属于引起结果之直接原因的第三者的行为为介而实际实现于结果（间接型）。被告人在第1现场对被害人施以暴行，致其由于脑出血而处于意识丧失的状态，而后被告人将被害人运到第2现场（大阪南港材料仓库）并放置于该处，被害人虽是由于脑出血而死亡的，但在其活着的时候，不知是谁用四棱木棒殴打了被害人的头部，造成了死亡时间提前若干等影响。在这一事例（大阪南港事件）中，判例认为，“在因犯罪人的暴行而形成了成为被害人死因的伤害的场合，即便在其后由于第三人所加之的暴行而导致死亡时间提前，也可以肯定犯罪人的暴行与被害人的死亡之间的因果关系”（最决平成2年［1990年］11月20日刑集44卷8号837页）。在此，判例是进行了这样的判断：尽管事后介入了第三人的故意行为，被告人在第1现场的暴行的重大的危险性，还是现实化为结果了。也就是说，在第1现场被告人所实施的暴行形成了伤害，该伤害成为死因，在第2现场所介入的故意行为不过是产生了使死期提前若干的影响而已，由此判例得出了被害人的死亡是基于第1现场产生的伤害的判断（直接型）。与此相对，被告人美军士兵开车将骑在自行车上的被害人撞飞，被撞飞的被害人碰巧落在汽车车顶且已经失去意识，该士兵并未注意到被害人落在车顶上并且继续开车，坐在副驾驶位置上的另一人看到了被害人的手垂了下来，便在汽车仍在行驶时拉住他的手从车顶往下拽，致使被害人摔落在路上并致其身亡，不过，已经无从确定成为死因的头部的伤害，究竟是在最初的交通事故之际所产生的还是在其摔落到路上时所产生的。这一事例（美兵轧人后逃跑事件）虽属于在行为人的行为之后介入了第三人的故意行为，但判例认为，坐在副驾驶位置上的同乘者的行为“并不是在经验上通常的、能够预料到的行为”，由被告人的过失行为导致发生死亡的结果这一点“终归不能说是我们的经验法则上就当然能够预料到的行为”，从而否定了美军士兵的行为与被害人死亡之间的因果关系（最决昭和42年［1967年］10月24日刑集21卷8号1116页）。在本案中，无法证明成为死因的伤害是因被告人的行为所产生的，所以遵照“存疑时有利于被告”的原则，只能认为其是由于同乘者的行为所引起的，由此来判断被告人的刑事责任，这可以说是属于前述后者的场合（间接型）。从而，要想肯定行为人的行为与结果之间的因果关系，就必须要求具备同乘者的行为是由被告人的行为所诱发这样的关系。从而，既然同乘者的行为一般来说是无从预料的，就不能说是被告人的行为诱发了同乘者的行为，从而也就否定了行为人（美军士兵）的行为与死亡结果之间的因果关系。假使，在因被告人的当初的行为产生了成为死因的伤害——并且这一点得以证明——的场合，恐怕就能够肯定被告人的行为与死亡结果之间的因果关系了。

另外，有这样一个判例：被告人在高速公路上强行停了自己的车和A所驾驶的汽车，在自己的汽车开走七八分钟之后还让A将A车一直停在该场所，后面来的车和A车发生了追尾，致人死伤。在这一案件中，判例认为，被告人强行让自己的车和A的车停在高速公路上这一过失行为，其本身具有因后续车的追尾而导致人身事故的重大危险性，尽管这里介入了诸如直至被告人车辆驶离现场七八分钟之后，仍然将 A 车持续停留在具有撞车危险的本案现场这种第三者的行为，但这些是由被告人的过失行为以及与此密切关联的一连串的暴行所诱发的，因此，被告人的过失行为与被害人的死伤之间存在因果关系（最决平成 16 年［2004 年］10 月 19 日刑集 58 卷 7 号 645 页）。再者，还有这样一个判例：行为人将被害人塞进汽车的后备箱里致其无法逃出，并且开车行驶，之后在路上停车的当口，后面上来的车和该车发生了追尾，导致后备箱里的被害人死亡。在这一案件中，判例认为，“尽管被害人死亡的直接原因是因第三人的显著的过失行为所引起的追尾事故，但行为人将被害人监禁在道路上停驶的普通乘用汽车的后备箱里，能够认为本案这样的监禁行为和被害人的死亡之间存在因果关系”（最决平成 18 年［2006 年］3 月 27 日刑集 60 卷 3 号 382 页）。即便直接的死因是由于追尾所导致的伤害，但包含严重过失行为的场合在内，由于追尾事故并不鲜见，既然将他人监禁到后备箱这种狭窄的、无处可逃的场所，该场所因追尾而很容易破损，那么就可以说，是监禁行为本身所具有的危险性最终现实化为被害人死亡的结果了。

（四）行为人行为的介入

即便是在行为人的实行行为后介入了行为人的新的行为，并发生了构成要件结果的场合，也仍然要根据当初实行行为的危险性是否现实化成了结果进行因果关系的判断。

就介入了行为人的过失行为的场合来说，有这样一个例子。被告人用细麻绳勒被害人的脖子，误认为其已死，为了防止犯行被发觉而将其运到海岸沙滩上并遗弃在那里，结果被害人因为颈部绞扼（勒脖子）和在沙滩上吸入了沙尘而死亡。在这一案件中，判例认为被告人的遗弃尸体的行为并不遮断因果关系，从而肯定了颈部绞扼和死亡之间的因果关系（大判大正 12 年［1923 年］4 月 30 日刑集 2 卷 378 页）。尽管不能说仅仅是因为颈部绞扼而引起了被害人死亡，将被害人遗弃到海岸沙滩上的行为也是其死亡的重要的（共同的）原因，但颈部绞扼也确实对死亡发挥了重要作用，而且，既然遗弃尸体可以说是杀人行为所诱发的行为，那么就可以说行为人的第1行为的危险性通过第2行为而最终现实化成了结果。

就实行行为后介入了行为人的故意行为的场合来说，比如说，将被害人误认为是熊而开枪并致其重伤，被告人想着让痛苦的被害人早点解脱然后自己好逃跑，于是又向被害人开了枪将其打死（击熊事件）。在这一事例中，判例肯定成立业务上过失致伤罪和杀人罪的并合罪，否定了当初的过失行为和死亡结果之间的因果关系（最决昭和53年［1978年］3月22日刑集32卷2号381页）。在这一案件中，若是以过失行为已经产生了致死性伤害这一认定为前提，就能（和大阪南港事件一样）肯定过失地开枪行为和死亡结果之间的因果关系。同时，既然不能否定故意地发射猎枪的行为成立杀人罪，恐怕就会产生这样的问题：能允许将被害人的死通过业务上过失致死罪和杀人罪进行双重评价吗？作为避免双重评价的方案，也能认为判例的上述解决是具备妥当性的。

第五节　正犯性

一、概说

在能够肯定构成要件该当性的场合，除了行为人自己实施了实行行为（构成要件行为）（**亲手实行**）、直接引起了结果的场合之外，还存在着这样的场合，即实行行为在外观上并非由行为人自己实施而是使他人实施（**间接实行**）、由他人引起了结果。前者的场合，行为人引起了构成要件该当事实是清楚明确的（这一场合，称为**直接正犯**），而即便在后者的场合，也有可能看作是行为人引起了构成要件该当事实。比如说，通过送货上门的邮递服务将有毒的包子送到被害人的家中，不知有毒的被害人吃了包子而被杀害的场合即是如此。这一场合，称为间接正犯。在这里，所谓的“**正犯**”，与后面（第八章）所讨论的共犯不同，属于原本的“一次责任”的类型，是指该当了各罪的构成要件。

单独正犯与共同正犯在犯罪类型存在差别，作为法律意义上的犯罪类型是不同的。而与此有别，直接正犯与间接正犯的差异不过是肯定了（正犯的）构成要件该当性事例中的事实上的区别而已。就间接实行行为而言，其问题在于，在外观上并未亲手实施实行行为时，在何种场合，反而能够和亲手实行的场合同等对待。也就是说，在解释上成为问题的是，在行为人的行为后介入了他人的行为、由他人而引起了结果的场合，在什么情况之下，不成立（作为犯罪扩张类型的、包含共同正犯在内的）共犯，而成立（属于原本的、“一次责任类型”的）正犯（单独正犯）。可以说，这并非是共犯而是成为正犯的要件，也就是，在何种场合能够肯定（单独正犯中的）**正犯性**的问题（参见岛田聪一郎：《正犯、共犯论的基础理论》，东京大学出版会，2002。关于间接正犯与共同正犯的区别，参见岛田聪一郎：《间接正犯与共同正犯》，神山古稀(1)，445页以下）。

要想是作为正犯引起了构成要件的结果，即要肯定引起构成要件结果的正犯性，就有必要对引起构成要件结果起了支配作用，严格地说，就必须能说成是**支配了引起构成要件结果的原因**。对于此等正犯性的基本的理解是，在对构成要件结果具有充分的认识、预见的同时直接引起了这样的结果，对于这样的人就能够肯定其正犯性，从而能够肯定如此正犯性的行为人之行为也就成为了实行行为。为此，处于实施这种实行行为、属于结果的直接引起者的背后的，对于结果之引起不过是具有间接的原因性或者因果性的人，就不能肯定其具有正犯性，这应该是一种原则（在追究引起结果的正犯责任之时，在不能追溯至故意行为之前这一意义上，也能称之为禁止溯及既往）。但是，就像对于直接引起结果的故意行为人施加了强制的场合这样，作为例外，仍然有余地肯定位于故意行为人背后的人的正犯性。也就是说，溯及禁止的观点，虽然在判断意味着支配了引起构成要件结果的正犯性上属于重要的、一般的判断基准[①]，但可以说却并不是正犯性的判断基准本身。

---

① 溯及禁止的思考方法虽是判断正犯性（引起结果原因的支配）的重要的规范基准，但其却存在着例外，有必要检讨的是，何种场合能够肯定这种例外。

将以上理解进一步详述如下。也就是，在行为人的行为与构成要件的结果之间未介入人的行为的场合，对结果原因支配的内容作单纯的物理的理解的话足矣，想来并不会产生特别的问题。与此相对，介入了人的行为的场合，在进行结果原因支配的判断时，对于所介入的人的行为的评价则必不可少。也就是说，当他人的介入行为引起结果发生时，要肯定行为人的正犯性，其关键在于能否肯定行为人对该他人介入所引发的结果具有支配性，而要肯定这一点的障碍在于，他人对引起该结果所具有的**答责性**（说是自律性也行）。具体说，只要在由他人所支配之观念的限度之内，则能排除介入者对于所引起的结果的答责性，相反，由具备这样的答责性的行为所引起的结果，并非“在他人的支配之下所引起的结果”，而应该能评价为是“自己的责任而引起的结果”。在这个意义上，行为人的行为后，介入了因果进程的他人对于所引起的结果的答责性，为行为人针对该引起结果的行为有无支配划定了界限。这样，为解决介入了被害人行为的事例，以及为了与之相均衡地解决介入了第三人行为的事例，将有无故意行为的介入理解为判断正犯性的重要的基准是合适的。与此相对，也可能存在着这样的见解，在介入了他人行为的场合，如果他人存在过失则能够肯定其答责性从而否定行为人的正犯性。但是，在介入了被害人的过失行为而产生了结果的事例中（比如说，让不知情的被害人吃了有毒的包子而致其死亡的事例中，如果被害人加以注意的话就会觉察到包子中混入了什么东西，可以设想会存在着这样的场合），一般会这样理解，由于可能利用无故意的被害人的行为而引起结果，在此限度内就可能肯定对被害人的支配，因此，就可以考虑应肯定行为人的正犯性。既然如此，基本上说来，应该将就引起构成要件结果而言有无故意作为介入了他人行为时的正犯性判断基准。此外，与之相对，即便在行为人的行为与结果之间介入了他人的行为，在行为人的行为对于引起结果的物理的作用更为直接、基于此而直接产生了结果的场合，行为人对引起结果的直接支配并不为介入的他人的自我答责性所左右，从而，就能够肯定行为人行为的正犯性（参见最决平成2年［1990年］11月20日刑集44卷8号837页）。这样的行为人的行为，最终，就会被评价为实行行为。

以下，结合若干具体的介入类型，对于能够与亲手实行同样看待的间接正犯的成立条件，逐一加以讨论。

二、行为的介入类型与间接正犯的成否

要想肯定间接正犯，根据对正犯性的一般理解，必要的是支配了引起构成要件结果的原因，打个比方来说，要想肯定间接正犯，必要的是能够将直接引起结果的他人的行为说成是“作为自己为了实现犯罪的工具而予以利用”（参见最决平成 9 年［1997 年］10 月 30 日刑集 51 卷 9 号 816 页）。在得出了肯定结论的场合，则能肯定利用者的行为的正犯性。在何种场合能够肯定这一点，下文将结合成为问题的各类型分别予以解说。

此外，由于正犯性是构成要件要素即故意的认识对象，所以为了成立故意犯的间接正犯，利用者必须要认识到能够据以肯定其行为之正犯性的情形。

（一）被害人行为的介入

在行为人的行为后，介入了被害人基于没有瑕疵的意思而引起构成要件结果的行为（有意识的自损行为、自伤行为、自杀行为），这样的场合不能认定间接正犯的成立。首先，在生命以外的法益的场合，由于相应法益（比如说财产）是因被害人自身而受到侵害的，就这一结果而言，侵害符合被害人的意思，不能肯定法益侵害性，从而也就不能肯定构成要件结果的存在本身，进而不能肯定构成要件该当性。从而，行为人的行为就作为**不可罚的自损行为、自伤行为之参与**的事例，可罚性受到否定。其次，在生命的场合，能够肯定违反法益主体的当面意思的监护性的保护，则在与行为人的关系上，就死的结果来说并不失去法益侵害性，不过行为人的参与行为无法肯定其正犯性，仅仅是因其参与到他人的自杀之中而能肯定成立参与自杀罪（刑法第 202 条）而已。

与此相对，行为人造成了被害人对自己法益侵害（引发结果）的行为的场合，（1）当被害人对于构成要件的结果欠缺认识时（大判昭和 8

年［1933年］4月19日刑集12卷471页，最决昭和27年［1952年］2月21日刑集6卷2号275页）、（2）当被害人由于受欺骗而陷入错误[①]时（最判昭和33年［1958年］11月21日刑集12卷15号3519页［伪装相约自杀事件］）、（3）当强制了被害人的行为达到了使其失去答责性的程度时（最决昭和59年［1984年］3月27日刑集38卷5号2064页，最决平成16年［2004年］1月20日刑集58卷1号1页［被迫陷入了**无从选择其他行为的精神状态**的场合，正犯性得以肯定］），由于能肯定行为人对被害人行为的支配，行为人得以成立间接正犯。

（二）非故意行为的介入

当行为人借助对结果没有故意的第三人的介入行为来实现结果时，可以看作是行为人将第三人“像道具一样”加以利用而实现了构成要件，从而能够肯定间接正犯的成立（最决昭和31年［1956年］7月3日刑集10卷7号995页［被告人将别人的东西擅自卖掉，让不知情的人提走的事例中，成立盗窃罪］）。没有故意的第三人，被“像道具一样”利用是可能的，从已然在第一部分概说中阐述的理由来看，可以说行为人对于引起构成要件结果起了支配作用，从而就能够和直接引起结果的场合相提并论。另外，比如说，A虽然知道B躲在B所有的屏风背后，却命令并不知情的C“向屏风开枪”，C开枪而致B死亡，像这样的场合，第三人虽对于引起其他的结果具有故意，但对于实际上所发生的构成要件结果不具故意的场合（在这一场合，C虽具有损坏器物罪的故意却没有杀人罪的故意），尽管对此尚有若干疑问，但仅就杀人而言，由于可以谓之为，第三者“被利用了”、在此限度之内被支配了，因而本书以为，完全有可能肯定行为人成立间接正犯。

（三）无责任行为的介入

行为人造成欠缺意思能力的人产生了构成要件结果的场合，由于可

① 判例在没有错误恐怕就不会同意的场合，认为同意是无效的。与此相对，学说之中有见解主张，只有在存在关于法益侵害性或者是关于法益之评价的事实的错误（这称为**法益关系错误**）的场合，才应该否定法益主体的有效的法益处分（参见后述第五章第五节第二款）。

以说是任其摆布地利用了那个人，据此，也就支配了构成要件结果的发生，就能认为成立间接正犯。而且，即便是让欠缺责任能力者（心神丧失者）造成了构成要件结果的场合，当然还取决于具体案情，但由于该人欠缺答责能力，认为此种情形与缺少责任能力的情形并无不同，也并非不可能。另外，对于让仍然残存着答责能力的心神耗弱者造成了构成要件结果的场合，认定行为人具有正犯性就不无疑问。相反，对于让那些虽然属于刑事未成年人（刑法第41条）但具有是非辨别能力者造成了构成要件结果的场合，只要不另外存在诸如压制意思等为认定支配奠定基础的其他追加情况，就不能肯定成立间接正犯（参见最决昭和58年［1983年］9月21日刑集37卷7号1070页［在压制了12岁少女的意思而令其盗窃的事例中，肯定了成立盗窃罪的间接正犯］及最决平成13年［2001年］10月25日刑集55卷6号519页［肯定了与12岁的少年之间成立强盗罪的共同正犯，而没有肯定其成立间接正犯］。前者肯定了被告人（对未成年人）的支配，后者则未肯定这一点）。

（四）故意行为的介入

致使对构成要件结果有故意的人造成结果的场合，能够考虑的是基本不成立间接正犯（在这一场合，可以理解为仅是共犯的罪责成为问题而已）。但是，在以前曾经有这样的判例，作为公司董事长的被告人命令雇工违反粮食管理法而搬运、输送大米的案件中，是将被告人作为“实行正犯”加以处罚的（最判昭和25年［1950年］7月6日刑集4卷7号1178页）。此外，在下级审的判决中，也有将出于故意而引起结果的直接行为人当作帮助（这称为单纯的有故意的帮助的道具）、而将背后者作为正犯的例子（横滨地判川崎支判昭和51年［1976年］11月25日判时842号127页，大津地判昭和53年［1978年］12月26日判时924号145页，等等）。但是，肯定这种形态的间接正犯是有疑问的。

（五）不该当构成要件行为的介入

在第三人的行为造成了结果的场合，由于第三人欠缺属于构成要件要素的身份、目的等而导致其行为不能肯定构成要件该当性时，即便是该第三人对于引起结果具有认识、意思（故意），一直以来也都是认为此时能够成立间接正犯（这称为利用**无身份而有故意的道具、无目的而有故意**的道具的间接正犯）。但是，在这些场合，造成构成要件结果的第三人既然存在着引起结果的意思（从而，就存在着作为相应犯罪的共犯来追究罪责的可能性），那么，能否仍然肯定背后者对于引起构成要件结果的支配性，从而肯定其成立间接正犯，还有讨论的余地。

在第三人不具有属于构成要件要素之身份的场合，背后者可能成立直接正犯，该第三人则成立其共犯（共同正犯或者帮助）。比如说，公务员A通过非公务员B而从C那里收受贿赂的时候，除去当B从C那里收受贿赂的阶段就能视为A收受了贿赂的场合（在这样的场合，在此阶段A即成立受贿罪），能够理解为，在A从B那里现实地领受了贿赂的阶段，A则成立受贿罪（此时，由于是通过自己的领受行为而成立了受贿罪，也就是该罪的直接正犯而非间接正犯），而B则成立受贿罪的共犯。

在第三人不具有属于构成要件要素之目的的场合，就背后者来说则成立间接正犯。比如说，A利用没有行使目的的B令其伪造了货币的场合，通过行使的目的而产生了侵害货币的信用性的危险（这是伪造货币罪的法益侵害的危险），但B没有这样的认识，可以和不具有故意的场合同等对待。但是，要是B对于A具有行使的目的这一点具有认识的场合，就能肯定B本身具有行使的目的，从而B成立伪造货币罪的正犯。

（六）适法行为的介入

一直被当作一个问题讨论的是，虽然第三人的行为产生了构成要件该当事实，但该第三人的行为由于违法性阻却事由而不成为处罚的对象，在这样的场合，背后者能成立间接正犯吗？这虽是个难题，但想来还是有余地肯定背后者对于引起构成要件结果的支配性、从而肯定其正犯性的。某人受孕妇之托对该孕妇实施堕胎手术，因该孕妇身体出现异常，如不由执业医师手术堕胎则该孕妇便有生命之忧，而让执业医师作为紧急避险行为实施了堕胎手术。对此案件，判例肯定了该人成立堕胎罪的间接正犯（大判大正10年［1921年］5月7日刑录27辑257页）。

另外，利用国际宅配便（国际的送货上门的邮政服务）而秘密进口大麻的案件中，由于在海关对航空货物进行检查之际已经发现了货物中藏匿了大麻，根据毒品特例法实施了“监视下的转移”（controlled delivery）①，快递员已经从搜查机关得知自己递送的物品是大麻，但仍按照搜查机关的安排将货物送到被告人的住宅，使被告人取得了货物。在这一案件中，判例肯定了被告人成立关税法上的禁制品进口罪（既遂）的间接正犯（最决平成9年［1997年］10月30日刑集51卷9号816页）。

第六节　不作为

第一款　概　说

属于构成要件要素的实行行为（构成要件行为）虽通常是作为，但也存在着“没有实施所期待的作为”这一**不作为**的场合。比如说，通过扣动手枪的扳机，发射子弹的作为而实现了构成要件的场合称为**作为犯**，通过没有救助身负重伤的濒死者而予以放置一旁的不作为实现了构成要件的场合称为**不作为犯**。

比如说，像开枪打死了他人这样的，因积极的作为而引起了构成要件结果的场合，由于要求的是不实施这样的作为，所以在不存在侵害他人之法益的权利的意义上，肯定其成立犯罪是没有任何问题的。与之相对的是，比如说对于泳池中溺水的人置之不理、致其死亡的场合，要以怠于实施避免构成要件结果的作为这一不作为为理由而处罚行为人，就需要特别的理由。这是因为，在伦理上，虽说“救人”恐怕是应该的，但通过刑罚的威慑要求积极的“精力投入”、甚至要求人们放弃自己想做的事情（也包括什么也不做），这需要有特殊的根据。有人在泳池中溺水时，对没有救助他的人全部予以处罚是不可想象的，至少也是做过

① 所谓监视下的转移，是指一种特殊的搜查方法，即管理、搜查的当局在得知有人正在进行毒品的不法交易时，不是马上拘捕，而是在其严密监视之下容许并跟踪毒品的运输，诱使相关嫌犯全部到场，借此来确定、拘捕参与不法交易者。

头了，想想这一点，对于不作为犯要求特别的处罚根据也就很清楚了。要想肯定不作为犯的成立，必须是在特定的根据、条件之下才能要求旨在回避构成要件结果的作为，至于这里的根据和条件是什么，这正是关于不作为犯的基本问题。如后所述，在不作为能和作为等同视之的场合，其已经并非单纯的不作为，而是和作为的场合同样，要求回避结果的发生。

不作为犯有两种。第1种是，将不作为当作明示的构成要件要素加以规定，对不作为成立犯罪的条件在条文上明确规定，这称为**真正不作为犯**。“对年老者、年幼者、身体障碍者或者病人具有保护责任的人……未对其生存予以必要的保护时”所成立的保护责任者不保护罪（刑法第218条），“没有正当的理由……尽管受到了要求但仍然未从此等场所（人的住所等）退去”时成立的不退去罪（刑法第130条）等，都是真正不作为犯的例子。在这里，必要的是要通过条文上所规定的构成要件要素的解释来划定处罚的范围。第2种是，不作为并没有明示地作为构成要件要素加以规定的犯罪，以不作为的方式实现了通常是由作为所实现的构成要件的场合，这称为**不真正不作为犯**。杀人罪（刑法第199条）在“（故意地）杀了人”时即成立，由于没有实施回避人的死亡这一构成要件结果的作为而引起了人之死亡时，所加以处罚的场合，就是不真正不作为犯的例子。在此，由于不作为而引起了构成要件结果时，由于何种条件下得以肯定构成要件该当性在法条上并没有明文规定，对此就有必要通过刑法解释加以明确。也就是说，在这一场合，因为有必要和出于作为所引起了构成要件结果的场合该当同样的构成要件，所以就要求在出于不作为而引起构成要件结果时，能够和出于作为引起构成要件结果的场合同视（同等对待），进而就需要明确这样的能够将两者同视的条件是什么。在这里，思考过程是这样的：在明确出于作为的构成要件实现的特征的基础之上，对于能够肯定该特征的不作为来说，基于此等不作为而实现的构成要件就能够和通过作为实现的构成要件等同视之，以此为理由，即可肯定不真正不作为犯的成立。因此，从根本上来说重要的是，必须要留意，从哪里能发现作为的构成要件实现的特征，有必要予以提醒的是不包含在这个特征里的事情，是没有理由成为不真正不作为犯的成立要件的。从而，与作为犯的场合相同，因为由这样的可和作为同等视之的不作为造成了结果，在法律上是被禁止的，所以在此场合，可以说就能肯定为了回避结果而实施作为的义务（作为义务）。不过，不同于设想的是通常有可能放弃某种作为的情形，在不可能实施被要求实施的作为的场合，由于不能要求不作为，并且也不能对此进行非难，结果就是，不成立不作为犯。这意味着，不真正不作为犯以（1）基于保障人地位的**作为义务**及（2）**作为可能性**为特别的成立条件。不历经上述要求确保不作为与作为具有等同性的思考过程，即便言及所谓社会的期待（参见盐见 42 页），或者试图仅凭“是否应该要求作为”这种考虑来划定作为义务的范围，但究竟应该在多大范围之内肯定不作为犯，就并无决定性标准；而且，要认定是由不作为实现了构成要件，该不作为就必须该当于通常是由作为而实现的构成要件，因此，唯有历经上述思考过程，才有可能借此担保这种构成要件该当性，并由此作出符合罪刑法定原则之要求的解释。

此外，学说中有一部分见解认为，处罚不真正不作为犯是违反罪刑法定主义的（即便现在，松宫 85 页以下也对于这一问题给予了重视）。就真正不作为犯以外的犯罪而言，如果将作为解释为构成要件要素的话，则处罚不真正不作为犯与罪刑法定之间的关系从正面来看就有疑问。但是，比如说，杀人罪仅仅规定了“杀了人”时成立该罪，法条并没有将该罪限定为“出于作为”杀人，因此，不能说处罚不真正不作为犯就违反了罪刑法定主义。但是，如前文所述，若是处罚了无法与出于作为的构成要件实现等同视之的不作为的话，就会导致处罚无法肯定构成要件该当性的不作为这样的后果，在此意义上确实也就产生了违反罪刑法定主义的问题。

或者是立足于不真正不作为犯的处罚属于不被允许的类推解释的立场，或者虽不这样理解，但却认为由于处罚不作为和处罚作为在实体上存在不同，从而处罚不真正不作为犯多多少少是有疑问的，作为疑问解决的方案，不真正不作为犯的立法化建议得以主张。在实践之中，改正刑法草案（昭和49年［1974年］法制审议会总会决议）的第12条（出于不作为的作为犯）也作为提案规定，“负有义务防止犯罪事实发生的人，尽管能够防止该事实的发生但特意不防止其发生以致发生了该犯罪事实时，与因作为而导致发生犯罪事实者相同”。形式上来说确实是据此消除了违反罪刑法定主义的疑问，但上述提案的规定亦很明确，由于这种成立要件不得不是笼统的、一般的规定，因此，成立要件未经充分限定，只能形式上肯定了对不真正不作为犯的处罚，最后也就只是单纯正当化了对不真正不作为犯的处罚，或者毋宁说，存在着以扩张了对不真正不作为犯的处罚范围而告终之虞。为此，也有人建议不在刑法总则中设置一般的不真正不作为犯的处罚规定，而是在刑法分则的规定中，针对有必要处罚的不真正不作为犯，设置专门的规定，将其作为真正不作为犯予以处罚。但是，这样能否解决全部的不真正不作为犯的问题，还是留有疑问的。无论如何，都要求对于不真正不作为犯的成立要件加以严密的检讨，这一点是毫无疑问的。

另外，不真正不作为犯并非“出于不作为而实施的作为犯”，即并不是以不作为的方式实现了法律规定的要求出于作为所实现的构成要件。如果将不真正不作为犯理解为“出于不作为而实施的作为犯”的话，就成了将作为犯的处罚规定适用于不作为犯，那倒真成了不被允许的类推解释了。不真正不作为犯应该理解为这样的场合，即其是以不作为的方式实现了构成要件，由此该当了处罚通过行为（作为或者是不作为）而实现构成要件的罚则。

以下对于不真正不作为犯的成立要件加以详细的检讨。

第二款　作为与不作为的区别

比如说，在没有救助泳池中的溺水者而是离开了该处的场合，由于离开那个地方是身体的“动”，那么是作为吗？还是没有救助这一不作为呢？假使是作为的话，那么由于作为所引起的构成要件的结果，只要是没有特别的理由，就当然能肯定不去实施作为的不作为义务从而就成为处罚的对象；假如是不作为的话，如后所述，则只有在肯定了作为义务的例外的场合才成为处罚的对象。在这一点上，对于成为问题的行为究竟是作为还是不作为予以明确，是有意义的。

不作为并不是“什么也不做”，而是意味着“没有做所期待的行为”。从而，没有实施所期待的行为和做了某些别的行为，这两者是可以并存的（参见町野Ⅰ139页）。比如，由于行人在汽车前方猛地突然出现，汽车驾驶员惊慌失措，将油门误以为是刹车而踩了上去，将行人轧死的场合，“踩油门”的行为虽是作为，但也是“踩刹车”这一所期待之作为的不作为。像这样，同一个身体动作，一方面是作为，另一方面是不作为，两者是可以并存的。由此，是在与成为问题的所引起之构成要件结果的关系上，来追问属于身体动作的行为究竟是作为还是不作为的。

关于如何区分作为与不作为，以前曾有热烈的讨论，不过如上所述，将作为与不作为相互排他地加以区别是不可能的。从而，就只能是在检讨是否成立作为犯之后，再将是否成立不真正不作为犯作为问题，而且在实际中这也就足够了。在上述的泳池事例中，并不是由于离开了泳池（作为）这一动作发生作用导致死亡，而是由于没有救助（不作为），导致被害人没有被救出而溺水死亡。在此意义上，行为人不成立作为犯，问题只在于不作为犯的成立与否。

第三款　不作为与因果关系

曾经有见解主张，不作为是“无”，由于“无不能生有”，从而否定了不作为的因果性。即便是现在，也有理解认为，不作为与结果之间的关系与通过作为引起结果的关系不同（参见山中234页以下），要是强调这一点的话，就会导致只要是没有处罚的特别规定就不能处罚不作为，大概就会认为应该否定处罚不真正不作为犯（关于否定了不作为的因果性的观点，参见松宫孝明：《关于“不真正不作为犯”》，西原古稀（1），172页）。姑且认为，由于不作为这一行为形态的特性，不作为与结果之间的因果性必然地有所不同，但即便如此，与作为和结果之间同样，也能够肯定不作为和结果之间的因果关系，而且也必须肯定这种因果关系。否则的话，处罚不真正不作为犯就违反了罪刑法定原则。比如说，由于没有救助泳池中的溺水者，该溺水者死亡的场合，正是不救助这一不作为导致被害人未获救助而留在了水中，结果就溺死了，是能够肯定这样的关系的。

如前文所述，不作为并非什么都不做，而是意味着没有实施一定的“所期待的作为”。在此，不作为与结果之间的“因果关系”，可以理解为能适用“若无行为则无结果”这一公式，通过“没有不作为的话，也就是说要是实施了所期待的作为的话，恐怕就能回避结果”这一基准来认定（参见大塚249页，大谷129页，前田92页，等等）。也就是说，在即便是实施了所期待的行为恐怕也不能回避结果这样的场合，就能理解为否定了不作为与结果之间的因果关系，在这个意义上，也可以说**结果回避可能性**是作为不作为的因果关系本身而要求的。

判例也以这样的理解为前提，将由于注射了兴奋剂而造成错乱状态的少女放置于宾馆的房间里，因此导致该女死亡，在这一案件中，判例认为“要是被告人马上要求急救医疗的话，由于该女孩很年轻（当时13岁），生命力很旺盛，又没有什么特殊的疾病，这样来看十有八九是可能将该女救活的”“由于能够认定救活该女孩是已经超出了合理怀疑程度的确定的事情”，则被告人将该女放置于宾馆的房间中的行为与该女因为兴奋剂所导致的急性心力衰竭并因此死亡的结果之间，存在刑法上的因果关系（最决平成元年［1989年］12月15日刑集43卷13号879页）。这里所说的“‘十有八九’是可能将该女救活”是一种语言上的修辞，被当作问题的为结果回避的可能性是否是“超出了合理怀疑程度的确定的事情”。这样，在即使实施了所期待的作为也不可能回避结果发生的场合，就否定了因为发生了结果而成立犯罪（由于交通事故而致被害人身负重伤，害怕犯行被发觉而想将被害人遗弃，于是将其放在汽车里，在行车的途中被害人死亡。在这一案件中，盛冈地判昭和44年［1969年］4月16日判时582号110页否定了存在结果回避可能性和存在故意)。①

但是，上述关于因果关系的理解与作为犯中“实行行为的危险性的现实化”的理解是不同的。上述判例虽是有关属于真正不作为犯的保护责任者遗弃罪（刑法第 218 条）的，但由此也可明白，在本罪中如果有杀人的念头的话，就可能成立杀人罪（刑法第 199 条），那么，对不作为犯因果关系作不同于作为犯因果关系的理解合适吗？这恐怕就是个问题。也就是说，就与作为犯以同样的规定加以处罚的不真正不作为犯而言，要从正面直接地讨论其因果关系的理解问题，这一点即使是真正不作为犯也完全相同。这样考虑的话，就可以说，与作为犯相同，不作为犯中的因果关系也需要理解为“实行行为的危险性的现实化”。在不作为犯的场合，因为原本在不作为的时点就能肯定产生构成要件结果的危险性，肯定其现实化为结果通常没有问题，不过是没有成为特别的争论点而已。在不作为后介入了第三人的行为等的场合，与作为犯的场合一样，可以说成为问题的就是能否肯定“实行行为的危险性的现实化”。从而，上述判例的判断就不是关于“实行行为的危险性的现实化”这一狭义的因果关系的判断，而是有关“结果的发生是否基于属于结果回避义务的作为义务的违反”这一另外要件的判断，这样来理解是妥当的。

第四款　保障人地位

一、概述

就不真正不作为犯来说，在某些不作为与构成要件结果之间，仅仅存在“实行行为的危险性的现实化”这一意义上的因果关系还不能肯定构成要件该当性。即便是在结果回避可能性这一意义上理解因果关系时，这一点也完全相同。比如说，在没人给婴儿喂奶致其饿死的场合，并不是只有没喂奶的母亲的不作为和婴儿的死亡之间有因果关系，同样也能肯定共同居住的人、邻居等没有喂奶的不作为和婴儿死亡之间的因

① 由于不存在结果回避可能性，因而不能以引起了结果为理由进行处罚，但即便是在这种场合，由于是有可能存在结果回避的可能性的，所以有成立未遂犯的可能性。

果关系。但是，肯定所有可能喂奶的人一律具备杀人罪的构成要件该当性显然失于宽泛 。这就暗示着，只有一定的被限定的不作为才能够和作为等同视之。在此，作为不作为犯罪的成立要件，学说和判例一直都要求行为人存在基于**保障人地位**的**作为义务**。比如说，大判大正13年［1924年］3月14日刑集3卷285页为了肯定成立属于不真正不作为犯的遗弃尸体罪而要求了要存在作为义务。不真正不作为犯的场合，由于成为处罚对象的不作为与作为被等同视之从而肯定构成要件该当性，所以，如同作为有结果回避义务一样，即使是这样的不作为也特别要求具有为了回避结果的作为。换言之，对于那种不作为，被赋予结果回避义务的结果就是，不承认行为人具有不实施“作为”的自由。另外，像这样，通过肯定不作为的回避结果的作为义务，就可能满足结果的发生是基于结果回避义务的违反这一结果归责的要件。在这个意义上，可以说作为的结果回避义务的作为义务就成为结果归责的前提。

二、保障人地位的必要性

这里的作为义务就是一种结果避免义务，为赋予这种义务奠定基础的情况，我们称之为**保障人地位**。问题是，在何种场合能够肯定这样的保障人地位，从而能够肯定作为义务的存在。保障人地位是旨在使因不作为而引起构成要件结果能够和因作为引起构成要件结果在构成要件该当性上能**同等看待**（同视）的要件，因此，就有必要从“能否与作为引起的结果等同看待”这一观点出发，来划定保障人地位的范围。为此，如前所述，识别“由作为而引起结果”的特征，要求不作为也具有这种特征，就属于最基本的想法。只是将那些不能谓之为具有“由作为而引起结果”之特征的情况作为要件，尚不足以认定不作为；而且，要认定不作为，也没有理由要求存在那些连“由作为而引起结果”之特征都不具有的情况。如后所述（本款六），由于能够找出来作为所引起结果的特征是“结果原因的支配”，则对于具备了“结果原因的支配”的不作为来说，就能因此肯定保障人的地位，从而肯定作为义务。

三、传统的见解

关于为作为义务奠定基础的保障人地位，一直以来进行了各种各样的争论。首要得以强调的是，必要的作为义务不是伦理上的义务，而终归必须是**法律的义务**。由此出发，能够为这样的属于法律义务的作为义务奠定基础的事情（为保障人地位奠定基础的事情），首先包括成为法律义务之根据的**法律**、成为（能够按照法律义务看待的）规范义务之根据的**契约**、**事务管理**，再进一步，包括**先行行为**在内的**情理**（日文为“条理”）也被认为能给作为义务奠定基础（参见大塚 152 页以下，大谷 137 页以下，等等）。但是，在违反某一法律所规定的义务的场合，即便能够采取该法律所规定的措施，但何以能为刑法等其他法律所规定的针对犯罪的处罚奠定基础，还依然是不明确的。特别是，在该法律中已经规定了违反法律的罚则的场合，恐怕可以说对法律的违反不过是个适用罚则的问题。例如，对于违反道路交通法的行为，预定的是通过该法所规定的措施、罚则予以应对，因此，我们也可以说，不能以违反该法而作为成立刑法上的犯罪的理由。契约违反也是一样，奠定超出了损害赔偿等民事责任的刑事责任之基础的理由，也是不明确的。更进一步，到了情理也成了作为义务的来源时，可以说等于根本就没有说出什么理由来。

四、判例的动向

实际上，并非在所有的犯罪中不真正不作为犯都成为问题，不过是在放火、杀人、诈骗等比较有限的犯罪中，是否成立不真正不作为犯才是个问题。在此意义上，可以说对于不真正不作为犯的处罚，实务上采取了较为谦抑的态度。不过，后文（第六章第四节）将详细检讨的过失犯，由于以违反了和作为义务同样性质的结果回避义务为其成立要件，故而针对其与不真正不作为犯同样的问题，倒是常常有必要加以检讨。

以下，来看看具有最重要意义的放火罪、杀人罪的相关状况。

（一）放火罪

就放火罪来说，重要的是以下的 3 个判例。［判例 1］被告人和养父发生了争吵，最后将养父刺死了，但在争吵中养父朝被害人扔过来的带火的木材延烧点燃了住宅内的稻草，致火势蔓延。被告人为了掩盖杀害养父的犯罪事实而没有救火，最终烧毁了自己的住宅以及邻居的一间库房。对此，判例（大判大正7年［1918年］12月18日刑录24辑1558页）肯定了成立不作为的放火罪（放火罪的不真正不作为犯）。在该案中，“应该灭火的法律上的义务”“处于容易灭火的地位之上”以及“对于已经发生的火力加以利用的意思”被认为是成立要件，而属于“物品的所有者或者占有者”则成为灭火义务的根据。也就是说，要想成立不作为的放火罪，要求存在因对对象物的支配而能奠定该义务之基础的作为义务、作为的容易性，再有就是要求对已经发生的火力加以利用的“利用意思”这一对于不作为的积极的内心态度。另外［判例2］，被告人在自己独住的家中点燃神柜前的蜡烛，明明认识到了蜡烛并未放稳、倒向了神符方向，但想到如果就此引起火灾，反倒可以获得保险赔偿，于是置之不理而自己外出，最终蜡烛点着了神符并延烧烧毁了房屋。对此，大审院列举了和前述大正7年［1918年］判决同样的要件，肯定了不作为的放火罪的成立（大判昭和13年［1938年］3月11日刑集17卷237页）。在此，因为过失所导致的危险的先行行为以及对于自己的房子的支配，是奠定作为义务之基础的理由。再者［判例3］，一个人在公司加班的被告人将火盆放在自己的办公桌下，由于想小睡一会儿而去了别的房间，其间引发了火灾，炭火点着了装有票证的箱子并延烧到办公桌，被告人发觉时如果想马上灭火本可以做到，但因为担心自己的过错被发现，并未采取任何措施，也没有通知值班人员就自己一个人逃离了现场，导致整个公司被烧毁。在这一案件中，最高裁肯定了被告人成立不作为的放火罪（最判昭和33年［1958年］9月9日刑集12卷13号2882页）。不过与前述的两个判例不同，在这里没有认为“利用意思”的要件是必须的。即，这一判例认为被告人过失造成危险的先行行为，并且处在加班职员的地位，这些为其作为义务奠定了基础，将这样的作为义务以及作为的容易性当作该案成立不作为放火罪的成立要件。此外，判决中也展示了被告人存在对于建筑物被烧损的“容忍的意思”，但那无非就是放火罪的故意而已。

在下级审的判决中，也能看到以出于过失的先行行为、灭火的容易性、对烧损的容忍为理由而肯定了成立出于不作为的放火罪的例子。在这些例子中，虽说很多属于对象物是自己的住宅这样的处在自己支配之下的场所的场合（大阪地判昭和 43 年［1968 年］2 月 21 日下刑集 10 卷 2 号 140 页，东京高判昭和 55 年［1980 年］1 月 21 日东高刑时报 31 卷 1 号 1 页，东京地判昭和 57 年［1982 年］7 月 23 日判夕486 号 180 页），但也不尽然。小偷在夜间侵入了事务所，在捡拾落在床上的硬币的时候，正点燃着的纸火把的火延烧到了桌子上的纸类东西，小偷担心罪行被发觉，没有灭火就赶忙离开了现场。在这一案件中，判决以存在灭火的义务以及容忍了结果的发生为理由，肯定了不作为的放火罪的成立（广岛高冈山支判昭和 48 年［1973 年］9 月 6 日判时 743 号112 页）。

从这些判决中可以看出，将火源置于支配领域之内还有灭火的容易性等，成为了重要的判断因素。

（二）杀人罪

就杀人罪来说，在好几个不同的案件类型中，如供给食物、不救助婴儿、不给予医疗、弃置不管、轧人后逃跑等，都肯定了出于不作为的杀人罪（杀人罪的不真正不作为犯）。

首先，就依据合同负责照管 5 个多月大的婴儿、却不给婴儿喂食致其死亡的案件，大判大正 4 年（1915 年）2 月 10 日刑录 21 辑 90 页肯定了成立出于不作为的杀人罪。另外的案件中，被告人的妻子离家出走并将出生仅 8 个月的孩子寄放在熟人那里，被告人将孩子抱回来后虽也曾给其喂过食，但之后变得自暴自弃，将孩子丢在一旁不给吃的，致使小孩饿死。在这一案件中，名古屋地冈崎支判昭和 43 年（1968 年）5 月 30 日下刑集 10 卷 5 号 580 页肯定了成立出于不作为的杀人罪。就这些案件来说，不给处在自己支配之下的婴儿营养而致其死亡，可以说当然能够解释为成立杀人罪。

其次，感到阵痛的被告人以为这是便秘所致的腹痛，在上厕所的期间，在马桶里产下了婴儿，瞬间产生了杀害的决意，并将孩子放置在马桶里不管、致其死亡。针对这一案件，福冈地久留米支判昭和 46 年（1971 年）3 月 8 日判夕 264 号 403 页肯定了杀人罪的成立。在此，容易得到他人的帮助而能够进行救助被认为是重要的判断要素。另外的一个案件中，婴儿出生时处于假死状态，孩子的母亲将其放置不管致其死亡。东京高判昭和35年（1960年）2月17日下刑集2卷2号133页认为，孩子有充分的活过来的机会，该母亲却老早就想着偷偷地将婴儿埋掉，因此并未采取必要的保护措施，剥夺了孩子活过来的机会，致其死亡，从而肯定了杀人罪的成立。不过本案中该母亲还实施将孩子扔进水中这样的作为，并非一个纯粹的不作为的案件。

再次，被告人殴打住在自己家中的雇员致其骨折等，尽管被害人已呈现出重笃的症状，但被告人因为担心罪行暴露，不带被害人看医生，只是简单地给其服用了家中现有的化脓止痛的药，最终致使被害人死亡。在这一案件中，东京地八王子支判昭和57年（1982年）12月22日判タ494号142页肯定了成立不作为的杀人罪。在这里，被告人与被害人的关系、将被害人置于支配的范围之内、很容易给予被害人必要的医师的治疗等，成为重要的判断要素。

作为最高裁判所的判例来说，重要的是最决平成17年［2005年］7月4日刑集59卷6号403页的灵力（Shakti）治疗杀人事件。患者的亲属（共犯者）将对于患者的治疗全部委托给了犯罪人或者行为人，犯人则让住院之中的患者出院，致其生命产生了具体的危险，也没有让患者接受维持生命所必需的医疗措施，最终致使患者死亡。[①] 在此案件

① 本案的较详细的事实为，（1）被告人自称自己拥有特别的治疗能力，即通过用手掌拍打患者的患处能将能量输送给患者，能够提高患者自己治愈自己的能力（简称“灵力治疗”）等，因而聚集了很多信众。（2）A是被告人的信奉者，因脑内出血而病倒住进了兵库县内的医院，A由于意识障碍处在需要吸痰和水分的点滴的状态，虽然没有生命危险，但需要治疗几周时间，估计治愈后也会留有后遗症。A的儿子B，也是被告人的信奉者，B希望父亲能够不留后遗症地得以康复，因此委托被告人对A进行灵力治疗。（3）被告人虽然不曾对脑出血等危重病人施行过灵力治疗，但因接受了B的委托，为了在其所滞留的千叶县内某宾馆内进行上述治疗，在明知主治医生暂时不能让A出院的警告，也明知B等家属在希望得到主治医生的许可后再将A送到被告人处意图的情况下，仍然指示B等人：“点滴治疗很危险，今天和明天是关键时刻，要在明天之内把A带来”等，使仍处于以点滴等医疗设施为必要的状态的A被从所住医院运送出来，导致其生命产生了具体的危险。（4）B等人委托被告人对被运送到上述宾馆中的A施以灵力治疗，被告人在看到A的病情后，虽认识到如果对A置之不理，A就有死亡的危险，但为了避免前述让病人出院到己处治疗的错误指示露馅，就有必要继续对A施以灵力治疗，因此被告人以未必的杀意，在未让A接受对他来说是维持生命所必需的除痰、水分的点滴等医疗措施的情况下，就那样将A放置了大约1天的时间，导致A因痰引起的呼吸道堵塞而窒息死亡。参见山口厚：《从新判例看刑法》，2版，付立庆、刘隽译，29页以下，北京，中国人民大学出版社，2009。——译者注

中，判例从其“由于可归责于其本人的事由使患者的生命产生了具体的危险”“处在受委托全面治疗危重的病人的地位”出发，肯定了其出于不作为的杀人罪的成立。在此，根据因先行行为导致产生了危险、对于患者的支配关系（患者的依存关系）而肯定了其具有保障人的地位。

此外，欺骗因为小儿麻痹走路困难的被害人，在寒冷的深夜将其带到人迹罕至的山中，抢走了被害人身上的钱之后扬长而去，此后被害人获救。在这一案件中，判决（前桥地高崎支判昭和 46 年［1971 年］9 月 17 日判时 646 号 105 页）认为，既然是因自己的先行行为使他人的生命产生了危险，就存在着消除这种危险的作为义务，由于履行作为义务是可能的，则将被害人置之不理这种不作为的杀人和因作为的杀人在构成要件上是等价值的，从而肯定了不作为的杀人未遂的成立。在此，因先行行为而奠定了作为义务的基础，既然作为义务之履行是可能的，从而就肯定了不真正不作为犯的成立。不过在本案中，除了被告人之外并不存在能够期待实施救助的其他人，这一点恐怕也有必要加以注意。

最后，来看一下所谓轧人后逃跑的案件的处理（通常所说的“轧人后逃跑”虽是指以下所说的“单纯的轧人后逃跑”，但在下文中按照学说上一般用语的习惯，将不救助交通事故之被害人的事例也都广泛地一并包罗进来）。将因交通事故而受伤的被害人就那样留在现场自己逃走，此即单纯的轧人后逃跑，重要的是，对此并没有肯定杀人罪的成立（成立驾驶汽车死伤行为处罚法上的过失驾驶致死伤罪和道路交通法上的违反救助义务罪及违反报告义务罪）。东京地判昭和 40 年（1965 年）9 月 30 日下刑集 7 卷 9 号 1 828 页肯定了出于不作为的杀人罪，但这是因为被告人的过失而致使被害人重伤，为了把被害人送到附近的医院而将其搬到了车上，在开车之后因为担心被追究刑事责任而想着将被害人遗弃在适当的场所并且逃走，汽车在行驶途中被害人死亡。另外一个案件中，被告人因为自己的过失而致他人重伤，将被害人放进车里并带到了在严寒的深夜估计不会被发现的一个地方，在把被害人从车上拽下来打算扔掉不管的时候被发现了，被害人获救。对此，东京高判昭和 46 年（1971 年）3 月 4 日判タ265 号 220 页肯定了成立杀人未遂罪。在这些案件中，将身负重伤的被害人搬到自己驾驶的汽车之内，将其置于自己的支配之下，并且在后者的案件中，是在这样的状况之下加以遗弃，这一点可以说是非常重要的。

五、学说的诸相

不真正不作为犯的第一位重要的问题就是关于如何奠定保障人地位、作为义务之基础的问题，一直以来的学说都是将法律、契约与事务管理、情理当做作为义务的根据，如前所述（本款三），其理由是不充分的，需要从更为实质的观点出发对此进行探讨。以下将在对迄今为止的主要学说加以检讨的基础上，最后再表明结论（关于学说等的详细内容，请参见山口·探究38页以下，山口厚：《关于不真正不作为犯的备忘录》，小林·佐藤古稀（上），22页以下）。

（一）主观说

在关于放火罪的大审院的判例中，将“对已经发生的火力加以利用的意思”作为了成立要件，学说中，也曾经有见解主张通过要求这样的**主观要件**来追求对于处罚范围的限定（藤木135页）。但是，就和作为犯通过同样的条文加以处罚的不真正不作为犯来说，要求这样的特别的主观要件缺乏根据。试图通过实施诈骗保险金这一诈骗罪的意思或者是实施隐灭自己犯罪证据这种不可罚行为的意思来补充放火罪的犯罪性，这样的思考方法本身是不妥当的。另外，在试图通过这样的主观要件来限定犯罪成立的场合，就会对客观要件加以轻视，反而会有扩张处罚的危险，这恐怕也不妥当。对于处罚范围的限定，必须是通过对客观要件的限定来进行。

（二）多元说

学说中，有很多见解主张，作为义务的发生根据要多元地理解（平野Ⅰ152页，内藤（上）230页以下，曾根204页以下，町野Ⅰ133页，野村185页以下，前田97页以下，高桥156页以下，等等。但为什么要多元理解的旨趣并不明了）。确实，属于作为义务之发生根据的保障人地位的要件，是因不作为而引起结果能够在构成要件上和因作为引起结果同样对待这样的构成要件解释的问题，因此，根据犯罪的不同，认为肯定两者可以同视的要件也有差别，这也是能够考虑的。但是，通览一下日本的主要判例亦可看出，这些判例能够设定某种程度上共通的要件。不真正不作为犯的处罚范围常常是为伦理的考虑所左右的，而通过前述这些最低限度的要件，则可能划定不真正不作为犯的外部框架，而且可以说这也是十分必要的。

（三）限定说

在学说中，也存在着试图就保障人的地位设定一元的基准的见解。

第1，存在着以**“先行行为”**为基准的见解（日高义博：《不真正不作为犯的理论》，庆应通信，1979）。这种理解认为，超越存在于作为与不作为之间的因果力之有无这种结构上的差距，要想肯定不作为犯与作为犯的同价值性，不作为者在不作为之前必须是自己设定了指向法益侵害的因果趋势（佐伯仁志：《关于保障人地位的发生根据》，香川古稀，111页，从自由主义的观点出发，将危险的创出作为保障人地位的要件，也显现了类似的思考方法）。但是，由于并不意味着要追究先行行为本身的罪责，即使将先行行为作为问题，据此也无法填补作为和不作为在构造上的鸿沟。另外，根据这一见解，一方面，在存在因故意、过失所致的先行行为的场合，据此保障人的地位得以肯定；另一方面，只要是没有因故意、过失所致的先行行为，保障人的地位就不会被认可。这会导致在一种情况下过于宽泛地承认保障人地位，另一种情况下保障人地位又被限定得过窄。亦即，一般不被判例判定成立杀人罪的所谓单纯肇事逃逸案件，会因产生了故意而成立故意杀人罪（这属于对保障人地位认定过宽——译者注），而对于不给婴儿喂奶将其饿死的母亲，则无法肯定成立不作为犯（这属于对保障人地位认定过窄——译者注）。这样的归结一般是得不到支持的。另外，对于后者即母亲不给婴儿喂奶致其死亡的例子来说，虽然也可能考虑通过肯定该母亲成立保护责任者遗弃罪等真正不作为犯加以处理，但在真正不作为犯那里能够肯定的作为义务，却在不真正不作为犯这里不被认可，这样的理解缺乏理由，也可以说像上述这样限定作为义务是存在疑问的。

与之相关联，也有见解从重视不真正不作为犯可能违反罪刑法定主义的问题出发，认为在存在附随于作为的不作为，或者存在发动指向结果之因果进程的先行行为的场合，就将这种指向结果的因果进程的行为“视作”由行为人之“延长的手”所实施的作为，从而推导出不得让他人面临危险这种注意“义务”（参见松宫 89 页）。也可以这样理解，这和以对危险源的支配为由而肯定作为义务的见解是类似的。

第 2，还有将存在**“事实上的接受行为”**作为要件的**“具体的依存说”**（堀内 59 页以下，以及堀内捷三：《不作为犯论》，青林书院新社，1978。再有，参见浅田 159 页）。这种见解着眼于不作为者对于法益的密切关联性，在法益保护依存于不作为者时则肯定作为义务。该见解认为，基于法益维持行为的通常性和排他性而产生这种依存性，从而将存在事实上的接受行为作为保障人地位的要件。对于这一见解来说，其仅在存在事实上的保护状态的场合才肯定保障人的地位，可以说，这样一点是否妥当是有疑问的。比如说，拿不救助交通事故被害人的事例来看，为了肯定保障人的地位，一般认为必要的是要存在曾一度将交通事故的被害人收容到自己的汽车中这样的事实，但根据这种具体的依存说的见解，则认为能够肯定保障人地位的，只限于基于救助的意图而将被害人收容到车中的场合，出于遗弃意图的场合则被排除在外。但是，这样区别开来的不同处理恐怕是缺乏实质理由的。

第 3，还有着眼于**“支配领域性”**的见解（**排他的支配说**或称支配领域性说。西田典之：《不作为犯论》，现代的展开Ⅰ，67 页以下，西田 125 页以下）。这种见解把担保作为与不作为的同价值性（等价性）的要素，诉诸不作为者掌握了指向结果的因果趋势，即诉诸不作为者对于因果经过的具体的、现实的支配（以前，在佐伯前引《关于保障人地位的发生根据》，110 页也从同样的理由出发，将对于法益的**排他的支配**作为保障人地位的要件，但佐伯仁志 95 页则认为不需要对因果过程的支配）。这样，在不作为者基于自己的意思设定了“事实上的排他的支配”的场合则肯定作为义务（林 156 页将能够肯定作为义务的场合限定于此种情形），此外，虽不是出于自己的意思但事实上产生了支配结果的状态的场合，如果存在唯有不作为者才应该实施作为这一规范的要素（这限于基于身份关系、社会地位而负有社会生活上继续的保护、管理义务的场合）的条件，则肯定作为义务。这一见解着眼于因果关系的支配、试图对保障人地位予以限定的理解，这一点是值得肯定的，但排他性却是多余的要求。这是因为，在过失犯领域通常是承认同时犯的，在过失犯的场合不能肯定个别的行为对于结果的排他的支配。另外，即使是故意犯，比如在最决平成 2 年［1990 年］11 月 20 日刑集 44 卷 8 号 837 页的案件（大阪南港事件）中，在第 2 现场实施暴行导致被害人死亡时间提前的犯人可能成立伤害致死罪或杀人罪，而在第 1 现场实施暴行的被告人也成立伤害致死罪，像这样的场合，能够认定为同时犯。不仅是过失犯，故意犯也可以被认定为同时犯，而由于同时犯中不可能肯定对因果经过的排他支配，所以就不能把对因果过程的排他支配当作作为犯的特征。从而，排他的支配也就不能成为不作为犯的成立条件。

六、结果原因的支配

1. 在划定保障人的地位从而划定作为义务的根据和要件时，排他的支配说并没有仅仅援引规范，而是将一定的事实的基础（此种事实能够将因不作为引起结果和因作为引起结果同等对待）作为问题，在这一点上，排他的支配说理应得到肯定。也就是说，基于纯粹的规范而对“与作为的同价值性”进行判断之际，即便暂且搁置其在方法论上原本是否可能的问题，以保障人的地位划定作为义务的界限也会变得极为模糊，这就有必要努力基于事实基础来划定这一界限。在这个意义上，排他的支配说将“掌握指向结果的因果趋势”作为问题，其出发点可谓正确。不过，如前所述，即便作为犯也不要求直到最后结果发生都一直支配因果经过，因此，比起像排他的支配说那样将“对因果经过的支配”作为保障人地位的条件，倒不如从有无引起对结果的支配这一观点出发，将有无“**对结果原因的支配**”作为问题更为合适。换言之，已如前述，应该认为在判断保障人地位时，由于排他性并不是必需的要件，所以应理解为，肯定了不作为者对结果原因的支配就可以了（参见山口厚：《关于不真正不作为犯的备忘录》，小林·佐藤古稀（上），22页以下）。

亦如在因果关系的理解中所显示的那样（参见本章第四节第三款），能够将引起结果的过程把握成使危险产生→危险增大→危险现实化为结果。并且，通过探讨构成要件结果的发生原因与实行行为的危险性之间的关系，来判断实行行为的危险性是否已实际地转化为结果。这样的话，基于实行行为所支配的结果发生的原因（结果原因）而造成了构成要件结果的场合，即可肯定实行行为危险性的现实化，从而也就能以引起构成要件结果为理由而肯定处罚。将结果原因的支配作为保障人地位的要件，所基于的正是对这样的引起结果的过程的理解。

在与不作为的关系上理解引起结果的过程，可以分为以下两种情况。第一种情况是，由于不适当的措施而导致因潜在的危险源产生或者增加了危险，并且危险向结果现实地转化的场合；第二种情况是，使容易受侵害的法益的脆弱性表面化，使侵害的危险增大，该危险现实化为结果。所谓对结果原因的支配，就意味着支配了这样的有可能导致结果的危险的原因。从而，结果引起、法益侵害的有无，应该根据法益侵害的危险程度以及相对的法益方的防御程度来判断，因此，能够将对结果原因的支配分为（1）**对危险源的支配**与（2）**对法益脆弱性的支配**。另外，不但是在危险源与脆弱性已经表面化的场合，即便是仅有潜在的危险源与法益的脆弱性的场合，也允许肯定保障人的地位从而肯定作为义务。比如说，如后所述，对于养育孩子的父母能够肯定保障人的地位从而肯定作为义务，但肯定此种保障人地位以及作为义务的，并不限于现实上养育着病弱的、虚弱的孩子的父母。因为即便是普通的健康的孩子，一旦患病，就要求父母采取恢复孩子健康的措施，在这一点上来说，从孩子的健康受到侵害之前的阶段，就应该能赋予养育孩子的父母以保障人的地位从而肯定其作为义务。

2. 通过**对法益脆弱性的支配**以肯定保障人的地位从而肯定作为义务的场合，接下来首先予以检讨。已如前述，其典型的例子是父母养育子女的场合。在这一场合，子女对于针对自己的法益侵害的危险无法充分地应对处理，在这个意义上，是具有脆弱性的，从而，父母承担着对子女的养育，而子女的安全等依赖于父母，处在这样一种关系之中，所以对父母是能够肯定其对于子女法益的保障人地位从而肯定其作为义务的。不过，作为义务的内容、范围因脆弱性的性质、程度的不同而有差异，因子女年龄的不同而不同，并且根据成为问题的法益的种类、内容的不同而有所差异，而且此时也必须考虑子女的自立性这一因素。此外，从父母那里继受了子女的监护权的人也是一样，也能肯定其对于子女的法益的保障人地位从而肯定其作为义务。

关于对法益脆弱性的支配，一般说来，是否存在保护法益的责任承担成为重要的判断基准。比如说，因驾驶汽车操作错误而撞了别人，为救助被害人将其送往医院而将被害人先收容到汽车里的事例中，由于存在保护的承担，能够肯定对于需要救助的被害人的脆弱性的支配和依存关系，就能够肯定行为人的保障人地位从而肯定其作为义务。若是属于当初一开始就无法肯定具有救助意思的场合，由于救助而生还有明显的可能，能够预见到会有他人的救助，因为将被害人收容到汽车中而剥夺了其被他人救助的可能性，使生命侵害的危险增加，则通过收容这一作为来肯定犯罪的成立恐怕也不是不可能的。在并非如此的场合，当初的意思姑且不论，由于是明知对于被害人生命法益的保护依存于行为人，却造成了这种依存状态，以对于法益的脆弱性的支配为理由，就能够肯定保障人的地位从而肯定作为义务。

对于与行政机关的主管事务相关领域中的法益保护，只有通过行政机关的适宜的措施才能在实现法益保护这个意义上，并且也是在这一限度内，能够以对脆弱性的支配为根据，肯定保障人的地位从而肯定作为义务。另外，制售成为潜在危险源的产品的企业也是一样，由于能够肯定购入了相应产品的消费者在情报等方面具有脆弱性，则在产品的危险性很明显的阶段，则能以对脆弱性的支配为理由，肯定制售企业具有回收这些产品的作为义务。

再有，在对法益的脆弱性的支配关系上，问题是，保护他人财产的义务。在处于对等的立场而力求缔结财产上之契约的当事人之间，肯定保护对方财产的义务可谓是有问题的。这是因为，虽说在财产处分时重要的关联情报的不足也可以说是一种脆弱性，但必须肯定，对方的当事人才存在对这种脆弱性的支配关系。这一点，在考察基于不作为的欺骗是否成立诈骗罪的问题时，具有重要的意义。

3. 通过**对危险源的支配**而讨论一下保障人的地位从而考虑作为义务的问题。就此场合来说，虽也有见解否定保障人地位从而否定作为义务（参见西田典之：《出于不作为的共犯》，法协122卷4号，4页以下），但那样的话，会导致对于以下所述诸事例无法肯定保障人地位从而无法肯定作为义务，那想来是不合适的。另外，如以下所提到的那样，对危险源的支配在过失犯中会成为结果回避义务的主要根据。

对危险源支配的典型例子，是在运用危险的装置或从事危险的业务的场合。在这样的场合，如果未能讲求适宜的危险回避措施的话就会造成发生危险、引起结果这样的事态，在支配着这样的危险源的同时，在因危险措施的不作为而导致引起结果发生的时候，就能根据对结果原因的支配而肯定不真正不作为犯。比如说，汽车驾驶人员实施适宜的危险回避措施是理所当然的（正是以此为前提才认可了汽车的驾驶），在行人突然出现在自己汽车的前方的场合，就应该通过方向盘、刹车器的操作来回避事故的危险，这恐怕是相当不言自明的道理。在该场合下，否定行为人负有避免结果的作为义务，就是否定完全属于作为义务的结果避免义务，进而否定成立过失犯。这显然不妥。学说中（参见西田125页），有见解对此场合虽然否定了作为义务，但却肯定了结果回避义务。但是，所谓作为义务和结果回避义务（并非作为责任要素的结果预见义务），都是为了回避结果而对行为人要求的义务，从犯罪的成立这一观点来看，既然是同样的义务，对两者作不同理解想来就是矛盾的。在过失犯的场合下，对作为犯和不作为犯加以区别的意义仅仅在于，被认为是作为犯的场合能肯定对危险源的支配，从而当然地能肯定作为义务即结果回避义务；而被认为是不作为犯的场合，包含对脆弱性的支配在内，有必要确认存在保障人的地位。可以说，无论是对危险源的支配，还是对脆弱性的支配，在肯定了保障人地位的场合，过失犯中的作为犯和不作为犯的区别就是没有意义的。成为问题的，只是结果回避义务的内容，也即作为义务的内容要考虑些什么。

此外，在所谓狭义的监督过失事例（参见第六章第四节第三款）中，处于指示危险作业的监督立场上的人，对现场工人实施不适当操作的危险起着支配作用，在这个意义上，可以说其监督义务是基于对危险源的支配的。再者，与此相关联，在管理过失事例中，就针对大规模建筑物确立充分的安全体制的经营者的义务（保障人地位）来说，不但能够考虑将不具备此等体制的建筑物本身理解为危险源、以危险源的支配为根据来奠定保障人地位的基础，而且，肯定保护顾客的责任承担、以对脆弱性的支配为根据来肯定保障人地位也同样行得通（要想肯定过失犯的成立，还有更进一步的问题有待检讨，参见第六章第四节第三款）。

4. 另外，在因**先行行为**产生或者增加了危险的案例中，以此本身为理由，是不能肯定对结果原因的支配的。在实施有可能产生或者增加危险的行为这一阶段，根据对危险源的支配，即便能够肯定在这一阶段的保障人的地位即作为义务，但有必要留意的是，在因措施错误而致发生危险以后的阶段，未必是行为人支配着导致结果的原因。比如说，在驾车时要是眼看着就要撞到人的话，就要求行为人进行适当的方向盘、刹车器等操作（对危险源的支配），可是一旦事故发生、导致他人负伤时，就伤害的恶化来说是不存在对原因的支配的（与恰好在场与事故无关的人一样）。在这个意义上，将先行行为从保障人的地位从而作为义务的发生原因中剔除的见解（参见西田前引《不作为犯论》，91 页），姑且不论其理由如何，其结论想来是正确的。

基于以上根据能够认定处在保障人地位从而具有作为义务的人，怠于实施被期待的行为，导致了危险的产生与增加时，则能够就该不作为所导致的构成要件结果而肯定其构成要件该当性。在这个意义上，危险的产生、增加虽然不是为了肯定保障人的地位从而肯定作为义务的前提，但是要想确认处罚，可以说与作为犯的场合一样，危险的产生与增加也是必要的要件。

第五款　作为可能性

即便是认可了保障人地位、肯定了作为义务，在欠缺作为可能性的场合，也不成立不真正不作为犯。比如说，即便是肯定了应该救助溺水于湖中的人这一保障人的地位，但很明显不能要求不会游泳的人去游泳救人；即便是肯定了应该给予婴儿营养的保障人的地位，但也不能要求因身体受到束缚而无法去喂养婴儿的人那样去做。在这个意义上，作为可能性属于不真正不作为犯的成立要件这一点就是很明确的。问题在于如何理解其体系的位置。

也有见解认为，在没有作为可能性的场合，就属于欠缺作为义务的前提（比如，参见前引西田《不作为犯论》，80页）。虽说作为可能性的判断基准只能理解为个人的能力，不过将这样的内容作为构成要件要素是否合适恐怕是个问题（为此，由这样的问题意识出发，把作为可能性作为构成要件要素的大谷138页，将一般人或者是社会一般观念视为作为可能性的判断基准）。另外，要是将个人的能力作为义务违反的前提的话，也能够认为，这有抹杀和（作为违法的前提先要求责任的）主观的违法论之区别的危险。由此看来，将作为可能性不是作为违法要素而是定位为责任要素可能是适当的（山口・探究44页将作为可能性的一部分当作了结果回避可能性的问题，但作为可能性和结果回避可能性是不同情势下的问题，两者应该加以区分），在这个意义上，将作为可能性理解为构成要件要素也不是不可能的。另外，为了稳妥起见，这里还想再补充一点：即便将构成要件理解为违法行为类型，也并非不可能作出这种理解。这是因为，作为违法行为的限定要素，我们也可以例外地将责任要素纳入构成要件。

再者，处罚没有作为可能性的场合无论如何都是难以想象的，因此，在判例、裁判例中实际成为问题的，就不是作为可能性，而是作为的容易性。作为的容易性成为保障人地位即作为义务的判断因素（大判大正7年［1918年］12月18日刑录24辑1558页等多个场合）。

第七节　主观的构成要件要素

第一款　概　　说

构成要件至少是违法行为类型，换言之至少是法益侵害、危险引起行为的类型。所以，只要是以此为着眼点，构成要件就是由客观的要素所形成的（这称为**客观的构成要件要素**）。但是例外地，构成要件中也包含像实施一定的行为之目的等主观的要素（**主观的构成要件要素**）。特别是，在将构成要件理解为违法有责行为类型的场合，将主观要素包含于构成要件内理解就不会产生问题。比如说，伪造货币罪（刑法第148条第1款）将“行使的目的”作为其成立要件，另外营利目的等拐取罪（刑法第225条）中，“营利、猥亵、结婚或者是对于生命、身体实施加害的目的”被规定为成立要件。再有，根据通说和判例（大判大正4年［1915年］5月21日刑录21辑663页等），在盗窃罪（刑法第235条）中作为不成文的成立要件而要求“不法领得的意思”。

在何种意义上要求这样的主观的构成要件要素是个问题。这是因为，根据对这一问题的理解，能够为相应主观的要素提供解释上的指南。这些主观的构成要件要素，是作为与犯罪的实质的成立相关的内容而要求的，实质地来看的话，可以说要么属于违法要素，要么属于责任要素。之所以这样说是因为，与犯罪的实质的基础相关的，只有违法性以及责任而已。也就是说，主观的构成要件要素，能够分成主观的违法要素和责任要素。以下，首先来看看作为责任要素的主观的构成要件要素，然后再来讨论主观的违法要素。

第二款　作为责任要素的主观的构成要件要素

尽管有争议，但还是能理解为，盗窃罪（刑法第235条）中作为不成文的主观的构成要件要素的“不法领得的意思”中的利用意思是作为**责任要素**而要求的。这是因为，认定行为人具有利用意思，由此就能加重从窃取行为这一客观的法益侵害行为中所能认定的行为人的责任，从而与在法益侵害这一点上与盗窃罪并无不同的损坏器物罪相比，盗窃罪被科以更重的刑罚。在这个意义上，构成要件受到了责任要素的限定。在这里，也可以说主观的责任要素例外地成了限定或者形成违法行为类型的类型化要素。将构成要件理解为违法有责行为类型的场合，这样的理解不会产生问题；即使在将构成要件理解为违法类型的场合，把这样的责任要素理解为违法类型的限定要素而放置于构成要件的位置之中，也并非不可能。

另外，**故意、过失**是责任要素，是与犯罪的当罚性相关的要素。在重视构成要件的故意规制机能而将其理解为违法行为类型的场合，故意、过失是作为纯粹的责任要素而被置于构成要件之外的位置；即使在将构成要件理解为违法有责行为类型而承认构成要件的故意、过失的场合，此等构成要件故意、构成要件过失也应该被理解为作为责任要素的主观的构成要件要素。认为故意、过失作为行为的要素，是有关违法性的违法要素而非责任要素，这并非判例、通说所采纳的观点。

第三款　主观的违法要素

一、概述

主观的要素与责任相关是自然而然的，而在与违法性理解的关系上学说有争论的是，属于违法要素的主观的构成要件要素（这称为作为构成要件要素的**主观的违法要素**）问题。通说虽对此给予了肯定，但所认可的范围仍有争议，另外，从强调违法性的客观把握的见地出发，还存在着完全不承认这样的主观的违法要素的见解（中山240页以下，内藤（上）216页以下，曾根84页以下，浅田124页以下，前田27页，等等）。违法性的实质是引起法益侵害及其危险，由于有无法益侵害和行为人的意思内容无关，故而基本上不能认可主观的违法要素，但在属于构成要件要素的结果是法益侵害之危险的场合，例外地，也存在着将属于行为要素的行为人的行为意思（并非单纯的对事实的认识）通过对于有无法益侵害之危险及其程度施加影响，而能够作为违法要素予以认可的场合。即便在这个意义上，从行为中排除意思要素也是有问题的。

二、目的犯中的目的

首先的问题是，要求具有一定的目的作为成立要件的犯罪（这称为目的犯）中的目的是否是主观的违法要素？目的犯中的目的包含着多种多样的情况，有必要对相应犯罪中的目的予以详查。

目的犯的目的中，由于为法益侵害的危险奠定基础而能够理解为违法要素的，是伪造货币罪（刑法第 148 条第 1 款）、伪造文书罪（刑法第 155 条第 1 款、第 159 条第 1 款）中的“行使的目的”。在这些犯罪中，行使的目的是作为超出了伪造这一客观要素的**“主观的超过要素”**而被规定为犯罪成立要件的。在这里，通过对于货币等的行使使得其信用性这一法益受到侵害，行使的目的，作为实施行使这一行为的意思（行为意思），由于行使而为法益侵害的危险奠定基础。虽说即便没有行使的目的，也不能说就完全不存在为他人所行使的危险，但那种程度的危险恐怕是没有当罚性的。不考虑作为行为意思的行使的目的，判断值得处罚程度的行使的危险，是很困难的。如果不考虑行使目的就对行使的危险进行判断的话，会导致危险的范围也即处罚范围要么不当地被扩大，要么会不当地被变窄。

在和前述的行使的目的一样的意义上，未遂犯中的引起既遂结果的意思（既遂行为意思）也是由于其为属于未遂犯之处罚根据的既遂的危险奠定基础，从而属于主观的违法要素。比如说，在摆出用手枪瞄准别人的姿势的场合，要是存在发射手枪实施杀害的意思的话，较之于不具此种意思的场合，杀害的危险要明显高得多，因此，这样的引起既遂结果的行为意思为未遂犯的危险奠定了基础。在这里，与单纯的对事实的认识相区别的既遂行为意思为既遂的危险奠定了基础。即便是实行行为终了之后才被认定为未遂的实行未遂，这一点也并无不同。这是因为，即便是实行未遂的场合，有无未遂犯的危险，也是回溯至实行的着手阶段来判断的。另外，与此相对，在达到既遂之后，引起既遂的意思（即既遂行为意思。既遂犯的故意则是对既遂结果的认识）则不是主观的违法要素。这是因为，是否发生了属于既遂犯处罚根据的结果，可以不考虑主观的意思而客观地加以判断。并且，既然行为已经终了，恐怕已经没有考虑行为意思的余地了。在未遂的阶段属于主观的违法要素的引起既遂的意思（既遂行为意思）一旦达致既遂就变得不是主观违法要素了，这或许会让人觉得奇怪，但既然既遂与未遂的处罚根据不同，并且判断的时点也不同，出现这样的情况也就没什么矛盾可言。

与此相对，就虚伪告诉罪（刑法第172条）中的“使他人受到刑事或者惩戒处分的目的”而言，上述的结论并不妥当。这是因为，由于错误的处分而对于被告诉者的权利侵害，是由对处分作出最终判断的机关的决定而发生的。从而，不能认为是因为存在行为人的目的、意思而有意地提高了发生这样的法益侵害的危险。这里，在通过所规定的“目的”而将那些显然会被无视的告诉等排除出构成要件这一意义上，就要求存在发展至使他人遭受错误的刑事或者惩戒处分的客观可能性，也就是，这样一来，构成要件就在客观上受到限制，那么，作为故意来说，就不过是要求对该当那种受到限制的构成要件的事实存在认识。（参见大判昭和8年［1933年］2月14日刑集12卷114页）。虚伪告诉罪中所规定的目的，在如上所述的意义上成为要件，但并不是主观的违法要素。

有争议的是“营利的目的”的理解。这可以说和相应具体犯罪中的“营利的目的”的内容的理解相关。就营利目的拐取罪（刑法第225条）中的“营利的目的”来说，存在着将之理解为违法要素的见解和将之理解为责任要素的见解的对立。① 前者认为营利的目的具有增高侵害被拐取者的自由的危险的意义（参见东京高判昭和31年［1956年］9月27日高刑集9卷9号1044页），后者则认为将获得财产上的利益作为动机的场合，加重了责任（参见最判昭和37年［1962年］11月21日刑集16卷11号1570页。不过，本判例认为，将获得财产上的利益作为动

① 另外，就将本罪中的营利目的理解为责任要素的观点来说还有这样一个问题，就同条的罪（刑法第225条的营利目的拐取罪）中的“猥亵、结婚或者是针对生命、身体实施加害的目的”来说，理解为违法要素是很自然的，反过来，就同一条文中所规定的“营利目的”来说，难道不应该同样解释为违法要素吗？

机的场合，可以预想到会对被害人的自由作出更为强烈的限制，从这一观点来看，将营利的目的理解为违法要素也是可能的)。营利的目的从前者的立场来看是主观的违法要素，从后者的立场来看就成了责任要素。其次，围绕着毒品犯罪中的“营利的目的”的理解也同样能产生解释上的差异。换言之，要是认为获利目的使得责任加重的话就是责任要素，要是认为由于获利目的能使毒品具有进一步蔓延的危险的话，其就属于主观的违法要素。

三、表现犯中的内心状态

内心的表现成为处罚的对象的犯罪（这称为**表现犯**）中的内心状态属于主观的违法要素吗？关于伪证罪（刑法第 169 条）中的“虚伪的陈述”的含义素有争论，其中，判例从把陈述与内心的记忆之不一致理解为“虚伪”的主观说（大判大正 3 年［1914 年］4 月 29 日刑录 20 辑 654 页）出发，承认了其属于主观的违法要素。但是，若是把针对违反“符合记忆进行陈述”这一义务的认识本身作为主观的违法要素的话姑且不论，但即便主观说也认为违反记忆的客观的陈述奠定了违法性的基础，并不意味着单纯的内心状态成了违法要素。在这个意义上，与围绕着“虚伪”之含义的主观说和客观说的对立无关，无论如何，不能认可此处的主观的违法要素。

四、倾向犯中的意图

所谓**倾向犯**，被认为是指将行为人的内心的意图或者倾向作为构成要件要素的犯罪。强制猥亵罪（刑法第 176 条）中，行为人的“性的意图”是否作为不成文的构成要件要素而属于主观的违法要素是有争论的。判例以前对此予以了肯定，主张要想成立强制猥亵罪，猥亵的行为必须是在“为了刺激、兴奋或者满足犯人的性欲这一性的意图”之下所实施的。从而，出于报复、侮辱、虐待的目的而实施猥亵的场合，不成立强制猥亵罪（最判昭和 45 年［1970 年］1 月 29 日刑集 24 卷 1 号 1 页）。但是，作为强制猥亵罪之保护法益的性的自由所受到的侵害与行为人的“性的意图”没有关系，因此，将这样的意图作为强制猥亵罪的成立要件也就是不妥当的，从而，这里的“意图”也就不能理解为主观的违法要素。东京地判昭和62年［1987年］9月16日判时1294号143页接受了学说对于前述判例的批判，认为成立强制猥亵罪不需要“性的意图”①。

① 2017年11月29日，日本最高裁判所以大法庭判决的方式进行了判例变更，否定了成立强制猥亵罪需要“性的意图”。在该大法庭判决中署名的全部15名最高裁法官中，就有由学者转任最高裁大法官的山口厚先生。有关于此，亦可参见陈兴良教授为本书第3版写的译者序。——译者注

第五章　违法性

第一节　概　　说

第一款　违法性的概念

一、客观的违法性

所谓违法性，形式地说来，是指对法规范的违反。如此形式地理解的违法性，称为**形式违法性**。原则上，这种违法性脱离针对行为的行为人的主观内心，仅以客观事实为基础进行判断。**主观的违法要素则是例外**。如此理解的违法性称为**客观违法论**，现在已成定说。与此相对，**主观违法论**的见解认为，法规范就是命令（命令说），只有可能遵照命令作出行为之人的规范违反才是违法，并且只有具备了责任能力的行为人的故意、过失行为才能叫违法。也就是，在主观的责任论这里，否定了“无责任的违法”这一观念，结果也就失去了违法与责任之间的区别。客观违法论肯定“无责任的违法”，并且作为能够为违法与责任之间的区别奠定基础的见解，现在已经是定说了。

一直以来，有见解表示，为客观违法论奠定基础的论理是，承认法规范内部的**评价规范**（评价机能）和**命令规范**（命令机能）的区别，对评价规范（评价机能）的违反奠定违法性的基础，而对命令规范（命令机能）的违反则为责任奠定基础。由于要想加以命令需以对该对象的评价为前提，所以评价规范（评价机能）在论理上就先行于命令规范（命令机能）。可以说，这样的理解在现在也大概仍有一定意义。

客观违法性的形式的意义在于，与主观的责任加以区别而对违法与否加以判断；其实质的意义则在于，违法判断的对象是侵害法益的行为、引起危险的行为这一客观的事情。从这样的理解出发，可理解为将违法性与行为人的内心中的责任要素相区别加以判断是可能的。只是，已如前述，尽管是在有限的限度之内，由于肯定了主观违法要素的存在，也就不意味着行为人的内心完全不能成为违法判断的对象。但是，即便行为人的内心也成了违法性判断的对象，这也不是因为反伦理性这一规范的观点，而不过是从有无法益侵害的危险这一事实的观点出发的。① 在学说之中，有观点主张，基于社会一般观念，在违法判断中不能无视对行为的社会伦理的评价，从而大幅度地将行为人的内心作为违法判断的对象（后述的行为无价值论）。从这样的立场出发，就会认为客观违法性的意义，不在于判断**对象**的客观性，而是诉诸判断**标准**的客观性。即，违法评价以一般人为标准进行，而责任评价则以行为人本人为标准进行。从该理解出发，在即便是一般人恐怕也会作出相应行为的场合则已然否定了违法性，只有在若是一般人则大概不会作出那样的行为的场合才会肯定违法性。从而，在这样的理解之下，违法性与责任之间的区别也就变得相对化了，并不存在着质的区别，也就是，不看其是对于法益侵害、危险引起的消极评价还是对于行为人的非难可能性的判断，而不过是对反规范性这一实体依据不同标准加以

① 从判断的明确性的角度出发，违法评价的对象最好尽可能客观。理想的做法是，对无论如何都容易在明确性上出现问题的，在进行依存于主观要素的责任判断之前，先尽可能地明确划定处罚界限。

判断而已。

二、实质的违法性

对于违法性的理解，重要的是要基于其实质根据来展开。这样从实质根据出发所理解的违法性，称为**实质违法性**。此种实质违法性的概念，不但在后述的**违法性阻却事由**的解释上有重要意义，而且在能够导出欠缺明文的违法性阻却事由（这称为**超法规的违法性阻却事由**）这一点上也是重要的。对此，将在后文（本章第六节第一款）详述。

刑法上的违法性，形式上来说，是对刑法规范（评价规范）的违反，但由于这属于被刑法规范否定评价之事态的属性、性质，因此，违法性的本质就取决于属于刑法规范之评价基准的刑法的目的。由于将何种行为作为禁止的对象，是由以何为目的而禁止此行为所决定的，所以，对实质违法性的概念、违法性之实质的理解，得以通过对刑法的目的或是任务的理解而推导出来。

如前所述，刑法的任务是法益的保护，从而，可以说，刑法在考虑抑制过度介入这一自由主义原则的同时，将违反法益保护目的的事态作为禁止的对象。从这样的理解出发，禁止的对象就是引起了法益侵害或者是法益侵害的危险（这称为**结果无价值**。就其含义而言，与其说是单纯的“没有价值的状态”，倒不如说是“违反价值的状态”，因而有人称之为结果反价值），违法性的实质就可理解为引起了结果无价值。此理解称为法益侵害说或者是**结果无价值论**。现在，后者的名称在学说上使用得更为广泛。在这一立场看来，由于故意、过失不过是对应于构成要件该当事实的行为人的主观方面而已，是与非难可能性相关联的责任要素而非违法要素，而且，也只有在例外的情况下才能肯定主观的违法要素。

与此相对，还有一种立场主张将刑法的任务理解为社会伦理的保护，或者是，虽将刑法的任务理解为法益保护，但对于行为的社会非难（像这样，无法消除为法益侵害或者其危险的、受到否定评价的行为属性，称为**行为无价值**。也有人称为行为反价值）在违法性的评价中也应该起作用，从这样的立场出发，反伦理性等对于行为的社会非难（行为无价值）就包含在违法性的实质之中。此种理解称为**行为无价值论**。在此，包括故意、过失在内，由于行为人的主观方面影响到对行为的反伦理性等的行为无价值的判断，因而广泛地成为违法要素。而且，在将这一立场彻底化的场合，就会认为，结果无价值本身并没有独立的意义，其不过是评价行为无价值的一个素材而已（**一元的行为无价值论**）。

在日本的学说之中，有一种有力的折中见解。该见解在立足于将刑法的任务理解为法益保护的同时，认为为了限定处罚，也有必要考虑行为无价值（大塚368页，大谷230页等）。还有观点认为，法益保护的目的与达到这一目的的手段是不同的，从后者的见地出发，限于与法益保护目的存在合理关联性的场合，考虑行为无价值既是可能的，也是必要的（比如，可参见井田·犯罪论147页以下）。在这个意义上，日本的行为无价值论，在结果无价值之外通过要求行为无价值而强调了处罚的限定性（**折中的行为无价值论**）。

确实，除了像杀人这样的例外的场合，引起了法益侵害的行为并非全部处罚，对于这些行为是在附加一定限定的基础上才作为处罚的对象。这是因为，如同在说明构成要件的含义时所述，处罚应该限定于具备当罚性的违法行为。但是，应该考虑“与保护目的之间的合理的关联性”，考虑到与其他的犯罪成立条件之间的整合性等各种各样的情况之后，从合理的刑事政策的见地出发，对于处罚加以限定。结果无价值论也是将处罚的限定性作为当然的前提的。倒不如说，通过行为的反伦理性、对于行为的社会非难的判断来合理地设定这样的“处罚限定要素”恐怕是不可能的。毋宁说，这不过是对于那些基于合理的刑事政策的视角加以限定的行为，事后认定其具有行为无价值（事后贴上标签）。并且，若是依据单纯这样的社会的非难或伦理的考虑所依据的论据，在刑法总论的抽象论的层次来说姑且不说论，实际上的讨论过于粗枝大叶，在刑法各论中，也不能展开具有说服力的解释。

此外，采取行为无价值论在司法实践中会出现诸多问题，例如，在判断违法性阻却事由之际，实际上就会向扩大处罚范围的方向发挥作用。对此，第二款会有论述。

第二款　违法性与违法性阻却

只要不否定构成要件的违法行为类型性，则构成要件该当行为原则上就是违法的（构成要件的**违法性推定机能**）。在肯定了构成要件该当性的场合，由于已经肯定了引起了形成相应犯罪的违法性之实质的结果（法益侵害或者其危险），所以只要是不存在特别的理由导致将这样的结果予以所谓中性化，则当然就会被认定为违法。比如说，说到该当了杀人罪的构成要件，由于能说是杀了人，则只要不存在特别的理由，恐怕就不能说是不违法的。像这样的特别的理由，换言之，就构成要件该当行为而言，这些导致刑法上的禁止被解除、违法性丧失（这称为**违法性阻却**）的特别的理由、根据，称为**违法性阻却事由**。在构成要件该当性之后、作为第 2 个犯罪成立条件的违法性，根据构成要件的违法性推定机能，主要也就是对于违法性阻却进行检讨。

这就意味着，能够为违法性（其将一定犯罪的处罚予以正当化）奠定基础的，要限定于引起了本罪构成要件之中所规定的结果（法益侵害或者其危险），这是罪刑法定主义的实质要求所在。否定构成要件的违法行为类型性、在违法性阶段寻求新的违法性之基础的见解（内田（上）155 页，曾根 61 页等），会导致认可处在构成要件的框架之外，理应不能为处罚奠定基础的法益侵害或危险也会为违法性奠定基础，从罪刑法定主义的见地出发，可以说这也是有问题的。

行为无价值论主张通过在结果无价值之外另外要求行为无价值以限制处罚范围，强调的是处罚的限定性。这一点前面已经谈到。然而，只要没有满足所有的构成要件要素，就不能肯定具有构成要件该当性，这是罪刑法定原则的当然要求，原本与结果无价值论、行为无价值论之间的区别无关。相反，在对违法阻却事由进行解释时，与结果无价值论相比，行为无价值论不但没有限制处罚范围，反而会扩大处罚范围（参见山口：《违法性的概念》，旧争点［第三版］，35 页）。这是因为，按照行为无价值论的立场，构成要件该当事实由结果无价值与行为无价值构成，不同于结果无价值论，在行为无价值论看来，仅凭结果无价值为结果价值所“扬弃”（中性化）这一点，还不足以认定违法性的阻却，另外还要求行为无价值也被行为价值所“扬弃”（中性化）。后述判例也存在这种观点。另外，学界也有类似观点主张，要认定基于被害人同意的违法性阻却，不仅需要被害人的同意，还需要行为人对此存在认识（参见大塚420页等）。这种观点是在结果无价值因同意而被中性化之外，还另外要求存在行为价值。换言之，原本来说，仅凭行为无价值理应不足以为处罚奠定基础，但这种做法实际上就是，通过否定违法性阻却而承认了这种仅以行为无价值为根据的处罚。如上所述，可以说这一点从罪刑法定主义的观点来看恐怕也是有问题的。**判例**采用了与行为无价值论相近的思考方法，不但要求由于结果价值而将结果无价值予以扬弃，而且也要求“按照法秩序整体的精神来看，其手段、方法是相当的、能为**社会观念所认可**的”（最决昭和53年［1978年］5月31日刑集32卷3号457页［外务省泄密事件］①）。并且，在该事件中，就媒体机构出于采访的目的而唆使公务员泄密而言，其采访手段、方法显著地蹂躏了被采访对象作为个人的人格尊严，在社会观念上是不能被认可的，从而否定了违反国家公务员法（唆使泄密罪）的违法性阻却。“人格尊严的蹂躏”本来不能奠定违反国家公务员法的处罚基础，在这里，通过否定了违法性阻却，反而奠定了因违反国家公务员法而处罚的基础。

---

① ［外务省泄密事件］被告人作为记者，负责外务省（外交部）的报道，在与当时担任外务事务官的H女发生肉体关系后，马上恳请该女提供相关机密资料。对此，判例认为，媒体机构有关国政的采访行为在探知国家秘密这一点上，与公务员的保密义务存在着对立，有时还伴随着诱导、唆使的性质，但是，仅因为媒体机构出于采访目的而唆使了公务员泄露秘密，便马上推定该行为具有违法性，并不合适；媒体机构反复地劝说或者要求公务员的行为，只要是真正出于报道的目的，比照法秩序的整体精神，其手段、方法相当，能为社会一般观念所认可，便应该认为该采访行为实质上缺乏违法性，属于正当的业务行为。但是，被告人通过和对方发生肉体关系而唆使对方泄密的采访行为，比照法秩序的整体精神，其手段、方法决难为社会一般观念所认可，因此应该说属于不正当的行为，逾越了正当采访活动的范围。——译者注

第三款　违法性阻却的实质原理

一、概述

刑法典总则中规定的违法性阻却事由，有**正当行为**（刑法第35条）、**正当防卫**（刑法第36条）和**紧急避险**（刑法第37条），而在刑法典之外的其他法律中也有违法性阻却事由的规定，比如通过医师的认定而实施的人工流产（母体保护法第14条），就是刑法第214条前段所规定的业务上堕胎罪的违法性阻却事由。更进一步，从实质的违法性论的立场出发，在失去了实质地理解的违法性的场合，也可能认可没有明文规定的违法性阻却事由（这称为**超法规的违法性阻却事由**）。

关于这些违法性阻却事由，从实质违法性的见地出发，导出了关于判断违法性阻却的实质的基准。这样的违法性阻却的实质的基准，不但对于明确前述的欠缺明文规定的超法规的违法阻却事由的要件是有意义的，而且，即便是对于明文规定的各个违法性阻却事由的解释来说，也是极为重要的。

二、社会相当性

行为无价值论立场所展示的违法性阻却的实质基准，有**社会相当性**这一观念。对于这一观念可能会有各种各样的理解，但是有必要注意的是，所谓的社会相当性，并不意味着社会生活上的通常性。这是因为，仅凭属于社会生活中经常实施的行为这一点，还不足以被允许，这一点是不言自明的。对此，想想现实中经常会有违反限速的驾驶汽车的行为也就明白了。此外，社会相当性也不是指“历史地形成的伦理秩序”范围之内的行为。这是因为，要是那样理解的话，没有先例的行为恐怕就没有阻却违法性的余地了。所谓的社会相当性，归根结底，借用判例的话说，可以说是**“社会观念上能够认可的”**。在判例看来，即便成为问题的法益侵害行为有助于其他的法益保护，且为保护其他法益也是必要的，也不能就此而肯定违法阻却，仍然还要保留着下一步的判断，即还要看这一法益侵害行为作为法益保护手段来说是否能为社会所非难，这后一步判断才是违法阻却的重要判断基准（参见最决昭和53年［1978年］5月31日刑集32卷3号457页［外务省秘密泄露事件］）。

此处有必要留意的是，从上述判例来看，很显然地，是不能无视下文所述的法益衡量的观点的。即使在行为无价值论的立场上，也没有必要无视法益衡量的观点，而且为了追求具有说服力的理由，实际上法益衡量的观点也没有被无视。在此意义上，可以说，有关违法性阻却之判断的结果无价值论与行为无价值论之间的差异，并未达到基本理念之差的程度。也可以说，其差异就体现于，在法益衡量之外还需要考虑哪些因素。

三、同等利益、优越利益的保护

结果无价值论首先对社会相当性这一观念的不明确进行了批判。此外，还可能存在着这样的批判：结果无价值已经由于结果价值的存在而被扬弃，反而却进一步要求行为价值对于行为无价值的扬弃，结局恐怕就是，只承认将行为无价值作为处罚的根据，而这一点是连折中的行为无价值论也一定不会同意的。

结果无价值论的立场认为，违法性阻却的实质基准和原理是**法益性的欠缺**和**法益衡量**。前者是由于个别案件的特殊性而致使相应法益不值得保护的场合。其典型的例子是，被害人对于所引起的法益侵害基于没有瑕疵的意思而予以同意的场合，这称为被害人的同意（参见本章第五节）。而后者是指，虽然不能否定法益的要保护性，从而不得不肯定法益侵害的发生，但是为了保护别的法益，引起这样的法益侵害是必要的，将所保护的法益（所回避的法益侵害）与所侵害的法益（引起的法益侵害）加以衡量的结果，所保护的法益（所回避的法益侵害）与所侵害的法益（引起的法益侵害）是同等的，或者较之侵害法益更为优越的场合（**同等利益、优越利益的保护**）。在同等利益、优越利益的保护的场合，需要具备两个具体的要件：（1）为了保护法益，实际上并不存在比所实施的构成要件该当行为侵害性更低的代替手段（这称为**补充性要件**）；（2）所回避的侵害（法益侵害）与所引起的侵害（法益侵害）之间的衡量（**法益的衡量**）。可以认为，后述的（参见本章第四节）紧急避险（刑法第 37 条）就是将这种同等利益、优越利益的保护加以规定的例证。此外，就法益性的欠缺来说，也可能认为这时已经否定了法益侵害的存在本身，根据这样的理解，构成要件该当性本身就已然不能认定了。这样的话，作为固有的违法性阻却原理和基准，大概只提到基于法益衡量的同等利益、优越利益的保护也就够了。而且，法益性的欠缺，也可以在成为衡量对象的法益的评价中加以考虑，从而就可以不将其作为一个独立的违法性阻却的原理和基准。

第二节　正当行为

一、概述

刑法第 35 条通过规定“基于法令或者正当业务的行为，不罚”，而规定了正当行为这一违法性阻却事由。在法条中，分成了基于法令的行为（法令行为）和基于正当业务的行为（正当业务行为）。由于两者的含义在形式上是不同的，以下就将两者加以区分，并分别予以解说。

二、法令行为

法令行为，是所实施的构成要件该当行为是基于法令而被命令实施的或者是基于法令而特别被允许的场合。比如说，凭着法官签发的逮捕证对嫌疑人的逮捕行为，形式上虽然该当于逮捕监禁罪（刑法第 220 条）的构成要件，但是根据刑诉法第 199 条，在此条件下是被允许的。另外，由于刑法第 220 条规定“不法地”逮捕、监禁他人的行为是犯罪，所以似乎也有理由认为，在上述场合有理解为否定了构成要件该当性的余地，不过，所谓“不法地”，意味着不存在违法性阻却事由，并不意味着“不法地”本身成了构成要件要素。

法令行为之所以阻却违法性，形式地说来，是因为既然法令上已经设定了允许相应构成要件该当行为的规定，从“**法秩序的统一性**”这一观点出发，刑法上也就必须承认这一旨趣。也就是说，由于一个国家的法秩序作为一个整体必须没有矛盾地加以解释，就不能是一个法所允许的行为却为别的法所禁止，可以理解为，刑法第35条就是规定了这样一点（参见松宫106页以下）。不过，某法既然特别地允许了构成要件该当行为，那么这一行为就存在着必要性和合理性，根据这样的必要性和合理性来实质地说明允许法令行为的理由，也是可能的。就是说，拿上述的逮捕证逮捕的例子来说，可以这样说明其阻却违法性的理由，即，这是对人身的自由与刑事诉讼中查明真相这两个相关法益（根据法益衡量的原理）进行衡量的结果。

在通过规定允许该当构成要件行为的时候，所规定的要件既可能比较详细，也可能不是。在后者的场合，判断其是否能作为法令行为阻却违法性之际，有必要援用实质的违法性阻却的原理。得到认可的父母、教师的惩戒权（民法第822条，学校教育法第11条）就是后者的例子。[①] 在判例之中，就法文上没有明文规定的行为来说，通过法令的解释，也有肯定了违法性阻却的先例（针对伴随着逮捕现行犯的实力行使的行为，肯定了刑法第35条之适用的，有最判昭和50年［1975年］4月3日刑集29卷4号132页）。

三、正当业务行为

在刑法第35条中，与法令行为并列，认可了**正当业务行为**属于违法阻却事由。不过，这并不意味着只要是与正当的业务存在因果关系的全部行为都阻却违法性，而仅仅是基于正当业务的正当的行为才能阻却违法性。在这个意义上，刑法第35条的相应部分不过是规定了“就正当的行为而言阻却其违法性”这一当然的旨趣而已。从而，在判断作为

---

① 就父母的惩戒行为而言否定了违法性阻却的，有东京高判昭和35年（1960年）2月13日下刑集2卷2号113页；就教师的惩戒权而言否定了违法性阻却的，有最判昭和33年（1958年）4月3日裁刑集124号31页，肯定了违法性阻却的，有东京高判昭和56年（1981年）4月1日刑月13卷4、5号合刊341页。

业务而实施的行为是否阻却违法性的时候，有必要援用一般的、实质的违法性阻却原理。

（一）医疗行为

作为正当业务行为而成为问题的，首先要数医师的**医疗行为**。在这里，并非是作为医师的业务上的权利而允许了其对于患者身体的伤害，其之所以阻却了违法性，是因为这样的医疗行为具有这样的利益性：其基于患者的意思，能够恢复、维持、增进患者的生命和健康。一般认为，存在着（1）患者的同意，（2）医学的适应性（医疗行为对于维持、增进患者的生命和健康是必要的），（3）医术的正当性（医疗行为依照医学上认可的医疗技术而实施），以上三点构成了违法性阻却的要件（比如说，井田 328 页）。[①] 在这个要件之中，患者的意思是核心的违法性阻却要素，违反了具备判断能力的患者明示意思的医疗行为，是不被正当化的（参见前田 238 页）。

（二）辩护活动

律师作为刑事辩护人，为维护被告人利益所作出的正当的辩护活动，虽说得以作为正当业务行为而阻却违法性，不过判例还考虑了其是否具有法令上的根据、与辩护目的之间的关联性以及在接受辩护的被告人自己实施该行为时是否阻却违法性等各个方面，认为这一**辩护活动**必须应该是从法秩序整体的见地出发而得以允许的（最决昭和 51 年［1976 年］3 月 23 日刑集 30 卷 2 号 229 页［丸正事件］）。另外还有判例认为，在作为辩护人履行职责的时候，即便是泄露了业务上所能获知的他人的秘密，也能够阻却违法性（大判昭和 5 年［1930 年］2 月 7 日刑集 9 卷 57 页）。[②]

---

① 关于变性手术，肯定了其违反（旧的）优生保护法的判决，可参见东京高判昭和 45 年（1970 年）11 月 11 日高刑集 23 卷 4 号 759 页［变性手术事件］。再有，在这里，引人注目的是，并没有肯定伤害罪的成立。

② 不过，本判决是这样的案件，辩护人在为刑事被告人 A 辩护的过程中，命令因自己是真正的犯人而提出自首的 B 隐蔽起来，使其放弃了自首的念头，默认了 A 在公审时代替真正的犯人 B 实施了供述。在这一案件中，判决如正文中所述，以对于 B 是真正的犯人这一点并没有保持沉默的义务为理由，而肯定了隐蔽犯人罪的成立。

（三）采访活动

服务于国民之知情权的新闻报道机构的**采访活动**，可能作为正当业务行为阻却违法性。判例也认为，报道机构关于国政的采访活动，只要是出于真正的报道的目的，并且其手段、方法按照整体法秩序的精神是相当的、能够为社会观念所认可的，则其就欠缺实质的违法性而属于正当的业务行为（最决昭和53年［1978年］5月31日刑集32卷3号457页［外务省泄密事件］）。[①]

（四）宗教活动

服务于宪法所保障的国民的信教自由（宪法第20条）的**宗教活动**，也能够肯定其阻却违法性。在下级审判决之中，存在着这样的判决：基督教的牧师作为教会活动而让少年隐蔽起来的行为，裁判所认为属于正当的业务行为，而肯定了其阻却违法性（神户简判昭和50年［1975年］2月20日刑月7卷2号104页）。

（五）劳动争议行为

劳动者的争议权受宪法保障（宪法第28条），而且劳动组合法第1条第2款也规定，出于正当目的的**劳动争议行为**得以适用刑法第35条。虽说由此出发，认为劳动争议行为是法令行为的解释（曾根118页以下等）也不是不可能的，但就所允许的界限而言，实质判断仍然是不可避免的（劳动组合法第1条第2款的但书只规定了“暴力的行使”不能解释为劳动组合的正当的行为，就其所允许的界限来说还是留有疑问的）。

判例认为，“就在劳动争议行为时所作出的该当了犯罪构成要件的行为而言，在判断其是否具有刑法上的违法性阻却事由的时候，该行为属于在争议行为之际所实施的这一事实也包含在内的行为，必须综合考虑相应行为的具体状况以及其他的各种事情，来判定该行为从**法秩序整体的见地**来看是否属于要允许的行为”（最大判昭和48年［1973年］4月25日刑集27卷3号418页［久留米车站事件］）。

① 不过，这一最高裁的决定认为，被告人的行为“显著地蹂躏了被采访者的人格尊严”，从而否定了其阻却违法性。已如前述，这一点是有疑问的。

第三节　正 当 防 卫

第一款　正当防卫的独特性

一、紧急行为

刑法的总则在第 35 条正当行为之外，又规定了正当防卫（第 36 条）及紧急避险（第 37 条）。这两者，都规定了在紧急状态之中为了保护法益而实施的构成要件该当行为阻却违法性，作为**“紧急行为”**具有类似的性格。事实上，如果比较和对照一下法条上关于正当防卫和紧急避险的规定的话，两者的成立要件也多有类似之处。但是，就两者的成立要件而言，也存在着不容忽视的重要区别。

正当防卫与紧急避险的对比

正当防卫	急迫不法的侵害	为了防卫自己或者他人的权利	不得已而为之的行为	（不要求损害的均衡）
紧急避险	对于自己或者他人的生命、身体、自由或者财产的现在的危险	为了避免现在的危险	不得已而为之的行为（补充性要件）	损害均衡

如前所述，如果对以被害人同意为典型的“法益性的欠缺”另当别论的话，那么实质的违法性阻却的原理，就是“法益衡量（同等利益、优越利益的保护）”。由此，如同后文所确认的那样，要是认为对基于这一“法益衡量”的违法性阻却事由予以规定的是紧急避险的话，正当防卫与紧急避险的成立要件不同却也作为违法性阻却获得认可，则关于正当防卫，其作为违法性阻却事由的特性何在，阻却违法性的根据为何，就是立马需要追问的。就紧急避险来说，为了法益保护，要求不存在较之实际上所实施的构成要件该当行为而言侵害性更为轻微的其他保护手段（这一意义上的要件称为**“补充性”**），也要求“所产生的侵害不超过

所要避免的侵害的程度”，即所谓“法益均衡”的要件，而正当防卫则与此不同，既不要求补充性要件，也不要求“**法益均衡**”的要件。那么，是何种理由、何种根据奠定了正当防卫的基础呢？这就是个问题。导致以上要件方面的差异的，是正当防卫和紧急避险前提条件上的不同。即，紧急避险的前提条件为现在的危险，不要求其是违法的；而与此相对，正当防卫的前提条件是**不法**（日文原文为“不正”，本书统一译为“不法”）**的侵害**，要求侵害是违法的。接下来的问题就是：这种前提条件的不同导致了正当防卫作为违法性阻却事由的特征和要件发生了怎样的变化？

一直以来的学说，对于正当防卫阻却违法性的根据的说明，主要有两种路径：（1）一种认为正当防卫是法益衡量原理的适用，以此来说明其阻却违法性的根据；（2）另一种则认为正当防卫阻却行为违法性的根据不是法益衡量的原理，而是法益性欠缺的原理。

二、法确证的利益说

学说中一种有力的见解认为，正当防卫作为违法性阻却事由的根据，在于维护“自我保全的利益”和“法确证的利益”（内藤（中）328页，齐藤诚二：《正当防卫权的根据与展开》，多贺出版，1991，大谷273页，曾根99页以下，山中480页，等等）。这种主张认为，在法益衡量原理的框架之内，作为所维护的利益来说，除了包括（1）遭受侵害的法益之外，还有（2）“**法确证的利益**”，即对于现实中存在着旨在保护个人的法益、属于客观生活秩序的法律这一点予以确证的利益，也即，确认并宣言“急迫不法的侵害”是违法的，是不被允许的这样一种利益，通过对于“法确证的利益”也予以认可和维护，来试图说明正当防卫的要件较之紧急避险更为缓和的理由所在。就是说，这种主张认为，由于所维护的不限于遭受侵害之威胁的法益而包括其他的利益，从而就扩展违法阻却的范围，为此就能够对正当防卫的要件作更为缓和的解释。

但是，按照上述第（1）点加上第（2）点这种“利益的累加”的观点，也许能够抽象地解释正当防卫与紧急避险的下述差别：在紧急避险的场合，要求实际造成的具体损害与得以避免的具体损害之间存在这种

“损害的均衡”，而在正当防卫的场合，由于保护了超出得以避免的损害的更大利益，因而不以“损害的均衡”为必要，允许相对宽松地认定违法性阻却。不过，“法确证的利益”具体在多大程度上能够附加到“自我保全的利益”之上，这样的附加实际上是否可能，还有很多的疑问。相比之下，更为根本的疑问是，这样的“利益附加”是否能够说明正当防卫不要求“补充性要件”。仅通过法益维护来肯定违法性阻却是困难的，需要在该当构成要件行为以外，没有更为轻微的法益保护方法。确定了这一点的，就是在紧急避险中要求有“补充性要件”。从而，在“法确证的利益说”看来，“法确证的利益”只有通过该当构成要件的防卫行为才能得到保护，在这个意义上，恐怕必须理解为通常就满足了“补充性要件”。但是，从最初犯罪的处罚就是为了实现法益保护目的这一点亦可明显看出，此等对“法确证的利益”的维护，通过对于“急迫不法的侵害”人的事后处罚亦可达成。为此，由于通过事后处罚无法维护“法确证的利益”，而只能是通过针对侵害的防卫来维护，因而满足“补充性要件”的，就是那些虽实施了侵害行为，但该行为因不具有构成要件该当性或者有责性而无法予以处罚的情形。但是，包含“法确证的利益说”论者在内，没有谁会主张仅在这样的场合才成立正当防卫。倒不如说，该学说与这样明显不妥当的主张完全相反，法确证的利益说论者主张，在欠缺责任的场合，以“法确证的利益”的欠缺或者减少为根据，对于正当防卫的成立予以限制。以上这些意味着，通过“法确证的利益”，并不能把握对被侵害者法益的维护这一正当防卫的本质侧面，因此也就不能很好地说明正当防卫作为违法性阻却事由的特殊性。

这样来看，将正当防卫作为法益衡量的一个具体适用类型，与紧急避险从同样的根据出发加以说明，是行不通的。

三、法益性的欠缺说

学说之中有见解主张，正当防卫阻却违法性的根据在于“**法益性的欠缺**”，即在必要的防卫限度之内，“急迫不法的侵害”人的法益失去了法益性（平野Ⅱ228页）。这种主张的优势在于，包括正当防卫不要求“补充性要件”这一点在内，其能够说明正当防卫的要件较之紧急避险更为缓和的理由。但问题在于，凭什么说“急迫不法的侵害”人失去了法益性？其根据何在？对这紧要的一点需要予以说明。有观点对此进行说明时主张，由于“急迫不法的侵害”人的“归责性”（至少是出于故意或过失），在与保全法益的关系上，侵害者法益的要保护性被减弱和否定（参见井田273页）。但是，若是要求“急迫不法的侵害”具有有责性意义上的“归责性”，就会不同于一般的通常理解，对无责任能力者的“急迫不法的侵害”无法正当防卫，这是不妥当的。

四、被侵害者利益的优越性

正当防卫的独特意义体现在于，对于“急迫不法的侵害”而进行的防卫行为，为了肯定违法性阻却并不要求“补充性要件”。着眼于这一点，才能明确正当防卫的全体构造。

在正当防卫时不要求“补充性要件”，实务上有着重要的意义，即没有回避“急迫不法的侵害”的义务，没有从该状况中退避的义务（**回避、退避义务**）。**判例**（最高裁判所昭和52年［1977年］7月21日刑集31卷4号747页）也认为，就算是对侵害存在预期的场合，也并非径直就产生了对侵害的回避义务。承认防卫人负有这种义务，的确会切实保护法益，但同时会损害诸如“去自己想去的地方的自由”“待在自己家中的自由”这种本身正当的利益，更无异于承认“不法侵害”者处于较被侵害者更为优越的地位。这是因为，这样会造成被侵害者必须屈服于侵害者，限制自己行动的局面。可以说，容忍出现这种事态，与将不法侵害评价为“不法”、不允许实施不法侵害这种法律上的处理是相互矛盾的。亦即，“正义无须向不法让步”。这并非只停留于有关正当防卫上的单纯口号，而能够理解为反映了正当防卫相关利益状况的实质性的、有意义的声明。这样，对于“不法的侵害”，必须承认、确保被侵害者的“正当的利益”是更为优越的。与紧急避险不同，可以说即便是在不为“法益衡量”所左右的意义上，也必须认为被侵害者的优越地位不是量的，而是所谓的质的**优位性**、优越性。[①] 这样，由于被侵害者没有理由甘愿自己的正当利益受到侵害，从而，针对急迫不法的侵害，不是去回避或退避，而是能够通过防卫行为加以对抗、反击。

一旦这样否定了对于“急迫不法的侵害”的回避、退避义务，由于为了保护遭受侵害之威胁的法益，对于“急迫不法的侵害”人的反击行为（排除侵害行为）就一定是必要的，则作为违法性阻却的实质原理的法益衡量，其“补充性”要件也就得到了满足。更进一步，为了保护法益，允许对侵害者进行反击，由此，为保护法益的反击行为在必要的限度内就是被允许的。因此可以说，“法益均衡”的要件也就变得不必要了。也就是，对被侵害者的利益的保护，不因与“不法侵害”者的利益之间的比较而得出的价值大小而受到左右或者限制，对被侵害人利益的保护在所需的必要限度内优越于“不法侵害”人的利益。

这样，正当防卫通过“急迫不法的侵害”这一前提要件，能够肯定被侵害人针对“急迫不法的侵害”人的利益的**质的优位性**，由此，在成立要件上得以与紧急避险加以区别。在这个意义上，也可以理解为，正当防卫在坚持把作为违法性阻却原理的“法益衡量”置为基础的同时，为了确保被侵害者利益的优势地位，形成了等同于“不法侵害”者的法益的保护价值在防卫所必要的限度之内被彻底否定这样的结果，[②] 从而成了与紧急避险具备不同要件的一种违法性阻却事由。

第二款　正当防卫的成立条件

一、概述

所谓正当防卫，是指“对于急迫不法的侵害”，“为了防卫自己或他

---

① 这就意味着并不是以简单的利益计算为问题的。桥爪隆：《正当防卫论的基础》，85页，通过把“滞留在现场的利益”也附加到保全法益上而试图说明正当防卫的独特性，但是可以认为这样的“滞留在现场的利益”等具有和生命、身体比肩的重要价值，由此可以明确看出，这是肯定了超过了单纯的量的优位性的考虑。

② 这样理解的话，也可以理解为，在相对于被侵害者的关系上，在防卫的必要限度内，急迫不法的侵害人的法益的保护价值被否定。因此，也可以说与“法益性的欠缺说”在结论上是一致的，其结果就是，本书这样的理解还具有为“法益性的欠缺说”夯实基础的意义。

人的权利”，“不得已而实施的行为”，在此场合阻却违法性。以下就此等正当防卫的成立要件，顺次加以解说。

二、急迫不法的侵害

（一）侵害

首先，探讨“侵害”的含义。所谓“**侵害**”，是指对于“他人的权利”（法益）带来侵害的危险，问题是，这种侵害是只限于人的行为，还是不限于人的行为、承认对并非基于人的行为的侵害也允许正当防卫（这称为**对物防卫**）？学说之中，就“侵害”而言，存在着两种不同立场的对立：一种是要求行为性的立场（**对物防卫否定说**。西原（上）236页，内田（中）78页，野村220页，高桥270页，等等）；另一种是不要求行为性的立场（**对物防卫肯定说**。平野Ⅱ232页，大塚383页，曾根101页，川端360页以下，浅田223页，西田159页，前田263页，等等。另外，请参见山中488页以下）。虽然“侵害”必须是“不法”的，但对物防卫否定说的理由是，“不法”这一评价只能限于对人的行为；对物防卫肯定说的理由则是，对于被侵害者来说，侵害是人为的还是物为的，就被允许的防卫行为来说不应该有所不同，若理由是，在物之侵害的场合所允许防卫的范围窄于人之侵害的场合，就会出现不均衡，是不妥当的。

不过，只要不采取“对于没有故意、过失的行为，不能认定具有违法性”这种观点，也就是，只要不采取以认为故意、过失属于违法性之必须要素这种行为无价值论为前提，对于没有故意、过失的行为否定属于“不法”侵害这种观点，那么，就是按照行为性必要说即对物防卫否定说的立场也会认为，要谓之为“不法侵害”，就不以故意、过失为必要，只要该行为属于“不法”行为即可，因此，实际上能被排除在正当防卫之外的，就仅限于受到属于无主物的保护动物的攻击，针对保护动物的反击行为符合构成要件的情形。比如说，在马上要被从犬舍中跑掉的饲养犬咬到的场合，由于可以将让狗跑掉这一点饲主的违法的不作为评价为“不法的侵害”，就能够容许将对狗的反击视为对饲主的正当防卫。

有问题的大体上可以分为两种场合：(1) 就像针对由属于无主物的保护动物所为的侵害的防卫那样，所该当之构成要件的保护法益不是个人法益的场合；(2) 在面临急迫不法的侵害时，使用了侵害者 A 以外的 B 所有的物 b，因反击行为而致 b 受到损害的场合。在 (1) 的场合，成为防卫行为对象的法益主体并非个人，与侵害个人法益的场合相比，保护法益不同，所该当的构成要件也不同。但尽管如此，从被侵害人的立场来看，就侵害回避的必要性这一点而言，与针对个人法益的场合没有任何不同，因此，就应在与正当防卫同样的范围内，允许对这种属于无主物的保护动物的防卫行为。对于从饲主那里逃走的饲养犬所为之侵害可能进行正当防卫，而对于被鸟兽保护法所保护的动物却只能通过紧急避险加以反击，这无论如何都是不合适的（参照大谷 277 页）。至于不法（日文为“不正”）的评价在观念上只限于人的行为这一点，只要是准用正当防卫的规定，在与正当防卫同样的范围内肯定阻却违法性（准正当防卫），就可能解决该问题。在 (2) 的场合，存在这样的疑问：如果法益主体 B 没有什么差错，那么，在较之于紧急避险条件更为缓和的正当防卫之下，肯定对于 B 的法益侵害的违法性阻却，是否妥当？但是，在正当防卫中，并不要求“急迫不法的侵害”人的过错（参见山中 488 页），肯定“侵害”具有客观的违法性就够了。在 (2) 的场合，与 (1) 的场合同样，认为存在由 B 的所有物 b 产生的侵害，从而与 (1) 的场合予以同样的解决是妥当的。因而，应该理解为，如果能肯定是出于 B 的行为的话，自然可以考虑肯定成立针对 B 的正当防卫；即便无法认可是出于 B 的行为，也能够在与正当防卫同样的范围内肯定违法性阻却（准正当防卫）。

（二）不法的侵害

所谓“不法”（日文为“不正”），意味着违法（参见大判昭和 8 年［1933 年］9 月 27 日刑集 12 卷 1654 页），就侵害而言不要求侵害者有责。与此相对，要求侵害者具有有责性的场合，会导致对无责任能力者无法进行正当防卫，这恐怕是不妥当的。正当防卫不是对“急迫不法的侵害”人的制裁，而是肯定被侵害者的防御的制度，所以要求“急迫不法的侵害”人具备有责性，其根据就是不存在的。但像在侵害者是刑事未成年的年少者的场合，或者侵害是过失行为的场合，可以想见会存在这样的情形：“侵害”的程度轻微，只要用缓和的方法就足以排除“侵害”。只是，这一点未必是普遍妥当的，不管怎么说还是要依据具体的事情、状况来判断。

要称为“不法”，没有必要非得是该当了构成要件的“侵害”，只要是对于一般的值得保护的利益的侵害就可以了。裁判例（福冈高判昭和55年［1980年］7月24日判时999号129页）中，就是肯定了欠缺构成要件该当性的“对于夫权的急迫不法的侵害”。

此外的问题是，“不法”是否包括由于违法性阻却事由而在刑法上阻却了违法性、但在其他法域中被评价为违法的场合。实务上能否对于紧急避险行为进行正当防卫，在学说上也有争论。这是因为，就紧急避险行为而言，其在刑法上虽然阻却了违法性，但由于在民法上可能发生损害赔偿义务，在此意义上就可能说在民法上是违法的。由此，部分地肯定对于紧急避险行为可能进行正当防卫的见解也得以主张（参见松宫155页，林207页）。但是，即便是以损害赔偿的支付为前提，肯定针对紧急避险可以进行正当防卫这一点，就是将刑法上所允许的行为评价为违法，并认可可以通过正当防卫加以阻止，这会导致肯定了刑法上违法评价中的矛盾性，可谓是有疑问的。就“不法”而言，如上所述，虽说并不要求必须有该当犯罪构成要件的违法性，但解释为不包括在刑法上违法性被阻却的场合，才是妥当的。

而且，我们还能想到这样的情形：虽属于不法侵害，但应将这种侵害排除在正当防卫的“不法”要件之外，要求被侵害人暂时忍受该侵害。例如，将财物有偿租借给他人，在租赁合同期满之后，该他人并未归还财物的，就不能通过正当防卫取回财物。当然，由于未归还财物，对财物的占有，以及通过占有财物而得以保持的对财物的利用可能性，财物正不断持续地受到侵害。在此意义上，我们无法否定这种行为是违法的，但是，这种情形却不能谓之为“紧迫的不法侵害”。这是因为，一般认为，在这种情形下，应该通过为此设立的纷争解决制度来恢复对财物的占有，认可私力救济是不合适的。可以说，设立这种纷争解决制度的旨趣正在于，禁止个人通过行使实力而实现权利。这一点适于解决所有不履行债务的情形。这样，根据“不法”的性质，有时会要求通过公力手段来解决。对此可以理解为，这属于作为其例外的正当防卫对国家实力独占这一基本原则予以修正的情形。

判决之中，也有通过“急迫”这一要件来排除此种场合成立正当防卫的考虑（高知地判昭和51年［1976年］3月31日判时813号106页。另外，参见西田162页，佐伯仁志131页）。该见解的理由是，由于持续的利益侵害本身是轻微的，不过是因其累积而能够肯定“侵害”而已，借助法律手段的余地还是有的，以此而否定了“急迫”性，可以说是从根源上考虑了违法的质。也就是说，以“不法”的质为理由而否定了“急迫”性。另外，即使肯定“急迫”性，由于被要求利用公的救济手段，以此为由就否定了“补充性要件”，所以也不会成立紧急避险。

此外，对于拒绝了团体交涉的“单纯的不作为”，判例认为其不属于“急迫不法的侵害”，从而否定了正当防卫的成立（最决昭和57年［1982年］5月26日刑集36卷5号609页）。对此也能从上述的观点出发予以理解。

（三）侵害的急迫性

“不法”的侵害必须是急迫的。即，是指法益侵害的危险是紧迫的（最判昭和24年［1949年］8月18日刑集3卷9号1465页），或者法益侵害现实存在或者已经迫近（最判昭和46年［1971年］11月16日刑集25卷8号996页）。在存在这种状况的场合，无暇去寻求公权力机关的保护，为了保护正面临侵害之危险的法益，就有必要去实施某种反击行为。可以说，在紧急状态之下例外地允许实施正当防卫，其理由正在于此（关于这一点，亦请参照前出高知地判昭和51年［1976年］3月31日）。着眼于反击行为的这一侧面，正当防卫和紧急避险一同被称为**紧急行为**。

比如，被监禁于房屋中，该监禁状态处在持续之中的场合（继续犯的场合）自然如此，即便是像一度遭到了殴打、看上去像要再度被打的场合，被侵害者的法益一旦受到侵害，还存在进一步加诸新的侵害的状况，若是这样的话，就能持续地肯定侵害的急迫性。在该场合下，由于平稳状态已经遭受侵害，而且，可以说，就实施侵害这一点，很少有作出错误判断的危险，因此，与重新产生紧迫性的情形相比，我们就可以相对宽松地进行“紧迫性正在持续”这种判断（参见最判平成9年［1998年］6月16日刑集51卷5号435页）。

比如像盗窃罪（刑法第235条）那样的状态犯，法益侵害终了后，违法状态（法益侵害状态）还在继续、持续。在盗窃罪的场合，就是不能利用被害物的状态仍在继续。尽管该状态本身并不为犯罪的继续、持续地成立奠定基础，不过，由于法益侵害是继续、持续的这一点不容否认，恐怕还不能直接否认其属于“急迫不法的侵害”。但是在这样的场合，如前所述，由于要求利用公共的纠纷解决制度，就无法肯定其属于“急迫不法的侵害”，结果就是，不成立正当防卫。从而，被害人取回被盗物品时，若是肯定了盗窃罪的构成要件该当性的话，就不成立正当防卫，只有在满足了更为严格的条件时，作为**自救行为**①，才会阻却违法性。

就侵害的急迫性而言，在**预见**了侵害的场合是否也能肯定侵害的急迫性是个问题。如果只要是预见到侵害的场合就丧失急迫性，针对侵害就不能实施正当防卫予以反击，那么，赶赴预见到有可能发生侵害的场所且实际遭受侵害的场合，就只能是要么无抵抗地甘愿承受侵害，要么因为实施了反击行为而遭受处罚。这么说来，为了避免出现这样的事态，在对侵害存在预见的场合下，就要求被侵害者面对侵害必须回避或者退避。如此一来，就等同于要求一般市民采取屈服于不法侵害的行

① 所谓自救行为，是指在“急迫不法的侵害”终了后，没有余裕去寻求公共机关之保护，不即时地自救的话权利的实现就属困难的场合，以权利保护为目的而被例外地承认的违法阻却事由。判例也肯定了自救行为的存在本身（最决昭和46年［1971年］7月30日刑集25卷5号756页）。肯定了成立自救行为的例子，可见福冈高判昭和45年（1970年）2月14日高刑集23卷1号156页；否定了成立自救行为的例子，可见最判昭和30年（1955年）11月11日刑集9卷12号2438页。

动，会招致将侵害评价为不法与实际上（却让一般市民屈服于不法）这样的相互矛盾的事态出现。由此来看，对于所预见到的侵害，原则上不能承认被侵害者存在回避或退避义务。判例也认可了这一点（最决昭和52年［1977年］7月21日刑集31卷4号747页）。在学说上，也有在有限的范围内肯定对侵害的回避、退避义务的（佐伯仁志145页以下），但从上述观点来看，对这种见解不能支持。判例曾一度认为，所预期到的侵害不属于“急迫不法的侵害”（最判昭和24年［1949年］11月17日刑集3卷11号1801页，最判昭和30年［1955年］10月25日刑集9卷11号2295页），而之后则转变态度，认为即便是预见到侵害，也不意味着就直接丧失侵害的急迫性（最判昭和46年［1971年］11月16日刑集25卷8号996页）。但是，之后进一步的判例又判定，确实地预见到侵害虽说不会直接丧失侵害的急迫性，但出于利用这一机会积极加害对方的意思（**积极的加害意思**）而面对侵害时，则并不满足侵害的急迫性要件（前引最决昭和52年［1977年］7月21日刑集31卷4号747页）。总之，判例现在的态度是，仅凭**预见**到**侵害**这一点，并不会直接丧失侵害的急迫性，但预见到侵害之后，出于**积极的加害意思**而面对侵害的，就不能认定存在急迫性。如后所述，根据现在的判例，由于对“防卫的意思”要件采取的是相对宽松的理解，那么，因不存在防卫意思而否定成立正当防卫的案件，就限制在很小的范围内。对此，应该可以这样理解：判例的态度已经转变为回溯至预见到侵害的时点，以“出于积极的加害意思而面对侵害”为根据，否定成立正当防卫。

在实际适用上述判例立场时，重要的问题在于如何理解积极的加害意思的内容。对此，判例仅仅指出，积极的加害意思是指“利用所预期的侵害这一机会，向对方积极地实施加害行为的意思”，其实质内容未必明确。关于这一点，尽管尚需进一步探讨，但由于被侵害人对所预期到的侵害没有回避或者退避的义务，则即便已经预见到侵害，被侵害者没有选择回避或退避而是直面侵害的，这种行为本身也是受到肯定的。既然如此，就不能以“存在为了防卫的最低限度必要的反击意思”为理由，而认定被侵害者存在积极的加害意思。就是说，不能将积极的加害意思理解为“若遭受侵害，为了自我防卫的反击意思”。这是因为，如果这样理解合适的话，结果就是，这就变成了和肯定对所预期的侵害的回避、退避义务一回事了。

学说上，对于判例的立场中“对侵害的预期并不直接意味着丧失侵害的急迫性”这一点虽持赞成态度，但对于本应客观判断的侵害急迫性却受到对侵害的预期和积极加害意思这些行为人的主观面影响这一点，最初批判的见解居多。但是到现在，判例的立场基本上获得了学说上的支持。这是因为，如前所述，该场合不能通过否定防卫意思而否定正当防卫的成立。在此，判例所展示的标准就是，通过对侵害的预期和积极的加害意思而否定侵害的急迫性。在预见到侵害且出于积极的加害意思而面对侵害的场合，会丧失侵害的急迫性，问题在于，如何解释和说明这一点。在这一场合，与其说是没有回避、退避所预期的侵害，毋宁说，这属于为了利用这一机会对侵害人实施积极的加害行为而直面侵害，并对侵害人施加攻击的情形。因此，尽管之所以会产生攻击的意思，是以所预期的侵害为契机的，但实质上仍然可将其与单纯侵害对方的场合同样看待。这样的场合下，就可以理解为，针对所预期的侵害的反击行为，就丧失了“在面对侵害无暇寻求保护的情形下所实施的行为”这一意义上的、作为紧急行为的性质（参见香城敏磨·最判解说昭和52年［1977年］247页，香城敏磨：《正当防卫中的急迫性》，小林充、香城敏磨编：《刑事事实认定（上）》，261页以下）。从这样的视角来看，就有可能否定侵害的紧迫性（参见山口·基本判例刑法总论64页以下）。

另外，判例认为“为了避免侵害是否还有其他应该采取的方法”并非是侵害急迫性的问题（前引最判昭和46年［1971年］11月16日，而是将其作为“不得已而实施的行为”的判断问题）。这是以针对无论是预期的实际正在实施的不法侵害均无避免、回避义务为前提的，可以说是妥当的理解。

（四）自招侵害

针对由自己的行为所招致的侵害是否允许正当防卫，一直以来都是有关正当防卫的重要问题之一。近年，最高裁判所就此问题作出了重要判断。具体而言，对于被告人在受到侵害前曾对侵害者施加了暴行的案件，最高裁判所认为，侵害者的攻击行为是由被告人的暴行所引发的、在接近的地方随即实施的行为，是前后两个行为**相互关联、属于一体的情形**，可以说是由被告人的**不法**行为本身而自招侵害的。因此，在侵害者的攻击严重程度**没有大幅超出**被告人前述**暴行的程度**等事实关系之下，就不能说，被告人的伤害行为是在就被告人而言实施某种反击行为能够被正当化的状况之下所实施的行为，进而否定了正当防卫的成立（最决平成20年［2008年］5月20日刑集62卷6号1786页）。① 在此，（1）由不法的暴行而招致侵害；（2）侵害是在暴行之后、在接近的地方随即实施的行为，两个行为相互关联、属于一体；（3）在侵害的严重程度没有大幅超出其招致的暴行的程度，在这样的场合，判例认为不属于可以实施正当防卫的情形，判定不成立正当防卫（参见山口厚：《正当防卫论的新展开》，曹时61卷2号，6页以下）。在该案中，被告人在对侵害者实施了暴行之后马上逃离了现场，由此也可以看出，尽管可以肯定被告人对侵害存在预期，但不能认定被告人存在利用该机会积极加害对方的积极加害意思。为此，适用此前的判例标准难以否定正当防卫之成立。可以说，根据上述客观情况而否定成立正当防卫的上述判例，

① 本案大致案情为：A去垃圾堆放地扔垃圾，感到路过此地的B形迹可疑，双方由此发生口角。B突然拳击A的面部，然后马上跑开。A一边叫喊“不要走”，一边骑车追赶。在离开现场大约90米的人行道上，A追上B，骑在自行车上用右手猛击B的背部。为此，B用随身携带的、用于防身的特殊警棍，打击A的面部等地方，致A受伤。对此，作为原审（二审）的东京高等裁判所基于下述理由，认为A的侵害不具有紧迫性，否定被告人B构成正当防卫。（1）B已经充分预想到A会实施报复行为；（2）A的暴力是由B先前的暴力所招致；（3）A的暴力与B先前的暴力，在时间上以及地点上存在连续性；（4）考虑到B先前的暴力程度，不能说，A的暴力超出了通常所能预期的范围。对于此案，最高裁判所虽判定原审“结论正确”，但只是提到了下述理由，“在受到A攻击之前，被告人首先对A实施暴力，A的攻击是由被告人的暴力所引发的，可谓之为，是在邻近地点，在B的暴力之后马上实施，属于一系列、一个整体的事态，被告人是因自己的不法行为而招致了侵害，因此，在A的攻击并未大幅超过B的前述暴力这种本案事实状况之下，不能说，B的本案伤害行为，对B而言，处于可以正当地实施某种反击行为的状况之下的行为”（最决平成20年［2008年］5月20日刑集62卷6号1786页）。——译者注

明确了一种不成立正当防卫的新类型。不过，能够按照这种标准否定成立正当防卫的情形实际上是较为有限的。在招致侵害的行为并非暴行而是言语挑衅的场合，不能适用本判例；此外，还可以认为，在侵害的程度大幅超出被告人暴行的程度时，仍保留了成立正当防卫的余地。

理论上的问题在于，在由自己的不法行为招致侵害的场合，基于何种理由、根据而否定成立正当防卫。曾有裁判例作了这样的解释：在虽对侵害存在预期但仍然面对侵害的场合，对于预想范围内的侵害就丧失了急迫性（例如，参见福冈高判昭和60年［1985年］7月8日刑月17卷7、8号635页，仙台地判平成18年［2006年］10月23日判夕1230号348页等）。可以说，这种理解是认为，在能被评价为接受了所预期的侵害的场合，就丧失了侵害的急迫性。将这种理解与根据对侵害存在预期、存在积极的加害意思而否定侵害的急迫性的判例相关联（前引最决昭和52年［1977年］7月21日）联系在一起，最终就可以认为，是依据“对侵害的接受”而否定了急迫性。但是，对于那些以“是否存在积极的加害意思”作为问题的行为类型，如果是预见到侵害并面对侵害的话，很难找出否定“积极的加害意思”的契机，就难免不会出现宽松认定的情况。应该说采用这样的标准是有问题的。因此，仅凭对所预期的侵害的接受，便否定侵害的急迫性，存在疑问。如此一来，尽管还需要进一步检讨，还是可以这样理解：在起初招致侵害的行为阶段，可以评价为已经开始实施不法的相互争斗行为，从而对于针对侵害的反击行为否定存在紧急行为性，进而据此否定成立正当防卫（参见前引山口·《正当防卫论的新展开》21页）。

三、权利的防卫

对于“急迫不法的侵害”，“为了防卫**自己或者他人的权利**”，能够肯定正当防卫。这种权利的防卫，是对应于“急迫不法的侵害”的防卫行为人方面的要件，重要的是，即便是指向防卫行为人以外的其他人的法益的“急迫不法的侵害”，对其也能进行正当防卫（这称为“**紧急救助**”）。可以说，紧急救助这一制度的意义就在于，它认可了他人可以保护不能自我防卫之人的利益。此外，“权利”中广泛地包含了应该被正当保护的法益。

像对于针对国有财产的侵害能够正当防卫那样，“他人”，虽也能够理解为包含作为法益主体的国家，问题是，是否能够为了**公共法益**而正当防卫。判例认为，就公共利益而言，虽说也应该有允许正当防卫的场合，但那仅限于不能期待国家公共机关有效的公共活动的极为紧迫的场合，只有在这样的场合才能例外地允许正当防卫（前引最判昭和24年［1949年］8月18日）。尽管属于对公共利益的侵害，但在能够肯定对于具体个人（也包括国家、法人等）法益的“急迫不法的侵害”的场合，当然应该允许以此为由实施正当防卫。但比如说，在密室中像是要伪造文书那样的场合，若仅仅是有作出违法行为之危险时，由于不存在应该防卫的对于具体的“他人权利”的威胁，恐怕就应该认为不能认可正当防卫（平野Ⅱ238页否定了“为了法秩序的正当防卫”）。

四、防卫行为

（一）防卫行为的对象

正当防卫是相对于“急迫不法的侵害”者的法益而言，将被侵害者的法益的质的优位性作为违法性阻却的根据，结果就是，在对于被侵害者的关系上，小可认为侵害者的法益的保护价值在防卫的必要限度内被否定。由此看来，可以明确的是，作为将对于**侵害者**的侵害予以正当化的法律制度，针对侵害者以外的第三人所产生的侵害不能予以正当化（参见山口·新判例46页以下）。比如说，指向侵害者的防卫行为错误地侵害了第三人的法益的场合，或者是因将第三人所有的物品作为防卫手段加以利用而致该第三人受到侵害的场合，这些法益侵害不能通过正当防卫而被正当化。在这些情况下，不过是在满足了“补充性”等要件的例外场合，可能成立紧急避险而已。

（二）防卫意思

正当防卫，是针对“为了防卫”的行为而认定成立的。要谓之为“为了防卫”，只要客观上是防卫行为即可（这样的行为的含义，如后所述），还是必须是出于**防卫意思**而实施防卫行为，一直都是个问题。

判例将防卫意思作为正当防卫的要件，但对其内容的理解则历经变化。当初，判例曾将防卫意思狭隘地理解为防卫的意图或是动机这样的含义（大判昭和11年［1936年］12月7日刑集15卷1561页，最决昭和33年［1958年］2月24日刑集12卷2号297页，等等），此后，则缓和对防卫意思的理解，认为“不应该理解为，因为是针对对方的加害行为出于**激愤**或是**恼怒**而予以反击，就直接认定缺少防卫意思”（最判昭和46年［1971年］11月16日刑集25卷8号996页），“在防卫意思与**攻击意思并存**的场合下实施的行为，并不欠缺防卫意思”（最判昭和50年［1975年］11月28日刑集29卷10号983页）。但是，判例则认为在存在“以前就开始……怀着憎恶之念，趁受到攻击之机，实施积极的加害行为等特别情况”的场合，否定存在防卫意思（前引最判昭和46年［1971年］11月16日）；再者，对于“借防卫之名，对侵害者积极地实施攻击的行为”（**积极的加害行为**），则认定欠缺防卫意思（前引最判昭和50年［1975年］11月28日）。也就是，现在的判例所理解的防卫意思是，即便是因激愤或恼怒而实施了防卫行为，也不能由此否定防卫意思；并且，同时存在攻击意思的，未必能否定防卫意思，但积极的加害行为所体现出的纯粹的攻击意思，则能否定防卫意思。在这里，所谓防卫意思，既不能狭义地理解为完全出于防卫意图或动机而实施反击的场合，也不能理解为对正当防卫状况的单纯认识。可以说，判例的态度是，只要能认定或多或少地存在防卫动机，就有可能肯定防卫意思；但是，若攻击动机或者攻击意思压倒了其他动机，实际上已经不能认定存在防卫动机而完全是出于攻击意思的场合（比如说，东京高判昭和60年［1985年］10月15日判时1190号138页等），就否定防卫意思，该行为也已经不能说是防卫行为，而能理解为单纯的加害行为（参见安广文夫·最判解说昭和60年［1985年］144页以下）。按照这种理解，**“有意的过当行为”**实际上就可以作为欠缺防卫意思的积极加害行为而被排除在正当防卫的范围之外（参见香城敏磨：《正当防卫中的防卫意思》，小林充、香城敏磨编：《刑事事实认定（上）》，306页，安广·最判解说昭和60年[1985年]145页)。可以说，像这样的场合，已经不能认定反击行为具有防卫行为的性质。

学说中，也有观点从“对违法性进行客观判断”这种结果无价值论的立场出发，主张无需存在防卫意思(**防卫意思不要说**)，但多数说是相对缓和地理解其内容，和判例同样主张防卫意思是正当防卫的成立要件之一(**防卫意思必要说**)。比如，认为防卫意思是“在意识到急迫不法的侵害的同时，试图避免该侵害的单纯心理状态”(大塚390页)；又如，“只要认识到自己正面临急迫不法的侵害，而且意识到是为了排除这一侵害而对侵害者实施反击就够了”(西原(上)240页)。如果将防卫意思理解为“防卫的认识、对应的意识”(曾根105页)的场合，可以说，防卫意思就被理解为对该当正当防卫之要件的事实的单纯认识。如果这样理解的话，“防卫意思”这一要件就不过是，对于那些虽未认识到相当于正当防卫的事实却实际实现了防卫的情形即所谓**偶然防卫的场合**——比如，A用枪射杀B的时候，而实际上此时B也正想射杀A，结果是A保护了自己的生命——具有否定违法性阻却的意义而已(此外，就偶然防卫的罪责来说，又可区分为既遂说与未遂说两种见解)。但是，按照这种理解，即便是判例业已否定存在防卫意思的案件中，也能够认定存在防卫意思，为此，在防卫意思必要说中，主张防卫意思“除了包括对相当于正当防卫之事实的认识之外，还应包括其他某种内容”的见解，就成为有力主张(大谷283页认为，虽有防卫的认识，但如果完全是出于攻击意图、攻击动机的场合，仍要否定存在防卫意思)。如上所述，判例也认为，防卫意思不限于“单纯的认识”，实际上赋予了其超出“单纯认识”的意义(亦参见安广·最判解说昭和60年[1985年]144页以下)。

将“为了”防卫这一用语作为要求防卫意思的根据，就对法条的解释而言也并非不可能，但依照结果无价值论所持的违法性应当客观判断的基本立场，则可认为没有必要将防卫意思理解为正当防卫的要件(**防卫意思不要说**。参见平野Ⅱ243页，内藤(中)344页，西田170页以下等)。在防卫意图、防卫动机这一意义上理解防卫意思的场合，会存在这样的疑问：其是否属于单纯的心情要素，是否充其量不过是责任要素而已？再者，在对正当防卫状况以及其他相当于正当防卫事实的认识这一意义上理解的防卫意思，是正当防卫的所谓“故意”，是责任要素。当然，“故意”是一种比喻而已，正确地说，如后所述，在对于正当防卫以及其他相当于正当防卫的事实存在认识的场合，就可否定（责任）故意的存在。从而，就此种意义上的防卫意思而言，只要是不采纳将一般的故意理解为主观违法要素的行为无价值论，则防卫意思作为违法要素的性格即被否定。单纯的对事实的认识，对于法益侵害或者危险以及作为其阻却要素的法益拥护性不产生影响，从而也就不对行为违法性产生影响。因此，可以认为，就偶然防卫而言也不是不能成立正当防卫。不过，在能认定即便没有正当防卫另外也实际存在实现构成要件之可能性的场合，就有认为偶然防卫成立未遂犯的余地，尽管这也和后述对未遂犯的理解挂钩。

判例将防卫意思缓和地加以理解，是有充分理由的。这是因为，如果仅有激愤或恼怒就否定存在防卫意思，若有攻击意思就否定防卫意思，那么，可能实务中大部分场合防卫意思都会被否定，这可能会导致正当防卫这一制度事实上被阉割。不过，虽然如此缓和理解了防卫意思，但由于判例依然要求防卫意思，可以说，实际上从正当防卫中排除的，如前所述，就是反击行为时的“有意的过当行为”。对于这样的行为，即便立足于防卫意思不要说的立场，也是不成立正当防卫的。这是因为，在这一场合，结局是构成防卫过当（刑法36条第2款）。并且，虽然意图引起过当的结果，但意外地仅仅引起了正当防卫允许范围之内的结果，这样的场合也属偶然防卫的一种，如前所述，有成立过当防卫之未遂犯的余地。如后所述，一方面由于法益保护而导致违法性减少，另一方面又因为急迫的侵害下心理的压抑状态而导致责任减少，以上两点成为防卫过当时裁量性的减免刑罚的根据，不过就“有意的过当行为”来说，即使是其能成立上述的防卫过当，也不能肯定其存在责任减少的实质理由（此外，参见松宫147页，佐伯仁志138页）。在该场合下，既然无法认定责任减少，当然就不能认定为防卫过当，这也是一种可以想见的处理方式。然而，虽属于过当行为，但无法否定该行为同时属于针对不法侵害的反击行为，因此，理论上更为可行的处理方式是：由于其属于针对急迫不法侵害的反击行为这一点不容否定，所以，即便是过当行为，在认可其属于防卫过当的同时，不进行刑的减免（参见东京地判平成5年［1993年］1月11日判时1462号159页），以此来处理在理论上可能更好一些。

（三）防卫的效果

防卫行为带来了排除侵害之效果的场合能够成立正当防卫，这一点是理所当然的；问题是，是否仅在产生了排除侵害之效果的场合才能作为正当防卫而阻却违法性（肯定了这一点的见解，参见山本辉之：《以优越利益原理为依据以及正当防卫的界限》，刑法35卷2号，53页）。确实，没让侵害人认识到而偷偷地破坏了其所有的财物，而侵害者在实施侵害时也并未利用该财物，这样的对于排除侵害完全没起作用的法益侵害行为不能说是防卫行为，没有作为正当防卫而被允许的余地。但将现实发生排除侵害的效果作为成立正当防卫的必需要件，恐怕也是不妥当的。那样的话，由于正当防卫行为本身尚未发生防卫效果，以此为理由，就能肯定通过正当防卫对于这样的行为加以阻止，这样也就淹没了我们之所以要认定正当防卫的旨趣。

这里的问题是，在防卫行为的阶段，能否就已经肯定其阻却了违法性，从而否定针对该行为的正当防卫？为了使正当防卫制度的旨趣不至于形同虚设，可以说有必要连具有实现保护法益可能性的行为也一并允许，换言之，对于通过正当防卫来阻止这种防卫行为，还是有否定之必要的。不过，对于那些只会成立防卫过当的行为，或者出于防卫过当的意思而实施，且有防卫过当之可能性的行为，既然这些行为属于防卫过当行为，或者朝着防卫过当方向发展的行为，当然是不被允许的。

另外，即便是实施了防卫行为但其对于排除侵害来说并不充分的场合，或者是所谓“失败的”正当防卫的事例①，即对侵害者反击却未能

① 当然，像命中了侵害者之外的其他人这样的场合，并不意味着就连针对侵害者以外的其他人的构成要件该当行为也肯定了其违法性阻却。

命中的场合，要是不肯定其属于正当防卫而阻却违法性的话，就会导致让被侵害者来承担成功防卫的风险，这与肯定被侵害者的法益相对于侵害者的法益而言具有质的优位性这一正当防卫的旨趣是相违背的，从而也就是不妥当的。所以，即便在这样的场合中，除了是基于防卫过当的意思所实施的、有防卫过当之可能性的场合（在这一场合，在与所意图的过当的结果的关系上，可能成立未遂犯）之外，应该认为其成立正当防卫而阻却违法性。

五、斗殴状况中正当防卫的成否

就正当防卫的适用而言，成为问题的不光包括被侵害者受到侵害者一方的攻击、针对这种攻击而防卫自己的场合，倒不如说，更多情况下是双方之间存在**斗殴状况**，在此过程中实施法益侵害行为时能否成立正当防卫。在这样存在斗殴状况的场合中如何适用正当防卫的规定，一直以来都是个问题。虽说与前面的论述有所重复，我还是想从对于这一问题应该如何加以解决这一视点出发，就斗殴状况中是否成立正当防卫再次加以确认。

判例当初提到了“斗殴各打五十板”，认为就斗殴行为而言没有容纳正当防卫观念的余地（大判昭和7年［1932年］1月25日刑集11卷1页），后来则接受学说的批判，认为有必要观察斗殴状况的整体来进行判断，遂转移到了肯定斗殴中有适用正当防卫之余地的立场（最大判昭和23年［1948年］7月7日刑集2卷8号793页，最判昭和32年［1957年］1月22日刑集11卷1号31页）。但是，就具体的判断基准“侵害的急迫性”和“防卫意思”的要件来说，判例以存在对侵害的预期等为理由否定了侵害的急迫性（前引最判昭和24年［1949年］11月17日）；另外，在出于激愤而实施攻击的场合否定了正当防卫的成立（前引最大判昭和23年［1948年］7月7日），等等，采取了严格的、限制的解释，可谓是对于肯定成立正当防卫采取了相当抑制的态度。但是，在此之后，如前所述，判例对于作为具体的判断基准的“侵害的急迫性”（参见前引最判昭和46年［1971年］11月16日，前引最决昭和

52 年［1977 年］7 月 21 日）和“防卫意思”（参见前引最判昭和 46 年［1971 年］11 月 16 日，前引最判昭和 50 年［1975 年］11 月 28 日）要件的解释本身变得宽松，以至采纳了这样的基准：（1）即便存在侵害的预期也不意味着直接就丧失侵害的急迫性，在存在积极加害意思的场合才失去急迫性，从而才否定正当防卫；（2）即便是出于激愤和恼怒，即使存在攻击意思，也未必就会否定防卫意思。只有在肯定了积极的加害行为、以完全专门的加害意思实施反击的场合才会否定防卫意思。在此，在急迫性要件中考虑反击行为的**预备阶段**的状况（有积极的加害意思则否认急迫性），在防卫意思要件中考虑反击行为的**实行阶段**的状况（有积极的加害行为则否定防卫意思）。大体上，这样的判例态度本身是能够得到认同的。

六、不得已而实施的行为

（一）被正当化的防卫行为的范围

要作为正当防卫而阻却违法性，还必须是为了防卫而**“不得已实施的行为”**。在正当防卫中，由于被侵害者的法益在“质”上优越于侵害者的法益，因而不同于紧急避险情形下基于法益衡量原理对“不得已实施的行为”的解释，“另外不存在侵害性相对更小的防卫行为”这一意义上的“补充性”，并非正当防卫的成立要件。当然也并不是说，因为不以“补充性”为必要，所以只要是为了防卫，不管什么样的行为都可以被正当化。从刑法第 36 条第 2 款规定了防卫过当来看，这一点是显而易见的。这里的问题是，如何划定能被正当化的防卫行为的范围（判例将此要件称为**“作为防卫手段的相当性”**）。

（二）学说的基本态度

学说中有一种见解认为，防卫行为是在为了排除侵害而必要的限度内得到允许（必要性），但也并非只要是必要的就一概允许，仍应将其限定在相当的范围之内（相当性）（比如说，参照大塚 392 页）。但是，不同于紧急避险，正当防卫无需“补充性要件”，因而该说所谓“必要性”并非指“一定需要”，而是指达到“有助于防卫”这种程度。为此，这种意义上的“必要性”对于成立范围也就缺乏限定意义，因而“相当性”也成为用于限定正当防卫成立范围的要件。但由于所谓“相当性”的内容并非一目了然，对于划定被允许的防卫行为的范围，“相当性”这一标准是否真的有用，是有疑问的。这样，由于用于划定能被正当化的防卫行为之范围所使用的概念本身，根本不具有明确的内容①，因而只要不将判断标准予以明确化，其结果必然就是，作为正当防卫而被允许的防卫行为的范围，也不会明确。

（三）判例的动向

有判例认为，要想作为正当防卫而被允许，虽不问是否还有其他可以采取的方法，但所采取的方法本身必须是客观上适正、妥当的（大判昭和2年［1927年］12月20日评论17卷刑法18页）；另外，还有判例在旁论中指出，为了防卫几块豆腐而伤人性命的，超过了防卫的程度（大判昭和3年［1928年］6月19日法律新闻2891号14页）。在此类判例中，最高裁判所于1969年12月4日所作的判决（最判昭和44年［1969年］12月4日刑集23卷12号1573页）是重要的先例。大致案情是：在被告人与被害人A发生口角的过程中，被害人A扭拧被告人左手的中指和无名指，被告人过于疼痛急于挣脱，遂用右手朝A的胸部猛推了一下，致被害人仰面倒地后，其后脑部碰巧撞上了停在附近的他自己的汽车的后保险杠上，造成需要治疗45天的头部挫伤。对于该案，最高裁基于下述理由撤销了判定成立防卫过当的原判决：“刑法第36条第1款之所谓‘不得已实施的行为’，是指针对急迫不法的侵害（而实施）的反击行为，作为防卫自己或他人权利的手段，要求是**最小必要限度之内**的行为。换言之，反击行为作为针对侵害的防卫手段，是具有**相当性**的行为。（在本案中——译者注）反击行为并未超过上述限度，作为针对侵害的**防卫手段**具有相当性，既然如此，即便由该反击行为所造成的**结果**偶尔大于可能受到侵害的法益，也应该认为，该反击行为并非不是正当防卫行为。”

---

① 在解释论中所使用的概念，其含义有必要是明确的；而学说中所使用的“必要性”概念，也要求其满足明确性的标准。

对于这一判决能够理解为，对于能谓之为“作为防卫手段的最小必要限度”之内的反击行为，承认具有“作为防卫手段的相当性”；而且，不同于紧急避险，即便与试图避免的侵害相比，造成了更大的损害结果，仍承认有成立正当防卫之可能。对于能被正当化的防卫行为的范围，该判决认为，不是依据所造成的“结果”，而应根据所采取的“防卫手段”本身来进行判断，这一点对下级裁判所的裁判实务产生了相当大的影响。在只要所使用的武器是对等的，即肯定具有相当性这一意义上，该判决所采取的标准，也被称之为**“武器对等原则”**（参见大越·展开46页以下）。但是，这种僵化的理解随后得到了修正。对于通过形式性地适用“武器对等原则”而否定成立正当防卫的下级裁判所判决，最高裁判所判定予以撤销（最判平成元年［1989年］11月13日刑集43卷10号823页）。具体而言，A吼道，“欠揍吗?”并一边作出伸出拳头、脚往上踢的动作，一边向被告人靠近，被告人为了防止A接近自己，以免遭A的侵害，不得已手拿菜刀，对A说，“你想被砍死?”对于这一涉及胁迫（未造成伤害）的案件，最高裁判所认为，原判决作出的“超出了作为防卫手段的相当性”的判断是错误的，被告人“始终采取的是为了免遭A之侵害的防御性行动，不能认定此行为超出了作为防卫手段的相当性的范围”。① 这里重视的是，被告人所采取的防卫行为的样态，不是——诸如直接用刀砍向侵害者那样，通过直接攻击侵害者，由此避免侵害——攻击性的防卫方法，而是出示菜刀以防止侵害者靠近这种防御性的防卫方法，并且，这是被告人被侵害者逼急之后迫不得已采取的防卫方法。因此，就可以理解为，被告人的防卫行为属于最小限度范围之内的行为。此后，对于下述案情，最高裁判所通过考虑不法侵害者的侵害的攻击力已经降低到相当程度、防卫手段具有相当程度的危险，而判定不具有防卫手段的相当性（最判平成9年［1997年］6月16日刑集51卷5号435页）：侵害者在公寓二楼走道挥舞铁管，因

① 在本案中，最高裁在判例解释中指出，“对方属于身强力壮的年轻人，被告人是老人。老人与身强力壮的年轻人两相比较，即便对方是徒手，老人持菜刀的行为正好可取得平衡，作为行为来说也是相当的”。——译者注

用力过猛，上半身已经伸到扶栏之外，见侵害者仍紧握铁管，被告人便顺势拎起侵害者的左脚，将其掀翻至扶栏外，致其从4米高的二楼摔倒在混凝土马路上而受伤。对于该判例，尽管可以说，最高裁判所对侵害行为的攻击力与防卫行为的危险性进行了比较，但仍可以理解为，是以还存在其他伤害程度更轻的防卫方法作为理所当然的前提。

（四）相当性判断的意义与方法

前文已经反复述及，正当防卫的重要意义是，对于不法侵害，原则上没有回避或者退避的义务。由此，就允许被侵害者针对急迫不法的侵害，不是选择退避，而是可以通过反击来排除侵害。为此，基本的考虑就应该是：如果是为了排除侵害而必要且不可或缺的反击行为，即，面对非法侵害不是回避、退避，而是为了防卫所采取的**最小必要限度**之内的法益侵害行为，那么，无论是何种法益侵害行为，都应该是被允许的。这是因为，若非如此，就会要求为了免遭侵害而需要退避，容忍有违“正义需向不法让步”这种正当防卫基本思想之事态的出现，这显然不正确。正如判例（前引最判昭和44年［1969年］12月4日）也承认的那样，不得因为造成了重大损害结果，就直接否定“作为防卫手段的相当性”。在此意义上，对于那些主张应将死亡结果纳入考虑范围之内的裁判例（东京地八王子支判昭和62年［1987年］9月18日判时1256号120页），就存在疑问。相反，实际上应该探讨的是，究竟是否需要采取这种“高危行为样态”的反击行为。

在对这种排除侵害行为的必要性、最小限度性进行判断之际，由于问题最终归结于，具体状况之下排除侵害的可能性，因此，一方面，当然必须考虑属于排除对象的**侵害的攻击力程度**，另一方面，也必须考虑被侵害者的体力等**身体条件**，以及**可能利用的排除侵害的手段**。为此，判例考虑攻击力的程度与防卫行为的危险性，在此意义上是妥当的。有必要通过综合判断这些要素，具体判断什么行为才是为了排除侵害所必要且最小限度的法益侵害行为。例如，如同明明通过晃动刀子进行威胁就可以排除侵害，却突然用刀刺向侵害者的情形，就不是必要最小限度的法益侵害行为那样，在具体判断之际，对于可以利用的侵害排除手段，究竟是攻击性地利用还是防御性地利用，这种**具体的使用方法**也属于需要考虑的因素。并且，对于是否属于排除侵害所必要的、能被允许的防卫行为的判断，不得造成“迫使被侵害者面对侵害只得选择退避”这种结果，因此，这种判断应该在为了排除紧迫的不法侵害而有必要实施防卫行为的阶段进行。为此，尤其是在考虑被侵害者的具体能力的基础上，如果认定属于在该阶段排除侵害所必要的行为，即便该行为最终造成了过当的结果，或者不足以排除侵害，仍应作为排除侵害所必要的行为，承认该行为阻却违法性。那么，在此意义上，就能赞同这样的判决结论：在车站月台上，某女性受到醉酒男性 A 的不停纠缠，遂推了一下 A 的身体，致 A 摔下月台，结果被夹死在电车与月台之间（西船桥事件），对此，千叶地方裁判所判定，应成立正当防卫（参见千叶地判昭和 62 年［1987 年］9 月 17 日判时 1256 号 3 页）。

另外，对于并不危及生命的侵害，有学者试图通过类似于紧急避险的标准来划定被允许的防卫行为的范围（参见佐伯仁志 140 页以下），但这种观点并未充分考虑到，“对于非法侵害，原则上不能承认存在回避、退避义务”的意义，因而存在疑问。如前所述，判例之所以没有正面承认回避、退避义务，正是因为考虑到，正当防卫作为“针对紧迫的不法侵害的防卫”的意义。可以说，主张一定程度上缓和地承认面对侵害的回避、退避义务的观点，正体现了试图仅凭法益衡量原理来理解正当防卫这种做法的局限性。

如上所述，在考虑作为防卫手段的相当性的场合，是否只要是为了排除侵害所必要的反击行为，无论造成何种法益侵害均被允许，这一点也会成为问题。换言之，在“**法益显著失衡**”的场合，例如，要阻止小偷偷走一个苹果，开枪射杀小偷是唯一手段的场合，是否也能成立正当防卫呢？学界有力观点认为，在这种情形下，由于不具有“相当性”要件，应否定成立正当防卫，而属于防卫过当（平野Ⅱ 244 页，内藤（中）346 页，大谷 280 页，曾根 106 页，西田 173 页，等等）。可以说，这种观点是试图通过认定属于防卫过当，而保留对防卫行为人减免刑罚的余地。但是，像这种做法那样，在判断是否具有作为防卫手段的相当性之时，考虑结果的严重程度，更会加剧学说中的相当性概念及其判断标准的不明确性，最终的结果就是，难免不会对“法益显著失衡”的情形广泛认定成立防卫过当，整体上也会过度限制正当防卫的成立。而且，应该说，在该情形下，根本不存在什么不过当的防卫行为，因而原本能否称之为“超过了防卫限度”，就存在疑问。因此，在要保护轻微的法益，就必须实施显失均衡的法益侵害行为的场合，就不允许以正当防卫来对抗该不法侵害，而应交由事后的民事救济来解决，从这种观点的角度，就可以想到，应该以该行为原本就不属于防卫行为为由而否定成立正当防卫。这样的话，当然也不属于防卫过当。不过，由于是要求被侵害人当时忍受不法侵害，就应该严格以**所预想的侵害的轻微性**以及**法益的显失均衡**这二者作为要件。

（五）一系列的行为

最后，在判断究竟是属于不得已实施的行为，还是属于不具有作为防卫手段的相当性的行为之际，有些时候就需要，不是将个别行为分别作为判断对象，而是将一系列行为作为一个整体（一体性），进行整体判断。在有关是否成立防卫过当的案件中，判例已经承认，可以将一系列行为作为一个整体进行判断（参见最判昭和34年［1959年］2月5日刑集13卷1号1页，最判平成9年［1997年］6月16日刑集51卷5号435页）。近年的判例则是联系是否成立后述的量的防卫过当，以是否属于基于**同一防卫意思**的行为作为标准，来判断属于“一系列、一个整体的评价对象”的行为的范围（参见最决平成20年［2008年］6月25日刑集62卷6号1859页［否定具有一体性］，最决平成21年［2009年］2月24日刑集63卷2号1页［肯定具有一体性］）。

第三款　防卫过当

一、减免刑罚的根据

虽说是针对急迫不法的侵害、为了防卫自己或者他人的权利而实施的行为，但不能说是不得已而为之、超出了防卫的程度的行为，属于**防**

卫过当，其不阻却违法性。即，防卫过当属于“完全犯罪”，而非“一半是无罪”。不过，防卫过当虽属犯罪，但根据情状，可以减轻或免除刑罚（刑法第 36 条第 2 款）。问题是，以何种根据认可此种刑罚的裁量的减免。学说中的主要主张，有以下三种。

（一）责任减少说

这种见解认为，防卫过当可以减免刑罚的根据在于，在存在“急迫不法的侵害”这一紧急状态之下，被侵害者的心理受到了压迫而无法冷静地判断，因此而导致责任减少（平野Ⅱ 245 页，堀内 162 页，西田 178 页，佐伯仁志 164 页，等等；此外，请参见浅田 237 页）。即，由于在紧急状态之下因恐怖感等而不能冷静地判断，防卫行为未能停顿在所允许的范围内而过当的，但不能完全期待被侵害者在允许的限度内进行防卫行为（期待可能性的减少），从而也就减少了非难可能性。这种理解的背景是，其认为，对于所产生的过当结果来说，在超出了所允许范围的过当限度内，成立完全的犯罪，所以在违法性层面上没有根据肯定刑罚的减免。比如说，如果致不法侵害人右腕骨折即可排除侵害，却致其左腕也一并骨折的场合，即便右腕的骨折能作为正当防卫而正当化，左腕的骨折也是过当的。并且，由于在不存在急迫不法侵害的状态时只造成左腕骨折的场合，单纯成立伤害罪、没有余地肯定刑罚的减免，则在防卫过当的场合，限于过当的左腕骨折的限度内，恐怕也应该是同样的，即，也没有减免伤害罪刑罚的理由。

从这一立场出发，在防卫行为人有意追求了过当结果的场合，不能以心理的压迫状态为由肯定责任的减少，故而不成立防卫过当（平野Ⅱ 247 页以下，西田 178 页）。另一方面，根据此种见解，只要是在心理的压迫状态持续的限度之内，即便是“急迫不法的侵害”终了了，仍然可能肯定防卫过当的成立。从而，在后述的量的过当的场合，也很容易肯定成立防卫过当。

但这一见解是有疑问的。根据这一见解，要想肯定防卫过当，“对急迫不法的侵害的认识”具有决定性的意义，因为正是这种认识导致了心理的压迫状态；但真要这样的话，防卫过当与现实中不存在急迫不法侵害却误以为其存在的假想防卫过当之间的区别，不也就变得不存在了吗？学说中有见解主张，如不采取责任减少说，就无法说明假想防卫过当场合刑罚减免的根据，从而采纳了这一学说（西田177页，佐伯仁志164页以下）。但是，防卫过当是作为未满足限度要件的正当防卫类型而规定的，所以现实中就要求存在“急迫的不法侵害”，这样，很明显，防卫过当和假想防卫过当不能等同视之。所需要的是能够将二者加以区别的理论构成。另外，还会产生这样的问题：如果反过来强调刑法第36条第2款是关于防卫过当之规定并将该观点贯彻到底的话，就会认为假想防卫过当不能适用该条该款。但是，如后所述（第六章第二节第二款），根据犯罪论的一般理念，即便采取责任减少说之外的其他立场，对于假想防卫过当的情形，也完全有可能承认刑罚的减免。不过，如果特别强调防卫过当规定的政策性意义，否定此情形也应适用犯罪论的一般理念，那么，对于假想防卫过当，想必就应该是否定刑罚的减免的。但值得注意的是，这种理解并非是对防卫过当规定的必然解释。并且，不同于像伤害这样的可能在量上把握的法益侵害（在这一场合，仅以过当的部分作为问题也并非不可能），像生命侵害这样的无法用量来把握的法益侵害（存在与否，二者择一）的场合，即便是防卫过当，也有必要肯定违法性的减少，而且可以说这也是可能的（佐伯仁志164页在肯定了此种场合违法性减少的同时，又认为责任减少说的意义在于肯定责任减少这一点，但这样的话，就和违法责任减少说没什么两样了）。在这个意义上，可认为肯定违法性的减少是有理由的。

（二）违法减少说

这种见解认为，即便是防卫过当，也需要是针对急迫不法的侵害而通过防卫行为维持了正当的利益，在肯定了这一点的场合，在此限度之内就能够肯定**违法性的减少**（町野朔：《误想防卫、防卫过当》，警研50卷9号，52页）。

在造成的法益侵害是因防卫行为而导致的场合，较之此外的场合而言，违法性是减少的，从而产生了肯定刑罚减轻的理由。上述违法减少说指出了这一点，这可谓是妥当的；但问题在于，要是单看过当结果的话，其成立完全的犯罪（参见前面的手腕骨折的例子），尽管如此，防卫过当却甚至可以免除刑罚，违法减少说解释这一点是有困难的。

（三）违法责任减少说

这样来看，弥补了以上两说各自不足的违法责任减少说，可谓是妥当的（团藤 241 页，大塚 395 页，大谷 291 页，曾根 106 页，川端 374 页，前田 280 页，高桥 288 页，等等，属于多数说。此外，参见山中 535 页）。防卫过当，在其属于针对急迫不法的侵害的防卫行为这一点上，较之并非如此的单纯法益侵害行为来说，必须肯定其违法性的减少；但是，要想说明防卫过当就连刑之免除也是可能的，就必须要考虑心理的压迫状态所导致的责任减少。

二、质的过当与量的过当

“超过了防卫的程度”的场合所成立的防卫过当，可以分为两种情况：（1）防卫行为本身具有超过排除侵害所必需程度之侵害性的场合（称为**质的过当**）；（2）在对急迫不法的侵害的继续反击中，该反击在量上超过限度的场合（称为**量的过当**）。就质的过当案件来说肯定其成立防卫过当是没有问题的，而就量的过当的案件来说，判例对于针对侵害的一连串行为作整体性的把握，进而也肯定了成立防卫过当（最判昭和 34 年［1959 年］2 月 5 日刑集 13 卷 1 号 1 页认为，包含侵害终了之后的行为在内，可以对于行为作一体化理解而整体上肯定成立防卫过当）。

近来，判例中成为问题的是，关于对侵害者施加复数个暴行（第 1 暴行·第 2 暴行）的案件，是应该将两个暴行分割开来评价，还是应该将其作为一系列的、一体化的行为来评价并在整体上肯定成立防卫过当。（1）通过第 1 个暴行使侵害者跌倒，在该人丧失了实施侵害行为的可能性后，在对此有认识的基础上，基于完全的攻击意思而实施了第 2 个暴行。该案件中（第 1 个暴行是导致侵害者死亡的原因），判例认为，虽然两个暴行在时间上、场所上都是连续的，但在侵害的继续性及防卫意思的有无这一点上，明显性质不同；而且，从第 2 个暴行的状况、样态来看，以两个暴力行为之间存在隔断为由，虽认定第 1 个暴行属于正当防卫，但同时认定第 2 个暴行既不属于正当防卫也不属于防卫过当（即属于一般的伤害行为）（最决平成 20 年［2008 年］6 月 25 日刑集 62 卷 6 号 1859 页）。与此相对，(2) 第 1 个暴行（属伤害行为）和第 2 个暴行（仅系暴行）都是针对急迫不法侵害的一系列、一体化的，判例肯定这两个暴行是基于同一防卫意思的一个行为，将包含属于正当防卫的第 1 个暴行在内的行为作全体的考察，而肯定其作为一个防卫过当成立伤害罪（最决平成 21 年［2009 年］2 月 24 日刑集 63 卷 2 号 1 页）。在这些判例中，针对在连续的时间、地点进行的复数暴行，可以说，是以防卫意思的同一性为标准来判断被一体化评价的行为的范围（来划定能做整体评价的行为的范围）。另外，这两个判例中，都是认为第 1 个暴行属于正当防卫；不同之处在于，判例 (1) 将第 1 个暴行与第 2 个暴行分别进行评价，从而仅仅认可第 2 个行为成立伤害罪；而判例 (2) 则对第 1 个暴行和第 2 个暴行进行一体化评价，将属于正当防卫不成立犯罪的第 1 个暴行包括在内，肯定了就行为整体成立伤害罪的防卫过当。判例 (2) 将原本属于正当防卫不属于处罚对象的第 1 个暴力也包括在犯罪事实之中，是认为只要将这一点作为有利情节予以考虑即可。但是，即使能在整体上评价为防卫过当，也存在着这样的疑问：既然连不可罚的第 1 个暴行也包含在处罚对象中是有问题的，就应该从属于防卫过当的整体事实之中，排除不成立犯罪的第 1 个暴行，仅止于就第 2 个暴行肯定暴行罪的防卫过当。另外，判例 (2) 的这种做法的实际意义在于，按照其理解，即便是那些无法举证究竟是由哪一暴力行为造成了死亡等更重结果的情形，只要能证明该结果是起因于其中的某一暴力，就能对该结果肯定成立犯罪。但是，在本书看来，如果无法就此举证，毋宁说，根本就不应该就重结果追究刑事责任。

就量的过当的事例来说，侵害连续性的判断比较宽松（参见最判平成 9 年［1997 年］6 月 16 日刑集 51 卷 5 号 435 页），在实施数个反击行为的时点，多判定侵害仍在持续。该场合下，只要是基于同一意思进行的反击行为，就有可能将其全体评价为一系列、一体化的行为。这正是本来的量的防卫过当的案件。与此相对的是，认识到侵害已终了的行为人，即欠缺防卫意思，从而，侵害终了后的行为就是单纯的加害行为，被排除在一体化的评价之外。问题是，针对侵害所实施的反击行为在侵害终了后仍在连续进行的场合，是否也能作为一个行为整体成立防卫过当。虽说是侵害终了以后，但若能评价为是针对侵害所实施的一系列、一体化的防卫行为的话，则有可能就其整体肯定成立量的防卫过当。为了肯定量的防卫过当，在将行为的时间、场所的连续性作为前提的同时，正如判例所示，这些行为还必须是基于同一意思①所实施的行为。在此类场合，由于能被评价为针对侵害的行为，因而无论就防卫过当的根据采取何种观点，都能认定成立防卫过当。②

第四款　《盗犯等防止法》的特别规定

关于盗犯等的防止及处分的法律（昭和 5 年［1930 年］法律第 9 号，简称盗犯等防止法）第 1 条第 1 款，设置了关于正当防卫的特别规定。即，该款规定，在以下各种场合中，（1）“为了防止盗犯或者夺回盗赃时”，（2）在为了防止携带凶器或者翻越损坏门户墙壁或者撬锁而侵入他人住所或他人看守的宅邸、建筑物或船舶的侵入者之时，（3）在为了排斥无故侵入他人住宅或他人看守的宅邸、建筑物或船舶的侵入者，或者，为了排斥虽经要求仍不退出这些场所的进入者之时，为了排除针对自己或他人的生命、身体或贞操的现在的危险，杀伤犯人的，视为相当于刑法第 36 条第 1 款的防卫行为。

问题是，这一规定是将刑法第 36 条正当防卫的要件予以缓和了呢，还是只不过展示了其具体适用范围的注意规定呢？立法者似乎是采用了后者的见解（作为裁判例，有名古屋高判昭和 37 年［1962 年］12 月 4 日高刑集 15 卷 9 号 669 页），判例则指出“要成立正当防卫，并不只是该行为形式上要满足规定中的要件，作为排除现在危险的手段也必须具

① 判例虽然以防卫意思的同一性为标准，但从防卫意思不要说出发，就成了以作出防卫行为之意思的同一性为标准了。

② 虽然责任减少说能很好地说明这一场合成立防卫过当这一结论，但即使是其他见解，只要能肯定与侵害之间的关联，也可能说明这一结论。

有相当性”，在防卫目的限定在为了排除针对生命、身体、贞操的危险，而且，为了排除现在的危险而实施的杀伤行为还限定在第1条第1款的情形，同时，由于并未将“不得已而为之的行为”作为要件，则意味着此处的相当性，较之刑法第36条第1款中的作为针对侵害之防卫手段的相当性而言，要更为缓和（最决平成6年［1994年］6月30日刑集48卷4号21页）。

一方面，对于排除侵害来说，将明显不必要的杀伤行为正当化是不妥当的；另一方面，刑法第36条第1款的正当防卫的适用范围是比较限定的，而根据判例，在盗犯等防止法第1条第1款的场合，肯定稍许扩张地适用正当防卫的规定，就这一点来说，能够肯定上述判例的解释也是有意义的。可以理解为，盗犯等防止法的这一规定将根据刑法第36条本应属于防卫过当行为的一部分纳入正当防卫中，具有这样的意义；不过，这也产生了一个问题，即，使得正当防卫与防卫过当的界限变得更不明确了。

第四节　紧急避险

第一款　概　说

一、紧急避险的问题性

刑法第37条第1款正文所规定的紧急避险，实则规定的是作为违法性阻却的实质原理的法益衡量（**同等利益、优越利益的保护**）。但是，正当防卫作为违法性阻却事由是没有异议的，而与此不同，就如何理解紧急避险的法律性质来说，过去就有争论，并且此争论至今未停。之所以存在这样的争论是因为，为了从现在的危险导致的侵害中保全法益，能够允许将侵害转嫁给与所发生的危险毫无关系的其他人（因此将其理解为是适法的）吗？存在着这样的疑义。由此出发，有见解主张，不能仅通过“补充性”和“法益均衡”的要件，就允许肯定将由现在的危险所导致的侵害转嫁给无关第三人，对此要予以某种意义上的限制。以下，将其中主要的见解作为检讨的对象。

二、紧急避险的法律性质

（一）违法性阻却事由说

现在的通说将刑法第 37 条第 1 款正文所规定的紧急避险理解为**违法性阻却事由**（团藤 246 页，平野Ⅱ229 页，大塚 401 页，大谷 296 页，川端 384 页，西田 139 页以下，前田 284 页，高桥 299 页，木村 137 页，等等）。其理由包括，在刑法规定上也认可了为了保护无关的其他人的法益的紧急避险，“法益均衡”被认为是紧急避险的成立要件，等等。本书虽认为，有必要对此附加一定限制，但总体来说，这种观点基本上是妥当的。

（二）责任阻却事由说

以前，将紧急避险理解为**责任阻却事由**的见解也得以有力主张（泷川幸辰：《犯罪论序说 改订版》，有斐阁，1955，154 页以下，等等）。该见解认为，将侵害转嫁给无关的他人是不能被正当化的，也不能要求被转嫁者忍受这样的转嫁，因此，避险行为是违法的，只不过是阻却了责任而已。从而，对于紧急避险行为，被转嫁侵害的第三人可以通过正当防卫加以对抗。肯定了这一点可以说是本学说的意义所在。但是，就算是刑法第 37 条第 1 款正文中承认为了近亲属之外的其他人的紧急避险、并将“法益均衡”作为要件这些未必一定就是基于将紧急避险作为违法性阻却事由的见地所作的理解（参见松宫孝明：《关于日本刑法第 37 条的紧急避险规定》，立命馆法学 262 号，40 页以下），但在肯定了违法性之后从责任阻却的见地出发，难以说明为了无关系的其他人利益的紧急避险，而且，认为对于紧急避险行为通常可以通过正当防卫加以对抗，也是欠妥当的。

（三）二元说

也有见解并不是一元地说明紧急避险的法律性质，而是主张紧急避险由属于**违法性阻却事由**的场合和属于**责任阻却事由**的场合结合而成，这一见解也十分有力。

首先，存在着这样的见解，其承认责任阻却事由说的前述考虑的正确性，从而总体上立足于责任阻却事由说，但同时，在保全法益显著优越的场合则肯定其阻却违法性（森下忠：《紧急避险的研究》，有斐阁，1960，228页以下）。[①] 该见解承认存在着侵害的转嫁不得不正当化的场合这一点虽说是妥当的，但将其限定在保全的法益显著优越的场合恐怕是缺乏理由的。倒不如说，现在通说的理解是妥当的，即紧急避险是从法益冲突的状况之中保全同等利益、优越利益这样的见地出发而肯定了侵害的转嫁。此外，二元说共有的问题点是，在同一法律条文中，原本并未规定复数个不同的要件，却解释为规定了不同的犯罪阻却事由，这也可能是有疑问的。

其次，也有见解在立足于紧急避险是违法性阻却事由的同时，又认为只有在保全法益优越的场合违法性阻却才是妥当的，而在法益同价值的场合则属于责任阻却事由（佐伯205页以下，内藤（中）405页以下等。再有，请参见山中555页以下）。根据这种观点，在法益同价值的场合，会承认被认定违法的避险行为的相对方可以正当防卫，这倒不如说是试图认可相对方利益的优位性。可是，何以不同于责任阻却事由说，仅在法益同价值的场合才肯定相对方法益的优位性，这是有疑问的。而且，在从社会全体的见地来看时，既然"作为全体而言并无不利"，不认可作为犯罪成立要件的违法性恐怕也并非不可能。即便是在法益同价值的场合，既然是保全了与被侵害法益同等价值的其他法益，就不能说没有理由将侵害的转嫁予以正当化。

此外，还有见解在立足于紧急避险是违法性阻却事由的同时，又认为在成为衡量对象的法益是生命对生命或者身体对身体的场合，紧急避险则属于责任阻却事由（木村龟二：《刑法总论》，有斐阁，1959，270页；阿部纯二：《紧急避险》，基本讲座（3），90页以下）。这种见解的根据是，生命、身体是人格的根本的要素，是不能加以比较的，并且人

---

① 限于作为违法性阻却事由之紧急避险的要件的意义上，后述的"攻击性的紧急避险"论，会归结为与此处相同的结论。

格是自我的目的而不能用来作为手段，所以不允许对于生命、身体的侵害。但是，应该认为为回避重大的伤害是允许产生轻微伤害的，比如说，为了摆脱猛冲过来的汽车、保护自己的身体，瞬间撞倒了旁边的人而避免了被汽车撞到，这当然应该是允许的，看看这一点也就清楚了。从而，也就不能说连“身体对身体”也不应该成为衡量的对象。从而，即便认为“身体”的场合仅阻却责任，也有必要将其限定在相当于属于“人格的根本要素”的生命的场合（参见平野Ⅱ244 页）。

（四）违法性阻却事由说的界限

将紧急避险理解为**违法性阻却事由**的立场基本上是妥当的。在通过必要的法益侵害而保全法益的场合，只要满足了法益均衡的条件，由于就全体来说没有什么不利之处，故而能够肯定违法性的阻却。但是，**人的生命**以及**相当于生命的身体的重要部分**，这些本身只能作为自我目的来对待，而不能为与本人的意思无关的他人而牺牲。有学说指出，这样的思考方法与预防刑论和意图通过对人处刑来抑制犯罪的死刑制度是相矛盾的（西田 143 页）。但是，死刑制度也并不认可为了威吓、犯罪预防就可以对没有犯罪的人科处刑罚。针对被科处刑罚的犯罪者，能够肯定对其所实施的违法行为的非难可能性，由此而使得科刑正当化。所以，恐怕不能将犯罪者的处罚与欠缺非难可能性要素的紧急避险场合相提并论。从而，就应该认为，对于人的生命以及相当于生命的身体重要部分的侵害，无法通过紧急避险而阻却违法性。为了救助他人的生命，未经同意而摘取某人的器官用于移植的，即便这属于挽救生命的唯一手段，想必也无法像某些观点所主张的那样（西田 144 页），作为紧急避险而阻却违法性。在这一场合，不能适用刑法第 37 条的规定，不过是根据具体的情况，可能理解为**超法规地阻却责任**而已（参见山口·探究 95 页以下）。

第二款 紧急避险的成立要件

一、概述

紧急避险是“为了避免”“对于自己或者他人的生命、身体、自由或者财产的现在的危险”“不得已而实施的行为”，其在“所产生的侵害未超出试图避免的侵害之程度的场合”得以成立。与正当防卫相比，这些要件虽说在都具有紧急行为这一特征的限度内是类似的，但在很多重要的方面却不同，这些不同之处已经在正当防卫的部分作出了说明。对于这些紧急避险的成立条件，以下按照顺序加以探讨。

二、现在的危险

所谓“对于生命、身体、自由或者财产的**现在的危险**”，是指对于个人的生命、身体、自由或者财产的侵害的危险正处在紧迫的状态之中。在这里，面临侵害威胁的利益，必须能够肯定其要保护性和保护价值。就值得保护的利益来说，在其处在无从等待国家公权力机关的保护这样的紧急状况的场合，例外地允许将侵害转嫁给他人。就法条规定来看，正当防卫中的“侵害”的要求是“急迫”的，而紧急避险中的“危险”要求是“现在”的；但这种不同只是对应于“侵害”与并非侵害而不过是其危险状态的“危险”的差异而已，就都是指法益侵害的危险状态这一点来说，“急迫”和“现在”基本上是相同的。单纯比较“现在性”和“急迫性”（佐伯仁志132页以下，另外，参见西田145页）也是没有意义的。倒不如说，“危险”只是幅度性的概念，“现在的危险”比“急迫不法的侵害”有更为宽缓解释的余地（西田145页认为，紧急避险的成立要件比正当防卫更为严格。从紧急避险要求“补充性”等来看这么说是对的，但问题是，在“现在的危险”与“紧迫的非法侵害”的比较中，是否有可能存在前者更为严格的理由或者根据呢？这一点并不明确）。

正当防卫中的“急迫不法的侵害”是否要求行为性是个问题。与此不同，对于“现在的危险”来说，不要求行为性这一点是没有异议的，从而，就可以理解为其中也包含自然灾害等。比如说，由于暴雨导致水田积水、稻苗存在烂死的危险的场合（大判昭和8年［1933年］11月30日刑集12卷1260页），由于吊桥腐烂了而对于通行者的生命、身体存在危险的场合（最判昭和35年［1960年］2月4日刑集14卷1号61

页）（但是，否认了危险的迫切性），等等，都包含在内。

即使在“现在的危险”是行为的场合，也不需要其必须是违法的。从而，也就不意味着，在因适法行为导致侵害的危险很紧迫的场合，也无法通过紧急避险加以回避。但是，存在着这样的情况：在所引起的侵害被认为适法的场合，在对于该适法行为的关系的意义上，遭受侵害威胁的法益的要保护价值无法被认可，因而就不能说是“现在的危险”，也就不成立紧急避险。比如说，死刑犯想要避免被执行死刑而挽救自己的生命，于是对监狱官员实施了暴行，损坏了监狱设施而逃走，就不能通过紧急避险而阻却其违法性。这是因为，在限于死刑执行的限度内，死刑犯生命的保护价值不能被认可，从而也就不能说死刑执行是“现在的危险”。此外，急迫不法的侵害者，也不能通过紧急避险来对抗针对自己的正当防卫行为，这也是因为，相对于被侵害者的法益而言，由于侵害者的法益被评价为是劣位的，所以在防卫的必要范围内，其保护价值不被认可，结果就是，就可认为不存在“现在的危险”了。

此外，在“现在的危险”所指向的法益主体对于侵害予以了同意的场合，可以评价为法益失去了保护价值，从而不能肯定“现在的危险”，也就不是紧急避险了。有见解认为，紧急避险与法益主体的意思无关，甚至在有的场合也可能允许违反法益主体意思的紧急避险（比如，大塚404页，内藤（中）429页，大谷300页，等等），但这恐怕是不妥当的。不过，就人的生命来说，同意杀人和参与自杀是要受到处罚的（刑法第202条），不论其主体的意思如何都赋予其一定的保护，所以，即便对于生命侵害存在同意，仍有肯定成立紧急避险的余地。

“现在的危险”即便是出于违法行为的场合，在不是像正当防卫那样通过针对违法行为人本身加诸侵害而回避该违法行为，而是将侵害转嫁他人的场合，能否成立紧急避险是个问题。但是，从后述的补充性要件出发，首先应该寻求通过针对侵害者本人的正当防卫来保护法益，只有在不可能如此的场合，才能够对于无关系的第三人实施紧急避险。这是因为，在防卫必要限度内侵害者的法益的要保护性被否定，对侵害者的利益加以侵害，较之侵害第三人的法益来说，其侵害性更为轻微，所以就有必要先采用侵害侵害者利益这样的方法。为了回避因违法行为所致的现在的危险而实施的紧急避险中，特别地成为问题的是，被他人所胁迫而实施犯罪行为的场合（**出于胁迫的紧急避险**）。[①] 比如说，自己的孩子被诱拐了，诱拐犯人对自己说，“要是不想让孩子被杀的话，就从银行抢一亿日元来”，这时孩子的父亲没有办法只能去抢了银行的场合。在这一场合，有见解不愿意肯定由于受强制而实施的犯罪行为阻却违法性，如果肯定了其阻却违法性，则意味着犯罪行为的被害人不能通过正当防卫加以对抗，而仅能在紧急避险的限度内来对抗，从而主张此时否定或者限定地肯定成立紧急避险。但是，在具备了“补充性”等紧急避险的要件的场合，恐怕没有理由否定紧急避险的成立（参见山口・探究109页以下）。下级审的判决中，针对因受胁迫而杀人的案件，认可了针对身体自由的“现在的危险”，进而肯定了避险过当的成立（东京地判平成8年［1996年］6月26日判时1578号39页。此外，这一判决引人注目之处在于，其就杀人来说肯定了有成立紧急避险的余地。但是，如前所述，就杀人而言适用刑法第37条是有疑问的）。

此外，法律条文上所规定的“现在的危险”虽仅限于针对“自己或者他人的生命、身体、自由或者财产”，但几乎是将个人法益全部囊括其中了。名誉虽未被包含在法条规定中，但对“自由”作宽泛理解、将名誉包括在其中是可能的。而且，即便认为前述那些属于限定性列举，对于名誉等的侵害来说，也能通过超法规的违法阻却事由的观念肯定其阻却违法性（参见大谷297页以下）。这样来看，直截了当地认为法条中的“现在的危险”包括了全部对于个人法益的现在的危险，是简单明快的。在此，是否能认可为了公共利益的紧急避险也还是个问题，就此而言，恐怕应该和正当防卫的场合作同样的理解。

三、避险行为

紧急避险，必须是为了避免现在的危险的行为（**避险行为**）。避险

① 参见桥田久：《出于强制的行为的法律性质》，法学论丛131卷1号90页以下，4号91页以下。

行为属于为了回避现在的危险所导致的侵害而实施的法益侵害行为，如后所述，除了指向与现在的危险无关的第三人的场合（这称为**攻击的紧急避险**）之外，也包括指向现在的危险本身的场合（这称为**防御的紧急避险**）。不过，只在不属于不法的侵害或者是针对不具备能够施行正当防卫行为的紧迫性的侵害等场合，而不成立正当防卫的场合，防御的紧急避险才成为问题。

首先，问题在于，为了肯定属于避险行为，**避险的意思**是否是必要的？这和正当防卫中是否要求防卫的意思是同样的问题，可以说也应该同样地理解。从而，在正当防卫问题上采取防卫意思不要说的场合，于此也就会采取**避险意思不要说**。

问题是，要谓之为避险行为，是否以能认定避险效果为必要呢？在能认定具有避险效果的场合，如果满足了“补充性”以及“损害均衡”的要件，就成立紧急避险。但与正当防卫的情形一样，可以说，为了不使将紧急避险像正当防卫场合一样规定为违法性阻却事由的旨趣形同虚设，则在避险行为时，就有必要将有法益保全可能性的行为都一并允许。这是因为，在避险行为的阶段，如果对于避险行为能够通过正当防卫加以阻止的话，就失去了肯定为紧急避险的旨趣。另一方面，只可能成立属于违法行为的避险过当的行为，或者是出于避险过当的意思实施的有这种可能的行为，则应该从所允许的行为中排除，这和正当防卫的场合是同样的。

但是，以上这一点，仅仅限于对避险行为本身的评价、对于避险行为能否进行正当防卫这样的问题才是妥当的。为成立紧急避险，作为事后的评价，仍有必要满足“法益均衡”的要件。

四、不得已而实施的行为

紧急避险，必须是为了避免现在的危险，**“不得已而为之的行为”**。虽然和正当防卫使用了同样的“不得已而实施”的法条用语，其含义却是不同的，就紧急避险来说，意味着没有比所实施的避险行为侵害性更小的行为能够回避危险。紧急避险是在通过其他轻微方法不能避免危险的场合才被补充性地认可，在此意义上，这称为“**补充性**”的要件。之所以要求补充性要件是因为，要是能通过其他的侵害性更小的方法而避免危险的话，就全体而言能更好地求得法益的保全，那就应该采用这样的方法。这里体现了紧急避险的性质：是在为了保护一方的法益而不得不牺牲另一方的法益这种“法益冲突状态”之下所认定的违法性阻却事由。

例如，因吊桥已经腐朽，通行存在危险，（为了骗取政府的改造资金）行为人于是伪装出是因雪灾而造成桥梁断裂的假象，实际上是使用炸药炸毁了吊桥 。在这一案件中，由于具备寻求强化限制通行等其他的适当手段的余地，被认为是没有满足“补充性”的要件（前引最判昭和35年［1960年］2月4日。不过，判例还以对于通行者的危险并不紧迫为由，否定了其属于“现在的危险”）。此外，在为了将急救的病人送到医院，没有驾驶证而驾驶汽车的案件中，判决认为应该叫救护车出动，从而否定了具备“补充性”的要件（东京高判昭和46年［1971年］5月24日判タ267号382页）。与此相对，在驾驶汽车时，看到了对向车辆越过了道路中间线高速行驶，不得已向左打了方向盘，向左边偏了一米多，这才与对向车辆错开却因此与跟在自己车后面的摩托车相撞，致其驾驶者受伤，在这一案件中，判决认为满足了“补充性”的要件，从而肯定了紧急避险的成立（大阪高判昭和45年［1970年］5月1日高刑集23卷2号367页）。

由于与可能追求的其他手段的容易性等有关，补充性要件的判断可以说是个程度问题。因此，如后所述，超出了补充性要件的也可能理解为成立避险过当，但是，恐怕应该先将实质上实施有困难的手段排除在外，再来考虑是否符合补充性要件的问题。

此外，学说中也有见解主张，除了这样的“补充性”要件之外，还要求“能够认定其不属无理”这一意义上的“相当性”的要件（这称为**避险行为的相当性**）（参见佐伯207页以下）。该要件的旨趣未必明确，要而言之，在考虑到肯定其作为紧急避险而阻却违法并不适当的场合，则否定“相当性”的要件。这一要件是从社会相当性的观点出发，为了限定违法性阻却而发挥机能的（参见大谷301页）。但是，要求这样的要件的根据并不清楚。在使用了“不得已而为之的行为”这一相同用语的正当防卫中，其是“作为防卫手段的相当性”来理解的。但是，在紧急避险中，既然是将其作为“补充性”来理解的基础上，进而又试图要求“相当性”，那么可以说，就有必要明示为什么会导入这样特别的要件。不过，如果将其旨趣解释为内在于“补充性”之中的制约（参见佐伯仁志191页）的话，在该限度内是有可能理解的。但是，这样的内在的制约意味着，关于“法益冲突状态”即使以“社会的判定基准”为必要（参见松宫158页），只要没有具体地展示其内容、根据，结果就是，仅仅就是为了排除被认为不应当作为紧急避险的行为而设定的要件而已，并不具有其他更多的意义。这里需要做的是阐释具体理由：该案明明已经具备了其他要件，为何不能成立紧急避险？但令人忧虑的是，这里所谓“相当性”要件有可能演变为不用阐释理由而仅凭直观感觉就轻易否定紧急避险之成立的“护身符”。在我看来，“相当性”要件是存在上述问题的。

五、损害的均衡

（一）与正当防卫的差异

与正当防卫不同，在紧急避险的场合，仅仅是为了避免现在的危险不得已而实施行为时，还不能阻却违法性。作为这种不得已而为之的行为之结果，只有在“所产生的侵害未超出试图避免的侵害之程度的场合”才能作为紧急避险阻却违法性（这称为**“损害的均衡”**要件）。仅仅是行为时估计能满足“损害的均衡”要件的行为，在事后并未满足该要件时，不得作为紧急避险而阻却行为的违法性，否则就是违反法条用语的解释。就是说，在紧急避险中，要求事后的损害均衡。在正当防卫的场合，由于否定了针对不法侵害的退避义务，也就扩张了被允许的防卫行为的范围；与此不同，在不适用这一点的紧急避险的场合，作为其结果，就严格要求“损害的均衡”这一要件。

为了满足“损害的均衡”要件，保全的法益（所回避的法益侵害）

必须与侵害法益（所产生的法益侵害）是同等程度的，或者是保全法益超过了侵害法益。即便保全法益与侵害法益是同等程度的时候也成立紧急避险，这是刑法第37条的特色所在。

（二）法益衡量原理

紧急避险是将作为实质的违法性阻却原理的**“法益衡量”（同等利益、优越利益的保护）**予以规定的产物，这一点看看其将“损害的均衡”和“补充性”作为要件也就清楚了。“法益衡量”判断所进行的是保全法益与侵害法益之间的比较、衡量，但这种比较与衡量并非以一般的、抽象的法益的价值序列为基准，而归根结底必须是根据相应法益的具体保护价值来进行比较、衡量（有学者将前者那样的见解称为“法益衡量说”，而将后者的见解称为“利益衡量说”或“优越利益说”。参见内藤（中）311页以下）。这样，法益衡量的判断，就必须在比较保全法益的保护价值和侵害法益的保护价值（“损害的均衡”的要件），并考虑为了保护保全法益而去侵害相应侵害法益的必要性（“补充性”的要件）的情况下，实质地进行。此外，在进行价值的比较时存在着难题，这一点是不能否定的。在不同种类的法益之间，可以按照法益的价值序列进行判断，这是比较容易的；问题是在同种的法益之间，按照何种基准进行判断。比如说，在财产的场合，是按照市场价值进行判断吗？对于不具市场价值的东西又当如何？要考虑所有者的很强的“情感价值”吗？等等，问题很多。再者，具体案件的各种各样的要素，只能在法益衡量的框架之内考虑；将违法性实质地加以判断，和在相应场合要考虑全部的要素、情况，并非一回事。不能纳入上述法益衡量判断的框架之内的情况，属于不重要的事项，必须有意识地从违法性阻却判断的对象中予以排除。

另外，在侵害法益为人的生命的场合，存在难题。为保护人的生命而必须侵害他人生命的场合，从人的生命不能成为达到目的的手段这一观点出发，就会认为肯定其阻却违法是有问题的。虽然也有见解认可了对生命的量的比较，肯定了为了保护多数人的生命可以剥夺少数人的生命（参见佐伯仁志184页），但在对生命遭到剥夺的被害人逐一检讨的场合，还能否接受将上述行为评价为合法这样的结论，是留有疑问的。

此外，在同一法益主体内部“法益冲突”的场合，不能依照客观上的保护价值而进行“损害衡量”判断。其既然属于法益主体内部的问题，且价值的内部序列只能由法益主体才可能决定，故而，损害衡量的判断就必须按照符合**法益主体意思**的基准而进行。

由于已经讨论过了“补充性”的要件，以下，就侵害法益及保全法益的内容以及相应保护价值的判断问题进行讨论。

（三）侵害法益与侵害结果

在判断“损害的均衡”时，作为侵害法益、侵害结果（“产生的侵害”）而考虑的，必须局限于构成要件之内。这是因为，正是以发生了这样的“侵害”为根据而肯定了构成要件该当性，以此为前提，其违法性阻却方才成为问题。若是连构成要件之外的利益也予以考虑，据此否定了“损害的均衡”的要件进而否定违法性阻却，就如同一直以来所指出的那样，通过理当无法为处罚奠定基础的构成要件外的利益侵害而奠定了处罚的基础，从罪刑法定主义的观点来看，这是有问题的。也就是，这样的见解可以说是另外地肯定了通过构成要件该当性无法推定的违法性，由此而肯定了犯罪的成立。

但是，比如，像在为了保全A的价值100的财产，侵害了B和C各自价值60的财产的这样的场合，在实现了两个以上的构成要件该当事实的场合，能否将这复数的法益侵害合并起来作为行为的侵害法益予以考虑，是个问题。如果认为，违法性阻却的判断不是按照每个行为人而是应该按照每个构成要件该当性逐一进行，那么，即便在那样的场合，恐怕也会导致“损害的均衡”要件必须分别地单独加以判断，但这样的判断是有疑问的（参见佐伯仁志194页）。这是因为，在上述的例子之中，若是B和C是同一个人的话，明显地就不满足“损害的均衡”要件了。为此，在该场合下，基于对B的财产以及C的财产侵害的行为本身的违法性进行判断这一视角，就能够认可将两者的法益侵害合并计算。就算认可了这一点，也不会产生以没有被构成要件化的法益侵害为根据进行处罚这一问题。

此外，近年来，有见解主张，紧急避险应该区分为**“防御型紧急避险”**（针对形成“现在的危险”的危险源本身而实施的场合）和**“攻击型紧急避险”**（将侵害转嫁给无关第三人的场合），就前者而言，可以通过更为缓和的“损害的均衡”基准而肯定违法性的阻却，即在所产生的侵害大于所回避的侵害时也肯定违法性阻却（比如，吉田宣之：《违法性的本质与行为无价值》，成文堂，1992，102页以下；小田直树：《紧急避险与个人的自律》，刑法34卷3号，1页以下，等等）。上述见解如此主张的根据在于，由于属于危险源，则减少了侵害法益的保护价值。防御型紧急避险，是在不成立正当防卫的场合，也就是说，对于不属于“急迫不法的侵害”的危险源之对抗行为，其违法性阻却成为问题。具体来说，分为以下三种场合：（1）危险源不是行为的场合，（2）虽说有侵害的危险，但由于没有行为无价值，被认为不属于“不法侵害”的场合（在不承认结果无价值之独立意义的一元行为无价值论那里，这才是个问题；而若采承认结果无价值之独立意义的折中行为无价值论或者结果无价值论，则这一场合不会成为问题），（3）虽属“不法的侵害”，但无法肯定其紧迫性的场合。立足于将对物防卫作为正当防卫或者准正当防卫予以认可的结果无价值论立场，在（1）和（2）两种场合是能够肯定成立正当防卫或准正当防卫的。与此相对，在（3）的场合，比如说，某个餐厅位于远离村庄的游览地，餐厅的老板听到了客人说在餐厅关门之后就来袭扰这样的谈话，为了摆脱犯罪行为守卫餐厅，于是让客人喝了放了安眠药的啤酒的场合，为肯定违法阻却，则恐怕有必要通过紧急避险加以解决（另外，参见齐藤诚二：《正当防卫权的根据与展开》，261页以下）。这意味着，对紧急避险中的“现在的危险”的解释，较之正当防卫中的“急迫不法的侵害”，侵害的紧迫性可以更为缓和；也意味着，就是在与为了保全法益别无他法这一意义上的“补充性”要件的关系上，紧迫性的程度也为其所左右。此外，学说中，也有在此种场合肯定了正当防卫的可能性的（西田161页），不过，这样的话不但会导致对紧迫性判断过于宽缓，还会随着紧迫性的宽缓导致不需要再考虑“补充性”，这也是有疑问的。另外，也有见解认为该场合并非紧急避险，而是作为自救行为阻却违法性（佐伯仁志 133 页）。但是，自救行为是为了实现权利而被认可的类型，而这一场合并不属于此种类型。因此可以说，该见解不过是肯定了另外的、新的超法规违法阻却事由而已。并且，其要件还不得不以紧急避险为依据，在上述（3）这样的场合中，根据违法行为之预备行为的内在危险，虽能肯定侵害法益的保护价值减少了，不过，从"补充性"的观点出发，所允许的避险行为还是应该限定在相当有限的场合。

此外，在学说之中，有观点认为，在将"危险"转嫁给无关系的他人的"攻击型紧急避险"的场合，除了所侵害的法益之外，由于"危险"所转嫁的第三人的"自律性"也受到了侵害，就全体而言侵害法益变得更重，这也影响到"损害均衡"的判断，具体说来，保全法益只有相对于侵害法益而言相当优越的场合，才能肯定是满足了"损害的均衡"要件（亦请参见山中 568 页以下）。但是，所谓的"自律性"是侵害法益本身内在的东西，而非另外附加于侵害法益之上的其他因素。即便认为所谓的"自律性"是不同于侵害法益的另外的东西，但不仅难以通过能够比较的方式将其加以衡量，而且在这一场合，由于"自律性"的侵害是构成要件之外的法益侵害，也可认为其是不能为处罚奠定基础的。

（四）保全法益与回避结果

关于保全法益和所避免的结果，有以下几个问题需要讨论。

首先的问题是，能够考虑针对保全法益的"现在的危险"的程度吗？对此加以肯定虽是通常的见解（比如，参见内藤（中）421 页。德国刑法第 34 条明文规定了这一点），但这却是有疑问的。这是因为，所要衡量的，不是"法益侵害的危险"与"法益侵害"，而是所避免的"法益侵害"与所产生的"法益侵害"。可以说，危险的程度，应该限于在所避免的法益侵害的程度和范围之内才能予以考虑。另外，也可以认为，危险的程度在判断"补充性"之际也是有意义的。危险的程度应该在以上这样的框架之内予以考虑，像前面所述的那样，希望考虑多种多样的情形，这样的想法本身就是有问题的。

另外，如前所述，在保全法益的主体同意了侵害的场合，保全法益的保护价值不被认可，在“损害的均衡”要件之前，已然否定了“现在的危险”。再者，在保全法益的保护价值减少的场合，保护价值减少这一点在判断“损害的均衡”时是能够考虑的，问题在于，在何种场合，保护价值才是减少的。

在学说之中，有见解认为，在将侵害转嫁给无关的他人的“攻击型紧急避险”的场合，在对被转嫁者而言不存在现在的危险时，从“认命原则”出发，只有在保全法益显著优越时才肯定成立紧急避险（井田良：《围绕着紧急避险的本质》，宫泽古稀（2），283页）。该见解要想作为以“损害的均衡”为要件的紧急避险（刑法第37条第1款正文）的解释而成立，恐怕有必要理解为，由于“认命原则”而导致减少了保全法益的保护价值。但是，主张“认命原则”是妥当的，进而否定违法性阻却，这样理解多少有些牵强，也就是，如果是就紧急避险的法律性质采取责任阻却事由说，那另当别论，但如果从量上把握保护价值的减少，由此判断是否存在“损害均衡”，这种考虑就显得有些勉强。

六、自招危险

避险行为人本人导致了“现在的危险”并将该危险转嫁给他人的场合（这称为**自招危险**），能否作为紧急避险而阻却违法性，存在争论（关于学说，参见前引吉田宣之：《违法性的本质与行为无价值》，128页以下，山口厚：《关于自招危险》，香川古稀，199页以下）。就自招危险而言，判例承认存在不成立紧急避险的场合（大判大正13年［1924年］12月12日刑集3卷867页，东京高判昭和45年［1970年］11月26日东高刑时报21卷11号408页，等等）。

自招危险的事例，包括以下两种场合：（1）避险行为人A导致了针对自身的危险，并将其转嫁给他人B；（2）避险行为人导致了针对他人A的危险，并将其转嫁给了B。不管在以上何种场合中，都能够认为，在产生了现在的危险的阶段，是可能实施作为紧急避险的避险行为的，而且也没有对此予以否定的理由。特别是在第（2）种场合，这一点是不容置疑的。

因不法行为招致了现在的危险，作为紧急避险而不得不侵害法益的场合，能够将违法的招致危险的行为评价为实行行为，就可认为能够肯定相应法益侵害进而肯定相关犯罪的成立。即便不得已而实施的避险行为本身被评价为合法，也倒不如认为，这是肯定了以避险行为为媒介，实行行为的危险性现实化为结果了（这称为**“原因中的违法行为”**的法律构成）。从而，根据事前的招致“现在的危险”的行为阶段的责任（故意或者过失）内容，所成立的犯罪是限定性的。也就是说，在自招行为时对于法益侵害结果仅存过失时，即便避险行为本身是故意为之，也只成立过失犯。有见解因自招危险而否定成立紧急避险本身（西田148页等），但其存在疑问，即其不能通过此种事前的责任（故意或者过失）而对所成立的犯罪加以限定，就是说，根据这种见解，就会成立与引起法益侵害的行为时的故意或过失相对应的犯罪，其结果就是，即便是因过失而招致了危险的场合，也可能成立故意犯，这实质上是违反责任主义的。

七、业务上特别义务者的例外

刑法第37条第2款规定，“业务上存在特别义务的人”不适用同条第1款（紧急避险及避险过当）的规定。这是因为，有些人由于业务的性质而承担着处理危险的责任和义务，对他们来说，为了施行业务，就要求其忍受一定限度的危险。因此，可以理解为，这些人也能够适用与实施业务并不矛盾之限度内的紧急避险，在危险程度高到不能再期待他们加以忍受时，这些人也可能对此等危险进行紧急避险（此外，参见大谷302页，前田290页）。

第三款　避险过当

一、减免刑罚的根据

刑法第37条第1款的但书，承接同款主文规定，“超出了这一程度的行为”，虽不成立紧急避险，但通过裁量可以减轻或者免除刑罚。这一场合称为**避险过当**。

与防卫过当一样，避险过当情况下裁量地减免刑罚的根据，应该理解为**违法与责任减少**（违法性减少前提之下的责任减少），而且，作为避险过当来说，与防卫过当之处同理，不仅有**质的过当**场合，也包括**量的过当**场合（就带着酒气开车的量的过当事例而言肯定了成立避险过当的判决，有东京高判昭和57年［1982年］11月29日刑月14卷11-12号804页）。

二、成立要件

在逾越了“损害的均衡”要件的场合能够成立避险过当，这是很明确的；问题是，在超出了“补充性”要件的场合，是否也能成立避险过当。

在判决之中，既有判决认为，由于欠缺“补充性”则无肯定紧急避险的余地，从而也不成立避险过当，仅在逾越了“损害的均衡”的场合肯定避险过当的成立（东京高判昭和46年［1971年］5月24日判タ267号382页等。虽不甚明显，但最判昭和35年［1960年］2月4日刑集14卷1号61页也流露出类似的口吻）；也有判决在即便是超出了“补充性”要件的场合也肯定了避险过当的成立（前引东京高判昭和57年［1982年］11月29日，大阪简判昭和60年［1985年］12月11日判时1204号161页，堺简判昭和61年［1986年］8月27日判タ618号181页，等等）。

在学说之中，即便是逾越了“补充性”也仍然肯定成立避险过当的见解非常有力（大谷303页，浅田259页，西田152页，前田288页，等等。此外，参见佐伯仁志197页以下）。确实，若是“损害的均衡”以及“补充性”的要件都不满足的话，则完全不能阻却违法性；即便没有完全满足“补充性”，既然存在着维持了保全法益这样的效果，就可以肯定违法性的减少。在这一意义上，可以理解为，即便是超出了存在程度问题的“补充性”要件，也能够肯定避险过当的成立。

第五节　被害人的同意

第一款　概　说

一、法益性的欠缺

被害人的同意（承诺），是由于法益主体的有效同意而致法益失去其要保护性，由此犯罪的成立被否定的场合，是以“法益性的欠缺”为理由的违法性阻却事由。但是，已如前述，也可以认为，若是认为由于法益主体的有效的同意使法益失去了其要保护性的话，已然是法益侵害的存在本身不被认可，构成要件该当性也就被否定，这样被害人同意就成了**构成要件不该当事由**。在这个意义上，被害人的同意作为关系到属于构成要件要素的结果是否存在的问题，在构成要件论中予以讨论，也可以认为在理论上是更为适宜的（像这样在构成要件论中讨论被害人的同意，将其作为构成要件不该当事由的处理，可参见山中206页以下，前田75页，林160页）。

现实中，比如受到委托而为他人理发的场合，也可以认为，并不是该当于暴行罪（刑法第208条）的构成要件而阻却违法性，而是原本就不该当于该罪的构成要件。此外，在刑法第130条的侵入住宅罪中，虽然进入了他人的住宅，但在得到了居住权人同意的场合，也能解释为不该当构成要件。再有，得到物的所有人、占有人的同意，将该物的占有转移给自己的场合，也不能说是刑法第235条中的“窃取了他人所有的财物”。这些场合中，由于欠缺为了肯定构成要件该当性所要求的保护法益的侵害，所以能够否定构成要件该当性。与此相对，在学说之中，也有见解主张，根据犯罪的不同，也存在着因法益主体的同意而并不否认构成要件该当性而不过是阻却违法性的场合。根据该见解，比如说得到了患者的同意、作为医疗行为对其身体进行侵袭的场合，虽说能认定伤害罪（刑法第204条）的构成要件该当性，但是违法性会被阻却。可以说，这是依据为描述结果而使用的法条用语的日常理解来判断的，以能否说成是因存在同意而不存在结果为标准，试图将具备被害人同意的场合具体区分为不该当构成要件的场合和该当构成要件却阻却违法性的场合。某种事由是被定位于构成要件之中还是被定位于违法性之中，这样的处理，特别是有关故意和错误的处理，如果会导致实质差异的话，那么这个区分可谓具有重要意义。但既然否定犯罪成立的根据都是一样的（被害人同意），那么就其成立条件或有关故意和错误的不同处理就不能认为是妥当的。通说也肯定了这一点。从而，也就没有必要硬是区分为构成要件不该当的场合和该当构成要件而阻却违法性的场合。

要是彻底来看的话，以法益的保护价值被否定为根据的违法性阻却事由，将其作为构成要件不该当事由定位于构成要件该当性阶段也是可能的；但是从法益性的欠缺具有作为实质违法性的阻却原理的意义这一理解出发，本书想将被害人同意在违法性阻却事由这一项下加以讨论。

与上述理解相反，另有观点认为，即便存在被害人的有效同意，也不能仅此就否定成立犯罪，另外还要求基于同意所实施的行为属于“可为社会一般观念认可”的行为。按照这种立场（为行为无价值论及判例所采纳），被害人的同意就属于违法阻却事由；并且，被害人的同意虽然属于重要判断因素，但也只是被定位于与其他要素相并列，属于判断构成要件该当行为的违法性阻却的要素之一。关于出于诈骗保险金的目的、从共犯者那里得到了伤害的同意的案件，判例认为，“在被害人承诺了身体伤害的场合是否成立伤害罪，不单要看存在承诺这一事实，而且也应该结合取得上述承诺的动机、目的，身体伤害的手段、方法，损害的部位、程度等各种事情，一起来决定是否成立该犯罪。像本案那样，出于骗取保险金的目的，装作是由于过失导致了汽车事故，得到被害人的承诺之后故意地使其和自己所驾驶的汽车发生冲撞并致其受伤的场合，上述的承诺，属于为骗取保险金这一违法的目的所利用而得到的违法的承诺，认为依据这样的承诺并不阻却相应伤害行为的违法性是恰当的”（最决昭和55年［1980年］11月13日刑集34卷6号396页）。在这里，被害人的同意被定位为包含于判断违法性阻却之际所应该考虑的诸种要素之中，但若从否认对违法性阻却附加“社会观念上能够认可”这样的限定的结果无价值论立场出发，就能够认为因存在有效同意而应否定成立伤害罪。上述判例尽管是在再审这样的特殊场合下的判断，但其此处援用了另行处罚的诈骗罪的违法性来肯定伤害罪的成立，这一点是可能受到批判的。

二、有效的同意

为了肯定存在被害人同意时不成立犯罪，具备权限的法益主体的**有效同意**是必要的，而且，可认为这也就足够了。这是因为，通过存在有效同意本身，相应法益也就失去了要保护性或者保护价值。[①] 从而，与结果无价值论和行为无价值论的立场不同无关，只要考虑将存在法益侵害当作肯定违法性的必需条件，可以说就有必要采取这样的理解。如果改变观点，不采取上述理解的场合，那就成了由完全的结果无价值以外的要素来奠定违法性的基础了。

从行为无价值论的立场出发，这样的见解得以主张，即在违法性阻却的判断中，并没有将被害人同意的意义作上述的绝对化，而是将其作为关涉到违法性阻却的一个要素对其意义进行了相对化（比如，参见大塚 418 页以下），但结局是，其会导致仅依据行为无价值而肯定处罚，在我看来是不妥当的。如上所述，判例（前引最决昭和 55 年［1980 年］11 月 13 日）也展示了将被害人同意作为判断违法性阻却的一个要素而将其相对化的思考方法，这同样是有疑问的。

此外，从结果无价值论的立场出发，也有见解将所产生的法益侵害与因同意所实现的“个人自由”加以衡量，从而认可违法性阻却（这也可以说是试图通过“法益衡量”的原理来说明被害人同意问题。参见曾根威彦：《刑法中的正当化的理论》，成文堂，1980，149 页），但像这样，将与法益处分有关的“个人自由”从法益中剥离开来，把与“个人

---

① 此外，与被害人的同意相关联的“由于契约导致的正当化”问题，可参照佐伯仁志：《被害人的同意与契约》，西原古稀（1），385 页以下。这是指以一定条件为前提而作出的同意在一定范围内有约束力的场合。

自由”无关的，根据场合不同以还可能是与“个人自由”相对立的法益保护作为刑法的任务，这样的思考方法是有疑问的。在我看来，关于法益处分的“个人自由”，并非是与法益不同的东西，而是法益本身的构成要素，法益侵害和因法益处分而实现的“个人自由”，不能摆在一起加以衡量。

第二款　同意的有效要件

一、概述

由于存在法益主体的有效同意，相应法益就失去了要保护性或者保护价值，结果就是，犯罪的成立被否定。从而，是否存在有效同意就成了具有决定性的重要问题。以下，对于要想成立有效同意所要具备的要件加以检讨。

二、同意的主体

首先，也是当然的一点，针对侵害能够作出同意的，必须是相应的**法益主体**。由于是年幼者等原因，在法益主体欠缺意思能力等而致后述的同意能力被否定的场合，作为法益主体的替代，也可以由父母亲等代理人代行**同意**，但能够代理的同意的范围，应该根据代理权的范围、法益的种类（是身体、自由，还是财产等）、侵害的程度、对于本人的利益性的有无及其程度，以及法益主体的实质的能力程度等而加以确定。

此外，由于必须是法益主体能够同意的法益，实际上，仅就个人法益而言被害人的同意成为问题。换言之，针对社会法益、国家法益的被害人同意在论理上的可能性姑且不论，在实务上，其没有成为问题。

三、同意能力

要想作出有效的同意，必须具有同意能力。为了认定同意能力，有必要具有这样的精神能力，即只要能够理解成为同意对象的法益侵害的含义即可。虽说要求何种程度的精神能力恐怕必须根据法益侵害的种类、程度等作不同理解，但不满6岁的幼儿（大判昭和9年［1934年］

8月27日刑集13卷1086页［生命侵害的案件］)、欠缺意思能力的精神障碍者（最决昭和27年［1952年］2月21日刑集6卷2号275页［生命侵害的案件］)，无论如何是不能肯定其具有同意能力的。

四、同意的对象

同意的对象，是包含结果在内的**构成要件该当事实**。实质上，由于对于侵害的同意，能够认为相应法益失去了要保护性或保护价值，从而，为了认定有效同意，特别是对于**结果**有无同意具有决定性的意义。仅对于行为存在同意，尚不能肯定对于法益侵害具备了同意。从而，在对于结果发生欠缺同意的后述危险的接受的事例之中，虽能否定犯罪的成立，却无法通过“被害人同意”的理论加以说明。另外，依据被害人的同意，对于构成要件该当事实，就不能认定其具有为违法性奠定基础的法益侵害性，而这一点正属于被害人同意的意义之所在，因此，如上所述，严格意义上来讲，同意的对象就并不止于结果。在对侵害者予以特定或对侵害者加以限定后方才同意的场合下，侵害行为人也成为同意的对象，看看这一点也就明白了。

此外，为了认定同意，仅仅预见到法益侵害的发生这一点尚且不够。被害人眼看就要被犯人杀害，仅仅想到“要被杀”，不能说其对于自己被杀害是存在同意的，这一点是也很明确的。针对发生法益侵害而言，法益主体的**意思要素**是不可欠缺的。在学说之中，存在“容忍的甘心接受”的场合则肯定同意，这样的见解也得以有力地主张（比如，山中敬一：《过失犯中的被害人同意》，平场还历（上），344页）。

五、无效的同意

即便具有同意能力，但像被强制而同意的场合这样的，同意并非基于自由意思决定时，同意的有效性被否定。这一场合，即使表现上存在同意，也可以说此同意与法益主体的意思相反，并不存在真正的同意。在本来不受限制、也不该受限制的自由受到人为限制而致使他人同意的场合，由于可能客观地评价为此同意是因意思的压制而受到强制，并非自愿作出的，同意的有效性即被否定。在强要的场合，法益主体还尚且留有自由。这是因为，如果没剩下自由，同意本身就是不可能的。但是，该场合下之所以同意的有效性仍被否定，是根据对作出同意之过程的客观评价，可以理解为同意并非自由地作出（这样理解的意义，参见后文）。

在学说之中，有见解认为，在类似于紧急避险的状态下通过欺骗而得到同意的场合，比如，欺骗孩子的父亲或母亲说，为了救孩子的命就必须要做肾脏移植，得到该父亲或母亲的同意、摘出了其一个肾说是为了移植，但实际上并不是为了给孩子救命的场合，由于同意并不是自由作出的，同意的有效性被否定（参见林美月子：《基于错误的同意》，内藤古稀，21页以下；林干人：《基于错误的被害人的同意》，松尾古稀（上），233页以下。林干人教授在文章中，特别强调应该根据被害人的价值观来判断同意的有效与否。还有，请参见齐藤诚二：《基于欺骗的承诺》，吉川古稀，159页以下）。由于认识了紧急状态，就已然不能进行自由的意思决定了，所以同意被判定为无效的场合是可能存在的，我不是要否定这一点；但这种理解在一般情形下并非都是妥当的，即便是在紧急状态之下，仍然残留着自由的意思决定的余地。不然的话，即便是真的存在紧急状态的场合，也会导致同意的有效性被否定进而无法肯定违法性阻却，这是不妥当的。① 欺骗说存在紧急状态而取得同意的场合，通过展示客观上并不存在的紧急状态的威胁而得到了同意，属于是人为地限制了本来不受限制的自由而得到的同意，因此，这一场合就会和得到同意的过程是由于强要的场合同等评价。在这个意义上，欺骗说存在紧急状态而得到了同意的场合，根据对于取得这一同意之过程的评价，同意被认为是不自由的，其有效性也就被否定了（参见山口厚：《基于欺骗的“被害人”的同意》，田宫追悼（上），321页以下。还有，

① 上述为了给孩子移植肾脏、父亲（或母亲）同意摘出了自己的肾脏的事例中，在移植实际上是必要的场合，不能认为父亲（或母亲）的同意是无效的。那样的话，就摘出肾脏而言恐怕就不能肯定违法性阻却，这显然是不妥当的。

欺骗说存在紧急状态，作为法益之构成要素的法益处分自由被侵害，以此为理由，可以认定存在后述的“法益关系错误”，从而也可能否定存在有效的同意）。

六、同意的存在

同意，必须是在**结果发生时**存在，而且足矣。在学说之中，认为仅仅事前一般性地存在同意还不够（参见东京高判昭和58年［1983年］8月10日判时1104号147页）、必须在行为时存在同意，这样的见解也比较有力（比如，大谷256页）。但是，因为同意的存在会导致失去法益的要保护性或保护价值，故而严密地说来，就会以结果发生时为基准。这是因为，我们真正需要探讨的问题是，在已经造成的结果中，能否认定存在对于那种具有要保护性或者具有保护价值的利益的侵害。行为后，但在结果发生前，撤回了同意的场合，认识到了同意的行为人对侵害具有要保护性或保护价值的利益这一点没有认识，就不会肯定其故意。此外，在行为后，但在结果发生前，作出了同意的场合，就没有预见到同意的行为人而言，因为没有发生具有要保护性或保护价值的利益之侵害，故而不成立既遂，仅仅成立未遂犯而已。

再有，同意只要存在就可以了，其未必需要表示于外部（**意思方向说**。平野Ⅱ250页，内藤（中）594页，大谷256页，曾根126页，浅田208页，等等）。在学说之中，也有见解从行为无价值论的立场出发，要求行为人认识到存在被害人同意，并将这一认识作为主观的违法性阻却要素，为了担保行为人有这样的认识，就要求同意必须表示于外部（**意思表明说**。大塚420页等）。但是，要求将认识到同意这一单纯的事实认识作为主观的违法性阻却要素，这一前提本身可以说是有疑问的。在此，同样显示出了通过行为无价值的观点力图对违法性阻却加以限定的行为无价值论的特征。

七、有瑕疵的同意

同意的意思中不能存在瑕疵（缺陷）。也就是，**基于有瑕疵的意思**

所为的同意，不能认可其法律效果。作为瑕疵的原因，成为问题的是（1）因欺骗导致的错误，（2）因胁迫导致的意思的压制。对于这两种有瑕疵的同意，以下按顺序加以检讨。

（一）基于受骗所致的错误的同意

因受欺骗所导致的错误认识而作出同意的场合，也就是被欺骗而同意的场合，同意是有瑕疵的，问题是，此时能否否定同意的法律效果。首先，（1）在对所产生的结果的法益侵害性陷入错误的场合，由于对实际所产生的结果并不存在同意，很明显，就不能认可同意的效果。比如，同意对方用木制的轻球砸向脚面而实际上却是由铁制的重球砸向脚面的场合，对于重球导致的对脚的伤害并不存在同意。再者，（2）对于影响到法益的保护价值或影响到结果之法益侵害性的法律评价的事实陷入错误的场合，对于为法律所评价的实际产生结果的法益侵害性没有正确认识，与（1）同样，也不能认可同意的效果。比如，由于对方出示了假的搜查令状而让其进入了住宅的场合，尽管原本能够拒绝却陷入了不能拒绝的错误，欠缺关于“住宅权”之保护范围的正确认识，就不能肯定是有效的同意。被作为问题的是，（3）没有前两种错误，不过是对于同意的**动机**存在错误的场合。有这样的一个案件（伪装殉情事件），被告人利用女性被害人对自己的挚爱、相信自己会追随她而死这一点，本没有追随女方而死的意思却装作像是有这回事，从而使女方产生了误信，致其喝了毒药而死亡。对于这个案件，判例认为，在这一场合，由于“很明显是不符合本意的有重大瑕疵的意思”，故而认定同意是无效的（最判昭和33年［1958年］11月21日刑集12卷15号3519页）。对于“没有错误想必不会同意”的情形，判例立场是，以错误为理由而否定同意的效果，也就是，针对那些与同意处于条件关系的情况的错误属于“重大瑕疵”，因而同意归于无效。在学界，赞同判例立场的观点属于有力学说（大塚420页，大谷255页，井田324页，等等），但是反对判例的此种态度、认为在（3）的场合既然被害人明白“死这回事”就存在着有效的同意，这样的反对说也是从以前开始就有人主张的（平野Ⅱ256页等）。

最近的有力说认为，由于被欺骗而作出的同意，其仅在基于“**法益关系错误**”的场合属于无效（“法益关系错误”说。参见山中敬一：《被害人同意中的意思的欠缺》，关西大学法学论集33卷第3、4、5合刊号，271页以下；佐伯仁志：《关于被害人的错误》，神户法学年报1号，51页以下。再有，堀内184页，西田193页）。根据这一学说，比如说，骗对方说“我会给你钱的”而取得了殴打其头部的同意，但是在打了人之后却不给钱的案件之中，既然是在针对身体行使有形力这一暴行罪的法益侵害这一点上没有认识错误，那么虽说是“得不到钱的话就不会同意挨揍”，但也不成立暴行罪，充其量也不过是能否成立诈骗罪的问题而已。从而，不是欺骗说给钱而是其他理由的场合，则不成立犯罪。其根据在于：（1）既然对于相应的构成要件所规定的法益侵害具有认识、并且同意对于这样的法益予以侵害，那么成为侵害对象的法益就失去要保护性或保护价值，法益侵害不被认可从而犯罪的成立也就被否定；（2）让对方交钱，这原本是与该保护法益（人的身体）本身无关的事情，如果我们以存在针对这种事情的欺骗和错误为理由，而以该构成要件（暴行罪）予以处罚，其结果就是，要么是以该构成要件来保护有关“对于存在这种事情的利益”（比如接受金钱之支付的利益），该利益就会为相应的构成要件所保护，要么是将意思决定的自由本身直接当作相应该构成要件之下的保护对象（关于这样的论据妥当与否，参照后文）。

“法益关系错误说”的根据是，就法益侵害而言存在正确的认识、予以自由的同意的场合，在相应事态中则失去了法益侵害性，如上面所述这一点已经被很清楚地表明，这可以说是立足于了妥当的理解。从而，已如前述，（1）在对产生的法益侵害的内容没有正确认识的场合，比如，以为是木制轻球而同意其落在脚上，实际上是铁制重球而导致骨折的场合，就骨折这一点而言不存在同意，（2）对于相应法益的保护价值、要保护性欠缺正确认识的场合也是一样，对于实际上所产生的法益侵害的内容并不存在认识。后者（2）中特别成为问题的，是“与紧急状态有关的错误”的事例。比如说，在电话里被骗说自己所饲养的猛兽跑掉了、正在对人加诸危害而同意将之杀死的场合，又如装作是合法的搜查令状而显示假的令状，得到居住者的同意而进入住宅之中的场合，猛兽伤人或者合法搜查这些事情如果实际上存在的话，那么，即使不同意，在猛兽伤人的场合通过正当防卫（根据不同的见解，也许是紧急避险），在合法搜查的场合依据法令行为等也能对法益予以侵害。在这个限度内，法益主体处在不得不忍受法益侵害的立场上，在这样的场合，可以说相应法益无论如何在法律上是可能受侵害的，在此意义上也就失去了客观的保护价值。就这样的事情（猛兽伤人、合法搜查等）受到欺骗的法益主体对于所同意之事态的法益侵害性的内容陷入了错误，从而，能够理解为，其对于实际上所产生的法益侵害并不存在同意。因此，也就不能认可同意的效果。

学说上所主张的“法益关系错误说”的问题点在于，其对于有关法益处分自由的理解是有问题的。也就是，这一见解将法益处分的自由理解为不同于法益的东西，认为如果像判例和其他学说那样，在欠缺“法益关系错误”的场合也认可同意是无效的话，那么不是相应法益，而是“意思决定的自由”即法益处分的自由本身被相应构成要件保护了。但是，法益处分的自由是法益的构成要素，而不是全然不同于法益的另外的东西。从而，可以说，“法益关系错误”说对于判例等作的上述批判是否妥当是有疑问的。比如说，就财产而言，在有关财产交付的支付对价（日文“反对给付”）上受到欺骗的场合，本应交付却也成立诈骗罪，由此也可以明确看出，法益处分自由是作为财产法益的内容本身而受到保护的。在这个意义上，可以说根据“重大的瑕疵”而认为同意无效这一判例的立场也是有理由的。判例立场的问题点在于，将一切的法益处分自由都作为应该被保护的法益之构成要素而加以保护。在刑法之中，得到同意而杀人的仍要被处罚（刑法第202条），而即便是阻止了他人的自杀，不仅不成立刑法第223条的强要罪，反而甚至可能被称赞，由此可以明确看出，对于生命法益的处分自由不受保护。即便是仅在自杀的动机上存在错误的场合，判例也肯定了成立普通杀人罪（刑法第199条），由此就成了对于生命法益的处分自由也加以保护，可以理解为，在这一点上是过头了。

另外，即便同意是无效的，在像上述伪装殉情事件那样的案件中，通过欺骗取得对方同意而杀害对方的，能否肯定杀人罪的实行行为性，也还仍然是个问题。

（二）基于受胁迫而被压制的意思的同意

因受胁迫意思被压制，据此对于法益侵害予以同意的场合，即同意是出于强要所致的场合，由于可以认为同意违反了法益主体的真实意思，恐怕就是无效的。问题在于，在能够认定意思被压制到何种程度的场合，同意即成为无效；像这样取得同意而对法益予以侵害的行为，能否肯定其实行行为性。在出于使被害人自杀而取得保险金的目的、命令被害人从崖壁上连同汽车一起滚落到海中，而被害人并没有自杀意思的案件中，判例认为，行为人使被害人陷入了除了被命令的行为之外无从选择的精神状态，命令被害人作出了具有很高的现实危险性致其自身死亡的行为，从而肯定了杀人（未遂）罪的成立（最决平成 16 年［2004 年］1 月 20 日刑集 58 卷 1 号 1 页）。由于本案件中并不存在关于死亡的同意，所以完全是杀人罪的实行行为性的判断成为问题，在意思被压制到除了实施被强制的行为之外别无选择之程度的场合，则可肯定杀人罪的实行行为性；即使在产生了自杀意思的场合，上述判例也会站在意思无效的立场上。这是因为，对于没有认识到对方没有自杀意思的被告人，判例肯定了杀人罪之故意，该情形下即使有自杀意思，也不能否定杀人故意，也就是说，是将自杀意思无效作为前提来理解。

第三款 同意的效果

一、概述

由于法益主体作出了有效的同意，法益失去了要保护性或保护价值，犯罪的成立被否定。被害人同意在实务上成为问题的是个人法益，其中，就自由、名誉、财产而言，上述这一点径直就是妥当的；但就生命而言，并不能认可因同意而完全地阻却犯罪成立的效果。刑法第 202 条就得到同意的杀人肯定了犯罪的成立，仅仅是将同意作为**违法性减少**

事由而已。在此，从生命这一法益的无可替代的重要性出发，并不认可法益主体有处分生命的自由，而是意味着认可了可以违反法益主体当时之意思而对生命加以保护。① 在学说之中，也有见解认为，刑法第202条的规定是以“不自由的自杀意思”为前提的，“自杀意思”如果确实是自由的话，就应该阻却违法性（秋叶悦子：《关于自杀参与罪的考察》，上智法学论集32卷2、3号合刊，137页以下）。但像这样，推定刑法第202条是在不自由的同意、不自由的自杀意思之下的规定，这恐怕是有困难的。②

二、同意暴行与同意伤害

就“自由、名誉、财产”来说，无争议地认可了法益主体的自由的处分；而就“生命”来说，法益主体的处分自由受到了明文的限制。那么，在法益的价值序列之中，位于“生命”和“自由、名誉、财产”中间的“**身体**”，对此存在同意时效果如何，就是个问题。作为侵害身体法益的犯罪有暴行罪和伤害罪，从而，得到了对方同意的暴行、得到了对方同意的伤害（简称为**同意暴行、同意伤害**）是可罚的吗？在认为其可罚性能够肯定的场合，问题就是，其在什么样的要件之下是可罚的。由于实务上成为问题的多数场合是同意伤害③，眼下先就同意伤害的问题加以检讨。

（一）公序良俗违反说

这一见解是，得到了同意所施行的伤害**违反了公序良俗**（欠缺社会相当性）的场合，就同意伤害而言肯定伤害罪的成立（比如，大塚421

① 也有极少数见解认为，处罚的根据在于保护周围人的利益（林160页），但这否定了同意杀人罪作为杀人罪的特性，是不妥当的。

② 而且，如果认为存在真实的同意则同意杀人罪不可罚的话，那么刑法第202条在什么样的场合才能成立，这也会成为疑问。

③ 不过，关于同意暴行的违法性阻却成为问题的事例之判决中，既有大阪高判昭和29年（1954年）7月14日裁特1卷4号133页（肯定了违法性阻却），也有大阪高判昭和40年（1965年）6月7日下刑集7卷6号1166页（否定了违法性阻却）。两个案件都是，正在进行性行为的过程中，得到了对方的同意而勒对方的脖子，结果致其死亡的案件。案件的关键问题是，是暴行的违法性被阻却仅成立过失致死罪呢，还是违法性不被阻却而成立伤害致死罪。

页）。这是从行为无价值论出发的主张，而在裁判例之中，也存在着通过这样的理由肯定伤害罪成立的判决（有判决认为得到了暴力团成员同意的“断指谢罪”的行为违反了公序良俗，以此为理由肯定了伤害罪成立，参见仙台地石卷支判昭和 62 年［1987 年］2 月 18 日判时 1249 号 145 页）。像判例（参见关于出自诈骗保险金的目的所作出的同意伤害的判例，最决昭和 55 年［1980 年］11 月 13 日刑集 34 卷 6 号 396 页）那样，将被害人的同意作为违法性阻却判断的一个要素、使其意义相对化，在这样的思考方法之下，就会肯定各种各样的，就其自身而言并不会为处罚奠定基础的行为的不当性在否定违法性阻却方面发挥作用，也就是，肯定了成立犯罪。

何谓违反公序良俗是不明确的，即便这一点另当别论①，但将公序良俗违反性作为为处罚奠定基础的东西加以援引，想来也是有问题的。这是因为，这样的处理是将公序良俗违反这一与身体的利益不同的、构成要件之外的，而且，是与利益侵害不同的，反伦理性这一要素，以限定违法性阻却的形式用来奠定处罚的基础了。

（二）有生命危险的重大伤害说

这一见解认为，即便尚不至于得出同意伤害不可罚的结论，也要根据构成要件之内的客观情形来划定处罚的界限，并认为，就**对于生命有危险的伤害**（或者是**重大伤害**）而言，同意伤害是可罚的（平野Ⅱ254 页，大谷 254 页，堀内 181 页，西田 189 页，等等）。该见解认为，刑法肯定了对于生命的保护可以违反法益主体当时的意思，此处的这一见解可以说是与刑法的上述立场之间具备了整合性，由于同意伤害的未遂也是可罚的，所以即便是对于生命侵害的危险，刑法也对违反法益主体的当时的意思予以保护。而且，这一见解可以说是援用了伤害的危险性、重大性这一伤害罪的构成要件内的法益侵害性来奠定处罚的基础。

---

① 在得到同意用细绳勒被害人的脖子、勒得过猛致被害人窒息死亡的案件中，违反“善良的风俗”“社会的一般观念”的方法的暴行，虽有被害人的同意，但违法性阻却并未被认可。关于这一案件的前引大阪高判昭和 40 年（1965 年）6 月 7 日，实际上，是将处罚的根据求诸于并非是手、而是用细绳来勒脖子这一点对于生命的危险性。

就这一见解来说，问题在于：对于同意伤害，对同意的效果予以限定，即便是肯定了法益侵害性，由于法益主体其本身作出的是有效同意，仍旧不失去伤害罪的实行行为性吗？这是个问题。① 刑法第202条同意杀人罪在（1）就生命来说对同意的效果加以限制的同时，（2）将欠缺实行行为性（正犯性）的行为也作为处罚的对象，属于处罚同意杀人的特别的扩张处罚规定。否定同意伤害罪的实行行为性（正犯性）的立场认为，只要不存在像刑法第202条这样的扩张处罚规定，就不能肯定同意伤害的处罚。② 可是，即便存在着被害人对于伤害的同意，但就直接地、物理地引起了伤害的行为人来说，想来仍可以肯定伤害罪的实行行为性（正犯性）。③ 由此，有生命危险的重大的伤害说，其与认可了对于生命法益的处分自由加以限制的刑法立场之间具备整合性，这样的解释值得支持。

（三）不可罚说

在学说之中，尽管是少数说，就同意伤害而言还是存在着否定犯罪成立的见解（参见前田245页。还可参照浅田206页）。这是将个人主义的立场予以所谓彻底化的产物，其认为，既然就伤害来说，并没有像刑法第202条那样，作为例外规定了关于同意杀人的减轻类型，那么就应该返回到原则上来，完全地承认阻却犯罪成立这样的同意效果（此外，就暴行罪而言，有判决认为，既然存在着被害人同意，就没有成立暴行罪的余地。参见前引大阪高判昭和29年［1954年］7月14日）。

如上所述，在得到对方同意而将其伤害的场合，从不能肯定伤害罪

① 在法益主体的参与这一点上产生的疑问是，能否将自己伤害自己和对于伤害的同意看作是同等的东西。由于对自己伤害自己的参与显然是欠缺伤害罪的实行行为性（正犯性）的，故其属于不可罚。

② 尽管本书的第一版支持了这样的见解，但是从本书第二版开始，如同正文中所述，转而支持有生命危险的重大伤害说。

③ 就同意杀人（刑法第202条）而言，虽能够认定杀人罪的实行行为性（正犯性），但由于同意而导致杀人的违法性减少，故而可认为设置了对其予以处罚的特别规定。与法定刑下限更重的杀人罪所不同的是，在法定刑下限较轻的伤害罪的场合，没有设置这样的特别规定，也就会根据伤害罪的规定予以处罚。

的实行行为性的立场出发，就会采用同意伤害不可罚说。可是，亦如前述，由于此种关于实行行为性（正犯性）的理解还有疑问，不可罚说的见解就成了将其论据求诸于形式上的理由，即在同意伤害场合不存在像刑法第202条这样的特别处罚规定。这虽也是能自圆其说的见解，但可以说还是让人感觉到，其结论下得有点过于简单了。

第四款 治疗行为与同意

阻却治疗行为违法性的核心根据，是**患者的同意**（参见町野朔：《患者的自己决定权与法》，东京大学出版会，1986）。即便是就有生命危险的重大伤害肯定了同意伤害之可罚性的见解，对于治疗行为也肯定了其违法性阻却。其根据在于，治疗行为是增进患者整体上的身体利益，改善其健康状态的，在这一点上，与被害人同意的典型事例是不同的，后者是将纯然的法益侵害行为予以正当化的。

治疗行为，通常不能根据紧急避险予以正当化。不过，如果所实施的治疗行为与明示的自杀意思相反，在这一例外的情况下，作为违法性阻却事由，就产生了援用紧急避险的可能性。将治疗行为作为紧急避险予以正当化的问题在于，由于保全法益与侵害法益两者都是患者的法益，就不能无视本人的意思，而去认可维护“客观上的优越利益”。在这里，能够肯定“患者的自我决定权”的意义。

在医疗的现场，虽说由医师对患者进行充分说明对于充实“患者的自我决定权”来说是最为理想的；但若详细说明恐怕会带来患者当时病情的恶化等，从而未必是所期望的场合，就客观地改善患者健康的治疗行为而言，想来可以允许比较缓和地援用“推定的同意”这一理论，该理论以这样一个判断为前提，即患者如果知道真相的话恐怕也会同意。也就是，就治疗行为而言，与一般的被害人同意的场合不同，是通过医学的适应性、医术的正当性来担保治疗行为的客观的利益增进性，因此，能够较为容易地援用“推定的同意”而认可违法性阻却。

第五款　生命侵害与同意

一、概述

生命侵害，即便是在得到本人同意的场合下所施行的，仍旧是违法的，并成为处罚的对象（刑法第202条）。但是，处在临近生命末期的状况之下，基于本人的意思，为了避免痛苦或者是避免“违反作为人之尊严的情况”这样的本人利益，对于甚而导致生命侵害的行为能否作为例外加以允许，这一直以来都被认为是个问题。前者是“安乐死”的问题，后者则是“尊严死”的问题。以下，按顺序加以检讨。

二、安乐死

所谓**安乐死**，是指为了将死期迫近、承受着剧烈肉体痛苦①的患者从这一痛苦中解放出来，基于患者的意思而结束其生命。就这样的一种同意杀人来说，问题是，其能否例外地阻却行为的违法性呢？此外，以没有其他行为的期待可能性为由而肯定责任阻却，虽说也并不意味着就排除了这种可能性，不过，认可实施安乐死的人处于那样的极限状况，这应该是局限于极其例外的场合。

在安乐死中，成为问题的有三种情形：（1）间接地解除和缓和患者的痛苦并使死期提前若干时日的场合，这称为**间接安乐死**；（2）为了将患者从痛苦之中解救出来，而直截了当地结束其生命的场合，这称为**直接安乐死**；再者就是，（3）停止毫无用处的、不过是徒增痛苦的延命措施，这称为消极安乐死。②

可以说，普遍认为，一般是允许“间接安乐死”的。对于死期迫近

---

① 精神痛苦的界限并不明确，因而存在着滥用的危险，而且对于精神痛苦也有可能通过其他方法予以应对。因此在日本，一般认为，其作为安乐死的要件是不充分的。

② 虽然这也是“终止治疗”的场合，若属于纯正不作为的话，恐怕可当作继续无益治疗的义务问题加以解决。但是，拔出气管内插入的导管等，就不能说单单是不作为，此时行为的容许性也会在实务上成为问题，在此限度内，就会产生和“直接安乐死”类似的状况、问题。

的患者，考虑到不能强迫其忍受痛苦，患者本人也允许了对于消除痛苦和维持生命的利益进行比较衡量，在优先考虑消除痛苦这一利益的场合，其在法律上也是必须要承认的。只不过，如何确认患者的意思可能会成为问题，在这一场合，也允许援用患者的“推定的意思”。

在以前成为问题的是，能否允许“直接安乐死”（积极的安乐死）。日本的裁判例，作为一般论，虽说肯定了存在允许直接安乐死的余地，但是其要件却相当严格，而在具体的案件之中则没有哪个肯定了允许直接安乐死。曾经有一个判决因展示了被允许的安乐死之要件而广受关注，这就是名古屋高判昭和 37 年（1962 年）12 月 22 日高刑集 15 卷 9 号 674 页。这一判决提出只有满足了以下条件时，安乐死才是被允许的：（1）从现代医学的知识和技术来看，病人患上了不治之症，而且死期迫近；（2）病人承受着他人目不忍睹的剧烈痛苦；（3）专为缓和病人的死亡痛苦而为之；（4）在病人的意识仍然明确、能够表明意思的场合，存在其本人的真挚的嘱托或承诺；（5）由医师负责实施是原则，在无法由医师实施的场合，存在足以首肯不需要由医师实施的特别的事情；（6）在伦理上看，此方法也是妥当的、能够容忍的。但是，满足第（5）点的情形，一般是很难想见的；不仅如此，由于第（6）点的内容并不明确，除了“间接安乐死”之外，其他还有何种情形能满足此要件，一直以来都是疑问。

与此相对，东海大学安乐死事件判决（横滨地判平成 7 年［1995 年］3 月 28 日判时 1530 号 28 页）就被允许的安乐死的要件，指明了以下几点：（1）患者正在承受着难以忍受的肉体痛苦；（2）患者难免一死且死期迫近；（3）患者的意思表示是必要的：就间接安乐死而言，存在患者的推定意思就够了；而在积极安乐死（直接安乐死）的场合，则必须是明示的意思表示。此外，该判决认为，就消极安乐死来说，终止治疗行为被正当化的要件包括：患者患上了不治之症，没有康复的希望，处在不能免死的末期状态，在治疗行为终止的时点存在请求终止的患者的意思表示（推定的意思亦可）。

对于直接安乐死，很多人都持否定态度，但由于间接安乐死和直接安乐死的构造在论理上并没有什么不同，所以，在极为例外的场合，存在着允许直接安乐死的可能性，这一点在论理上是不能否认的。但是，在直接安乐死的场合中会成为问题的是，某些行为与患者的死亡存在关联的状况，因此，姑且不说患者有明确意思且其判断能力被充分认可的场合，若是假定以并非如此的情况为前提来考虑的话，则可以说，如何确认患者的意思就是极其困难的问题。在拔出气管内的导管、药物使用的容许性成为问题的案件（川崎协同医院事件）中，有主张认为，在患者家人强烈要求的基础上拔出气管内导管是法律上所允许的终止治疗，但判例指出，患者处于昏睡状态之下，无法对其恢复可能性或余生进行准确的判断，患者家人虽提出了终止治疗的要求，但不能说该要求是在被传达了关于患者症状的适当情报后所作出的，从而，拔管行为就不能说是以患者的推定意思为基础，也就并非是法律上所容许的终止治疗（最决平成21年［2009年］12月7日刑集63卷11号1899页）。

三、尊严死

所谓**尊严死**（或者称为自然死），是指对于没有康复的希望、死期迫近的患者停止施用没用的、过剩的延长生命的措施，使之迎来自然的死亡。在此，可以说，其和上述的消极安乐死以及被允许的终止治疗存在着同样的问题。

第六款　推定的同意

一、概述

在学说中，一般认为，即便是现实中并不存在被害人的同意，但是与被害人“推定的意思”相符合的法益侵害行为，也能阻却其违法性。这称为“**推定的同意**”，被认为是与被害人同意不同的、独立的违法性阻却事由。[1]

---

① 即便是从以被害人同意而否定构成要件该当性的见解出发，也可将推定的同意理解为违法性阻却事由（参见山中614页以下）。

推定的同意成为问题的情形，以未能在事前取得法益主体的同意为前提，可以分为以下两种类型：(1) 比如说，为了阻止从水龙头向外漏水，尽管邻居不在家，仍进入其家中的场合［水龙头事例］；为了旅途之中的收信人的利益，采取必要措施后拆开了信件的场合［信件拆封事例］；为了救助丧失意识的患者的性命而进行紧急手术的场合［无意识患者救命事例］等，属于是为了法律主体的利益而实施行为的场合；(2) 比如，在朋友一时不在的时候，抽了他一根烟的场合［香烟事例］等，属于是为了行为人或者第三人的利益而实施行为的场合。

在学说中，多数的见解都肯定了以上 (1) (2) 两种类型都可以适用推定同意的法理，不过也有见解认为，只有在类型 (1) 的场合才能适用这一理论（参见川原广美：《试论推定的同意》，刑法第 25 卷 1 号，99 页；吉田宣之：《违法性的本质与行为无价值》，277 页）。像这样限于第 (1) 种情形的场合，也可以考虑作为紧急避险的问题来进行解释。然而，在这种属于同一法益主体内部的法益冲突的场合，即便就针对生命的侵害或者有可能给生命造成重大危险的伤害，也存在另行解释的余地（参见平野Ⅱ255 页），但由于法益衡量必须遵循法益主体的意思来进行，因而问题最终还是归结于，所谓法益主体的意思究竟是什么？并且，在法益主体的意思并未实际显示出来的本案中，固有的问题仍然存在。为此，即便打算作为紧急避险来处理，但何谓“推定的同意”这一固有问题，并非由此得到了解决。

二、意思的推定

可以这样理解，法益主体虽然没有现实地认识到相应事态，但如果认识到了的话大概也会加以同意，在这样的场合，就能够肯定推定的同意（比如，平野Ⅱ255 页以下）。与被害人“**推定的意思**”相符合的场合，能肯定“推定的同意”，而必须是与被害人现实的意思相符合的场合，才肯定“被害人同意”，这是二者的区别，不过也可以说，推定的同意位于被害人同意的延长线上。但是，即便事后知道了相应法益侵害行为违反了法益主体的意思，也仍然认为此时阻却违法性（例如，大谷259页），并且，这一点也正是推定的同意所具有的独立性意义。

像这样，存在推定的同意的场合，即便违反法益主体的现实意思时也认为阻却违法性，其根据究竟何在？这恐怕是一个问题。这是因为，与被害人同意的场合不同，在推定同意的场合，法益的要保护性或保护价值并未因法益主体的意思而丧失。在此，近年来的有力说试图通过援用**“被允许的危险”**的法理，来说明违反被害人现实意思的推定同意阻却违法性的理由所在。也即，法益侵害行为符合法益主体的意思的事前的、高度的客观盖然性，这是违法性阻却的根据，因此就允许冒着也可能会违反法益主体意思的危险（参见齐藤诚二：《围绕着“推定的承诺”的法理》，警研49卷11号，15页以下，内藤（中）619页以下，铃木59页，町野朔：《患者的自我决定权与法》，200页以下，斋藤167页，等等）。

但是，可以说，援用“被允许的危险”的上述见解，存在疑问。这是因为，该见解是从“符合法益主体的意思”（被害人同意）这一违法性阻却事由出发，导引出了“存在符合法益主体意思的事前的盖然性”这一另外的违法性阻却事由，无非就是将存在违法性阻却事由的事前的盖然性本身作为单独的违法性阻却事由而已。这样的思考方法，不限于被害人同意，恐怕能援用于一切的违法性阻却事由。但是，这会产生以下这样的疑问。例如，按照这种逻辑，从正当防卫之中，就完全有可能推导出另外的违法性阻却事由，也就是，对于那种存在有可能属于正当防卫的事前盖然性的情形（“推定的正当防卫”），也认定为违法性阻却事由。这样的结果就是，认可了对违法性阻却事由的要件诉诸行为时的事前的可能性判断，那么法律规定正当防卫、紧急避险这些违法阻却事由的成立要件的旨趣也就落空了。在这个意义上，一般性地肯定被害人推定的同意这一违法性阻却事由，恐怕是有问题的。

就与法益主体的意思相关的行为人的“判断的错误”而言，一直以来的见解是通过肯定违法性阻却，也就是，认为不能为了法益主体的利益而进行正当防卫，使得法益主体承担了其不利后果，但这本身是不妥当的（亦请参见西田181页）。既然行为人不是基于现实的被害人意思而行动的，则如此“判断的错误”的风险，就应该由行为人一方来承担。从而，(1) 最终结果是并未肯定“判断的错误”，法益侵害行为不违反本人的事后意思的场合；(2) 在不能确认本人意思的紧急状况中，对本人来说明确具有类型性的利益，比如治疗行为等有限的行为。只有在上述两个场合中，才应该通过援用推定同意来有限地肯定违法性阻却。

三、假定的同意

虽然没有法益主体对侵害的同意，但如果认识到侵害的话就会同意，这一场合就是**假定的同意**（参见山口厚：《客观归属和违法性阻却》，立石古稀，73页以下。另外，古川伸彦：《医学上侵袭行为的正当化和“假定的同意”论》，山口献呈，37页以下）。假定的同意虽然和推定的同意较为相似，虽然不要求处于无法事先确认法益主体的意思的状况之下，而是在事后与法益主体的意思相一致的场合，在这一点上，与一般理解下的推定的同意是不同的。比如，医生对病人进行外科手术等医学上的侵袭之际，由于没有进行充分的说明而导致患者的同意无效，不过，即便医生进行了法律上要求、期待的充分说明，患者也同样会同意该侵袭的，在这一事例中，假定的同意就成为问题。

在被认为是假定的同意事例的场合，如果设置不能确认法益主体意思这一条件的话，就可能将其作为已述的推定的同意而认可其正当化。如果我们不是采取这种做法，而是不要求事先确认法益主体的意思，完全考虑的是，是否符合法益主体的事后的意思这一问题，那么就会承认，作为法益主体表示同意的前提而具有相应意义的事实，就并非认定同意有效的必要条件。可以认为，假定的同意的思考方式存在这样的疑问，因此，只有在不能确认法益主体事前的意思这一状况下，才应当肯定假定的同意的正当化。结果就是，在该场合中，假定的同意和限定理解下的推定同意有着相同的意义。

第七款　危险的接受

一、问题之所在

如前所述，被害人同意的对象之中，至少必须要包含构成要件结果。与此相对，在行为人基于被害人的意思对其实施了危险的行为时，却违反了被害人（法益主体）的意思而招致结果的场合，就该结果来说，并不存在被害人的同意。这被称为**危险的接受**的事例，因为没有对被招致的结果的同意，也就不存在被害人同意，在此前提之下，有必要对其法律评价加以检讨。由于正是不能通过被害人同意加以解决，才产生这一问题，所以，所谓“在同意的延长线上，参照被害人同意加以解决”（参见西田190页，林174页），其实并没有解决问题。仅仅和存在同意的场合相似，并不能将其和存在被害人同意的场合作同样的对待，即不能直接就否定犯罪的成立。可以说，要追问的是，得出此时犯罪可能不成立的根据何在。

虽说前述的问题领域和被害人同意的问题本身并非一回事，不过，为了方便，本书在和同意相关联的意义上，在此处加以讨论。

二、解决的视角

在裁判例之中，有这样一个案件：被告人在计时赛（Dirt Trial）赛车场练车时，因为操作失误而使得自己所驾驶的赛车失去控制，撞倒路边的护栏后翻车，造成同乘的赛车练习指导员死亡。对此，判决认为，就被害人因为他人驾驶的失误而招致死伤的结果来说，除了驾驶者由于重大的过错导致上述结果的场合之外，就属于自己对危险的接受。所以，本案事故中所导致的死亡结果，应该说是属于同乘被害人所接受的危险的现实化的情形，而且本案件中，让被害人同乘的本案驾驶行为也不属于欠缺社会相当性的行为，从而肯定了违法性的阻却（千叶地判平成7年［1995年］12月13日判时1565号144页）。

在能够认定为危险的接受的场合，也就是基于被害人意思而允许了危险行为的施行本身。因此，既然在认识到危险的同时一度允许了该行为，则即便由于危险行为的施行导致发生了行为人不能避免的结果，就所引起的结果也不能追究行为人的责任。这是因为，那属于行为人无能为力的事态，若就此结果追究责任，就会与允许行为的施行之间发生矛盾。也就是，就危险的接受的事例来说，以允许了实施基于被害人意思[①]的危险的行为这一点为前提，不能因为发生了客观上或者主观上无法避免的结果而去追究行为人的刑事责任，从而也就否定了犯罪的成立。最终的结果就是，不去实施危险行为这一义务，不能认定为是属于过失犯之成立要件的结果避免义务，从而也就否定成立过失犯。因此，就能认定另外存在“不实施危险行为”这种义务之外的结果避免义务，且能肯定违反了该义务的，也就是，在实施危险行为的过程之中，原本有避免结果之可能的场合，就能够认定成立过失犯。

第六节　实质的违法性阻却

第一款　超法规的违法性阻却

一、概述

从现在的学说所共有的实质违法性的理解出发，即便是在不存在明文的违法性阻却事由的场合，也能够通过适用与阻却违法性相关的实质的原理而肯定违法性阻却。这样的欠缺明文的、未被书写于法律之中的违法性阻却事由，称为**超法规的违法性阻却事由**，就连判例也没有否定这样的理解（参见关于久留米车站事件的最大判昭和 48 年［1973 年］4 月 25 日刑集 27 卷 3 号 418 页。在这一判决中，援用了**“法秩序全体的见地”**这一视角）。[②]

---

① 被害人必须对危险具有准确的认识。即便是认识到了存在某种危险，但对现实中存在的更为重大的危险欠缺认识的场合，不能认为属于危险的接受。

② 如前所述，在将被害人同意理解为违法性阻却事由的场合，其也属于超法规的违法性阻却事由。

二、判断基准

超法规的违法性阻却的判断基准，也就是违法性阻却的实质原理本身，其理解大致上可以分为三种见解。

第1种见解为结果无价值论所采用，认为超法规的违法性阻却的判断基准是**法益衡量**。即使从对判断过程予以明确展示这一点来说，也可以说这一判断基准是妥当的。不过，由于能够认为法益衡量的基准已经在刑法第37条紧急避险中规定了，所以，要肯定与紧急避险不同的超法规的违法性阻却事由，有必要采用后述的“可罚的违法性”的理解，可以认为，法益衡量的基准只有与“可罚的违法性”的想法相结合，方才能够认可其独立的意义。

第2种学说是以“**社会相当性**”为基准的。这并非是将是否属于社会上一般所为之行为作为判断基准，而是以是否是社会已经不能忍受、是否按照社会伦理属于值得非难的行为（社会伦理违反）作为判断的基准。这是行为无价值论所主张的思考方法，不过，不但何谓“社会相当”是不明确的，而且这一基准本身的妥当性也有疑问。所谓的欠缺社会相当性，虽说意味着值得社会的非难这一点，其实恐怕不过是“太不像话”“实难容忍”这类伦理感情的流露而已。再者，这一学说也会有这样的问题，即其是通过原本不能奠定处罚之基础的社会伦理违反性来奠定处罚的基础。

第3种学说称为**目的说**，以相应的构成要件该当行为是否属于“**为了正当目的的相当的手段**”为基准。这属于着眼于判断之形式的见解，判例也采用了此种见解。关于外务省泄密事件，判例（最决昭和53年［1978年］5月31日刑集32卷3号457页）认为，在判断违法性阻却时，就报道机关的采访活动而言，由于其是基于报道的目的而为的（正当的目的），问题在于按照全体法秩序的精神，其是否是相当的、能够为社会观念所认可的（相当的手段）。不过，就其实质而言，该见解可以归结为第1说（结果无价值论）或者第2说（行为无价值论）。即，如果将目的的价值与手段的侵害性加以比较衡量的话就归为第1种学说，而如果通过社会伦理观念独立评价手段行为的场合，就成了第2种学说。判例虽说是在目的和手段之间也作了某种法益衡量，不过又认为，不管目的如何正当，为了阻却违法性，此外，手段都有必要是“能够为社会观念所认可”的，在从“社会观念”的见地出发对于法益衡量加以限定的意义上来理解，可以说判例采用了后者（第2说）的判断路径。虽说如此，但重要的一点是，判例并没有直接地仅依据“社会相当性”的基准来判断违法性阻却。

此外，在目的说中，与目的相独立而判断手段的相当性的场合，可能会产生以下疑问。即，在判断为达到正当目的的手段是否具有相当性的场合，由于该手段本身符合构成要件，试图就是否阻却违法性进行判断，因此，将手段本身作为独立的判断对象，根据该手段是否被允许来判断是否阻却违法性，就完全没有什么意义。也就是说，由于手段该当了构成要件，因而才有必要判断违法性阻却；如果由于手段该当了构成要件就否定违法性阻却，这就恐怕会带来这样的后果：即违法性阻却在论理上必然地、经常地被否定。在此，可以说不过是存在着这样的没有意义的判断而已，即由于具备构成要件该当性就不能认可违法性阻却。为避免这样没有意义的判断，目的说就会将用于狭义的、属于手段的构成要件该当行为的前阶段行为作为问题，对其的评价左右着对违法性阻却的判断。以对于欠缺构成要件该当性的“构成要件该当行为之前阶段的行为”的否定评价为根据，进而肯定处罚，如前所述，这从罪刑法定主义的见地出发，是有疑问的。在外务省泄密事件的最高裁判所决定（前引最决昭和53年［1978年］5月31日）中，新闻记者和女事务官保持着肉体关系，在利用了该女之后存在着无所顾忌的对“人格尊严的显著的蹂躏”，就是以此为根据，而肯定了成立违反国家公务员法的犯罪的。

第二款　“可罚的违法性”论

一、概述

作为犯罪成立要件的违法性，是对于法益侵害行为或者是引起了法益侵害危险的行为的评价，其必须具备足以奠定处罚基础程度的当罚性。**构成要件**已经是将这样的**当罚的违法行为**予以**类型化**了，故而一种行为称不上是当罚的违法行为时也就并不该当于构成要件。在**违法性**的阶段也是一样，若是失去了**具备当罚性的违法性**的话，则违法性被阻却。在这个意义上，作为犯罪成立要件的违法性就必须是**“可罚的违法性”**。“可罚的违法性”论体现了上述刑法上违法性概念的独特性，也可以说，这一理论是有益于对违法性的实质含义加以明确化的。①

作为犯罪之成立条件的违法性，必须具备足以奠定相应犯罪的处罚基础的**“质”**和**“量”**。

二、违法性的一元性与多元性

该当了构成要件的行为在刑法之外的法领域中被评价为违法的场合，在刑法之中，其违法性还会被阻却吗？这一直是个问题。具体比如说，劳动争议行为（罢工、工潮等）因违反了劳动法而受到禁止，那么在施行劳动争议之际所作出的该当构成要件的行为，还能够阻却违法性吗？这是有争议的。作为犯罪成立要件的违法性，要具备足以为相应犯罪的处罚奠定基础的“质”与“量”，从这样的立场出发，可以肯定在其他法领域被评价为违法的行为仍可能阻却刑法上的违法，不过，判例和学说却展示了不同的思考方法。

首先，有这样的一个案件，被告人是（旧的）国铁职员，他在实施争议行为（被旧的公共企业体等劳动关系法（公劳法）第17条所禁止）之际侵入了青森-函馆联运船内。在此案件中，判例认为，公劳法第17条禁止争议行为这一点并不违反宪法第28条，“既然争议行为被禁止、争议权本身被否定，则就该争议行为而言，就根本没有讨论其正当性的界限如何的余地”（最判昭和38年［1963年］3月15日刑集17卷2号23页［国劳桧山号事件］）。这里判例采用的是这样的一种思考方法：在某个法领域中属于违法的行为在刑法上也是违法的，在整个法域中对

① 关于“可罚的违法性”论的全面研究，可参照前田雅英：《可罚的违法性论的研究》，东京大学出版会，1982。

违法性作一元的理解（**违法一元论**）。这一判例经由全递东京中邮事件判决（最大判昭和41年［1966年］10月26日刑集20卷8号901页）而获变更，该判决认为，即便是违反公劳法的争议行为，若其属于为达到劳动组合法第1条第1款之目的的行为，在未伴有不当性的场合，则不成为处罚的对象，认可了争议行为也有阻却刑法上违法性的余地。在这一全递东京中邮事件判决中，重要的是，其肯定了即便是在刑法之外其他的法领域中被认定是违法的行为，在刑法中也有阻却违法性的余地。① 不过，在此之后，判例的态度又发生了变化，名古屋中邮事件判决（最大判昭和52年［1977年］5月4日刑集31卷3号182页）中，变更了前述东京中邮事件判决的判断。但是，名古屋中邮事件判决也认为，“由于刑罚是国家所科处的最为严峻的制裁，当然就要求存在与此等刑罚相适应的违法性”，并且能够认定“将单纯的参加者从刑罚中解放出来”。在此意义上，并不意味着在理论上就倒退回当初的违法一元论去了。

在学说之中，有见解认为，在刑法之外的法域中属于违法的行为在刑法上没有承认其违法性阻却的余地（在与后述的温和的违法一元论相对比的意义上，此种观点称为**僵硬的违法一元论**），但这可能是极端的少数说②，肯定此时仍有违法性阻却之余地的见解是多数。不过，在肯定了在刑法之外的法域被评价为违法之行为仍可能阻却刑法上的违法性的见解中，仍然存在着如下两种观点的对立：(1) 一种见解认为，在某法域中属于违法的话，虽不意味着在刑法上变成了不违法（基于**法秩序的统一性的违法一元性**），但为了肯定成立刑法上的犯罪，必须具备适

① 对于处罚这样的争议行为的谦抑的态度，虽带来了在适用国家公务员法、地方公务员法中所规定的争议行为煽动罪时的“二重限定论”（最大判昭和44年［1969年］4月2日刑集23卷5号305页［都教组事件］，最大判昭和44年［1969年］4月2日刑集23卷5号685页［全司法仙台事件］），但这随后就为判例所变更了（最大判昭和48年［1973年］4月25日刑集27卷4号547页［全农林警职法事件］，最大判昭和51年［1976年］5月21日刑集30卷5号1178页［岩手县教组事件］）。

② 即便是紧急避险，也可能产生民法上的损害赔偿义务。以民法上的违法性为理由，限定作为违法性阻却事由的紧急避险的成立范围，这恐怕明显不妥当。

于处罚的质和量上的违法性，不单是在失去一般意义上的违法性的场合如此，若失去此种意义上的“可罚的违法性”，则应该否定犯罪的成立（这称为**温和的违法一元论**。如佐伯196页，松宫106页等。并且，请参照松宫孝明：《法秩序的统一性与违法阻却》，立命馆法学，238号，75页以下）。(2) 另一种见解认为，根据法域的不同，甚至是在刑法的同一法域之内，根据犯罪的不同，违法性的评价亦不同（这是基于**违法多元论**而肯定**违法的相对性**的见解。如平野Ⅱ218页以下，前田29页等）。

温和的违法一元论的目标在于，对于刑法之外的法域中被认为不属于违法的行为，否定其刑法上的违法性（参见松宫106页以下），对于在刑法之外的法域中被认为属于违法的行为，不可否认的是，由于刑法上违法性的特殊性（可罚的违法性），该行为仍可能在刑法上并不违法。该见解认为，之所以采纳违法一元论的基本的立场，是因为为了不使向国民提示的行为规范的内容产生混乱，法秩序必须作统一的解释。也就是，其认为，A法上评价为违法的行为若刑法上评价为适法的，就违反了法秩序的统一性。但又认为，是否具备了有必要予以处罚的违法性是另外的问题。反之，按照持违法多元论而肯定违法相对性的观点，对于就整个法领域统一地进行违法性评价这一点，并不承认实际上具有多大意义，可以说，该观点仅仅重视的是，能否认定存在“能够支撑成为问题的法领域的相应法律效果”的要件。就是说，对于在A法上虽属违法但在刑法上却不处罚的行为来说，这种观点并不认为“虽是违法却不具可罚的违法性”这一点是重要的，而主张，直截了当地认定此时该行为“不违法”就可以了。不管以上的何种见解，其相同之处在于，对于成为刑法上处罚对象的行为来说，都要求能够肯定其存在特别的违法性。其不同只不过在于，温和的违法一元论将违法性的质作为问题，而违法多元论则肯定违法的相对性而已。

诚然，刑法上处罚在其他的法域、特别是民事法上被允许的行为，从刑法的补充性的见地来看，是不妥当的。而且，也可以认为，刑法第35条就是从法秩序的统一性的观点出发，认可了将其他法域中的允许性这一点作为刑法上的违法性阻却事由加以援用。但是，这同必须要采纳温和的违法一元论是两回事（对于这一问题，可参见京藤哲久：《法秩序的统一性与违法判断的相对性》，平野古稀（上），187 页以下；町野朔：《可罚的违法性理论》，法教 207 号，4 页以下）。不管采用何种理解，有一点是共通的：即，对那种在民法等其他的法域中属于违法，比如说，产生了损害赔偿义务，但在刑法上阻却违法性的行为来说，行为人都面临着到底作出何种行为的选择的问题：是因为存在损害赔偿作罢呢，还是因为不被处罚就接着干呢？在此，对该行为人说“该行为虽是违法的，但却不具有可罚的违法性”，可以说恐怕就没有什么实质上的意义。这样考虑的话，直接地承认违法相对性就好了。

不但能在劳动法与刑法、民法与刑法等不同的法域之间认可违法的相对性，而且，即便在刑法领域内部的不同犯罪之间，也能认可这种违法相对性。比如说，没有医师执照但是医术高超者所做的手术，虽说构成了违反医师法的犯罪，但就伤害罪来说，由于患者的同意而可能阻却违法性。违法性的实质是引起了法益侵害或者法益侵害的危险，既然可以理解为这种侵害或者危险就每个犯罪的构成要件来说都是不同的，由此，可以说，认可不同犯罪之间违法的相对性就是理所当然的。

刑法上的违法性，首先在构成要件方面表现出来。即，欠缺构成要件该当性的行为，据此在刑法上即不属违法。这是因为，只有在构成要件内部所规定的法益侵害或其危险才能为处罚奠定基础。在判断该当了构成要件的行为是否阻却违法性时，仅仅要考虑的是，这种行为是否能够对构成要件内部所规定的法益侵害或其危险予以扬弃（中性化），以实现积极的价值。从而，该行为在刑法之外的法域中被禁止这一点，即便能够奠定在该法域中制裁该行为的基础，在判断刑法上的违法性阻却时，也是没有意义的，倒不如说是不能考虑的。在这个意义上，即便是在实施属于劳动法上违法的罢工等劳动争议行为时所作出的构成要件该当行为，只要该行为是有助于正当利益的，仍可能阻却刑法上的违法性，劳动法上违法这一点本身对于判断刑法上的违法性阻却并没有直接的影响。考虑积极的利益维护所引起结果价值，其结果就是，在相应构成要件中所规定的结果无价值得以扬弃（中性化）的场合，就能够肯定违法性的阻却。若是因发生了可能该当于其他构成要件的法益侵害，则在与该构成要件该当性的关系上可能并不阻却该违法性，不过，这一点是要另当别论的。

三、轻微的违法性

虽然引起了相应构成要件所规定的法益侵害或者其危险，但这种侵害或危险很轻微，其违法性未达到值得动用相应犯罪所规定的法定刑加以处罚之程度的场合，可否定犯罪的成立。这是“可罚的违法性”论的重要主张。其中涉及的关于违法性之程度的“可罚的违法性”的含义，无非是一种目的论解释：即从法的效果的内容出发，来划定作为违法性要件的违法性的内容与程度。

违法性轻微的场合，可分为以下两大类型（参见前田93页以下）：(1) 所产生的结果本身是轻微的，构成要件该当性本身被否定的场合（**绝对轻微型**），这是作为**构成要件**的解释而考虑的（比如说，小偷从衣兜中偷走了一张香水纸巾的场合，认为一张香水纸巾不属于盗窃罪中所说的“财物”，不成立盗窃既遂，而仅成立盗窃未遂而已），(2) 所产生的结果本身虽然并不轻微，但与所实现的结果价值加以综合衡量的结果是，违法性虽不能被阻却但却是轻微的、不值得作为相应的犯罪予以处罚（**相对轻微型**），这是考虑作为**违法性阻却事由**的解释时所作的区分（比如说，在紧急避险中，满足了“损害的均衡”要件的避险行为仅仅稍微超出了“补充性”要件的场合，认为不至于是避险过当，其成立紧急避险而阻却违法性）（参见前田20页）。在这个意义上，“可罚的违法性”的思考方法，在构成要件阶段和违法性阶段两者中都是有意义的。

（一）绝对轻微型

绝对轻微型的违法性，是指由于所产生的结果是轻微的而否定了构成要件该当性的场合。在法定刑的下限极轻的场合，由此见地出发对于否定构成要件该当性这一点也会有所顾忌，不过在根本不值得动用犯罪这一评价（即便法定刑很轻）的场合，还是能将这样的行为排除在构成要件之外的。虽然暴行罪（刑法第 208 条）的法定刑下限是极轻的科料，但即便如此也存在着被排除在外的轻微的“物理力的行使”。

被告人是耕种烟草的人，他把也就值一厘钱（一厘相当于一日元的千分之一）的烟叶没有交给国家而自己消费了，这违反了烟草专卖法，在这一案件中，判例认为对于“零碎的不法行为”（除了犯人存在危险性的特殊的场合）没有处罚的必要，否定了犯罪的成立（大判明治 43 年［1910 年］10 月 11 日刑录 16 辑 1620 页［一厘事件］）；被告人经营旅馆业，为了旅客的方便购置了香烟之后再转卖给旅客，违反了烟草专卖法，在这一案件中，判例也认为，“并未违反制定烟草专卖法的旨趣与目的，在社会共同生活上应该是被允许的行为”，从而也否定了犯罪的成立（最判昭和 32 年［1957 年］3 月 28 日刑集 11 卷 3 号 1275 页）。但是，在此之后，判例的态度发生了变化，在下面的案件中，对在轻微违法性时是否阻却刑事违法的问题明确了严厉的态度。被告人安装了可能免费打电话的电气产品（称为魔法电话，Magic Phone），为了试一下其性能而安装在加入电话的线路上试着通了一次话，而后就取下了，再未使用。在该案件中，判例肯定了犯罪的成立（最决昭和 61 年［1986 年］6 月 24 日刑集 40 卷 4 号 292 页）。

（二）相对轻微型

相对轻微型的违法性是指，实施了该当构成要件的行为，由于该行为能够认为是为保护其他的法益而必要的，由于结果无价值在相当程度上被中性化，结局是只能认可其存在轻微的违法性，从而成为违法性阻却事由。通过肯定这样的思考方法，超法规的违法性阻却事由方才具有存在的意义。

就**超法规的违法性阻却事由**的适用来说，能够看到判例的动向。直到昭和 30 年代为止，通过对于“补充性”要件等的严格的理解，而一直对违法性阻却采取了否定的态度（最大判昭和 38 年［1963 年］5 月

22日刑集17卷4号370页［东大警谍事件］①，最决昭和39年［1964年］12月3日刑集18卷10号698页［舞鹤事件］②）。

另一方面，在属于劳动事件的三友炭坑事件中，判例认为“尚不属于违法、不能说是用了刑法第234条中的威力而妨碍了他人的业务”，从而维持了无罪判决（最判昭和31年［1956年］12月11日刑集10卷12号1605页）。并且，在札幌市电事件中也维持了无罪判决（最决昭和45年［1970年］6月23日刑集24卷6号311页），而且在大阪学艺大学事件中，无罪判决也同样没有被撤销（最决昭和48年［1973年］3月20日判时701号25页）。

但是，在此之后，判例通过“从法秩序全体的见地出发来判断是否是被允许的”这一所谓的**“久留米车站事件方式”**（最大判昭和48年［1973年］4月25日刑集27卷3号418页），接二连三地撤销了原审所作的无罪判决（最判昭和50年［1975年］8月27日刑集29卷7号442页［日本铁工所事件］，最判昭和50年［1975年］11月25日刑集29卷10号928页［光文社事件］，等等），对于否定处罚这一点似乎采取了严格态度。由此，就超法规的违法性阻却的判断而言，对于以违法性轻微为理由而否定犯罪的成立这一点，判例可以说体现出了消极的态度。

---

① 学生在大学的教室上演戏剧时，有警察隐瞒了身份进入了会场，学生们发现了警察，为了保护大学的自治而要求警察离开，并抓住警察的一只手，拉住其衣服的下方。对此案件，东京高等法院的判决认为，学生们的行为相当于超法规的违法性阻却事由，但最高裁判所大法庭的判决（最大判昭和38年［1963年］5月22日刑集17卷4号370页）对此予以了否认。——译者注

② 为了得到从中国归国者大会上的情报，撤回援助局的官员们秘密旁听时，被归国者们发现。于是，归国者逮捕该职员，并监禁他长达5小时。对这一案件，一审的东京地方裁判所认为该行为相当于超法规的违法性阻却事由，而最高裁的决定（最决昭和39年［1964年］12月3日刑集18卷10号698页）则认为，即便相关职员的行为违反宪法第19条、第21条，在具体情况下也不能说逮捕、监禁他是刑法第35条的正当行为。——译者注

第六章　责　　任

第一节　概　　说

第一款　责任的含义

即便是该当构成要件且违法的行为，在作出该行为之时没有**责任**的场合，仍然不能肯定犯罪的成立。这是**责任主义**的基本含义。对于仅该当构成要件且违法的行为予以处罚，即便是将来产生预防犯罪的效果，这样的处罚仍是不正当的。这是因为，**刑罚**的科处和单纯的治病不同，其富有**非难**这一特殊的含义。由于在刑罚之中既已融入了此种“非难”属性，为了奠定“非难”的基础、将其予以正当化，就要求作为犯罪予以规定的行为是能够加以非难（**非难可能性**）的。这种非难可能性就是责任，对于欠缺责任之行为的处罚，是无从正当化的处罚，也是不妥当的处罚。就是说，刑罚是富有非难这样的性质、含义的特别的法律效果和反作用，为了使这样的手段之使用正当化，成为刑罚对象的该当构成要件且违法的行为就必须是**值得非难**的行为，这种非难的可能性就是责任。从而，对于作出了该当构成要件并且违法之行为的行为人来说，具有**非难可能性的责任**，使得具有非难这一属性的刑罚之科处变得正当，责任就是作为这样的要件而要求的。

可以说，为这样的非难奠定基础的，是**“他行为可能性”**（能够回避构成要件该当且违法的行为，能够实施该当构成要件、违法行为以外的行为）。尽管存在着关于人的行为的决定论（认为人的意思决定以及行为是某种原因的结果、在此意义上也就是被决定的这样的立场）和非决定论（认为人能够自由地决定其意思、选择其行为的立场）的对立①，但在欠缺“他行为可能性”的场合，不能对于作出了构成要件该当且违法行为的行为人进行非难。可能实施其他的行为，相反却实施了相应的该当构成要件且违法的行为，在能够这样来说的场合，“本不该实施那样的行为”这样的非难才成为可能。这里所说的他行为可能性，意味着如果更进一步地使规范意识发挥作用的话，或者是，要是有了更强的规范意识的话②，就不会实施相应的该当构成要件且违法的行为。尽管如此仍旧实施了该当构成要件且违法的行为，就得以非难。与此相对，由于疾病等身体的因素不是行为人可以左右的事情，所以因为疾病的原因而实施了该当构成要件且违法的行为的场合，就不能加以非难，就不允许科处刑罚。

因此，刑罚就是在非难的条件或者制约下、为了追求预防犯罪而科处的。据此，对于实施了该当构成要件且违法之行为的行为人，再进一步对于一般国民而言，是通过充分地发挥规范意识的作用，或者说是更进一步强化规范意识，而要求其将来不实施犯罪行为的。

基于他行为可能性的非难可能性为责任的认定奠定基础，这样的思考方法一直以来被称为道义责任论，但是这里所追究的，不是道义的责任，归根结底是针对实行了犯罪行为而追究的**法的责任**。并且，这种责

---

① 本书对这一争议没有详细深入地展开探讨。关于围绕着这一问题的简练的概述，请参见内藤（下Ⅰ）770页以下，山中624页以下，等等。再有，也请参照平野龙一：《刑法的基础》，东京大学出版会1966年版，3页以下。

② 对“非难”的理解或者说明，在决定论的立场或者是非决定论的立场来说是不同的。从决定论的立场出发，所（“展望地”）非难的是不充分的规范意识成为行为的原因这一点，而在非决定论的立场看来，（“回顾地”）非难的是未能使规范意识充分地发挥作用从而避免相应行为这一点。他行为可能性的理解，与此相对应也变得不同。

任被理解为，是作为将为了预防犯罪、抑制犯罪而被科处的，含有非难这种特别意义的刑罚予以正当化的要件，而为成立犯罪所必要的。也就是，不同于处罚值得非难者本身就是正当的这种报应刑论，基于他行为可能性的非难不在于仅凭其本身就可以为科处刑罚奠定基础，而在于将采取“为了预防犯罪、抑制犯罪而被科处的，含有非难这种特别意义的刑罚”这种手段予以正当化。这就是目的刑论的观点：为责任所限制的犯罪预防，能为科处刑罚奠定基础。

第二款 心理责任论与规范责任论

行为人的认识等主观的侧面属于责任要素这一点是明确的。不过，在19世纪后半期以来，在德国存在一种有力的观点，其以对犯罪的自然主义理解，即犯罪是由于行为而引起了结果这样的理解为基础，主张所谓责任就是针对行为所引起之结果的行为人的主观方面。这种理解称为**心理责任论**。

但是，问题在于，这种认为责任属于行为人针对所引起结果的主观关系、主观要素的观点就故意而言虽说是妥当的，但就欠缺对于结果之认识的过失而言，却并不妥当。因此，以下的见解得以主张，在成为问题的过失中，其本质不是对结果的认识，而是应该认识到结果这一规范的评价。从这样的理解出发，作为责任内容而言重要的是，本不应该作出那样的行为这一规范的评价（非难），而这种评价是故意和过失所共通的。此种关于责任的理解，称为**规范责任论**，成为了现在的通说。在规范责任论这里，除了属于行为人主观方面的故意之外，还有过失，更进一步讲，像期待可能性、违法性意识等要素也都影响着被规范理解的责任，并在责任论之中占据着重要地位。

像这样，责任不是得以认可的行为人的单纯心理事实，而是为非难奠定基础的规范评价。虽然如此，但不能因此就轻视了作为责任判断对象的心理事实。不仅是故意，过失也存在着行为人的心理侧面。倒不如说，责任评价是在这样的心理事实基础之上而形成的，重要的是要明确，是什么样的心理事实成为了为责任奠定基础的要素。即便是说应该受到非难的场合就存在责任，但在存在何种心理事实时责任非难方才得以正当化，这样的问题仍是不能轻视的。

第三款　行为责任与人格责任

责任，是关于行为人所实施的该当于个别的构成要件且违法的行为的责任（行为责任）。

与此相对，也存在着**人格责任论**的见解。这种见解以人能够基于自身的自由意志而选择行为这一行为的非决定论的理解为基础，认为在通过行为人的人格而导致他行为可能性受到限制的场合，在该限度内自由意志受到限制，行为责任也受到限定，需要一并考虑形成此种人格的责任（**人格形成责任**），而追究把这两者整合在一起形成的作为全体的责任（**人格责任**）（参见团藤257页以下）。这种见解的意图在于，其试图为针对常习犯人的刑罚加重找到根据。也就是，这种见解认为，在行为是和人格相当的场合，换言之，行为是作为犯罪常习性的表现而实施的场合，虽然因自由意志（他行为可能性）受到制约而行为责任比较轻，但是由于将造成这样的人格（常习性）的责任也一并加以追究，也就是将作为全体的责任当作问题，试图据此来说明对常习犯人刑罚加重的理由。但是，一方面通过以稀薄的规范意识或者犯罪的亲和性为其内容的人格、性格（犯罪常习性）而肯定他行为可能性受到限制，另一方面又通过援用人格形成责任来说明刑罚的加重，这岂不是很困难吗？因为，即便是将人格形成责任也一并加以考虑，对于常习犯，也不过是至多能认定，与因为一时“鬼迷心窍”或者一时“稀里糊涂”而实施犯罪的初犯者①具有同等程度的责任，而实际上不能说明何以对之追究较之初犯者更重的责任。

---

① 根据这样的理解，因为犹豫不决而偶然犯罪的人，由于自由意志没有受到限制，就成了可以追究最重的责任。为此，要追究较常习犯更重的责任，基本上是不可能的，这不仅有违现行法律，也有违常识。

第二节 故 意

第一款 概 说

为了肯定责任，至少，就相应犯罪来说**故意**是必要的，在处罚过失犯的场合，则必须有代替故意的**过失**。在此意义上，划定故意以及过失的内容和要件，是在责任论中必须首先探讨和解决的课题。而且，如后所述（参见本章第四节第二款），由于过失在主观层面上的预见可能性是由故意概念所规定的，因此划定故意的内容和要件就是第一位重要的。因此以下将首先讨论故意，接下来再根据对故意的理解来讨论过失，特别是对于预见可能性的内容予以检讨，在此之后再来研究其他的责任要素或者是责任要件。

故意是和过失相并列的**责任形式**。换言之，可以认定责任具有故意责任和过失责任两种形式，而犯罪则既有故意犯罪也有过失犯罪。也可以说，作为犯罪成立要件的责任，存在着故意责任和过失责任两种形式。在学说之中，（1）基于将构成要件理解为违法、有责行为类型的立场，将故意和过失定位于构成要件之中的见解很多。从这一立场出发，故意、过失是作为责任要素而被定位于构成要件之中的。因此，这样定位于构成要件、作为构成要件要素的故意和过失，称为**构成要件的故意、构成要件的过失**。而且，从这样的立场出发，仍有必要进一步在责任论中探讨对该当违法性阻却事由之事实的认识、认识可能性。在该场合成为问题的故意、过失，称为**责任故意、责任过失**。与这样的理解相对，从将构成要件理解为违法行为类型、赋予构成要件以故意规制机能的立场来看，（2）有见解按照行为无价值论的理解，将故意、过失界定为违法要素并定位于构成要件之中，（3）也有见解根据结果无价值论的理解，主张故意、过失是责任要素，将其不是包括于构成要件之中而是定位于责任要件中，即将其理解为**责任形式**。上述（3）的见解是将故意、过失完全在责任论里予以探讨，而（1）的见解除了在构成要件中探讨故意、过失之外，如上所述，为了处理违法性阻却事由该当事实的错误（本节第二款三），还必须在责任论中进一步检讨故意、过失问题。与此相对，若采纳上述（2）的见解，则故意、过失全部在构成要件中予以讨论，在责任论中是不成为问题的。

在现行刑法上，成立犯罪原则上要求故意（刑法第38条第1款本文），即便在此意义上，也有必要首先对故意的含义予以明确。

第二款　故意的要件

一、犯罪事实的认识与预见

根据刑法第38条第1款，**故意**是**“实施犯罪的意思”**，为了肯定犯罪的成立，原则上需要故意（以处罚故意犯为**处罚**）。如此规定的故意也可以置换成对**犯罪事实的认识、预见**。与此相对，就仅在存在特别规定的场合才成为处罚对象（刑法第38条第1款的但书）的过失而言，其与故意相对应的主观面，可谓是对于犯罪事实的认识、预见的可能性。也就是说，**过失**的主观侧面是属于作为对犯罪事实的认识、预见这一**故意的可能性**的，在此意义上，过失的主观面是由对故意的理解所决定的。

若是将故意理解为对犯罪事实的认识、预见的话，则要明确故意的要件，就应该讨论以下两点：（1）成为认识、预见之对象的犯罪事实是什么，（2）要想说成是故意，必须要对犯罪事实有何种认识、预见。对第（2）点下一款将予以涉及，本款先就第（1）点加以讨论。

要想说存在故意，必须要认识、预见的犯罪事实，即成为认识、预见之对象的犯罪事实，实质地说来，就是为**行为的违法性奠定基础的事实**。也就是说，需要认识或者预见的，不是行为的违法性本身，而是给予违法这种评价的事实。对此种事实存在认识、预见时，就能够针对实施了违法行为这一点追究行为人的故意责任。只有对认识、预见到的违法事实而言才能追究故意责任，这可以说是责任主义的实质含义。认识、预见到了为行为的违法性奠定基础的事实的人，也就据此达至了实施相应行为属于违法这一认识（**违法性意识**），这就形成了反对动机，就必须打消实施相应行为的念头。由于规范意识未能充分地发挥作用，或者由于规范意识的不充分性而实施了行为的场合，由于原本是期待着不去实施该行为，则实施了相应行为也就要受到非难了。

为了认定故意必须要存在认识、预见的犯罪事实，即为行为的违法性奠定基础的事实，可以区分为**构成要件该当事实**和**违法性阻却事由该当事实**。在此，就两者的关系来说可以展开如下的思考。即，即便存在构成要件该当事实，但在存在该当于违法性阻却事由之事实的场合，由于构成要件该当行为的违法性得以阻却，从而，即便存在对构成要件该当事实的认识、预见，在对于违法性阻却事由该当事实存在认识、预见的场合，行为人所认识、预见到的事实，是作为一个整体不受违法这种评价的事实。其结果就是，欠缺了对于为违法性奠定基础的事实的认识、预见，也就不能认定故意责任了。在这个意义上，可以说，要想认定故意责任，除了存在对于构成要件该当事实的认识、预见之外，还必须是不存在对于违法性阻却事由该当事实的认识、预见。而且，即便站在将对构成要件该当事实的认识、预见作为构成要件故意而定位于构成要件之中的立场上，从上述通说的理解来看，还有必要通过责任论对违法性阻却事由该当事实的认识、预见予以检讨。在这个意义上，故意在构成要件（**构成要件的故意**）和责任（**责任故意**）两个领域都成为问题。像这样，与重视构成要件的故意规制机能、不是将故意定位于构成要件而是完全定位于责任论的见解不同，重视构成要件的犯罪个别化机能而肯定构成要件故意的见解，会造成必须在两个地方讨论故意，这是不仅将构成要件该当事实，还将违法性阻却事由该当事实包括在为违法性奠定基础的事实之中的做法的必然归结。

接下来就成为认识、预见的对象的构成要件该当事实和违法性阻却事由该当事实，依次展开讨论。

二、构成要件该当事实

1. 要想说是存在故意，就构成要件该当事实而言，有必要全部加以认识、预见。不过问题是，要想能说成是对构成要件该当事实存在认识、预见，最低限度必须要认识、预见到何种内容的事实，对此，后文（本章第三节）将通过讨论何种事实的错误能阻却故意而加以明确。

行为人必须认识、预见到包含于构成要件之中的事实。[①] 仅有后文所述的“含义的认识”是不够的，并且，仅对那些足以产生“违法性意识”的事实存在认识也是不够的。如果我们认为只要对那些足以产生“违法性意识”的事实存在认识即可的话，由于“违法性意识”不会根据犯罪的差异而有所不同，则只要是有了该当某些犯罪事实的认识，“违法性意识”就成为可能，这就变成了无论就何种犯罪而言都有故意，在后述事实错误的场合，包括跨越不同构成要件的抽象事实错误的场合在内，就一律不能阻却故意。因犯罪而不同的并不是“违法性意识”，而是故意，通过提及“违法性意识”来决定故意的有无，这从方法论上来说就是不可能的。在适用处罚持有、贩卖甲醇的罚则时，判例认为行为人必须要认识到对象物是“甲醇”，单有对身体的有害性的认识是不够的（最判昭和24年［1949年］2月22日刑集3卷2号206页）。不过，关于兴奋剂的进口、持有的案件中，判例则认为只要在行为人的认识中没有排除可能是兴奋剂这一点就够了，对构成要件该当事实的认识作了缓和的理解（最决平成2年［1990年］2月9日判时1341号157页[②]）。

另外，行为人所认识、预见的构成要件该当事实，即便不是特定的，而是在一定范围之内概括性的，也没有关系。如此所认定的故意，称为**概括的故意**。比如说，为了将A杀害，在其家中无人的时候在其铁壶的热水中投入了毒药，A之外的3人喝了铁壶中的水，因为水的味道奇怪而放弃了继续喝，从而也就都没被害死。在这样的场合，要是对于A的家人也可能去喝那壶中的热水这一点存在预见的话，就对应于实际上喝水的人数而成立故意犯（杀人未遂罪）（大判大正6年［1917

① 这称为**故意的构成要件关联性**。参见高山佳奈子：《故意与违法性意识》，有斐阁，1999年版，205页以下。

② 即便这样理解，在处罚单纯地持有含有甲苯的稀释剂的场合，要是行为人认为并未包含甲苯的话，就不能肯定故意（东京地判平成3年［1991年］12月19日判夕795号269页）。

年］11 月 9 日刑录 23 辑 1261 页）。

2. 为了认定故意，有必要对全部的构成要件该当事实予以认识、预见，这是个原则，但这个原则存在所谓的**例外**。就像刑法第 38 条第 1 款本文规定的故意犯处罚原则也在同款但书中保留了例外一样，在构成要件该当事实中，在参照规定的旨趣能够解释为成立犯罪不需要对一部分事实存在认识、预见的场合，就是这样的例外。这样的场合，有以下两种。

第 1 是**结果加重犯**的场合。这就是，由基本的犯罪（基本犯）而产生更重的结果（加重结果）时所成立的、较之基本犯加重了刑罚的犯罪。可以认为，不要求对加重结果的认识、预见。比如说，犯下了属于基本犯的伤害罪（刑法第 204 条。根据通说，伤害罪本身包含着暴行罪（刑法第 208 条）的结果加重犯的场合）、并由此产生了人的死亡这一更重结果的场合，成立伤害致死罪（刑法第 205 条）这一结果加重犯，但就作为伤害致死罪的构成要件要素的死亡这一加重结果来说，则不要求有认识、预见。这是因为，要是对死亡有认识、预见的话，就会成立杀人罪（刑法第 199 条），伤害致死罪也就失去了自己的独立存在空间。另外，就加重结果而言，判例采纳了不但不要求认识、预见甚至也不要求过失（预见可能性）的态度（最判昭和 26 年［1951 年］9 月 20 日刑集 5 卷 10 号 1937 页），但结果加重犯较之基本犯更重处罚的理由，除了因为引起了加重结果而导致违法性的加重之外，从责任主义的见地来看，应该要求担保着事关加重结果之责任的过失。在这个意义上，结果加重犯也就成了故意犯和过失犯的一种结合形态。对于结果加重犯的加重结果要求过失的见解，已经成为了现在学说上的定说（团藤 337 页，平野 Ⅰ 56 页，大塚 180 页，大谷 199 页，等等）。

第 2 是**客观处罚条件**的场合。所谓的客观处罚条件，一直以来的理解是，立法者为了处罚范围的明确化或者是为了限定处罚范围，虽然是作为犯罪成立要件所要求的条件，但这种条件只要在客观上存在就足够了，并不要求关于此等条件的故意或过失。也就是说，按照这种一直以来的理解，即使是不考虑客观处罚条件，该行为实体上也已经具备了作为犯罪而言的实质，这样的条件不过是为了将处罚范围予以明确化或是予以限定，政策性地作出的特别的要求而已，因此，对其就不要求具有故意、过失（即使是现在仍然采用这样的理解的，可参见西田216页以下）。比如说破产诈骗罪（破产法第265条）中的“破产程序开始决定”的确定、事前受贿罪（刑法第197条第2款）中的事后成为了公务员，就属于此列。但是，既然可以认为，在不存在这样的条件的场合该行为尚不值得处罚，为了要进行处罚就必须存在该条件，那么该条件就也属于与违法性有关①的构成要件要素②，即便是从刑法第38条第1款但书的规定旨趣上来看能够理解为不要求故意，但从责任主义的视角出发，就客观处罚条件而言，至少也应该要求过失（参见平野Ⅰ163页）。

3. 在构成要件要素中，存在着**记述的要素**和**规范的要素**的区分。前者像杀人罪（刑法第199条）、伤害罪（刑法第204条）的对象“人”这样的，不需要诉诸特别的精神的评价作用就能够认识；后者像盗窃罪（刑法第235条）中财物的“他人”性、猥亵物散布等罪（刑法第175条）中文书等的“猥亵”性这样的，为了对其加以认识必须结合一种规范的判断。由于记述的要素也是通过法的解释而决定其内容的③，因此两者的区别是相对的，不过就规范的要素而言，可以说问题在于，究竟在何种场合能说是有认识、预见的？这就是一直议论至今的**规范的构成要件要素的认识**问题。

规范的要素的含义，最终只能是通过裁判所作出的法律解释来决定，但这并不意味着要求行为人针对判断对象作出和裁判所作出的法律解释是同样的判断即规范的正确适用，否则的话就成了只有具备高度法

---

① 也有见解从将处罚条件理解为客观的责任要素的见地出发，认为处罚条件只要客观上存在就够了。但是除了责任能力等例外之外，责任要素只有反映于行为人的主观时方才获得其意义，从这样的理解出发，不能承认客观的责任要素。

② 既然是与违法性相关的，就属于构成要件要素，不应该理解为构成要件之外的单纯的处罚条件。此外，为了肯定共犯的罪责，正犯行为也有必要具备处罚条件。

③ 比如，即便就“人”来说，是采用脑死说还是采用心死说，判断对象是否是“人”，结论也会有所不同。不过，决定了采用哪一种解释的话，规范的评价就不会成为特别的问题了。

律知识者才可能具有故意，这在实务的结论上也是不妥当的。即便是认为某种构成要件要素事实不属于构成要件要素，那也不过是单纯的**“适用的错误”**，并不意味着仅依据这样的错误就能阻却故意。另一方面，还有一种处在寻求正确适用的理解的相反极端的思考方法，认为只要有单纯的事实认识就足够了，但这反而是不充分的。比如说，对于用古文书写的猥亵文书，虽说能读懂用平假名书写的文字本身，但由于欠缺古文的知识而不懂其含义，对于这样的人来说，由于并没有理解该文章的相应含义，就不能肯定对“猥亵”性的认识，从而也就不能肯定故意。最大判昭和32年（1957年）3月13日刑集11卷3号997页（查泰莱事件）认为，为了肯定对于猥亵文书的认识，只要具有“对成为问题的记载的存在的认识”即可。这样的理解，在不要求（认识到）相应行为能够适用于“猥亵”这一法律概念的意义上是正当的，但判例要是认为单有“存在记载的认识”的话就可以了、记载的含义内容完全不包含在认识对象之中，要是这个意思的话，那就不妥当了。这样，为了肯定故意，要求的是**“对含义的认识”**①，这既不同于“对于法律概念的适用”，也不同于“对裸的自然事实的认识”。

欠缺这样的“对含义的认识”的场合就无法肯定故意的存在，在过失犯未被规定为处罚对象的很多场合，也就否定了犯罪的成立。与此相对，具有“对含义的认识”，只是单纯“对法律概念的适用”的错误，其结果，仅仅是误解为自己的行为是被允许的，对于这样的人来说，可以肯定故意，从而，就有成立故意犯的可能性。另外，单纯地仅仅认为自己的行为不违法的，并不否定故意犯的成立，在认为行为不违法存在“相当的理由”的场合，换言之，欠缺违法性意识的可能性的场合，方才可能否定故意犯的成立（参见本章第五节）。这样，是否存在“对含义的认识”，也就划定了故意之界限的一个侧面。

---

① 也有人着眼于评价的侧面，将这称为**“外行人的平行评价”**（准确地说，应该是与行为人一样同属于非专业人士所作出的平行评价），但由于不能对一般人要求对法的认识，从实际上的处罚必要性出发，将这理解为肯定了故意的“通俗化”（林235页），是不成的。那只是单纯的便宜论而已。

可以说，肯定存在故意所要求的“对含义的认识”，就是对于立法者为显示值得处罚行为的内情所着眼的某种属性的认识。为了认定故意，就必须认识到这样的**立法者着眼的属性**。另外，由于立法者所进行的当罚性判断是基于违法要素以及责任要素的，“对含义的认识”也就不止于对法益或者是利益侵害性的认识。①

问题是，行为人对某些内容（构成要件该当事实）存在错误的场合，是由于不存在“对含义的认识”从而就没有故意呢，还是存在“对含义的认识”而不过是欠缺“违法性意识”从而有可能成立故意犯（这被称为**事实的错误与违法性错误的区分问题**）呢？在判例中对此展示了各式各样的判断，且如下文所示，判例的态度未必是一以贯之的。之所以会出现这种不一致，一方面可以认为，必须认识的“含义”由相应犯罪构成要件的解释来决定，其判断会存在差异，这也是有理由的；而另一方面也可以理解为，由于判例并未从正面肯定欠缺违法性意识的可能性的场合免责（判例采取了违法性意识不要说的立场——译者注），对于不应该处罚的案件就只能否定故意，还存在着这种务实且省事的理由。

同样的违反狩猎法的案件中，把禁猎的野兽“鼯鼠”认为是（与之属于同一动物、属于其日本民间俗称的）“姆马”（もま）而加以捕获的场合肯定了故意的存在（大判大正13年［1924年］4月25日刑集3卷364页［鼯鼠·姆马事件］），而在认为禁猎的野兽“狸”是（与之属于同一动物、属于其俗称的）“貉”而加以捕获的场合则认为不能肯定故意（不过，是基于其他的理由而否定了犯罪的成立，这只是旁论。大判大正14年［1925年］6月9日刑集4卷378页［狸·貉事件］）。另外，在破弃封印等罪（刑法第96条）的案件中，也存在两个观点相互对立的判例。(1)行为人觉得已经偿还了债务那么破弃了封条也没什么，于是撕毁了贴在被查封物件上的封条，判例认为由于行为人误认为查封已经不存在了或是误认为自己具有撕毁封条的权利，据此也就丧失了故意

① 参见前引高山佳奈子：《故意与违法性意识》，167页以下。

（大决大正 15 年［1926 年］2 月 22 日刑集 5 卷 97 页）；（2）在另一个判例中，被告人是裁判所的执行官员，误认为已经合法实施的查封只是一种伪装的处分、是无效的，从而撕毁了作为查封标识的封条，判例认为只要认识到了是公务员所实施的查封标识的话就存在故意（最判昭和 32 年［1957 年］10 月 3 日刑集 11 卷 10 号 2413 页）。对于这些判例统一地加以理解是相当困难的。

在判例中，有的判例强调，只要存在对"裸的事实"的认识就足以认定故意了，针对这种事实的法律上的评价与有无故意无关。这样的判例包括，在认为市议会议长的行为是不合法的而加以妨害的案件中，误认为不合法不过是法律上的判断而已从而肯定了妨碍执行公务罪的成立（大判昭和 7 年［1932 年］3 月 24 日刑集 11 卷 296 页）；在法令禁止持有、转让甲醇时，既然知道了是"甲醇酒精"（Methyl alkohol）就存在着对"甲醇"（Methanol）的故意，即便不知道"甲醇酒精"和"甲醇"两者是同一物，这也不过是不知道法律（而不缺乏事实的认识），因此不阻却故意（最大判昭和 23 年［1948 年］7 月 14 日刑集 2 卷 8 号 889 页）；要想说具有针对猥亵文书的故意，"存在对成为问题的记载的认识"就足够了，即便认为不是猥亵，也不过是不阻却故意的法律错误而已（前引最大判昭和 32 年［1957 年］3 月 13 日［查泰莱事件］）；在没有申告而制造了物品税的课税物件的案件中，不知道制造了课税物件必须要进行申告不过是不知道法令，并不欠缺故意（最判昭和 34 年［1959 年］2 月 27 日刑集 13 卷 2 号 250 页）；在穿着凉鞋开汽车的案件中，不知道存在着对此加以处罚的县道路交通规则不过是不知道法令，并不欠缺故意（东京高判昭和 38 年［1963 年］12 月 11 日高刑集 16 卷 9 号 787 页），等等。

与这些相对，也可以见到零散的判例认为不能肯定故意。在仅有在一定的地域、区域之内某种行为被禁止、处罚的场合，有判例就要求要认识到相应行为是在区域内所实施的。要想成立在要塞地域之内未经许可而进行摄影的犯罪，必须认识到自己的摄影行为是在禁止区域之内（大决昭和 12 年［1937 年］3 月 31 日刑集 16 卷 447 页。但是，判例认为，本案中的过失犯也是处罚的[①]）。此外，因不注意没看出来属于禁止超车区域的标识而违规超车的案件中，判决也认为处在禁止超车区域内的认识是故意的要件（东京高判昭和30年［1955年］4月18日高刑集8卷3号325页）。再有，在禁止用枪狩猎的区域之内用枪狩猎的案件中，判决认为，在欠缺处在禁止用枪狩猎区域内这一点的认识的场合则阻却故意（东京高判昭和35年［1960年］5月24日高刑集13卷4号335页。另外，虽说是肯定了能处罚没有明文规定的过失犯，但具体到本案中则不能追究过失责任）。

在此之外，认为不能肯定故意的判例，还有以下几个：被告人误信寺院规则失效了，从而没有根据其规定的程序而选择了总代表人、并根据其决议变更了寺院登记簿的记载，在这一案件中，判例认为没有对于登记事项属于虚伪不实这一点的认识，从而否定了公证证书原件不实记载罪（刑法第157条第1款）的故意（最判昭和26年［1951年］7月10日刑集5卷8号1411页）；被告人误解了养狗取缔规则中无证牌的狗视为无主狗的规定，误认为即便是他人的狗只要是没有挂上证牌也视为无主狗而捕杀了它，判例肯定了行为人有可能对狗是属于他人所有这一事实欠缺认识（最判昭和26年［1951年］8月17日刑集5卷9号1789页）；在浴场无许可营业的案件中，由于对方受理了许可申请事项变更表而认识到是有了营业许可，判例认为被告人没有无许可营业的故意（最决平成元年［1989年］7月18日刑集43卷7号752页），等等。

三、违法性阻却事由该当事实

1. 构成要件该当事实是积极地为行为的违法性奠定基础，而与此相对，可以说，违法性阻却事由该当事实可谓是消极地为违法性奠定基础，就是说，由于存在违法性阻却事由该当事实，构成要件该当行为的违法性得以否定。在这个意义上，也可以说由于存在违法性阻却事由而否定了构成要件该当性，其是**消极的构成要件要素**，不过如后文所述，

---

① 因为承认作为过失犯处罚的可能性，也就不意味着判例认为此时构成不可罚。另外，就“处罚无明文规定的过失犯”来说，如后文所述，会产生违反罪刑法定主义的问题。

这样的理解否定了构成要件和违法性阻却事由之间存在的在类型性和一般性上的性质差异，在这一点上可以说是有疑问的。如上所述，即便存在构成要件该当事实，在同时存在着违法性阻却事由该当事实的场合，就全体来说，由于不过是存在着并不能赋予行为以违法评价的事实，就认识、预见到了这一点的行为人来说，整体说来不存在对奠定**违法性基础的事实**的认识、预见，从而，就不能肯定存在故意责任。可以说，在如此理解的背后，存在着以下这样的理解：在与违法评价的关系上，构成要件该当事实和违法性阻却事由该当事实，虽然存在着是积极地奠定违法性的基础还是消极地阻却违法性这样的不同，但却是同质的东西。由于具有对违法性阻却事由该当事实的认识、预见，就否定了故意责任，则在存在那样的误信，即，违法性阻却事由该当事实客观上并不存在，但是却过失地认为其存在的场合，不过是能够肯定了成立过失地引起了该当构成要件的违法事实的过失犯而已。也就是说，存在构成要件该当事实而不存在违法性阻却事由该当事实的场合，能够肯定构成要件该当性和违法性；在错误地认识、预见（误信、假想）存在违法性阻却事由该当事实而其事实上并不存在的场合，欠缺故意责任、也不成立故意犯。但是，对于不存在违法性阻却事由该当事实这一点存在认识、预见的可能性的话，尽管不存在构成要件该当事实，却仍然造成了该当于构成要件的事实的，就存在过失责任，如果存在处罚过失犯的规定，就应成立过失犯，这样的理解为判例及通说所采用。

将以上理解定位于犯罪论体系中，能够最容易地将如此理解予以说明的就是，不将故意定位于构成要件之中，而是作为责任要素、责任形式通过责任论予以检讨的构成要件的违法行为类型说，据此就探索出了“构成要件该当性（故意犯、过失犯相通）→违法性（故意犯、过失犯相通）→阻却故意→过失→成立过失犯”的判断过程。

与此相对，在学说之中，将构成要件理解为违法、有责行为类型，将故意定位于构成要件之中的立场（这一场合的故意，称为**构成要件故意**）也很有力。根据这种立场，存在对客观的构成要件该当事实的认识的话就会肯定构成要件故意，由于依据违法性阻却事由该当事实的误信并不影响构成要件故意的存在，为了否定故意犯的成立，就将作为责任要件的故意（**责任故意**）作为问题，有必要通过违法性阻却事由的认识（误认）来否定责任故意的存在。换言之，根据这种见解，故意作为对于受违法评价之事实的认识，分为构成要件故意和责任故意，前者是对客观构成要件该当事实的认识，后者是对不存在违法性阻却事由该当事实这一点的认识。另外，还有见解完全把故意视为构成要件阶段的问题，将其（构成要件的故意）理解为主观违法要素，在这样的立场看来，若是存在构成要件故意的话，问题就只剩下了是否成立故意犯，而是否成立过失犯则不会成为问题。从这样的见解，也就是后述（参见本章第五节第一款）的严格责任说的立场出发，虽不会产生前述的问题，但这一立场却并没有为判例和通说所采纳。像前述那样，将故意定位于构成要件故意和责任故意两个阶段的场合，就会走向这样的判断过程，即：故意犯的构成要件该当性→故意犯的违法性→阻却责任故意→过失犯的构成要件该当性→过失犯的违法性→责任过失→成立过失犯。像这样，在阻却了责任故意之后，又将过失犯的构成要件该当性作为问题，这就意味着在经过了构成要件、违法性评价之后所进行的责任判断后，再次回到构成要件的评价，这被称为**回飞棒**（Boomerang）**现象**。[①] 在上述对判断过程予以回溯的场合，问题是，存在着构成要件故意和故意犯的构成要件该当性的，还能否转而承认构成要件过失并肯定过失犯的构成要件该当性？[②] 能够想到的对此加以解决的对策有两个。第（1）个方案是，可以考虑将不存在违法性阻却事由这一点理解为**消极的构成要件要素**。在这样的场合，由于对违法性阻却事由该当事实的认识、预见，就否定了构成要件故意本身，也就不会产生回飞棒现象了。第（2）

① 回飞棒：boomerang，是澳大利亚原住民的一种狩猎工具，用曲形坚木制成，投出后可以飞回原处。——译者注

② 由于不能根据故意犯的构成要件该当性和过失责任这两点而肯定过失犯的成立，这一点乃成为问题。采用后述的**“严格责任说”**，从对违法性阻却事由的认识是与故意无关的责任要素的见地出发，在对于违法性阻却事由该当事实的误信存在避免可能性的场合，则肯定故意犯的成立，这一见解避免了回飞棒这样的难点，可谓在论理上是一贯的（比如说，大谷339页）。但是，判例和通说认为这样的归结是有疑问的，严格责任说本身也受到了批判。

个方案则是，可以认为故意犯的构成要件该当性以及构成要件故意实质上分别包含着过失犯的构成要件该当性以及构成要件过失（就故意包含过失而言，参见最大判昭和26年［1951年］1月17日刑集5卷1号20页）。在如此理解的场合，虽会产生回飞棒现象，但大体上能说明何以肯定过失犯的构成要件该当性。在这里，有必要采取（1）或者（2）中的某个方案。不过，就第（1）个方案来说，存在着这样的问题：在将违法性阻却事由理解为消极构成要件要素的场合，除去那种例外地阻却责任的事由（责任阻却事由）之外，构成要件就完全变成了犯罪本身，这样，构成要件概念就几近崩溃，也就是，在几乎所有场合，构成要件该当性就等同于成立犯罪，从而也失去了设定构成要件这种限制要件的意义。另外，类型性地为违法性奠定基础的事实形成构成要件该当性的内容，而违法性阻却事由是从全体法秩序中推导出来的非类型的东西，可以说，将其放置于构成要件之中，从性质上来说也是不融洽的。因此，将违法性阻却事由理解为消极构成要件要素的见解（**消极的构成要件要素理论**）未获得一般的支持。这样一来，恐怕就有必要采用（2）的理解了。

2. 假想防卫、假想防卫过当。实际上并不存在违法性阻却事由该当事实相反却误认为其存在的场合，典型的例子就是**假想防卫**。所谓假想防卫，是不存在相当于正当防卫的事实但却误认为存在这样的事实的场合，如前所述，欠缺（责任）故意，不成立故意犯。就假想而言存在（责任）过失的场合，不过是在存在过失犯处罚规定的前提之下，成立过失犯而已。这样的理解为判例和通说所采用。

假想防卫的典型场合是，不存在急迫不法的侵害相反却误认为其存在，针对这种假想的侵害实施了反击行为，在该反击行为处在若实际上存在所假想之侵害的场合所能够允许的范围之内时，正确地说，更进一步，对于反击行为处在允许的范围之内具有认识、预见时，没有对被评价为违法的事实的认识，不成立故意犯。就假想这一点而言存在过失的场合，则成立过失犯。因此，无过失的话，则不可罚。

另外，实际上存在急迫不法的侵害，针对其实施了过当的防卫行为时成立防卫过当，若是不存在对过当性的认识、预见的话，由于行为人仅仅对那些正当防卫的构成事实、不会被评价为违法的事实存在认识或者预见，则其也欠缺（责任）故意（比如，盛冈地一关支判昭和36年［1961年］3月15日下刑集3卷3、4号252页。这种场合也称为假想防卫），不过是在对没有认识、预见到过当性这一点存在（责任）过失时，成立过失犯（这种场合，属于**过失的防卫过当**）。与此相对，对过当性存在认识、预见的场合，则构成**故意的防卫过当**（比如，最判昭和24年［1949年］4月5日刑集3卷4号421页）。

更进一步，不存在急迫不法的侵害却误认为存在此等侵害并且针对其实施了反击行为的场合，在所实施的行为超出了实际存在所假想之侵害的场合允许的反击行为的范围时，称为**假想防卫过当**。在行为人对于过当性存在认识、预见时，由于行为人所认识、预见的事实是成为防卫过当的违法事实，则存在（责任）故意从而成立故意犯（这属于**故意的假想防卫过当**）。与此相对，在行为人对过当性欠缺认识、预见的场合，由于行为人所认识的事实是成为正当防卫的事实，则欠缺（责任）故意，不过是在对过当性存在认识、预见可能性时，成立过失犯而已（这一场合，属于**过失的假想防卫过当**）。另外，在故意的假想防卫过当的场合，由于针对假想的急迫不法的侵害而实施了反击行为的行为人的主观方面，与针对现实中存在着急迫不法的侵害的防卫过当的场合是相同的，从而（严格说来，就假想了急迫不法的侵害而言的过失另当别论）责任的程度也是一样的，因此，既然所能够科处的刑罚是以行为人的**责任为限度**的，就存在通过适用刑法第36条第2款关于防卫过当的规定而认可减免刑罚的余地（最决昭和41年［1966年］7月7日刑集20卷6号554页，最决昭和62年［1987年］3月26日刑集41卷2号182页［英国骑士道事件］①）。这个道理，在假想了急迫不法的侵害的人对于

① 西田184页、佐伯仁志166页认为，不采纳关于防卫过当的责任减少说的话，就不能认可假想防卫过当适用刑法第36条第2款。但是如上所述，这样理解是没有理由的。从违法减少说出发，也一样能够采纳这一结论。前文已经有所涉及，倒不如说，像责任减少说那样，对于防卫过当和假想防卫过当予以同样的说明反倒是有疑问的。

过当性没有认识、预见且针对过当性存在（责任）过失的场合（过失的假想防卫过当），恐怕也应该是妥当的。即便是过失的防卫过当，由于可能适用刑法第36条第2款，可以说就能够这样来理解。此外，对于假想了急迫不法的侵害这一点原本就存在（责任）过失的场合，由于就所产生的结果来说成立过失犯，也就是，针对所引起的违法的构成要件该当事实能够追究过失责任，即便是能够适用第36条第2款，也应认为不能以轻于所成立的过失犯的刑罚予以处断，具体来说，也就不能施行刑罚的免除。

3. 假想避险、假想避险过当。不存在相当于紧急避险的事实却误认为存在该事实的场合，称为**假想避险**，在此场合不能肯定（责任）故意。对于假想的事实存在（责任）过失的话，在存在过失犯处罚规定的场合，成立过失犯。另外，假想了“现在的危险”，针对所假想的“现在的危险”的行为也属于过当的避险行为，在对其过当性存在认识、预见的同时而实施相应避险的场合，称为（**故意的**）**假想避险过当**（比如，大阪简判昭和60年［1985年］12月11日判时1204号161页），应该认为这一场合成立故意犯、可能适用刑法第37条第1款但书的规定，这一点与假想防卫过当的场合是一样的。与此相对，对于过当性虽没有认识、预见，但对未能认识、预见这一点存在（责任）过失的场合，就成了**过失的假想避险过当**。对假想了“现在的危险”这一点存在（责任）过失的场合，不能以轻于所成立的过失犯的刑罚予以处断，这一点也和假想防卫过当的场合一样。

第三款　未必的故意

一、问题之所在

所谓故意，是指对于犯罪事实的认识与预见，但问题在于，“认识、预见”存在程度上的差异，对于何种心理状态能够认定存在对犯罪事实的认识、预见并且肯定故意，或者是没有故意从而否定故意犯的成立？在没有故意而否定故意犯成立的场合，不过是在存在过失犯处罚规定时，成立法定刑相当轻的过失犯而已。比如说，在朝着某个目标射箭的场合，行为人的心理状态存在着各种各样的变动：力图命中而瞄准的场合，认为确实会命中的场合，认为大概会命中的场合，认为或许难以命中的场合，认为不会命中的场合。在这些心理状态之中，如何、在哪里划定故意与非故意的界限，就成为相当困难的问题。

作为对犯罪事实之认识、预见的**故意**，进一步可以区分为（1）意图实现犯罪事实的场合（**意图**），（2）认识、预见到确定地会发生犯罪事实的场合（**确定的故意**），（3）对犯罪事实虽没有确定的认识、预见，但却认识、预见了发生犯罪事实的盖然性的一定场合（**未必的故意**）。与此相对，属于对犯罪事实没有认识、预见但有此可能性的**过失**的场合，也进一步地区分为（1）犯罪事实一度进入行为人的意识之中但最终却遭到否定的场合（**有认识过失**），（2）犯罪事实未能进入行为人的意识的场合（**无认识过失**）。也可以说，这里成为问题的是，如何划定未必的故意与有认识过失之间的界限。这就要追问故意的最低限度的内容了。

二、学说的诸相

围绕着故意的理解，存在着着眼于意志（日文原文“意思”—译者注）的立场（**意志说**）和着眼于表象的立场（**表象说**）的基本对立（参见高山佳奈子：《故意与违法性意识》，141页以下）。与此相对应，关于认定属于故意之边界的未必的故意的要件，也存在着容忍说和认识说之间的对立。

（一）容忍说

容忍说主张，认识、预见了构成要件实现的可能性或盖然性，并对此予以容忍的时候，就能够肯定故意（团藤295页，大塚183页，等等，属于多数说）。这种观点认为，就故意来说必须能够肯定对于发生犯罪事实的“积极的人格态度”（参见团藤295页），而为了肯定这一点，“容忍”这样的意志性态度是必要的。

针对以上见解，可能存在着这样一种批判：即便为了肯定故意意志的要素是必要的，这种意志要素也已然包含于“实施行为”的意志即行

为意志（这是行为的要素）之中了，问题是，能否将该意思所承担的行为人的心理内容称之为故意，因此，在确定这样的心理内容之际就不能再次提出意志要素了。判例（最判昭和23年［1948年］3月16日刑集2卷3号227页）指出，在觉着可能会是盗窃的东西的同时又存在着敢于购买的意思时，就能够肯定对赃物（盗窃物品）的故意，但这并不意味着此处有“敢于”购买对象物的意志之外的东西。超出行为意志的“意志要素”不过是单纯的情绪要素，根据这样情绪要素来决定故意的有无，很有可能会导致以“对于他人的事情漠不关心这样的坏的性格”为根据，不特别追究认识内容是怎样的，都会肯定故意的存在（在行为人喝醉了酒驾驶着前照灯出现故障的汽车、撞上了被害人致其负伤的案件中，广岛高判昭和36年［1961年］8月25日高刑集14卷5号333页认为），在认识到了危险性的同时，抓住了“对结果的发生没有怎么在意”这一点而肯定了暴行的故意，这里，就伴有这种担忧。

（二）认识说

认识说主张，在认识到了实现构成要件之盖然性的场合则可认定故意（齐藤98页以下，等等）。这种见解若是认为行为人的意志对故意犯的成立来说完全不重要的话，那自然是不妥当的，但是如前所述，意志要素作为行为意志来考虑足矣，既然对于故意的有无来说行为人的认识内容成为问题，那么这样的见解基本上就是妥当的。但是，要是将“盖然性的认识”作为基准的话，则难免遭受其界限不明确的批判。为此，将构成要件的实现纳入行为人的意识或者是意志过程中，以尽管如此行为意志是否仍然被现实化为基准，想来这样才是妥当的。从而，就会认为，构成要件的实现虽然一度浮现于行为人的意识之内，但还是对之加以否定并实施了行为的场合，就不能认定存在未必的故意。这种见解也称为**动机说**（平野Ⅰ187页以下，内藤（下Ⅰ）1090页，中山356页，大谷158页，曾根166页，等等）。

三、附条件故意

故意必须是在实行行为（构成要件该当行为）的时点上加以认定

的。这是根据**“行为与责任同时存在的原则”**这一基本原则所作出的要求。与自身行为直接实现构成要件的场合不同，就介入了他人行为实现了构成要件而被追究责任的共犯来说，必须是在正犯或共同者实施实行行为之前的阶段的共犯行为的时点上，能够肯定共犯的故意。但是，在这一阶段，有时候正犯、共同者实施实行行为是和一定的条件挂钩的，这样的场合所认定的故意，称为**附条件故意**。即便是这种场合，如果试图通过正犯而完成实行行为的意思是确定的，就能够认定存在故意。判例也认为，“所谋划的内容是将杀害被害人和发生一定的事态相挂钩的（即在发生一定事态的前提之下，才会去杀害被害人。——译者注），即便犯意本身是种未必的状态，但在实行行为的意思确定之时，就并不欠缺成立杀人的故意”（最判昭和59年［1984年］3月6日刑集38卷5号1961页）。

第三节　事实的错误

第一款　概　　说

一、问题之所在

行为人故意的内容，换言之行为人所认识、预见的事实与实际上发生的事实之间，通常会存在着某种意义上的不同（这称为**事实的错误**）。此时，问题在于，即便是存在着事实的错误，还能否就实际上所发生的构成要件该当事实而肯定故意的存在？比如说，试图用手枪朝对方的头部射击而马上将其杀死，但子弹却命中了腹部，在送到医院之后被害人死亡的场合，问题在于，就实际上发生的事实能否肯定杀人的故意？也就是说，能否通过行为人的故意，行为人所具有的对构成要件该当事实的认识、预见，而肯定其对于实际上发生的构成要件该当事实存在故意？就是这样的问题。此外，如果行为人只是对某种构成要件该当事实不存在认识或者预见，就不过是欠缺故意而已，而不产生事实的错误问题。“事实的错误”以行为人具有故意为前提，根据其认识、预见的内容来判断就实际发生的构成要件该当事实能否认定存在故意。这就是，尽管存在着错误，还能否肯定对构成要件该当事实（为了说明上的方便，眼下暂且将违法性阻却事由该当事实的问题放在一边）的认识、预见的故意这样的问题。换言之，也可以说成这样的问题，即，在何种程度上主观与客观之间事实上的差异是不重要而能够舍弃的，要想能说成是存在对构成要件该当事实的认识、预见（故意），其必要的、最低限度的内容是哪些。若按上述理解，则“事实的错误”论就是这样的一种讨论，其是为了对认识侧面上的故意的最低限度的内容、要件加以明确，而并非是针对已经发生的构成要件该当事实虽没有故意，但为了明确特别成立故意犯的场合而进行的探讨。

二、错误事例的类型

事实的错误可以区分为两大类：(1) 行为人认识、预见的事实所该当的构成要件和实际上发生的事实所该当的构成要件是同样的，也就是同一构成要件内的事实的错误，这称为**“具体的事实错误”**；(2) 行为人认识、预见的事实所该当的构成要件和实际上发生的事实所该当的构成要件是不同的，也就是横跨不同构成要件的事实的错误，这称为**“抽象的事实错误”**。

另外，在具体的事实错误和抽象的事实错误的事例中，又可以类型化为：(1) 虽对所认识、预见的客体造成了侵害，但关于侵害客体的属性存在错误，即**“客体的错误”**，(2) 对不同于所认识、预见的客体的其他客体造成了侵害的场合，即**“方法的错误”**（或**“打击的错误”**），(3) 虽是对所认识、预见的客体造成了侵害，但造成结果的因果过程和所认识、预见的过程不同的场合，即**“因果关系的错误”**。这是着眼于事例的现象层面而给出的错误事例的分类，就 (1) 客体的错误与 (2) 方法的错误两者区别的界限而言，存在讨论。这一点，可以说也表现在上述客体的错误与方法的错误的不同定义中都残留着不明确的部分。

将上述的两个分类轴予以排列组合的话（2乘以3），则错误事例就变成了6种。以下首先对具体的事实错误的事例加以讨论，然后再就抽象的事实错误的事例进行检讨。

三、学说的诸相

在事实的错误中成为问题的是，行为人所具有的故意的内容，也就是根据被认可的行为人认识、预见的构成要件该当事实，能否针对实际上发生的构成要件该当事实肯定故意的存在。在这种判断中，问题在于，将行为人认识、预见到的事实与实际上发生的事实进行比较，要想说是存在故意，则在实际发生的事实中，**最低限度**上有哪些事实是必须加以**认识、预见**的，实际发生的事实与行为人认识、预见到的事实之间的差别中，有哪些事实是不能认为不重要而予以舍弃的。这也可以说是这样的一个问题，即，实际上发生的构成要件该当事实与行为人认识、预见的构成要件该当事实之间在何种限度内重合的话，换言之在何种限度之内**符合**的话，则对于实际上发生的构成要件该当事实就可以肯定故意的存在。也就是说，从故意的认识、预见对象的观点来看，在实际上发生的构成要件该当事实中，必须要将本质的、不容舍弃的事实与不重要的、可以舍弃的事实予以明确区分。

与这样的区别基准有关的基本见解，能预想到大致上可以分为以下三种立场。

第1种立场认为，只有该当于某种构成要件这样的事实才是重要的，这被称为**抽象的符合说**，关于抽象的事实错误①，此种见解得以主张（参见日高义博：《刑法中错误论的新展开》，成文堂，1991，等）。根据这种见解，事实的错误不会阻却故意。可是，就连该当于何种构成要件这一点都一并舍弃了，所剩下来的认识，已不是对特定的构成要件该当事实的认识，这已经不能称之为特定犯罪的故意了。因此，这种理解想来是不妥当的。有观点认为，即便对故意犯的成立予以广泛肯定，

① 就具体的事实错误来说，抽象的符合说会导致和后述的抽象的法定符合说同样的归结。

但通过适用刑法第 38 条第 2 款，只要仍在认识、预见到的事实所对应的犯罪的刑罚限度之内处罚的话就行了。但不是这么回事。可以说，由于原本就是在犯罪成立的限度之内奠定科刑的基础，将犯罪的成否与科刑加以分离，本身就是不妥当的。另外，也有见解否定故意的构成要件关联性，认为即便没有对构成要件该当事实的认识、预见，只要认识、预见到造成违法性意识的事实就好，并将此理解为故意。这种见解会达成和抽象符合说一样的理解，在抽象符合说那里，只要是认识、预见到相应事实会该当于某种构成要件的话，就会具有对造成违法性意识的事实的认识、预见，从而也就存在故意。可以说，这正可以佐证，否定故意的构成要件关联性是不妥当的。

第 2 种立场认为，一切具体的事实都是重要的（这可以称为纯粹具体符合说），就事实而言只要有某种错误就不能肯定故意的话，实务上很可能会导致一概不能认定故意犯的成立，这样的结论是不妥当的，因而实际上也没人主张这种观点。这种见解否定了在实际存在的事实中，从故意的观点来看存在在法律上重要的事实和不重要的事实的区别，但不容否认的是，像杀人案件中被害人的年龄、性别的错误等等，这些明显是不重要的错误。在构成要件该当事实中，从故意的认识、预见对象的观点出发，就要求寻求到区分不重要的事实和重要的事实的标准，这无论如何都是必要的。在否定这第 2 种见解的理由中，也缊含着解决问题的线索。

第 3 种立场是，在判断是否属于重要事实而作为故意的认识、预见对象时，使用了构成要件概念作为判断基准，在行为人认识、预见的事实与现实中发生的事实在“构成要件的框架之内”重合（符合）的场合，在重合的限度内则肯定故意，这称为**法定符合说**或者**构成要件符合说**。换言之，这种立场下，可以理解为，在成为认识对象的构成要件该当事实中，只有“属于该当特定构成要件事实”这一点才是本质的和重要的。这是从将故意理解为构成要件该当事实的认识、预见的立场出发而导出的见解，故而，现今成了判例和通说的立场。

这一立场在实际上所发生的事实中，在认定作为犯罪成立要件的故意时，承认了存在重要的事实与不重要的事实（后者又可以分为在量刑上重要的事实和在量刑上也不重要的事实）这一区别，并将此种区别的区分基准求诸构成要件。而根据对作为基准所使用的构成要件的理解，又进一步分为不同的见解。实务上的问题也正在于此。

判例以及多数说（团藤298页，福田平：《关于方法的错误的备忘录》，井上还历（上），221页以下，大塚189页，西原（上）218页以下，大谷168页以下，川端252页，前田190页，高桥194页，佐久间126页以下，等等）采取了这样的见解，其对于“只有该当特定构成要件这一点是重要的”这一法定符合说的理解没有附加任何限定，而是在将特定的构成要件该当事实在所符合的构成要件要素的水准上，像“人”“物”这样抽象地予以把握，而全部舍弃该当于此的事实的个别性、具体性（**抽象的法定符合说**）。这种立场认为，重要的是存在着相当于特定的构成要件要素的事实，并且必须对这些事实具有认识、预见，至于该事实的具体性则并不重要，并非故意的认识、预见对象。自然，事实是作为具体的事实而被认识、预见的，但这种观点认为，对于事实的具体性的错误并不阻却故意。该观点认为，比如说，就作为杀人罪的构成要件要素的被害人来说，仅仅其是否属于“人”才是重要的，认识、预见到了客体是人的话就足够了，至于被害人的年龄、性别，该人是谁、是哪个人等，这一切都不重要。当然，尽管行为人认识到作为杀人对象的被害人A（女性，年龄30岁），即使那个对象实际上是被害人B（男性，年龄50岁），由于人名、性别和年龄作为故意的认识对象来说并不重要，则关于这些点的错误也就不能阻却针对被害人B的杀人故意。

与此相对，有力说（平野Ⅰ175页以下，内藤（下Ⅰ）938页以下，铃木105页，曾根184页，中森喜彦：《错误论1》，法教106号，28页，堀内107页，町野朔：《故意论与错误论》，刑法26卷2号，177页以下，浅田310页，西田224页以下，山中339页以下，伊东126页以下，等等）虽说也是和抽象的法定符合说一样，将构成要件该当事实在构成要件要素的水准上抽象地加以把握，但又认为唯有法益主体（被害人）的个别性、具体性是重要的，不能被忽视和舍弃（**具体的**

法定符合说[①])。在法益主体（被害人）间的错误的案件（比如说，出于杀人的意思而瞄准了 A 并发射了手枪的当口，却命中了 A 旁边的 B，导致 B 死亡的场合）中，这种见解能够展示出构成要件该当性根据各个法益主体（被害人）加以判断，换言之，在上面的例子中，要分别对以 A 为被害人的构成要件该当性和以 B 为被害人的构成要件该当性予以判断，这是因为在构成要件该当事实之中法益主体（被害人）的差别很重要，不容忽视。如后文详述，从这一理由出发，可认为这样的具体的法定符合说是妥当的。另外，在学说之中，关于具体的法定符合说的根据虽有各种各样的说法，但上述理由是来源于以构成要件的符合为问题的法定符合说（构成要件符合说）的基本论理，可以说是最本质的理由。比如说，要是以反对动机的形成可能性作为问题（参照西田 224 页）的话，由于要说成存在故意，只要能产生成为反对动机之原因的违法性意识就足够了，既然违法性意识并不因每个被害人而其内容有所差异，也就不能为具体的法定符合说奠定基础；更进一步，由于违法性意识并不会因犯罪而有所差异，所以也不能成为抽象的法定符合说的根据。这种见解最终会导致认为事实的错误并不阻却故意的抽象符合说。正如前述，通过援用违法性意识来解决与故意息息相关的事实错误的问题，可以说一开始在方法论上就是没有道理的。从法定符合说的立场出发应该采用具体的法定符合说，抽象的法定符合说对于构成要件的重要性和错误的重要性的判断基准作不同理解，看上去像是按照了法定符合说（构成要件符合说）的论理，但实际上并非如此，可认为“作为法定符合说来说是错误的”。

以下，以此等抽象的法定符合说和具体的法定符合说的对立为基轴，对于事实错误的事例之解决加以探讨。

---

① 学说中，很多学者将本书中所说的“抽象的法定符合说”称为“法定符合说”，将本书中所称的“具体的法定符合说”称为“具体符合说”。但是就两种说法的论理来说，无论何者都是将“法定的符合”作为问题的，本书所采用的名称突出了这一点（将“法定的符合”作为问题这一点在名称上予以明确），因而是更为可取的。

第二款　具体的事实错误

一、客体的错误

所谓**客体的错误**，比如说，以为前边步行的是A而用手枪将其杀死了，在确认尸体时，该人不是A而是另外的人B，在这样的场合，判例（大判大正11年［1922年］2月4日，参见刑集1卷32页）以及学说一致肯定了行为人对于所产生的构成要件该当事实存在故意。[①]

从**抽象的法定符合说**出发，由于被害人是A还是B并不重要，只要属于“人”的话就行了，在以为是A时就存在着对“人”的认识，就能肯定对属于“人”的B的杀人故意。

具体的法定符合说则认为，由于存在杀害作为具体的法益主体（被害人）的“那个人”（以为是A实际上是B）的意思，这一点没有差错地实现了，所以能够肯定对“那个人”B的杀人故意（参见平野Ⅰ175页）。在这里，虽说是通过“那个人”“这个人”的形式将法益主体（被害人）特定化了，但通过“A”“B”的形式对法益主体（被害人）的特定化当然也是可能的，倒不如说，后者才是原本的特定方法，也可以说在行为人的意识中正是这个（是“A”还是“B”）才是决定性的、重要的。从而，就像将在A旁边的B错当成了A这样的场合一样，若是存在杀害A的可能性的话，对于A是否成立杀人未遂就可能成为问题。这样来思考的话，就不能简单地说，由于在“那个人”这一点上没有错误就可以肯定存在故意。但是，还是能够通过下面这样思考，对于所产生的事实肯定故意的。即，在客体的错误之案件的场合，在实施实行行为的时点上，在行为人的意识中“A”与“那个人”重合，也就肯定了对于原本是“A”的“那个人”的故意。在这个意义上，就对“A”具有故意的行为人来说，就能够肯定其对于“那个人”（实际上是“B”）具有故意。另外，能够理解为，在这一场合，并不意味着区别于对“那

---

① 在这一场合，肯定对于所产生的构成要件该当事实存在故意，就意味着没有采纳前述的纯粹具体符合说这样一点。

个人”的故意，在那个时点同时存在着另外的对“A”的故意。[①] 根据上述的思考方式，也就是就“那个人”来说，A和B是重合的，也就能肯定对于B的故意了。在此意义上，可以说最终维持这样的说明就是可能的，即在“那个人”这一点上主观与客观相符合，从而能肯定故意。

二、方法的错误

所谓**方法的错误**（倒不如说**打击的错误**这种说法在直感的理解上更为合适），是指在所认识、预见的客体之外的其他客体上产生了侵害的场合，比如说，想要杀死A而发射了手枪，没有命中A却命中了旁边的B并致其死亡的场合。在这一场合，对于所产生的构成要件该当事实能否认定存在故意，抽象的法定符合说和具体的法定符合说之间，产生了理解上的分歧。

抽象的法定符合说认为，在认定故意的时候，法益主体（被害人）的不同并不重要，所以在上述例子中，通过杀死作为“人”的A的意思，就能肯定杀死作为“人”的B的故意。在这样的思考方法的背后，也可以说存在着这样的理解：要是存在杀A的意思的话，就可能形成针对杀人的反对动机，从而，就能够就杀死B而言追究故意责任。判例也认为，“要想认为存在犯罪的意思，虽然必须要有对构成犯罪的事实的认识，但是未必要求犯人所认识的构成犯罪的事实与现实中所发生的事实具体来说也是一致的，只要**两者在法定的范围之内一致**就足够了”，从而，“既然是在杀人意思的基础上实施了杀人行为，则即便是在犯人所不曾认识到的人身上发生了杀人结果的场合，就前述的结果而言也存在杀人的故意”（最判昭和53年［1978年］7月28日刑集32卷5号1068页）。

这样的一种观念是抽象的法定符合说的基础，即，对于构成要件要

① 从而，以为是A而向该人（实际是B）瞄准但子弹打偏了，命中了旁边的人并将其杀害了，但这个被害的人实际上正是A，在这一场合，对于实际上所发生的杀害了A这一构成要件该当事实不能肯定存在故意。另外，在“A”与“那个人”重合以前的阶段中，存在对“A”的故意，若是存在构成要件该当事实的话，是可能针对“A”成立犯罪。

素全部作抽象的理解，认为构成要件该当事实的具体性对于故意的成立来说不具有重要性。若将这样的思考方法一以贯之的话，在上述例子中，由于被害人是谁对犯罪的成立来说并不重要，似乎就应该是仅成立杀人罪一罪，不为被害人而具体化，但实际上，抽象的法定符合说也是根据每个法益主体（被害人）所具体化的构成要件该当性进行判断，而将故意的有无作为问题。在此意义上，对于未能使构成要件该当性的判断与“法定的符合”的标准产生联动的这种抽象的法定符合说，就可以说，其作为法定的符合说（构成要件的符合说），是存在根本性疑问的。直截了当地说，如前所述，抽象的法定符合说作为法定符合说来说，是错误的。而且，如果换个角度来看的话，抽象的法定符合说承认对 A 有杀意而成立杀人未遂和因 B 的死而对 B 成立杀人罪，在此限度内，既遂犯因结果而加重未遂犯的刑罚，就是将其理解为未遂犯的一种结果加重犯，可谓对加重结果作了与客观处罚条件相同的对待。恐怕可以这样推测：支撑抽象的法定符合说的所谓“感觉”正在于此。原本，在抽象的法定符合说中，对于 A 的杀意还是对于 B 的杀意，这样的区别并不重要，可以说应该仅有“杀人的故意”被当作问题。不管怎么说，由于抽象的法定符合说也肯定了复数的具体化的构成要件该当性（在上述例子中，对于 A 的杀人罪的构成要件该当性和对于 B 的杀人罪的构成要件该当性），就不得不将针对各个构成要件该当性能否肯定故意作为问题，在此就会采纳肯定针对（上述例子中，A 以及 B）双方的故意这样的对应方式。从抽象的“杀人的故意”出发，而导出了针对具体的被害人的故意，这里也可以说存在着论理上的跨越。判例（前引最判昭和 53 年［1978 年］7 月 28 日）也承认了成立多个故意犯这样的结论（其罪数关系，是刑法第 54 条第 1 款所规定的观念竞合）。

学说上针对上述这样的抽象的法定符合说的理解，进行了这样的批判：根据抽象的法定符合说，比如说，瞄准了 A 而发射了手枪，杀害了 A 的子弹也命中了 B 并杀害了 B 的场合，就成了对 A 的杀人罪和对 B 的杀人罪两个犯罪，即便是将两罪作为观念竞合（刑法第 54 条第 1 款）加以处理，但只有“杀害一个人”的意思相反却成立两个故意杀人罪，这是不妥当的，这就要求应该将**“故意的个数”**作为问题（参见平野龙一：《方法的错误》，平野：《诸问题》（上），67 页）。抽象的法定符合说中，接受了这样的来自“故意的个数”观点的批判，仅仅只肯定成立一个故意犯的见解（称为**“一故意说”**。参见大塚 192 页，佐久间 130 页，等等）得以主张。与此相对，**数故意说**也为判例和学说所采用，该说认为，在上述场合肯定成立数个故意犯也没什么不当的，观念竞合的规定中就包含着这样的旨趣（参见前引最判昭和 53 年［1978 年］7 月 28 日。学说可参见团藤 304 页，中野次雄：《方法的错误与所谓故意的个数》，团藤古稀（2），201 页以下，等等）。由于在抽象的法定符合说的逻辑之中，并不存在从数个故意中仅选出一个故意的标准，因而，这种一个故意犯说从根本上来说就是勉强的。比如说，来看一看出于杀害 A 的意思，（1）伤害了 A 并杀死了 B 的场合，（2）杀害了 A 也杀害了 B 的场合。根据一故意犯说，在（1）的场合将会肯定对 B 的杀人既遂，而对 A 则肯定犯罪不成立或者是过失伤害（既然对 A 存在故意这一点无法否定，则认为对 A 不成立犯罪或成立过失伤害的结论本身就不能被采纳），在（2）的场合将会肯定对 A 的杀人既遂和对 B 的过失致死罪（参见福田·大塚（中）231 页以下）。但 A 死亡之前是（1）的罪责，而 A 一旦死亡就成了（2）的罪责，这一结论等于根据事后的事实变化来变更对实行行为时故意的判断，这样的关于是否成立故意及故意犯的事后操作，恐怕难以避免过于图方便、并不妥当这样的批判（町野朔：《故意的个数》，《刑法判例百选Ⅰ总论（初版）》，124 页）。因此，如果要立足于抽象的法定符合说的立场的话，就应该像判例一样采纳数故意犯说。但是，像这样可以说已经在实务上确立下来的判例立场，其根据中存在基本的疑问，这一点前面已经论述过了。

与此相对，**具体的法定符合说**主张不舍弃法益主体（被害人）的个别性，在一开始的例子中，虽能肯定对 A 的故意，却不能肯定对 B 的故意。换言之，这就成了肯定对 A 的杀人未遂和对 B 的过失致死。其理由在于，就像分别肯定对 A 的构成要件该当事实和对 B 的构成要件该当事实所显示的那样，法益主体（被害人）的不同是重要的，不能无视、舍弃这一点，不能根据对A存在的故意，就肯定对于不同于A的B也存在着故意。

具体的法定符合说站在将构成要件作为符合之标准的法定符合说的立场上，同时又认为只有法益主体（被害人）的具体性（谁是被害人）是重要的，不能无视、舍弃这一点，从这样的理解出发，在法益主体（被害人）的同一性范围之内（在同一被害人的限度内）的“打击的错误”不阻却故意。比如，出于伤害的意思，瞄准了对方的手腕扔石头的时候，石头命中了头部而致其重伤的场合，关于同一被害人受伤之部位的错误在认定伤害故意时并不重要。因为伤害罪的构成要件是人的健康状况的不良变更，而不问伤害的是哪个部分。可以说针对同一被害人的伤害部位的认识错误仅在量刑判断上具有重要性而已（相比于原本就瞄准了头部的场合，相应的评价较轻）。此外，试图破坏A的所有物x而砸石头的当口，石头没有命中x，而是砸坏了A的另外的所有物y的场合，也有余地作同样的理解。在这样理解的场合，其前提是，认为成为故意毁坏财物罪的构成要件的不是“属于A的个别的财产”的侵害，而是“A的财产”的个别的损害。单纯的事实上的“意思方向”并不成为问题（参见山口·探究121页以下）。

上述具体的法定符合说在客体的错误和方法的错误上对于是否肯定故意得出了不同的结论，对此，针对具体的法定符合说在关于**客体的错误和方法的错误的区别**问题，存在着以下两个批判。第一个批判是，对于客体的错误和方法的错误，未必总能明确地界分二者，尤其是在不能从视觉上对客体进行特定的场合，区别两者是困难的（参见井田良：《关于故意中的客体的特定以及“个数”的特定的一个考察（2）》，（庆应义塾大学）法学研究第58卷10号，56页以下）。客体的错误和方法的错误，是存在错误之案件事实上的分类，即便是存在着两者难以明确区别的场合，也不意味着就动摇了具体的法定符合说作为规范基准的妥当性。就边界事例来说产生判断的困难是常有的事。但是，经常挂在嘴边讨论的事例，即，有杀害A的意图，深夜在A的汽车上设置了炸弹，次日早晨，A的妻子B坐上了汽车而被炸死（汽车爆炸杀人事例），基于对这一事例之处理的探讨，对于具体的法定符合说的妥当性加以确认，也是有意义的。在这一场合，从瞄准了 A 这个侧面来说是方法的错误，而出于杀害坐上汽车的人的计划，从认为该人是 A 但却是 B 这一点来把握的话就成了客体的错误，客体的错误和方法的错误可谓发生了交错。相对于两者的区别基准本身，批判的实质实际上是，从具体的法定符合说出发，就成了方法的错误，就不能肯定针对 B 的故意，作为结论来说这是不妥当的（与此相对，西田 226 页承认了不能肯定对 B 的故意这一结论）。但是，从结论来说的话，在前述的汽车爆炸杀人事例中，是能够肯定杀害 B 的故意的。在这个事例中，就实行行为时行为人的认识来说，在被害人坐上汽车的阶段，“A”与“坐车的人”是重合的（被害人不坐车的话，杀害 A 就是不可能的），因此，就能肯定对于原本是“A”的“坐车人”的故意。在此意义上，由于对“A”的故意[①]，也就可以说能够肯定对于“坐车的人”（实际上不是 A 而是 B）的故意。也就是，就“坐车的人”来说，A 和 B 是符合的。这样，最后就会作为客体的错误来处理。这个事例，和完全被看作是 A 的 B 坐上了车、通过引爆装置而导致设置的炸弹爆炸而致 B 死亡的事例是一样的，可以说无外乎是客体的错误的事例而已。尽管有主张认为上述结论仅仅通过抽象的法定符合说的立场才能正当化（参见西田 226 页），但如上所述，并非如此。

针对具体的法定符合说的第二个批判理论上说来是更为重要的，即，从具体的法定符合说的立场来看，客体的错误和方法的错误“理论上”无法区分，客体的错误的场合应该也不能肯定故意（大谷实：《关于构成要件的符合说》，同志社法学 36 卷 4 号，10 页，西原（上）224 页）。确实，根据认为法益主体（被害人）的区别是重要的这一具体的法定符合说，在以为是 A 而杀害“那个人”，而实际上不是 A 而是 B 的场合，难道不是仅存在对 A 而言的构成要件该当事实的认识，但没有对 B 而言的构成要件该当事实的认识，对 B 来说就不能肯定存在故意

① 另外，由于对“A”存在故意这一点是难以否定的，要是能够肯定存在针对 A 的构成要件该当事实的话，就可能肯定成立针对 A 的犯罪（杀人未遂罪）。

吗？就这一点来说，以上批判是突出了重要的问题点。但是，如同已经在客体的错误项下所说明的那样，当初，行为人虽仅有对于“A”的故意，但在行为人的认识中“A”和“那个人”是重合的，就能肯定对于“那个人”（实际上是“B”）的故意。在这个意义上，存在于具体的法定符合说的思考方法与就客体的错误而言肯定故意这两者之间，并没有矛盾。在方法的错误的场合，由于不能肯定这样的符合，就不能针对所产生的构成要件该当事实而肯定故意的存在。恐怕可以说，在行为人的主观意识中所特定的人与在因果经过中作为被害人所出现的人是否重合（是否符合），就成为了客体的错误与方法的错误（前者肯定故意而后者则否定故意）的区别基准。

最后，从具体的法定符合说的立场出发，再涉及一下出于一个故意能否成立复数的故意犯这一**“故意的个数”**问题（参见铃木左斗志：《关于方法的错误》，金泽法学37卷1号，104页以下）。比如说，以为是自己的父（母）亲A实际上却杀害了其他人B的场合，针对B成立杀人既遂是当然的事情，同时，只要就客体不能来说不采纳一概否定成立未遂的见解，则根据场合对于A成立（旧）尊属杀未遂也是可能的。从而，出于“一个故意”也能肯定成立复数的故意犯（既遂犯与未遂犯）。就这个事例来说，虽说与后述的抽象的事实错误也是有关系的，但在现行刑法中，则属于纯粹的具体的事实错误的事例。在能够肯定对于A的杀人未遂的构成要件该当性的场合，可以说就可能成立该罪。在这里，故意虽只存在于以为是A但却是B的人身上，但由于构成要件该当事实是可能重合地存在的，就能够肯定对于双方的故意，从而就可能成立既遂犯与未遂犯两罪。再者，在**择一的故意的事例**中，比如说，只有杀害A或B其中一人的意思、但究竟杀谁没有特定的场合，如在聚会席上，仅在A、B一起伸出的玻璃杯中的一个里混入了毒药这样的场合，就已经死亡的被害人能够肯定杀人故意，而就未死亡的人来说也不能否认杀人未遂的成立。这就是，1个杀人故意，由于可能实现在任何一个被害人身上（从杀害故意转化为杀害了某个被害人——译者注），由此出发，对于双方来说都可能成立杀人未遂。与此相对，既然无论如何都仅有 1 个杀人的意思，即便是 A 和 B 分摊了掺毒的玻璃杯中的饮料，两人都死亡，想来也不应该成立杀人既遂罪两罪。这样，在可能成立复数的故意犯的场合，应该认为所能并存的要限于未遂犯的场合，这可以这样来说明，即未遂概念的特征是，其作为既遂的可能性足矣。在这一场合，与成立未遂的被害人的关系上，由于现实上存在着特定的故意或者概括的故意，所以就可能成立未遂犯了。

三、因果关系的错误

（一）概说

所谓**因果关系的错误**，是指发生侵害的客体虽没有错误，但发生侵害的因果经过存在错误的场合。方法的错误也是一种因果关系的错误，不过对此前文已论及。比如说，用利器试图刺杀 A 的时候，却只致其负了轻伤，但由于 A 实际上是血友病患者从而流血过多而死亡的场合（血友病事例）；打算将 B 淹死而将其从桥上推下去的当口，B 在向着水面摔落下去的过程中，头部猛烈地撞上了桥墩而死亡的场合（桥墩事例）。像这些事例，问题就是，对于所产生的构成要件该当事实，能否肯定存在故意。

是采用抽象的法定符合说还是采用具体的法定符合说，对这些事例的解决不会产生差别。即便是从具体的法定符合说的立场来看，由于不存在关于法益主体的错误，就不能直接地否定故意的存在。从而，这个问题，只要是将法定符合说的思考方法运用于因果关系的话即可迎刃而解了。也就是说，因果关系诚然是构成要件要素，但根据法定符合说，只要是在构成要件要素的抽象水准上符合的话，对于实际上所产生的构成要件该当事实就肯定故意（至于法益主体而言则有争论）。由此看来，可以说具体的因果关系的存在方式之差异并不重要，只要能够认定在存在因果关系这一点上主观面与客观面符合的话就足够了。换言之，作为故意的认识对象来说，具体的因果经过的存在方式并不重要（町野Ⅰ 244 页以下，堀内 114 页，西田 227 页，山中 364 页，伊东 128 页，等等）。从而，行为人所认识、预见的因果经过如实际发生则能肯定构成要件该当性（否则的话，行为人的认识就不是故意），那么，就实际上所发生的因果经过若是也能肯定构成要件该当性的话，则对于因果经过之存在方式的错误，没有丝毫的阻却故意的用处。不管是上述的血友病事例还是桥墩事例，只要是就现实的因果经过能肯定构成要件该当性，就会成立故意既遂犯。

在学说之中，有见解认为，对因果关系的认识并不是故意的要件（大谷155页，前田175页以下）。但是，尽管因果关系的错误不阻却故意，但将对因果关系的认识、预见从故意的要件中排除出去也是不妥当的吧。即便就某种事实而言存在错误也不阻却故意，这一点和不要求对该事实具有认识、预见也不是一回事，不能将两者予以混同。这一结论，只要是考虑一下下面这一点的话就是很明显的：从抽象的法定符合说来看，“如果是人的话”，对于被害人是谁这一点的认识错误不阻却杀人罪的故意，但也不能说，要想认定杀人罪的故意不需要对于将“人”杀害这一点的认识、预见。而且，可以说，对于与因果关系相割离的发生结果的认识、预见不过是没有根据的单纯“愿望”而已，其能否奠定故意的基础是有很大疑问的。现实中，即便是前面那些见解，也是在对“实行行为”性的认识名义下要求和对因果关系的认识、预见一样的东西。既然不能否定因果关系是构成要件要素这一点，那么将其从故意的认识对象中排除，就成了没有条文上的根据却肯定了即便是构成要件该当事实也不要求认识、预见，这本身是不妥当的。换言之，根据想要得出的结论来决定故意的内容、要件，这虽可谓是终极的目的论的解释，却变成了为处罚而决定成立要件，这很有可能开启了恣意处罚的大门。应当说目的论的解释也是有界限的。之所以要重视（客观的）**构成要件的故意规制机能**，就是因为有必要排除这样的操纵，有必要将其担保在解释论的框架之内。另外，如前所述，从法定的符合说出发不难得出论者所期望的结论，可以说完全没有必要承认故意的要件中的“例外”。

（二）所谓“韦伯的概括故意”事例

比如说，像出于杀人意思向人群里扔炸弹的场合这样的引起结果之对象不特定的场合，是“概括的故意”的事例；与此不同，这里所描述的**“韦伯的概括故意”**事例，是指行为人想着通过自己的第1行为而导致结果的发生，但实际上是此后的第2行为导致结果发生的场合。比如，行为人出于杀人的意思用细麻绳勒A的脖子，因不见动静了就以为A死了，为了防止自己的犯行被发觉而将被害人运送到远处的海岸沙滩上，这时候A吸进去了沙粒儿，因为颈部勒扼和吸进了沙粒而死亡。在这个案件中，判例以第1行为与结果之间存在因果关系，第2行为的介入并未遮断这一因果关系为理由，肯定了杀人既遂罪的成立（大判大正12年［1923年］4月30日刑集2卷378页）。

在这一事例中，首先的问题是，能否肯定属于杀人实行行为的第1行为与被害人的死亡之间的因果关系。就结论来说，是可以肯定这种因果关系的。这是因为，(1) 原本第1行为的颈部勒扼在物理上对导致被害人的死亡有重要作用，可谓是死亡的共同原因，(2) 第2行为按照行为人的认识来说是遗弃尸体行为，对被害人的死亡来说不过具有过失而已，但由于第2行为是由第1行为所诱发的，且其动机很大程度上也是由第1行为所赋予的，是第1行为诱发产生的，假如即使第2行为是死亡的直接原因，那也可以说是第1行为的危险性介入了第2行为而间接现实化为了被害人的死亡。从而，这就不外乎是因果关系错误的事例，行为人对因第1行为而引起结果的认识、预见就是故意，既然实际上的因果经过该当构成要件，就能够肯定故意既遂犯的成立（参见山口·探究138页以下）。在学说中，虽也有见解重视第2行为的介入、对于两个行为分别予以评价，但从第1行为开始经过第2行为而导致结果的因果经过既然能够肯定该当构成要件，就可以说那样的见解并不恰当。另外，在第1行为时已经设想了第2行为的场合虽然能很容易肯定构成要件该当性，但可以这样理解，这并不意味着“在第1行为时已经设想了第2行为”这一点是肯定成立故意既遂犯的不可欠缺的要件。

（三）结果的提前发生（构成要件的提前实现）

与“韦伯的概括故意”事例相反，在行为人试图通过第1行为之后实施的第2行为而导致结果的发生时，由第1行为就已经引起了结果的场合，称为**“结果的提前发生（构成要件的提前实现）”**。比如说，想着是勒绞对方的脖子使其失去意识（第1行为）然后再将其杀害（第2行为），但勒脖子过头了而将其杀死的场合；又比如，试图将美术馆里展览的花瓶拿到馆外去予以破坏（第2行为），但在搬动花瓶（第1行为）时花瓶落在了地上、当场就损坏了的场合，问题在于，是否具有杀人罪（刑法第199条）、损坏器物罪（刑法第261条）的故意，是否成立相应的犯罪？

关于这一问题，存在着这样的下级审判决。行为人想把自己家的房子烧掉并且焚身自杀，在室内洒完汽油后，为了在临死之前最后再抽根烟而点着了打火机，这当口引燃了汽油的挥发气体、引发了爆炸并导致了火灾。在这一案件（香烟点火事例）中，下级审判决认为，由于撒完了汽油“可以说就放火而言所企图的事情已经完成了大半，在这一阶段已经产生了引起法益侵害即烧毁本案中房子的迫切危险”，从而在泼洒汽油的阶段成立放火未遂，“在前述的状况之下打着火机的话恐怕就会着火，这一点是一般人都容易理解而并非是不能预料的事情，另外，被告人在点着打火机时也并不意味着就翻悔了烧毁本案房子的意思，因此，虽说是经过上述过程引发了着火并导致了本案的结果，但因果关系并未被否定，被告人难免放火既遂罪的罪责。”（横滨地判昭和58年[1983年]7月20日判时1108号138页）此后，关于下面这样一个案件，最高裁作出了如下的判例。即，被告人原计划是在使被害人吸进去氯仿致其昏迷（第1行为）的基础上，利用其昏迷状态、使被害人和汽车一起滚落到水中（第2行为）致其溺死，实际情况是，由于吸进去了氯仿而昏迷的被害人被装进汽车里，连同汽车一起滚落到了海中沉没了，其结果虽导致了被害人的死亡，但被害人的死也有可能是第1行为就已经造成的。最高裁认为，第1行为是为第2行为确实且容易实施所必不可少的，在第1行为成功的场合，在此之后实施杀害计划并不存在成为障碍的特殊事情，第1行为与第2行为在时间上、场所上也是密切相连的，考虑到以上等因素，第1行为就是第2行为的**密切关联行为**，由于在第1行为开始的时点能够明确认定导致杀人的**客观危险性**，故而在该时点就属于杀人罪的实行着手。并且，由于行为人着手实行了通过使被害人吸入氯仿致其昏迷、使其连人带车一起坠入海中这一连串的杀人行为，其目的也达到了，所以即便与行为人的认识不同、在第2行为之前的时点被害人已经死亡了，也并不欠缺杀人的故意，仍成立杀人既遂（最决平成16年［2004年］3月22日刑集58卷3号187页）。那么，可以说判例是作了这样的理解：在第1行为的阶段能够肯定引起结果的客观危险性，成立未遂犯的场合，则是由第1行为直接引起的结果，还是介入了第2行为而引起了结果，就是并不重要的单纯因果关系的错误而已（参见山口·新判例78页以下）。

对于这样的见解，将既遂犯的成立从“既遂犯＝未遂犯＋构成要件的结果”这样完全形式化理解的立场来看恐怕不会产生什么疑问，但可能的问题是，未遂犯是从处罚必要性这一实质考虑出发而扩张了实行行为的理解，为什么这种理解对于不同于未遂犯之构成要件的既遂犯来说也是适用的？也就是，就判例所采取的上述理解来说，能够提出如下的疑问。即，从未遂犯处罚必要性的观点来看，由于在（未遂犯的场合）着手直接引起构成要件结果的行为之前的阶段就已经肯定了“实行的着手”，可以说判例将所谓的“前伸地”扩张的实行行为的理解也适用于了发生了结果的既遂犯的要件。不过，在如此理解下的实行行为的时点上，既然行为人不认为他作出了产生结果的必要行为，从而就不认为会产生结果，就尚不能肯定行为人对于结果发生具有现实的认识、预见，也就是说在该行为的时点，行为人想的是试图在此后再造成结果，而并没有认为会发生结果，即便如此，还仍然肯定作为既遂犯之要件的故意，从上面所述的旨趣来看，就等于是将犯罪的故意等同于实施扩张的、其本身并不引起结果的实行行为的意思，其结果就是，可能会产生这样的疑问：构成要件的结果难道不是被所谓的客观处罚条件化了吗？

不过，虽说存在着这样的疑问，但立足于强烈推行避免引起结果这种要求的立场对既遂犯构成要件进行若干扩张，则以下这样的理解恐怕就不是不可能的。即，基于当初所预定的犯行计划，对于行为人自身所施行的具有密切关系的一连串的行为来说，只要这些行为在实质上能够作为一体的行为予以把握，则在开始这一连串的、一体的行为的阶段就已经肯定了现实的故意，不管这一连串的、一体的行为中的哪个行为引起了构成要件的结果，都能肯定成立既遂犯。要是想将判例的立场实质性地予以正当化的话，就会这样地来进行思考。也就是说，原本，基于事前的犯罪计划、意思决定，引起构成要件结果而实施的行为人本身的复数个行为，不论哪个都属于指向引起结果的作为行为人意思之现实化而归属于行为人的行为，从而，在法律上就期待着其不实施其中的任何行为。在此意义上，可以理解为，对于指向引起结果发生的基于同一意思的作为一体化来把握的“**一连串的、一体的实行行为**”，这些行为的全体也就被一体化地禁止了。这样，成为这一连串的、一体的行为的构成部分的行为，原本可以理解为其本身要限于能够引起构成要件结果的行为，但从为了法益保护、实质地把握指向实现犯罪的行为的观点来看，将这样的行为扩张到也包含与引起结果有密切关联的行为。之所以如此理解，是因为，在所实施的指向引起结果的复数行为之中，由于也可能实施其本身虽未意图发生结果但与引起结果具有密切关联的行为，从强烈地推进避免引起结果发生这种法律要求的立场出发，就有必要禁止包括这样的行为在内的行为人所实施的指向引起结果的一连串、一体的行为全体，这样的理解也不是不可能的。

第三款　抽象的事实错误

一、概述

所谓**抽象的事实错误**，是指行为人认识、预见的事实所该当的构成要件与实际上发生的事实该当的构成要件不同的场合，也就是，横跨不同构成要件的事实错误。关于这一场合，刑法仅规定“行为人虽实施了应该属于重罪的行为，但行为时并不知道该当于该重罪的事实，则对之不能处以重罪”（刑法第38条第2款），而并未涉及在何种场合能够肯定成立何种故意犯，而是将该问题的解决交给了刑法的适用解释。

抽象的事实错误中也存在着客体的错误、方法的错误和因果关系的错误三种类型。这其中，关于**方法的错误**，从具体的法定符合说的立场来看，如同在具体的事实错误项下所述，以对于实际上发生侵害的被害法益不能认定认识、预见为理由就能够否定故意的存在，从而成为问题的就剩下了**客体的错误**和**因果关系的错误**的事例。与此相对，从判例和多数说所采用的抽象的法定符合说的立场出发，就方法的错误而言，也会和客体的错误、因果关系的错误采用同样的基准对是否具有故意加以判断。实际上作为问题被广为讨论的是客体错误的事例，另外，因果关系错误事例的解决基准也和客体错误的场合一样，所以以下着重对客体错误的事例加以讨论。

由于故意是指对于构成要件该当事实的认识、预见，就抽象的事实错误来说，仅仅对与实际发生的事实所符合的构成要件不同的其他构成要件的该当事实存在认识，而并没有认识、预见到实际上所发生的构成要件该当事实，则针对这等事实，原则上就不能肯定故意（否定故意的见解，有浅田 323 页，大越 124 页，松宫 191 页以下）。

比如说，虽然想要射击的对象是人饲养的狗（存在损坏器物罪的故意）但实际上射杀的对象却是该人的场合（存在杀人罪的构成要件该当事实），没有杀人的故意、不能肯定该罪的成立这一点刑法第 38 条第 2 款规定得非常明确；但是相反，虽然想要侵害的对象是人（存在着杀人罪的故意）而实际上却射杀了人所饲养的狗的场合（存在着损坏器物罪的构成要件该当事实），问题是，也不能肯定损坏器物罪（刑法第 261 条）的故意从而肯定该罪的成立吗？可以说，这就可能成为问题。即，比想要以人所饲养的狗为对象的场合（在此场合不存在错误，成立损坏器物罪）存在更为“恶劣的意思”，反而却不能肯定故意犯的成立[①]的话，这难道不是不妥当的吗？

从这样的观点出发，解除构成要件这一框架限制，肯定依据轻的故意犯罪加以处罚，这是前述**抽象的符合说**的立场。但如前文所述，此等见解否定了故意的构成要件关联性，是不能支持的。为此，判例以及通说（**法定的符合说、构成要件的符合说**）采纳了这样的立场，即从故意就是构成要件该当事实的认识、预见的立场出发，将行为人认识、预见

① 在没有成立杀人罪未遂的余地的场合，这一点尤其成为问题。

的事实所该当的构成要件和实际上发生的事实该当的**构成要件的**（形式的、实质的）**重合**（**构成要件**的形式的、实质的**符合**）作为问题，只要是能够肯定这种重合（符合），就能认定故意，进而肯定故意犯的成立。①

二、构成要件的符合

（一）通说、判例的立场

通说以及判例认为，在行为人认识、预见的事实所该当的构成要件和实际发生事实所该当的构成要件重合（符合）的场合，则在所**重合（符合）**的限度内肯定故意以及故意犯的成立。像（已经废止的）杀害尊亲属罪（刑法旧第200条）和杀人罪（刑法第199条）这样的，两者存在加重减轻的特别关系，一方在形式上包含着另一方的场合（形式上相互重合的场合），能够肯定这种重合（符合）；而引人注目的是，不光是在上述场合，即便是在两者之间存在**"实质的重合"**的场合，判例也肯定了这种构成要件之间的重合（符合）。

早前，在出于公文书无形伪造（刑法第156条）教唆的意思而实现了公文书有形伪造（刑法第155条）之教唆的案件中，判例以两罪的罪质具有共通性为由，肯定了成立公文书有形伪造的教唆（最判昭和23年［1948年］10月23日刑集2卷11号1386页）。而如下的案件中，则显示了判例现在的立场。即，出于进口兴奋剂（当时属于限制进口物品）的意思而实现了进口毒品（海洛因）（属于禁止进口物品），在这一案件中，最高裁的决定（最决昭和54年［1979年］3月27日刑集33卷2号140页）基于如下理由，肯定了（1）进口毒品罪及（2）无许可进口罪的成立。首先，（1）毒品（海洛因）与兴奋剂是为了防止保健卫生上的妨害而被不同的法律作为取缔对象，但是取缔毒品的法律和取缔

① 上述的饲养狗的事例中，要是能够认为生命是人最为贵重的所有物的话，则即便以为是人但实际上却杀了饲养的狗的场合，由于属于对人的所有物的损坏具有认识，就能够肯定损坏器物罪的成立。但是，由于不能认为人的生命与物是同质的，就不能那样去理解，既然并不存在处罚过失损坏器物罪的规定，则要是不成立杀人未遂的话，就属于不可罚。

兴奋剂的法律，其取缔目的是一样的，取缔的方式也颇为近似，都是将同样样态的行为作为犯罪，而作为取缔对象的毒品和兴奋剂，都会因为滥用而致人产生精神的、身体的依赖状态，都是会给个人、社会带来重大恶害的药物，在外观上两者也多有类似。鉴于以上种种情形，“毒品与兴奋剂之间，可视为实质上具有服从于同一法律之规制的类似性”。在本案中，被告人虽是出于犯进口兴奋剂罪的意思而实现了进口毒品罪的事实，但“两罪仅仅存在对象物是兴奋剂还是毒品这点不同，其余的构成要件要素则是一样的，其法定刑也完全相同，考虑到前述那样的毒品和兴奋剂之间的类似性，在此场合，认为**两罪的构成要件在实质上完全重合**是恰当的，因此，将毒品误认为是兴奋剂的错误，不阻却就其结果所成立的进口毒品罪的故意”。其次，(2) 被告人虽是出于犯无许可进口罪的意思而实现了该当于禁止品进口罪的事实，但是关税法处罚的是未履行通关手续而进口货物的行为，且在该货物是禁止进口品的场合处以更重的刑罚，“无许可而进口了兴奋剂的犯罪和进口了属于禁止进口品的毒品的犯罪，两者都属于将未履行通关手续而偷偷进口了类似货物的行为作为处罚的对象，在这一限度内，认为两罪的构成要件发生了重合是恰当的。在本案中，由于被告人具有犯无许可进口兴奋剂罪的意思，对于所进口的货物属于禁止进口品的毒品这一应该成为重罪的事实没有认识，也就欠缺进口属于禁止进口品的毒品犯罪的故意，从而不能认定成立该罪，但在两罪的构成要件重合的限度内具备轻的无许可进口兴奋剂的犯罪的故意从而成立该罪”。此外，出于持有属于毒品的可卡因（关于可卡因的犯罪，较之海洛因的场合被规定为轻罪）的意思而实现了持有兴奋剂时，判例指出，“认为两罪的构成要件在较轻的前者的犯罪限度之内发生了实质性重合是恰当的”，“由于被告人并没有认识到所持的药物是兴奋剂这一应该成为重罪的事实，故而欠缺持有兴奋剂罪的故意、不能肯定成立该罪，但是在两罪的构成要件发生实质性重合的限度内，具备轻的持有毒品罪的故意从而成立该罪”。（最决昭和 61 年［1986 年］6 月 9 日刑集 40 卷 4 号 269 页）

结果就是，根据判例，(1) 行为人认识、预见的事实所该当的构成要件和客观上实现的事实所该当的构成要件，在两者的法定刑是一样的、两者完全地（实质地）重合的场合，就具备针对客观上所实现的构成要件的故意，从而成立该罪的故意犯。(2) 行为人认识、预见的事实所该当的构成要件和客观上所实现的构成要件，虽说所规定的法定刑并不一样、两者并未完全重合，但两者在轻的犯罪的限度内（形式地或实质地）重合的场合，则存在轻罪的故意，从而成立轻罪。具体而言，在行为人认识、预见到了该当于轻罪的事实时，由于轻罪的构成要件（形式地或实质地）包含于重罪的构成要件之中，这就能够肯定轻罪的构成要件该当事实，由于也具有该罪的故意从而就成立轻罪；在行为人认识、预见到了该当于重罪的事实时，由于这种认识也（形式地或实质地）包含了对于该当于轻罪的构成要件事实的认识，这就能够肯定轻罪的故意，由于也具有该罪的构成要件该当事实，从而就仍然成立轻罪。

（二）构成要件符合的含义

既然将对构成要件该当事实的认识、预见理解为故意，就会认为这样的解决是妥当的[①]（参见山口·探究152页以下），但问题是，构成要件重合特别是实质的重合的理解方法，或者说是肯定实质的重合的论理何在（以下将行为人认识、预见到的事实所该当的构成要件简称为S，将客观上发生的事实所该当的构成要件简称为O）。可以说，不将构成要件符合的理解方法加以明确，而仅是通过“实质的”这一用语来掩盖论理的欠缺，那是不行的。

第1，S的法定刑比O的法定刑更**轻**的场合。比如说，出于普通的杀人罪（刑法第199条）的意思而实现了（旧的）杀害尊亲属罪（刑法旧第200条）的场合，虽不成立杀害尊亲属罪，但尊亲属也是人，由于杀害尊亲属也包含在普通的杀人罪中（这是通过概念外延的说明，在通过概念内涵的场合，则说明方式相反），则就普通的杀人来说，由于既存在着构

① 从否定故意的构成要件关联性的立场出发，有称为**“不法·责任符合说”**的见解主张，故意是对构成要件所规定的不法·责任内容的认识（町野朔：《关于法定的符合》，警研54卷4号3页以下，5号3页以下）。但是，这种观点也要求，对该当于不同于客观上实现的构成要件的其他构成要件的事实存在认识，因而其实质和正文中所阐述的见解是一样的（参见山口·探究146页以下）。

成要件该当事实又存在着故意，故而就成立普通的杀人罪，这是非常明显的。问题是，轻的犯罪的构成要件是以**排除**重罪的构成要件之适用的形式而规定的场合。比如说，遗失物等侵占罪（刑法第 254 条）以出于领得的意思而侵害所有权为成立要件，其不法责任内容较之盗窃罪（刑法第 235 条）而言除去了占有侵害，这样来理解的话，实质上说来两罪存在着加重减轻关系。但是，遗失物等侵占罪以“不在他人占有之下的他人财物”为对象，其中排除了盗窃罪的对象“处在他人占有之下的他人财物”。在这个意义上，两罪并没有形式上的重合。在 S 是遗失物等侵占罪、O 是盗窃罪的场合，实质上与前述的普通杀人与杀害尊亲属的事例相同，并且，一般也认为是成立遗失物等侵占罪，这虽然在实质上是妥当的，但是要想推导出这样的结论来，必要的是，将“处在他人占有之下的他人财物”也包摄进来，通过遗失物等侵占罪和盗窃罪的法文解释推导出、假想出横跨两罪的**“共通构成要件”**（这是以出于领得意思的所有权侵害为内容的构成要件，与盗窃罪的构成要件具有加重减轻的关系），而行为人的行为无论客观上还是主观上都充足了这一“共通构成要件”①。

第 2，S 的法定刑比 O 的法定刑更重的场合。比如说，S 是盗窃罪、O 是遗失物等侵占罪的场合，结论虽也是成立遗失物等侵占罪，不过在这里，由于存在着遗失物等侵占罪的构成要件事实，接下来的问题就是，通过对该当于盗窃罪的事实的认识、预见，能否肯定成立遗失物等侵占罪的故意。这里如下的理解也是必要的。即，由于预想了上述的“共通构成要件”，盗窃罪的故意中也包含了该当于此等“共通构成要件”的事实的认识、预见，无论主观上还是客观上都充足了这样的“共通构成要件”②。

第 3，S 的法定刑与 O 的法定刑相同的场合。此种场合的构成要件符合的论理，和上述第 1、第 2 场合是一样的。在此，S 与 O 合体的构

① 严格说来，由于处在他人占有之下的他人财物已经被排除在遗失物等侵占罪的构成要件之外了，认为成立侵占遗失物等罪，那实质上完全是一种权宜之计，要想推导出这种结论，以存在盗窃罪（刑法第 235 条）的规定为必要。为此，并非只要适用第 254 条（侵占遗失物等罪）即可，实际上还需要同时适用第 235 条（盗窃罪）。

② 严密地说来，这样的罪名可谓是便宜行事的，关于其适用条文，也存在着和前一注释所指出的同样的问题。

成要件是“共通构成要件”，可以说，这一构成要件无论主观还是客观都得到了充足。①

（三）构成要件符合的界限

在根据构成要件的实质符合来决定是否成立故意犯的场合，**构成要件符合的界限**就是个问题。这应该是通过**构成要件解释**所决定的问题，而不是脱离于此单从责任主义的观点出发就能决定的问题。对此，在将构成要件理解为违法行为类型的场合，是否符合构成要件就通过是否能肯定符合了“违法行为类型”来加以判断（参见山口·探究153页以下）；在将构成要件理解为违法、有责行为类型的场合，构成要件的符合则是通过是否能肯定符合“违法、有责行为类型”来予以判断。无论如何可以说，保护法益的共通性或者重合就是最低限度的要求。因此，对于保护法益没有重合的两个构成要件，则无任何肯定其重合（符合）的余地。② 构成要件的符合，在同一部法律所规定的犯罪之间相对容易加以确定，但即便是在不同法律所规定的犯罪之间，就像判例在毒品的场合所肯定的那样，大概也不能说这样的两个犯罪之间完全不可能相符合。

接下来的问题是，比如说，强奸罪（刑法第177条）与准强奸罪（刑法第178条第2款），在针对同一法益的**不同侵害样态**分别加以规定的场合的符合问题。在这一场合，要是认为（法律）仅是将同一法益侵害的不同引起样态区分为不同构成要件加以处罚的话，就可能肯定构成要件之间的符合。又如，盗窃罪（刑法第235条）与诈骗罪（刑法第246条第1款）的差别，就不仅仅是侵害行为形态的不同，还在于各自所侵犯的次要保护法益的不同，即，盗窃罪、诈骗罪分别侵犯的是占有、财产处分的自由。即便正如这样理解的那样，认为可以将侵害行为形态的不同提升至次要保护法益的不同这一高度，但只要认为，那原本属于为了限定处罚范围而特别要求的次要保护法益，那么，就应该可以

① 罪名以及适用条文的问题，亦如前注所示。

② 比如说，遗弃尸体罪（刑法第190条）与遗弃罪（刑法第217条），比起遗弃人的后者，前者遗弃尸体的法定刑更重，从这一点也能明确，两罪的保护法益是不同的，不能肯定两罪之间的符合。

将其与侵害行为形态的不同的情形作同样理解。

第四节 过 失

第一款 概 说

一、过失犯处罚的例外性

过失是与故意相并列的**责任形式**，如后文详述，与将故意理解为“对构成要件该当事实的认识、预见”相对应，过失可理解为对构成要件该当事实的认识或预见的可能性。不过，如后所述，对过失犯构成要件该当性的探讨，其要求不同于故意犯的场合。

要成立犯罪，原则上要求故意（以**处罚故意犯为原则**）（刑法第 38 条第 1 款）。不过，作为一种例外，在存在“特别的规定”的场合，只要存在过失即可，过失犯也可成为刑罚处罚的对象（刑法第 38 条第 1 款但书）。[①] 这一点，通过一些刑法的明文规定即可明确，如处罚“由于过失”而致人死伤的过失伤害罪（刑法第 209 条）、过失致死罪（第 210 条），处罚“由于失火”而烧损了一定物的失火罪（刑法第 116 条），等等。不过，即便在不存在这样的处罚过失的明文规定的场合，判例也肯定了过失犯的处罚（**处罚无明文规定的过失犯**）。

即，就违反了旧的外国人登录令所规定的登录证明书的携带义务、违反了旧货营业法所规定的账簿记载义务而言，尽管没有对因过失而违反该义务的行为也处罚这样的明文规定，但基于若不处罚过失犯就无法达到规制目的这一理由（“鉴于规制事项的本质”），判例也将过失犯作为其处罚对象（最决昭和 28 年［1953 年］3 月 5 日刑集 7 卷 3 号 506 页，最判昭和 37 年［1962 年］5 月 4 日刑集 16 卷 5 号 510 页）。此外，下级裁判所通过指出该法是实现国际条约的国内担保法等理由，在并无

① 可以理解为，处罚连过失都不能肯定的行为，有违责任主义。

处罚过失犯的相应明文规定的情形下，肯定了可予以处罚。对于这样的原审判决，最高裁判所表示了支持，且并未说明具体理由（最决昭和57年［1982年］4月2日刑集36卷4号503页）。但是，除了通过法律条文的解释能够推导出来的场合之外①，肯定处罚无明文规定的过失犯这一点，从罪刑法定主义的见地来看是有疑问的，想来也是不妥当的。如果认为处罚无明文规定的过失犯具有合理性，这一点即便能导致“应该予以处罚”这种立法论上的检讨，也并不意味着，在现行法律体系之下就可直接予以处罚。

二、过失犯的构造

与故意犯中作为责任要素、责任形式的故意相对应，将过失理解为过失犯中的责任要素与责任形式，是对过失的传统理解。在此理解之下，过失犯的检讨是完全放在责任论的范围内，以作为责任要素、责任形式的过失为对象展开的。下面所述的新过失论，将此作为陈旧的思考方法称之为**旧过失论**予以批判。从这一传统的思考方法出发，与故意被理解为对构成要件该当事实的认识、预见相对应，过失也就被理解为对**构成要件该当事实的认识与预见可能性**。在尤其成为问题的过失致死伤罪中，由于所引起的人之死伤这一结果是构成要件该当事实，所以这种可能性很多时候也被略称为**结果的预见可能性**。相反，进入上世纪50年代后期之后，随着汽车的普及，交通事故也随之增加，以此为背景，有一种日渐有力的观点对旧过失论提出了批判：由于预见可能性是一个带有程度大小的概念，无法借此充分适当地划定过失犯的处罚范围；而且，预见可能性的范围存在扩展，例如，在发生了交通事故的场合，如果是发生在通常不会有人车出现的沙漠中央，那另当别论，除了这种特

① 比如在伤害致死罪（刑法第205条）中，由于对死亡没有故意这一点在使得本罪与杀人罪得以区别上是必要的，所以就死亡来说，有过失就足够了。只是，该罪是以结果加重犯的形式规定的。顺带指出，就作为结果加重犯的伤害致死罪来说，在判例看来，对于死亡来说连过失也不需要。此外，通过认为伤害罪（刑法第204条）的规定并不包括暴行罪（刑法第208条）产生了伤害结果的场合，就会导出不仅处罚伤害罪的故意犯，也处罚暴行罪的结果加重犯这一点来。

别情形之外，如果要说原本是有预见的可能的，也不是不能这么说。在此基础上，该观点进一步提出，应以是否遵守了应当维护的行为（标准行为）这种客观标准来确定过失犯的成立范围。这样的将**“从基准行为的逾越”**作为过失犯成立条件的见解称为**新过失论**。旧过失论将引起了法益侵害理解为过失犯的构成要件该当事实，可谓是以结果无价值论为基础的对于过失的理解。与此相对，新过失论在引起了法益侵害这种结果之外，要求把从基准行为的逾越作为过失犯的构成要件要素，在此意义上，是通过行为无价值来划定构成要件该当事实的范围，可以说是以行为无价值论为基础的对于过失的理解。实际上，新过失论的展开，对于违法论中的行为无价值论的自觉性展开而言，具有先驱性意义，而结果无价值论和旧过失论则是作为对此的批判而展开的。顺带确认一点，在新过失论中，基准行为违反是作为限定的要素，在引起法益侵害之外附加地要求的，因而仍然要求存在对于引起结果或者结果的预见可能性。在这个意义上，可以说，新过失论的基础是将结果无价值和行为无价值两者都理解为违法要素的折中型的行为无价值论。

就新过失论而言，其决定性的重要问题在于，如何确定“基准行为”。但是，应该按照每个具体案件来设定的“基准行为”其根据往往会变得不明确；要是想避免变成不明确的基准的话，就会援用行政取缔法规上的义务，尽管一般也都承认这一义务有别于刑法上的义务，但从结果回避的观点来看，其毕竟是具有一定合理性而加以规定的，因此，援用的结果就是，以引起所规定的结果为成立要件的过失犯，就难免会转化为，属于基本犯的行政取缔法规违反行为因引起了那种结果而被加重的一种结果加重犯（行政取缔法规＋结果＝过失犯），会存在着这样的问题。特别是，在昭和 40 年代以后，以公害问题的深刻化为背景，新过失论与其此前的处罚限定论的主张背道而驰，摇身一变又走向了处罚扩张论，这就更加体现出了新过失论中“基准行为”设定根据的不明确性。这种处罚扩张论导致最终的过失犯形态就是**危惧感说**（“新新过失论”）的见解，其将引起结果这一结果无价值从违法要素中放逐出去，认为不需要结果的预见可能性，没有采取措施去消除应该抱有的不知会发生什么的危惧感就是过失（采用了这一思考方式的判决，有关于森永奶粉事件的德岛地判昭和48年［1973年］11月28日，判时721号7页）。这种观点认为，过失犯处罚根据完全在于不去消除应该抱有的危惧感这一行为无价值，可以说是属于立足于行为无价值一元论的过失犯论。由于不要求结果的预见可能性这一点违反了责任主义这一理由，裁判例（参见札幌高判昭和51年［1976年］3月18日高刑集29卷1号728页［北大电气手术刀事件］）以及通说并未采纳这种危惧感说的理论（近期采用类似见解的，参见井田206页以下）。另外，还可以说，这一见解的问题点在于采取了一元的行为无价值论这一点。也就是说，由于其未将引起结果认可为违法要素，可以说就可能导致不需要与引起结果这一点有关的责任要素。但是，既然不能无视将引起结果作为违法要素，那么也就不能无视作为责任要素的结果预见可能性。从这个意义上来说，畏惧感说就避免不了遭受这样的批判：其轻视责任非难，导致责任要件被空洞化了。

在刑事法实务上，一般理解为过失就是不注意，是**注意义务违反**（参见最判昭和42年［1967年］5月25日刑集21卷4号584页［弥彦神社事件］）。其中的注意义务，主要包括：（1）**结果预见义务**和（2）**结果回避义务**。也就是说，实务上认为，应该预见到结果并且避免这一结果，却违反了这一义务，引起了结果的发生，这时就成立过失犯。然而，如果本来有预见到结果的可能性，却并未预见到结果，对此就可肯定违反了结果预见义务，因此，结果的**预见可能性**可以说就成为了违反结果预见义务的判断基准。这样，对“虽然有可能预见到结果但却并未预见到”这一结果预见义务的违反，就是与故意犯中的故意相对应的责任要素。在这个限度内，实务中的过失理解与旧过失论未必是截然对立的，不过，司法实务以及新过失论在肯定具有结果预见可能性（＝结果预见义务违反）之后，将违反结果回避义务（基准行为的遵守义务）进一步作为问题，并将其作为判断过失犯成立与否的极为重要的要件。结果回避义务这样的要件之所以成为问题，也可以说是因为，其对于预见可能性的内容与程度作了较之旧过失论稍许缓和的理解。即，在实务和新过失论那里，在结果预见可能性的判断中，相比于旧过失论对于可能成为处罚对象之行为的范围要理解得更为宽泛，就这些来说，对于应该处罚的行为与不应处罚的行为之甄别，是作为结果回避义务的问题来进行的。就如此的通过预见可能性的程度之外的其他要件来进行这样的甄别和可罚性的判断这一点，旧过失论一直对其妥当性提出了质疑，但是实际上旧过失论也没有对结果预见可能性那么严格把握，考虑到这一点的话，就可以说，即使立足于旧过失论的立场，在结果预见义务之外，也有必要将结果回避义务当作问题，视为一个独立的义务。

可以说，旧过失论将作为责任形式、责任要素的过失（预见可能性）作为问题，试图据此来划定过失犯的成立范围。与此相对，在新过失论和实务中，通过将违反结果回避义务作为重要的成立要件，将过失犯的构成要件该当性也作为问题。如以下解说所示，由于即便从旧过失论的立场出发，关于过失犯的构成要件该当性也存在若干需要检讨的固有问题，故下文首先对于过失犯的构成要件该当性予以考察。

三、过失犯的构成要件该当性

（一）注意义务的内容

如上所示，过失就是不注意，在此意义上可以表现为对注意义务的违反。由此，过失犯的注意义务，亦如前述，由结果预见义务与结果回避义务所构成。其中，通过结果预见可能性而被肯定的**结果预见义务违反**是与故意犯中的故意相对应的**责任要素**（定位于构成要件的场合，则是构成要件的过失）；而通过结果回避可能性被肯定的**结果回避义务违反**，则是另外要求的，旨在肯定**构成要件该当性**的要件（参见山口厚：《过失犯之备忘录》，渥美古稀，45页以下）。若不能同时肯定存在对结果预见义务的违反和对结果回避义务的违反，就不能成立过失犯。如果认为只有满足构成要件该当性、违法性、责任这三个要件才能成立犯罪，那么，对过失犯作此要求，也是理所当然的。而且，由于构成要件该当性和责任是依据不同根据而要求的犯罪成立要件，所以结果预见义务·结果预见义务违反、结果回避义务·结果回避义务违反，属于相互独立的要件。从而，尽管是将依据预见可能性而得以肯定的结果预见义务违反理解为过失犯的要件，但仅以此为理由，并不能认为结果回避义务违反就不能成为过失犯的要件。结果回避义务违反在过失犯场合与在故意犯场合同样是必要的，问题在于对其内容的理解。

另外，学说中近年来有人主张**"情报收集义务"**这一观念。这是在结果预见可能性未被肯定的场合，意味着通过收集情报而达到预见结果的义务，以此为基础而科以结果回避的义务。这一情报收集义务的概念，并不是属于通过"使精神紧张"来预见结果这一责任要素的结果预见义务，而是在这样的预见可能性未被肯定从而不能肯定预见义务违反的场合，认可通过情报收集而达致结果预见的义务，据此试图进一步肯定结果回避义务。换言之，可以说，情报收集义务是在不能肯定结果预见可能性的场合为了科以结果回避义务而使用的媒介概念。这是将本来属于责任要素的结果预见义务，掴回来编入到作为违法要素的结果回避义务之中，由此可评价为，拉低了责任要件的门槛，使得责任非难的内容被稀薄化。这种极端的形态一概否定了作为责任要素的结果预见义务，将其完全当作属于违法要素的结果回避义务的一环来理解。这其实就是因违反责任主义而受到批判的危惧感说的主张，尽管提出了情报收集义务这样的新概念，但与危惧感说没有任何不同。从而，针对这样的见解，可以说存在着与危惧感说同样的疑问。

（二）结果回避义务

对会引起构成要件该当事实存在认识或预见（即故意）的场合，禁止实施会引起该构成要件该当事实的行为（结果回避义务），尽管如此仍作出这一行为并引起了构成要件该当事实的场合，得以作为故意犯加以处罚。问题是，虽没有预见到但是却可能预见到会引起构成要件该当事实的过失犯场合，能否与故意犯同样，总是要求不作出这一行为，换言之，不实施该行为是否总是结果回避义务的内容。可以理解为，旧过失论也是采用了这样的见解（在上述问题上给出了肯定的回答），但可以说，其是以肯定了类似于预见（故意）的高度的预见可能性为前提的。

由于结果回避义务的内容事关（客观的）构成要件该当性，而故意、过失属于主观责任要件，可以说，原本有必要从不同于后者的角度来确定前者，否则的话，恐怕会导致违法与责任之间的混同。虽说如此，在划定结果回避义务的内容时，有无故意这一主观方面的差异想来在实际上仍具有一定的意义。这是因为，就出于引起法益侵害的目的（即故意）而实施的行为而言，除去正当防卫等阻却违法性的场合之外，承认保障实施该行为之自由这一点是应受保护的利益，是有困难的；但就基于与引起法益侵害不同的目的而实施的无故意的行为而言，可以这样理解，只要所追求的是相应罚则并未打算禁止、处罚的目的，相应行为的实施就具有一定的积极意义，就应该在一定限度内考虑保障实施该行为的自由这一利益。在这个意义上，通常就不能强求完全禁止行为的实施本身，取而代之的是，要求行为人采取措施，以控制或消除由行为所带来的发生结果的危险，可以说，这就成了结果回避义务的内容。此外，在行为的时点，要求行为人采取结果避免措施，达到我们能想到的通常不可能引起构成要件结果的程度，这是因为，能够设想到依据这样的措施通常就能充分避免结果的发生，而且，既然是认可了行为的施行本身具有一定积极意义，也就不能在行为人已然采取如此措施之外再要求其他内容。

像上面那样，过失犯中的结果回避义务得以肯定，而且，在为了避免结果而要求的义务这一点上，与在不作为犯中成为问题的作为义务是同样的义务。从而，两者的发生根据也是一样的，如前所述（第四章第六节第四款），都是对结果原因的支配（对危险源的支配、对脆弱性的支配）。比如，对汽车司机所能够认可的结果回避义务，是基于支配汽车这一危险源的义务，其以将汽车驾驶过程中被允许的危险降低到“通常不会发生事故”这一程度为内容。既然能够这样思考，在由对结果原因的支配而肯定了保障人地位的场合，在过失犯中区别作为犯和不作为犯恐怕就没有特别的意义。另外，这里说的是结果避免义务与作为义务是相同的，那么，理所当然的是，这一点并不适用于，不同于这些事关违法性的义务的、另外属于结果要素的结果预见义务。

这样，在是否成立过失犯的案件中，结果回避义务的内容，不是去控制作出行为本身，而是只要将行为的危险性降低到通常情况下不可能再导致构成要件结果的程度。并且，即便是未完全尽到结果回避义务而发生了结果的场合，如果是即使履行了作为减少危险性这种义务的结果回避义务，也无法避免结果的发生，那么，就不能谓之为，结果是基于结果回避义务违反而发生，就不能以引起结果为理由予以处罚，进而就否定了过失犯的构成要件该当性（参见最判平成15年［2003年］1月24日判时1806号157页）。这一点从前文（第四章第四节第二款）所述来看也是很明确的。

（三）被允许的危险

违反了结果回避义务的行为，作为引起结果之危险性的行为，属于过失犯的实行行为（构成要件的行为），但是例外地，也存在着即便是危险的行为，也允许实施该行为的场合。例如，尽管实施的某行为是危险行为，但如果被置于危险者同意对方实施该危险行为的场合（所谓**“接受的危险”**的场合，参见第五章第五节第七款）即属于此。在这一场合，只要是遭受了危险行为所导致之危险的人同意了相应行为的实施，危险行为之施行本身就得以允许。并且，只要一旦已经允许实施这种行为，那样的话，对于作为“被接受的危险的现实化”而发生了法益侵害的情形，又来认定成立过失犯罪，就无法将那些即便以实施该行为为前提也仍然存在避免结果之可能性的情形排除在外了。这是因为，将这样的行为作为处罚的对象，就会与允许相应行为的实施这一点发生矛盾。如上考虑的话，通过允许行为的实施，即便是引起了结果的发生，也能够否定过失犯的成立。

像这样，由于允许了实施危险的行为，其结果就是可能否定过失犯的成立，为了说明这一点，学说上作为一般的法理一直主张**“被允许的危险”**的见解。这就是，虽说实施了有引起结果的危险性的行为，但由于要保护其他法益而必须实施该行为，以此为理由，就允许了这样的危险行为。将引起结果的危险性与法益保护的利益性，也包括冒险的必要性加以衡量的结果，在利益性超过了危险性或者是在两者相等的场合，就允许实施相应危险行为。实施了被允许的行为，即便是产生了不能避免的法益侵害，也否定成立过失犯，这与“接受的危险”是基于相同的法理。

就被允许的危险这一法理而言，必须要留意其被滥用的危险，对其慎重且限定性地加以肯定。即，应该留意以下内容。第1，由于履行了减少行为危险性的结果回避义务，危险性得以减少、失去了过失犯的实行行为（构成要件行为）性的场合，就没有必要称为被允许的危险。比如说，驾驶汽车虽是危险的，但没有必要说，这样的危险行为是由于适当的驾驶操作而特别被允许的。这属于原本的对于过失犯的实行行为（构成要件该当行为）的限定问题，与行为的利益性没有关系。如果将这样的行为也称作被允许的危险，会使得被允许的危险的性质、要件和判断变得暧昧，想来是不妥当的。第2，必须要指出，在被允许的危险中，危险性与利益性的比较和判断有重要意义，这种比较、判断伴随着困难，存在着不适当滥用的危险，对此必须保持警惕。首先，生命侵害的危险与其他利益之间的衡量在很多时候成为问题，对此应该确认这样一点：在一定程度上存在对生命侵害的危险的场合，只有在保护的利益是他人的生命等极为有限的场合，这种对于生命侵害的危险才可能成为“被允许的危险”。可以说，认为生命、身体利益之外的法益保护利益优越于对生命侵害的危险，这一判断通常来说是不可能的。也就是，比如说认为场所移动的利益凌驾于对生命侵害的危险等，通过具体的衡量来进行这样的判断是不当的。如上所述，这会导致将被允许的危险与实行行为的原本的限定问题予以混同，是有问题的。要是认为其他的利益优越于生命、身体的利益这一判断是可能的，这也充其量应该限定在借助了危险减少措施而导致危险极低的场合。否则，就难免会招致这样的批判，即会导致承认对于生命的保护可以敷衍了事。

（四）过失的并存

在由于存在时间上先后顺序的复数的注意义务违反行为而产生了结果的场合，比如说，喝了酒在驾驶汽车的途中，由于不注视前方而未能及时发现路人，碰撞致其受伤，在这一案件中，哪个阶段的行为能够认定为违反过失犯的注意义务的实行行为，就是个问题。对此，存在着学说上的对立。一种观点认为，饮酒驾驶和不注视前方两者中的任何一个都可成为过失犯的实行行为，即**过失并存说**（比如，大塚169页，再比如，参见西田263页）；另一种观点则认为，只有离结果发生最近的不注视前方而驾驶的行为才是过失犯的实行行为，即**最近过失说**（比如浅田345页）（近年来关于这一问题的文献，参见大塚裕史：《阶段的过失中的实行行为性的检讨》，神山古稀（1）37页以下）。即便是在过失行为（第1行为）之后又介入了属于引起结果之直接原因的过失行为（第2行为），只要能谓之为，第1行为的危险性通过第2行为而实际转化为结果，就不仅仅是属于结果发生之直接原因的第2行为，第1行为也以引起结果为理由，一同属于过失犯的实行行为。尤其是先行的注意义务违反行为减弱了后面的注意义务履行能力的场合，比如在上述的例子中，由于喝了酒而导致注视前方的能力减退的场合，不一并考虑先行的注意义务违反行为，就不能充分且准确地对过失作出评价。要是认为这属于由于饮酒导致了身体能力的减退、并认为只能追究以身体能力减退为前提的轻的过失责任的话，是有疑问的。

第二款　过失的要件

一、结果预见义务与结果预见可能性

结果预见义务是独立于结果回避义务的另外的要件，要认定违反了结果预见义务，就必须存在**结果预见可能性**。除了采纳畏惧感说的论者之外，这一预见可能性要理解为对结果的具体的预见可能性，其被认为是过失犯的核心成立要件。由于这是为产生法益侵害这一结果（构成要件该当事实）这一点的责任奠定基础的要件，所以，只要不立足于无视、轻视将法益侵害理解为犯罪成立条件的立场，那么，作为将引起法益侵害包括在其内容之中的东西，就可以说，结果预见可能性成为必需的**责任要件**就是理所当然的。并非如危惧感说所倡导的那样，只要对能成为行为人实施结果避免行为的契机的事实存在预见可能性即可。换言之，预见可能性并不仅仅是结果回避义务的单纯的动机（井田201页指

出了“预见可能性与结果回避义务的关联性”这一命题）。对此，从下面这一点来看也是很明确的：在故意犯通过故意伤害而致人死亡的场合，不能以“有伤害故意的话，就存在着不作出伤害行为的动机；而没有伤害的话就能避免人死亡的结果”为理由认定杀人罪的成立。责任必须与违法性相关联，既然法益侵害奠定了违法性的基础，理所当然，故意、过失就必须是针对法益侵害的故意、过失。即便是在裁判实务中，如前所述，也普遍对畏惧感说持否定态度，比如，认为必须要有“对特定的构成要件结果以及导致这一结果发生的因果关系的基本部分”的预见可能性。在论及过失犯的成否之际，即便将结果回避义务作为问题，其也是与客观的构成要件该当性相关的；有别于此，作为责任要素，必须要求对于引起构成要件该当事实的预见可能性以及对预见义务的违反。按照上述将预见可能性作为结果回避义务的动机予以把握的见解，包括预见可能性在内的过失是完全的违法要素，而不能认为是责任要素。从而就变成了，即使将法益侵害理解为与违法性有关系，也没有必要将其纳入预见可能性的内容之中。但是，要是那样的话，一方面，在将法益侵害理解为违法要素的场合，不要求与违法相对应的责任这一点便违反了责任主义；另一方面，在不将法益侵害理解为违法要素的场合，就成了采用一元的行为无价值论，这作为违法性的理解就会产生疑问。

以下，将对于预见可能性的内容加以检讨。为慎重起见顺便确认一点，无论是采纳将过失作为责任要素定位于构成要件的立场，即站在认可作为责任要素的构成要件过失的立场，还是立足于将过失作为责任要素完全定位于责任论的立场，以下的考察都同样是妥当的。

二、与故意的关联性——认识·预见可能性的对象

作为责任要素、责任形式的过失（结果预见义务违反），是能够认定为对构成要件该当事实的认识·预见可能性（一般地，也简称为**结果预见可能性**）的心理状态。换言之，由于过失是“到达故意这一心理状态的可能性”（“**故意的可能性**”），所以，其概念也就由故意概念所规定。从而，可以说，要成立过失所必须可能认识、预见的事实，和要成

立故意所必须认识、预见的事实，二者是相通的。也就是，在事实的错误论中所研究的，为了认定故意所必需的最低限度的认识、预见的内容，对之若无认识与预见的可能性，就不能肯定存在过失。

这样考虑的话，对要肯定过失而必须有可能最低限度地认识或预见的构成要件该当事实，可作如下理解。即，必须要有可能认识或者预见到的构成要件该当事实，能够在构成要件要素的层面上抽象地加以把握，也就是，对于符合构成要件的、实际所发生的事实，即便没有预见的可能，但只要对符合构成要件的其他事实存在预见的可能即可。不过，就**客体**或者是法益主体（被害人）来说，理解则会有所不同。根据判例以及多数说关于故意所采用的抽象的法定符合说，不需要对于实际被侵害的客体（被害人）所产生的侵害具有预见可能性，只要是对于同种客体（被害人）所产生的侵害具有预见可能性就足够了。[①] 实际上就有这样的判例。例如，某二人趁驾驶员不注意，偷偷坐进卡车车厢，最终因卡车操作失误，该二人被撞死。对此，最高裁判所就认为，“可能会引起伴随着人的死伤的某种事故这一点，是当然能够被认识到的”，从而认为不需要对实际受到侵害的具体客体所产生之侵害具有预见可能性（最决平成元年［1989年］3月14日刑集43卷3号262页）。

但是，按照这种观点，会有这样一种担心：作为责任要素的过失是一种心理状态，若不需要实际上存在与之相对应的客观事实，则可以说只要事实上常常可能认定行为人的心理上存在某种不注意，就总有可能肯定存在过失，从而就会导致不当结论。若考察一下汽车驾驶中过失的案件，要是认为有人存在的话就可能预见到会致其死伤这一点的话，就会导致对死伤而言存在过失，而这样的状况事实上通常又是能够估计到的。在此意义上，抽象的法定符合说的立场在过失概念这里就失去了处罚限定机能，而“露出了破绽”。因此，这里也应该采取具体的法定符

① 与此相对，大塚裕史教授虽说也是持抽象的法定符合说的立场，却认为对于具体结果的预见可能性是必要的，主张对于具体结果的预见可能性属于过失的要件（参见大塚裕史：《对“结果”的预见可能性》，冈山大学法学会杂志49卷3、4号合刊，173页以下）。从具体的法定符合说的立场出发，大塚教授所主张的关于过失的该结论本身虽可以得到支持，但问题的解决应该求诸于对故意的理解本身的改变。

合说，可以说，必须要求有可能预见到对现实上已经受到侵害的客体所产生的侵害（在前述最高裁决定以前，采纳了此种立场的判决，有福冈高宫崎支判昭和33年［1958年］9月9日，参见裁特5卷9号393页）。此外，在学说之中，有见解认为，在欠缺对具体客体的预见可能性的场合，能够否定因果关系（比如，西田267页）。不过，虽说从抽象的法定符合说的立场出发，有必要通过过失以外的要件对于处罚加以限定，但对此进行因果关系的否定恐怕不行。比如被害人的存在虽说是“经验法则上稀有的”，但不能因此就认为，在现实中直接对被害人发生了侵害的场合，就能够否定因果关系。倒不如说，这样的因果关系的理解本身可谓是有疑问的。这是因为，如果这样理解的话，就有可能将存在于“经验法则上稀有的”场所的被害人放置于刑法保护的界域之外。因此，不管怎么说，都有必要将之作为预见可能性的概念、从而作为成为其前提的故意概念问题来加以解决。

为了肯定过失，虽必须要有对属于构成要件要素的因果关系的认识与预见可能性，但从与故意相关的法定符合说（抽象的法定符合说或具体的法定符合说）的立场出发，就像为了肯定故意并不要求对于实际因果经过的正确认识与预见一样，为了肯定过失，也不需要对于实际上的具体**因果经过**的认识与预见可能性。从而，即使行为人所可能认识、预见的因果经过与实际上的因果经过不同，也能肯定对作为构成要件要素的因果关系的认识、预见可能性。换言之，若能够肯定对符合构成要件的因果经过的认识、预见可能性的话，即使现实的因果经过是不可能被认识与预见的，也能够肯定过失的存在（在可能预见的因果经过的内容与现实的因果经过不同的场合，肯定了存在过失的，参见最决昭和54年［1979年］11月19日刑集33卷7号728页［有乐桑拿浴事件］，最决平成12年［2000年］12月20日刑集54卷9号1095页［生驹隧道火灾事故事件］，东京高判昭和53年［1978年］9月21日刑月10卷9、10号合刊1191页，等等）。判例（参见前引最决平成12年［2000年］12月20日）认为，不需要对实际的因果关系的预见，对因果关系在“一定的幅度”内有预见可能就可以了，但从理论上来讲，似乎没有必要进行如此限定。不过，不设想某种因果关系，要认定对结果的预见可能性，实际上其本身也是很困难的，从这个意义上来说，这样的解决方式也可以理解。另外，关于这一问题，在下级审的判决中，有的认为对于“特定的构成要件的结果以及导致该结果发生的因果关系的基本部分”的预见可能性是必要的（札幌高判昭和51年［1976年］3月18日高刑集29卷1号728页［北大电气手术刀事件］，前引东京高判昭和53年［1978年］9月21日，福冈高判昭和57年［1982年］9月6日高刑集35卷2号85页［熊本水俣病事件］）。如果其旨趣在于，尽管实际上的因果经过原本是预见的对象，但是由于在实际上要求预见到所有的因果经过是不可能的，所以对因果经过的“基本部分”有可能预见就足够了，那么这样的立场是不妥当的。这是因为，既然认为必须预见实际的因果进程，就没有理由将预见可能性的范围仅限于因果关系的“基本部分”。由于事实上不可能要求对现实的因果进程存在预见可能性，故而缓和该要件降低预见可能性的程度，这种做法不过是一种权宜论，难说是妥当的思考方式。在学说之中，有见解提出，就“基本部分”的含义，可以这样理解，即，要是预见了该部分内容的话就能够要求施行结果回避措施（参见井田良：《过失犯理论的现状及其评价》，研修686号，6页以下，其主张“预见可能性与结果回避义务之间的关联性”）。可是，这样的理解，不过是将预见义务作为结果回避义务的单纯契机来对待，其存在的疑问已经论述过了。

三、预见可能性的程度

一直以来的见解都认为，为了肯定过失，对于发生构成要件该当事实这一点必须要有“达到一定高度的”预见可能性。新过失论曾经以预见可能性概念的无限定性为理由对旧过失论进行了批判，不过，可以说这种批判是以对预见可能性概念作缓和的判断这一理解为前提的。即便今日，从行为无价值论的立场出发所主张的过失犯论，也没有将预见可能性的概念作严格的理解，特别是，在后述的管理过失、监督过失的场合，更是如此。可以这样来推测，存在于这样的理解背后的，是对于作为违法要素的结果无价值的相对轻视的态度。另一方面，从结果无价值论，或是虽是行为无价值论、但将结果无价值理解为必需的违法要素的立场出发，其原本固有的理解则是，由于结果无价值（结果）是为处罚奠定基础的，因而对此的预见可能性作缓和理解是不够的，必须是达到一定高度的预见可能性。也有人认为对结果必须要有“具体的预见可能性”，但可以认为，这种说法中也包含着对于预见可能性必须限定理解为程度性的概念。

但是，属于程度概念的预见可能性的判断，实际上，无论如何都存在两种思考方式，或者是予以严格的思考而将其限定在近似于存在预见的场合的案件，或者说在某种程度上予以缓和的思考。旧过失论从理论上来说是以前者的方向为意向的，但要是将处罚范围限定在近似于存在预见的场合、明显有可能预见的场合的话，就有可能使得很多过失案件无法得到处罚，因此，就不得不肯定某种程度的缓和的预见可能性。而且，在诸如汽车事故等能类型性地肯定预见可能性的案件中，在预见可能性实际上不会成为问题这一意义上，也可以说是被缓和地理解的。再者，即使按照旧过失论的立场，在后述管理过失的案件中，一般的见解也都肯定了预见可能性，在此所肯定的预见可能性绝不是严格限定的，并且这一点也并非全无理由。像这样，对预见可能性在某种程度上进行缓和地肯定的立场是一般性的观点，这其中想来也存在不得已而为之的一面。如果这样的话，则仅仅将预见可能性作为问题，是不能适当划定过失犯的处罚范围的。正因如此，也可以说就提升了对结果回避义务判断的重要性。

在下级审的判决之中，虽也有像北大电气手术刀事件的控诉审判决那样，认为具有“一旦启动电气手术刀，就有因电流的作用而造成伤害之虞”这一程度的预见可能性就够了（前引札幌高判昭和 51 年［1976 年］3 月 18 日），但也有像“车辆水滑现象”①（大阪高判昭和 51 年

① 车辆水滑现象（hydroplaning）是指当沥青路面出现车辙形成永久变形之时，这里便会产生积水，当汽车高速行驶至此处时，在车轮与路面之间便会有水进入，就感觉车轮在水面上滑行一样，进而出现方向盘、刹车不灵的现象。——译者注

［1976年］5月25日刑月8卷4、5号合刊第253页）、河豚中毒的事例（大阪高判昭和45年［1970年］6月16日刑月2卷6号643页）那样的，对预见可能性要求得比较严格，从而否认了其存在的判决。

四、信赖原则

过失犯的最基本问题，在于其成立范围如何加以**限定**，作为过失犯成立要件的注意义务概念，必须有助于这一基本问题的解决。从这一观点出发，极为重要的是判例所采用的“信赖原则”。以下，就这一原则的理解加以检讨。

所谓**信赖原则**，是指这样的一种原则，在存在着足以信赖被害人或者第三人（特别是被害人）不会作出不适当行动之情况的场合，反过来说，不存在不适于相信对方会采取适当行动之情况的场合，行为人以此为前提作出恰当的行为足矣，即便是对方违背了这种信赖最终导致了法益侵害的发生，也不能追究行为人的过失责任。这一原则作为**注意义务的限定原理**，主要在相关交通事故案件的处理中为判例所认可。比如说，在车站的乘务员没有注意到下车的醉酒乘客滚落到了轨道里，而发出让驾驶员正常发车的指令，导致了被害人在车辆和月台之间被碾轧而死的案件中，判例认为：“即便是在乘务员让醉酒的乘客下车的场合，按照该乘客醉酒的程度、走路的姿势、态度以及其他从外部能够容易观察的特征，如果能够认定存在着引起乘客撞到电车上或者是滚落到轨道之中等的危险的特殊状况时则需另当别论，反之，若没有这些特殊情况，就可以相信其会采取适当行为以保护自身安全，因而只要将其作为一般乘客予以对待即可。”（最判昭和41年［1966年］6月14日刑集20卷5号449页）又比如说，驾驶员驾驶汽车右转弯时，发动机熄火后再次发动车时，与A的车辆发生了冲撞并致A负伤的案件中，判例认为：“作为汽车的驾驶员，只要是没有特殊的情况，信赖从右侧方向驶来的其他车辆会遵守交通法规、会作出避免与自己的车相冲撞的适当行动，这样开车就够了；不能要求驾驶员预想到可能会存在像本案中A车那样敢于违反交通法规、试图超到自己车前面的车辆，从而确认对右侧方的安全、应该将事故的发生防患于未然，驾驶员并不存在这样的业务上的注意义务。”（最判昭和41年［1966年］12月20日刑集20卷10号1212页）就像是被告人右转弯的方法违反了交通法规的案件这样，即便在自己违反了交通法规时，这一原则的适用也未被否定（参见最判昭和42年［1967年］10月13日，参见刑集21卷8号1097页等）；而像在驾驶汽车过程中，在与停车中的公共汽车错车的当口，撞上了从公共汽车上下车准备横穿马路的幼儿、致其死亡的案例这样的，在并没有相当的理由信赖被害人作出适当行动的场合，就否定了适用信赖原则（最决昭和45年［1970年］7月28日判时605号97页）。

以上这样的信赖原则，是从行为的危险性的观点出发对于结果回避义务的内容加以限定的，具有极为重要的意义。

第三款 管理过失与监督过失

一、管理者与监督者的过失责任

作为过失论的特殊事例，成为问题的是，处在**管理者**、**监督者**立场的人的过失责任。既然在该场合也还是是否成立过失犯的问题，那么问题的解决就必须求诸有无注意义务的违反，也就是，要看有没有结果回避义务违反，有没有结果预见义务违反。具体而言，必须检讨以下问题：是否能肯定存在对作为应降低实行行为（构成要件行为）之危险性的义务即结果回避义务的违反，是否能肯定存在要认定结果预见义务违反所必需的结果预见可能性。以下，以这些观点为基础加以检讨。

管理者、监督者的过失责任成为问题的事例，可以区分为以下两个类型（参见佐藤文哉：《监督过失》，基本判例，48页；三井诚：《围绕着管理、监督过失的问题所在》，刑法第28卷1号，18页；等等）。

第1，是处在对于引起结果的直接行为人之过失行为予以防止的立场上的**监督者**过失的事例，被称为“（狭义的）**监督过失**”或者是“间接防止型”。在此场合，就监督者而言，为了肯定其具有结果预见可能性，就要求他对直接行为人的过失行为存在预见可能性。如后所涉，这一点是有困难的。而且，即便是从结果回避义务的观点来看，只要能期待直接行为者会有适当的对应行为，结果发生的危险性就较低，肯定结果回避义务就也会产生问题。

第2，是处在为了防止结果发生进行物的、人的配备立场上的管理者过失的事例，被称为“**管理过失**”或者是“直接介入型”。在此场合，管理者必须能预见到由于防灾体制整备上的懈怠而会导致结果发生。从而，问题就是，在何种场合，能够认可何种内容的结果回避义务。此外，与预见可能性有关的也需要检讨的问题将在后面予以论述。

这两种类型中，无论何者的主要问题都是能否肯定监督者或管理者的结果预见可能性，能否认定存在“可以预见到结果发生的某种危险状况”。不过，根据是否处在对于直接引起结果的最近的过失行为人予以监督的立场，而区分为两种类型。不过，存在着两者交错的时候，比如，即便后者的类型，由于是向部下指示对防灾体制的整顿、令其实施，上司的指示是否充分就成为问题，就此来看，和前面的类型就有共通的地方，等等。[①] 前一种类型，是由于加入了直接造成结果的过失行为而引起了结果的过失责任；而与此相对，后一种类型，则是由于未配备必要的体制以致相应危险变成了危害结果的过失责任。在与所引起结果的关系上，成为问题的是**间接的责任**还是**直接的责任**，可谓是两者的区别所在。

判例，特别是在后者的类型（管理过失）的场合，广泛地肯定了过失的存在，问题是，从关于过失的一般理论来看，这样的立场能否得到认可。

二、监督过失

就**监督过失**的事例而言，由于存在着直接引起了结果的行为人，且是由该行为人的过失行为导致了结果的发生，所以对于处在监督直接行为人立场的监督者来说，为了肯定其对于结果的预见可能性，就必须要

① 在医院，由于锅炉工的过失发生了火灾的时候，由于警备员、护士等的不适当的行动而导致新生儿等死伤的案件（白石中央医院事件）中，判决将作为管理者应该进行的防灾体制整备的应有状态与护士等的无从预想的不适当行动之关系作为问题，进而否定了管理者的过失（札幌高判昭和56年［1981年］1月22日，刑月13卷1、2号合刊12页）。

求其可能预见到直接行为人的过失行为。可是，由于可以预料到直接行为人通常会作出适当的行为，所以，在一般情况下肯定这样的预见可能性是有困难的。为了肯定监督者对于直接行为人的过失行为具有预见可能性，必须是其能够预见到直接行为人有实施过失行为的**征兆**，比如说，由于工人技术不成熟、容易犯错误或者是处在因过度劳作而容易出错的状态。否则，由于可以“信赖”直接行为人作出适当的行为，就会否定上述的预见可能性。即使是从结果回避义务的观点来把握问题，要想肯定作为危险减少义务的结果回避义务，监督者就必须能预见到直接行为人犯错的可能性，对此予以肯定同样是有困难的。因此，就监督过失类型来说，追究过失责任并不容易。

监督过失如何才能认定？这里想通过信越化学工业事件加以明确（其他的事例，特别是，北海道煤气公司事件（札幌地判昭和61年［1986年］2月13日，刑月18卷1、2号合刊68页），白石中央医院事件（前引札幌高判昭和56年［1981年］1月22日），请参见山口·探究172页以下）。这一事件是，在对化学工场的紧挨着盐化乙烯单体制造工程的储存罐的除尘装置进行检查清扫的途中，由于除尘装置的吸入阀门破损，残留在罐内的液化盐化乙烯单体喷出并且汽化，接触到了火源并引起大爆炸，导致了人员的死伤。现场工人X由于急着干活，在除尘装置内大量残留着液化盐化乙烯单体的状态下就打开了盖子，后发现了从吸入阀门向除尘装置中漏入了乙烯单体，在转动手柄拧紧吸入阀门时，手柄失灵，没有盖上盖子马上报告，而是继续不当地大幅度拧动手柄，进一步拧紧了阀门，因此弄坏了吸入阀门，喷出了液化盐化乙烯单体。吸入阀门由于漏出了乙烯而损坏了，丧失了关闭机能。在工人X之外，工场长Y以及科长Z也被起诉，其过失责任也都被肯定了（新泻地判昭和53年［1978年］3月9日判时893号106页）。

该案件中，即便在除尘装置的内部残留着液化盐化乙烯单体的场合，现场工人也可能会因为量很少而不重视，仍然按照惯常操作流程打开盖子，这种可能性是存在的；而且，就有关转动操作阀门所使用之手柄的使用方法来说，由于工人全然没有受过相关培训，以致发生了扭断阀门棍等的事故，这些事实的把握是比较容易的，工场长等监督者有可能预见到工人会不当地大幅地拧动手柄、拧紧吸入阀门致其破损，由此也就肯定了工场长等监督者对于结果发生具有预见可能性。反之，如果是因为现场工人的偶然操作错误，采取了不同于惯常作业流程的操作，只要不能认定是常易出现的错误，对于监督者而言，就不能说其对于直接行为人的过失行为具有具体的预见可能性。抽象地说来，虽可以说谁都是会犯错误的，但仅有这一程度的可能性怕是还不足以认定为过失。结局就是，否定了其对于构成要件结果的预见可能性。同样可以说，要肯定其结果回避义务也是很困难的。此外，在前面所列的白石中央医院事件中，由于管理、监督者对于护士等作出极其不适当的行为这一点没有预见可能性，其过失责任就未被肯定。

三、管理过失

在**管理过失**的事例中，不是要追究因未对直接导致结果的（过失）行为人进行适当监督而最终（间接地）造成结果的过失责任（监督过失），而是在因对直接行为人没有监督关系而追究监督过失存在困难的场合，或者说在监督关系的框架之外要求其独立采取结果回避措施的场合，转而要追究由于结果回避措施（防灾体制）不健全而（直接）产生了结果，对此所应承担的过失责任。从而，在这样的场合之下，就要求以防灾体制的确立作为结果回避义务。此外，这个事例中的问题在于，仅仅是防灾体制不健全还不至于引发危害结果，而是由于介入了过失行为或者自然灾害而**一旦发生了危险之后**，却由于防灾体制的不健全而最终导致了结果，因而这里的结果预见可能性，是一种**附有**发生了危险这一**条件**的预见可能性。就附条件的预见可能性而言，也有见解认为条件的具备与否不成为问题（比如，西田278页），然而，只要不具备相应条件，就不可能发生最终的构成要件结果，因此，即便就满足何种条件来说不需要预见可能性，但是认为就具备条件来说的预见可能性一概不成问题，则有些说过头了。就是说，就管理过失事例而言，问题是，是否是只要对满足条件这一点没有预见可能性，就不能认定存在对最终的构成要件结果的预见可能性呢？可能随之而来的问题又在于，这样的条件是否具备，换言之，对于由人为原因或自然原因而产生危险这一点的预见可能性，在何种程度上是有必要的，能否肯定这种程度的预见可能性？

下面想通过川治王子宾馆事件，将管理过失的问题点加以明确。① 即，在宾馆的工程作业中，在工人由于不注意而发生了火灾时，由于该宾馆既没有设置防火门，也未将楼梯部分划定为防火区域，由此，烟和火焰等在短时间之内弥散和蔓延到楼梯、走廊和客房中，再加上由于宾馆工作人员完全未能进行适当的火灾通报、避难引导等，导致了多数的旅客、工作人员的死伤。在该案件中，除了致使火灾发生的建筑公司工人和该公司的董事长（该两人被判有罪）之外，宾馆的董事长 X 及握有经营实权的董事 Y（董事长的妻子）也被起诉，也肯定了两人负有过失责任（最决平成 2 年［1990 年］11 月 16 日刑集 44 卷 8 号 744 页）。

在本案中，对确立防火体制这一结果回避义务的懈怠被当作问题，具体说来，就 Y 而言，其懈怠于自己做成或者是命令工作人员中的负责人做成消防计划、并基于该计划进行避难引导训练，再者就其自身的责任而言，怠于履行设置防火门、将楼梯部分设定为防火区域的义务被作为问题，由于肯定了其不作为与结果之间的因果关系，也就认可了构成要件该当性。就预见可能性问题来说，“就设置住宿的设施、不分昼夜地为不特定的多数人提供住宿等的便利的旅馆、宾馆而言，既然其时常孕育着发生火灾的危险，而被告人也认识到了该宾馆的防火、防灾体制无论是人的方面还是物的方面都不完备，一旦火灾发生的话，由于发现得晚、开始时灭火的失败等导致发展成真正的火灾，旅客不熟悉建筑的构造、避难通路等，可能招致死伤的危险，被告人很容易预见到这些”，由此肯定了预见可能性的存在。即，其理由就是，对于存在起火危险，并且，一旦着火就会引起死伤的结果，是存在预见的可能的。如

---

① 就管理过失而言，重要的是与大规模火灾事故相关的 4 个判例。除了川治王子宾馆事件之外，其他的三个判例，即千日百货大楼事件（最决平成 2 年［1990 年］11 月 29 日刑集 44 卷 8 号 871 页），大洋百货商店事件（最决平成 3 年［1991 年］11 月 14 日刑集 45 卷 8 号 221 页），新日本宾馆事件（最决平成 5 年［1993 年］11 月 25 日刑集 47 卷 9 号 242 页）。可参见山口・探究 173 页以下。

前所述，可认为，成为问题的就是，在何种意义上能够肯定着火的危险或者是着火的预见可能性，而上述判例认为，“通常”都能肯定这些。而且，在着火原因不明的千日百货大楼事件、大洋百货商店事件中，着火的危险，或者对着火的预见可能性，甚至根本没作为问题来探讨。在这个意义上，从这些判例中可以看出，在认定与大规模火灾事故有关的管理过失责任之时，并没有将着火的预见可能性作为问题。至于其理由，可以认为包括如下内容：也就是，原本来说，如果无需对具体如何着火也有预见的可能，那么，就必须是，只要对着火的可能性能一般性地、类型性地想见即可。而且，成为结果回避义务内容的防灾体制确立义务，由于在着火等危险实际发生时点很久之前便要求予以履行，因此在这样的时点，也只能是将着火的危险作为一般性、类型化的东西来把握。换言之，就不得不在对着火的危险性类型化地把握的同时，对结果的预见可能性予以判断。这样一来，可以认为，只要不是一概否定了追究过失责任的余地，就必然变成了像行政法上所设想的那样，有比较缓和的预见可能性便足够了。可以说，也正是因为这样的理由，对这种判例持肯定态度的，在学界占据多数。可以说，判例、多数说的理由也在于此。具体来说，判例、多数说没有采取对预见可能性进行相当程度的限定理解的立场，而采取的是，在知道有可能类型性地或者普遍性地发生结果的场合，就相对缓和地认定存在预见可能性，其后，再通过对结果避免义务违反的探讨，而判断是否成立过失犯。并且，在这种类型性的判断之下，尽管认为结果避免义务的内容理论上应不同于行政法上的义务，但实际处理时又往往不得不认为两者是基本相同的。

就管理过失的事例而言，预见可能性事实上不高这一点不能否定，在这个意义上，在管理过失的事例中要肯定过失犯的成立仍然是留有疑问的（参见山口·探究178页以下）。此外，在大规模火灾的案件中肯定管理过失责任是本应由“防火体制整备”这一本来的行政措施予以担保的，在发生了多数死伤者的案件中，通过肯定过失责任这一恐吓性质的处罚来代替行政措施的担保，存在着这样的疑问。然而，只要实际上没有完全否定有肯定过失责任的余地，支持上述处理的立场就并非完全没有理由，既然如此，对于会动摇这种预见可能性的类型性判断的例外情况加以明确，使之不走过头，就具有现实性意义。

第五节 违法性意识

第一款 概 说

一、问题之所在

刑法第38条第3款在其本文中规定，“即便是不知法律，也不能据此认为没有犯罪的意思”。但是，在同款但书中，规定“但是，根据情状，可以减轻其刑罚”，肯定了刑罚的裁量减轻。在如此规定的刑法之下，就行为人实施了该当的实行行为而言，认识到该行为是违法的这一点，或者是能够认识到该行为是违法的这一点，在犯罪的成立要件判断之中具有怎样的意义，对此，判例和学说上存在着争论。

二、判例的立场

在判例中，传统的观点一直是采取了认为违法性意识并非犯罪之成立要件，或者说，由于在实务上成为讨论对象的完全是是否成立故意犯的问题，即一直采用了“违法性意识不能说是故意要件”的**违法性意识不要说**（大判大正13年［1924年］8月5日刑集3卷611页，最判昭和25年［1950年］11月28日刑集4卷12号2463页）。但是，在下级审的判决中，受到后述学说中有力说的影响，也有判决认为在相信自己的行为是法律所允许的、且就欠缺违法性意识而言具有相当理由的时候，就不能肯定故意，犯罪的成立被阻却（东京高判昭和27年［1952年］12月26日高刑集5卷13号2645页，东京高判昭和44年［1969

年］9月17日高刑集22卷4号595页［电影“黑雪”事件］①，东京高判昭和55年［1980年］9月26日高刑集33卷5号359页［石油秘密联合事件］②，等等）。再有，最高裁判例在羽田机场游行事件③中，也肯定被告人存在（要是从违法性意识不要说出发，理应是与犯罪的成否无关的）违法性意识，并撤销了原判决（原判决认为被告人欠缺违法性意识且对此具有相当理由，进而否定了犯罪的成立）（最判昭和53年［1978年］6月29日刑集32卷4号967页）；在招待券事件（百元纸币模造事件④）中，原判决认为不能说被告人对于欠缺违法性意识这一点具有相当理由，这一判断则得到了最高裁判例的认可（最决昭和62年［1987年］7月16日刑集41卷5号237页）。此外，如上所述，在裁判例中，也有的认为在欠缺违法性意识这一点存在相当理由的场合则阻却故意，但这并不意味着就必定是采取了后面所述的限制故意说。这是因为，可以这样认为，在专门将是否成立故意犯作为问题的案件中，由于能够阻却作为犯罪成立要件的、有法律条文上根据的故意而否定犯罪的成立，就没有必要再去肯定与违法性意识有关的超法规的责任阻却了。

---

① ［电影“黑雪”事件］行为人放映已通过电影伦理审查委员会之审查的电影时，认为该电影并无刑法上的淫秽性、放映该电影为法律所允许，这存在相当的理由，因而缺少刑法第175条“散布猥亵物等”之犯意。——译者注

② 被告人X（石油联盟会长）与Y（石油联盟供需委员会委员长）相互共谋，有关Z（石油联盟）的业务，调整了相关石油精炼公司的原油处理量，对此，检方认为该行为实质上限制了原油交易领域的竞争，违反了《独占禁止法》而对X、Y、Z提起了公诉，但东京高裁认为，被告人的上述行为是在当时的通产省的行政指导之下实施，公平交易委员会对此亦未采取任何措施，因而认为被告人误信自己的行为阻却违法性是基于相当的理由，应阻却故意。——译者注

③ ［羽田机场游行事件］被告人在羽田机场出发大厅组织了近300人实施游行，其并未得到公安委员会的许可，但误信按照惯例一般会被允许。——译者注

④ ［招待券事件］被告人是饮食店的经营者，其为了招揽顾客而委托印刷厂制作了招待券（该招待券正面与旧百元纸币完全相同，而反面则印上了广告宣传语）。在正式印刷之前，被告人就此咨询了熟悉的警察，警察向其出示了《货币以及证券模造取缔法》的条文，告知制作的招待券如果与纸币易于混同，则属于违反该法的行为，而如果将尺寸做大些或者在招待券上印上“招待券”等字样，就不会有问题了。但行为人以为他们只是善意提醒，因而原样印刷并散发了招待券。——译者注

三、学说的诸相

学说中的大多数见解认为，在不能意识到行为的违法性的场合，针对所作出的该当构成要件且违法的行为不能进行非难，也就不能追究责任，从而对于违法性意识不要说给予了批判。

认为违法性意识或是其可能性是必要的学说，大致说来可分为两大派别：要么是将违法性意识（或其可能性）作为故意之要素的见解（**故意说**），要么是将其作为责任之要素的见解（**责任说**）。[①]

故意说进一步又可以分为**“严格故意说”**和**“限制故意说”**，前者是将违法性意识作为故意的要素（大塚461页，中山372页，内田（中）270页以下，等等），后者则将违法性意识的可能性作为故意的要素（团藤317页，等等）。其中，一方面，严格故意说认为，在虽然意识到违法性却仍实施了行为的场合，就可能进行与过失性质不同的责任非难，就可能追究比过失更重的故意责任。但根据这一见解，仅凭轻率地相信是法律所允许的就会导致否定故意犯的成立，其结论的妥当性就产生了疑问。为此，严格故意说将违法性意识的内容从原来的对于法的禁止的认识，缓和为对于法律之前的道义性、伦理性义务等的规范违反的认识，抑或是对社会有害的行为的认识。这一点，根据视角的不同，也可以说与违法性意识不要说别无二致。但是，不是追究法之前的道义责任、伦理责任，而是在何种意义上可以追究法律责任，可以说，要承认这样的根据是有困难的。而另一方面，限制故意说在未将实际上意识到违法性作为有责性之认定要件这一点上，能够回避不妥当的结论；但将“可能性”这一程度概念作为故意的要素——故意是以“有或者没有”一定的认识为问题的，这一点是有疑问的。而且，就这一学说而言，在没有违法性意识之可能性的场合，尽管不成立故意犯，能否肯定过失犯的成立，还会成为问题。作为结论而言，可以认为，在不可能知

① 近年来对此的系统研究，可参见齐野彦弥：《故意概念的再构成》，有斐阁，1995；长井长信：《故意概念与错误论》，成文堂，1998；前引高山佳奈子：《故意与违法性意识》，等等。

道行为违法的场合就不能进行法的非难，从而也就不能肯定过失犯的成立，但这就意味着违法性意识的可能性不是故意所固有的要素，而是故意犯、过失犯所共通的责任要素，结果就是，责任说就是妥当的。

责任说是将违法性意识的可能性理解为故意犯与过失犯共通的责任要素的见解，其又可以进一步细分为严格责任说和限制责任说。**严格责任说**认为，在对违法性阻却事由该当事实存在误信时，不肯定其阻却故意，作为违法性的错误而言，以有无违法性意识的可能性为基准来判断责任阻却（福田207页，西原422页，大谷339页，川端451页以下，桥本192页，等等。根据这一见解，在肯定了构成要件故意的场合，要么是成立故意犯，要么就是不可罚的，这是二者择一的关系，没有成立过失犯的余地）。而**限制责任说**则认为，在对违法性阻却事由该当事实存在误信时，肯定其阻却（责任）故意（平野Ⅱ164页，西田241页，山中315页，高桥293页，等等）。

作为结论，基于下款所述之理由，限制责任说是妥当的。已如前述，对违法性阻却事由该当事实存在误信的场合，由于缺乏对于评价为违法的事实的认识，便不能肯定（责任）故意，因此，就可否定故意犯的成立，而不过是可能成立过失犯而已。从而，可以说，在责任说之中，严格责任说是不妥当的（关于违法性意识的理解，参见前引高山：《故意与违法性意识》）。

第二款　违法性意识可能性之必要性

违法性意识不是故意的要素。一方面，违法性意识是对于行为“为法律所禁止”这一点的认识，其内容是全部犯罪共通的，因此，假如认为违法性意识才是故意的本质，换言之，假如认为有违法性意识而仍旧实施行为这一点奠定了故意责任之基础的话，那么，对构成要件该当事实的认识（事实的故意）就失去了独自的意义，[①] 根据这种见解，由于

① 找出事实的故意得以和违法性意识相并列的独立意义是有困难的。尽管有见解认为，事实故意作为责任要素的意义在于其具有唤起违法性意识的功能，但对见解而言，同样的批判也是适用的。

既然有对某个构成要件该当事实的认识就具备了违法性意识，从而即能够肯定故意责任，结果就是，变成与抽象符合说相同了。这是不妥当的。另一方面，要是在肯定事实故意的同时又肯定违法性意识的独立意义的话，其根据和妥当性恐怕都是问题。就其根据而言，可以推测，在行为人身上所能肯定的“反法的心情”奠定了重的责任的基础，但可以说，这样的“心情刑法”的论理存在基本的疑问。

不是违法性意识，而是**违法性意识的可能性**属于责任要素。① 这是因为，在不能肯定存在违法性意识可能性的场合，就不能对实施了该当构成要件且违法的行为的行为人加诸法的非难，从而也就不能肯定责任。也就是说，对于不可能知道自己所实施的行为为法律所禁止的人，在法律上就不能要求行为人停止实施该行为，从而，就行为人实施了该行为而言，也不能追究其法律上的责任。无“形成守法动机的可能性”之处则无从肯定非难可能性，也不能科处具有非难之意味的刑罚。这样一点不但对于故意犯，对于过失犯而言也同样适用。因此，违法性意识可能性是独立于故意、过失的，也是故意犯和过失犯所共通的责任要素，欠缺违法性意识的可能性是责任阻却事由。

上述的解释，虽说可谓是处在刑法第 38 条第 3 款的延长线上，是超出法规范而得到肯定的，但可以说，其并非完全地脱离法条的解释，而是能从刑法第 38 条第 3 款的旨趣出发推导出来的解释。

第三款 违法性意识的内容

由于违法性意识是对自己的行为“为法律所禁止”这一点的认识，所以只要是没有认识到自己在干什么就不可能成为问题。从而，在存在具体故意的前提下，进一步又具有了与规范有关的意识和知识，才可能产生违法性意识的问题。

要使得通过科处刑罚而实施的非难成为可能，就要求具备违法性意

① 既然过失犯也是刑事责任的一种形态，那么，不言自明，就不能将违法性的现实意识作为肯定责任所必需的要素。

识这一要件；在欠缺“形成守法动机的可能性”的场合不能非难、不能科处作为非难的刑罚，这种理解是该要件之理论基础。因此，一方面，所谓违法性意识，不是单纯地对行为为**法律所禁止这一点的认识**，而是对行为为刑法所禁止这一点的认识（参见堀内 197 页）。另一方面，对法定刑的认识（比如，参见西田 239 页）是过度的要求，应该认为，单纯的对于法定刑的认识错误不会丧失违法性意识［最判昭和 32 年（1957 年）10 月 18 日刑集 11 卷 10 号 2663 页］。即使在对法定刑的认识错误具有相当理由的场合，既然知道是违法的，或者是虽不知道违法但没有相当的理由，则没有理由认为其不可罚；而且很明确，即使试图在量刑时考虑错误问题，也不能再考虑对法定刑的认识而在法定刑、处断刑以外科处刑罚，否则，对于究竟应科处何种刑罚，就会陷入困难。

第四款　违法性意识的可能性

违法性意识以故意为前提，因此，就必须是在需要存在故意的实行行为的时点，行为人有违法性意识的可能性。也就是，必须是对于缺乏违法性意识不存在相当的理由，有进行非难之可能。这种理解也是就个别行为追究责任的现行刑法之要求。多数的见解认为，可以通过溯及实行行为的时点以前获得法律知识的可能性，来肯定违法性意识的可能性，但是，这会导致了在实行行为的时点要求故意、而在实行行为以前的时点将违法性意识可能性作为问题，就等于是肯定了责任非难的分裂。可以说，这是有疑问的。并且，像后述的原因中的自由行为那样的，承认可以例外地溯及实行行为以前来追究责任的场合，应该理解为，必须在问责的时点上能够肯定故意及其他全部的责任要素。

必须要追问的是，通过行为人的能力发挥，其能否达到自己的行为是“为刑法所禁止的”这样的认识。在没有可能认识到这一点即认识可能性被否定的场合，就行为人实施了行为而言则不能予以非难，从而责任也就得以阻却。

尤其成为问题的是，咨询了行政机关、按照其指点而行动的场合的处理。在这一场合，通常来说，是能够否定违法性意识的可能性的，换言之，是能够认定欠缺违法性意识这一点具有相当理由。比如说，针对行为人的咨询，承担相应法律执行职能的机关给予了“在法律上是允许的”的指点，结果是其说错了、相应行为并不被法律允许的场合，除非是在行为人能够认识到“行政机关的指点是错的”这样的例外场合，否则就可以说，行为人是欠缺违法性意识的可能性的。①

第六节　期待可能性

一、概述

行为人在实施了该当构成要件且违法的行为的场合，即便是在不存在诸如不被承认的违法性意识的可能性等其他的责任阻却事由的时候，现在所存在的全部的状况作用于行为人的心理，在不能期待行为人不作出该行为的场合，仍可以不依赖于法律规范而阻却责任。像这样的欠缺适法行为的期待可能性成为超法规的责任阻却事由（肯定了这种超法规的责任阻却事由的下级审裁判例，有福冈高判昭和30年［1955年］6月14日判时61号28页［暴行罪］，将这样的欠缺期待可能性作为构成要件的限定性的解释而予以肯定的，有最判昭和33年［1958年］7月10日刑集12卷11号2471页［违反失业保险法］。此外，大判昭和8年［1933年］11月21日刑集12卷2072页［第5柏岛丸事件］，考虑了适法行为的期待可能性这些事情，而仅仅科处了罚金刑）。

二、判断标准

关于期待可能性的判断基准，有以下几种学说得以主张：将行为人作为基准加以判断的**行为人标准说**（团藤329页，大塚479页，大谷355页以下，曾根161页，西田295页，等等），将通常人或者平均人在相应状况之

① 此外，即便是依照最高裁判所的判例而实施行为的场合，如果当时处于能够预想到判例变更的状况之下，就不能说没有违法性意识的可能性。参见最判平成8年（1996年）11月18日刑集50卷10号745页。

下的场合能否期待其作出适法行为作为问题的**平均人标准说**（堀内215页，前田298页，佐久间261页，等等），以及将期待适法行为的国家作为基准加以判断的**国家标准说**（佐伯290页，平野Ⅱ278页，等等）。

这些学说在把握了问题的部分侧面来说是带有正确成分的，但以上的对立在实际上也没那么有意义。一方面，就身体的、心理的条件等行为人的能力来说，不是一般人，而不得不以具体的行为人为基准；另一方面，不能是“因为是这个行为人所以没有办法”从而就肯定责任阻却。此外，要说“平均人”也不是统计意义上的平均人，而不过是在展示关于可以期待到何种程度这一点的结论时所援用的，是一个纯然的规范概念。适法行为的期待可能性，可通过“对之可以期待到何种程度”这样的期待一方与被期待一方的“紧张关系”加以判断，可以说是一个规范的问题。① 可以说，结局不过就是，在以行为人的能力为前提的基础上，在行为当时国家根据行为人对于其能力的发挥，来判断是否能期待其不作出违法行为。

三、错误

误认为存在否定合法行为之期待可能性的事实的场合，就其本身来说，虽然是可能使得行为人失去了期待可能性，但行为人发挥其能力时要是能够认识到并不存在这样事实的话，那么，就可以肯定期待可能性，从而否定责任阻却。也就是说，**期待可能性的错误**，要在期待可能性判断的内部加以处理。②

① 在隐灭证据罪（刑法第104条）等个别的犯罪中，考虑了行为人的适法行为的期待可能性的程度并在构成要件中予以限定，但这在很大程度上是出于“期待到何处”这一立法政策，并不意味着是从行为人内心的应然状态这一事实的侧面直接就推导出了期待可能性的欠缺。比如说，杀人犯人对尸体予以遗弃，在隐灭证据罪（刑法第104条）的关系上，从期待可能性的考虑出发被认为是不可罚的，但在与遗弃尸体罪（刑法第190条）的关系上，则成为处罚的对象。

② 与此相对，像隐灭证据罪（刑法第104条）等，从期待可能性的观点来看对构成要件限定性加以规定的犯罪，根据对排除在构成要件之外的事实（比如说，隐灭的对象是关于自己的刑事案件的证据）存在误信，就无法肯定对于构成要件该当事实的认识，从而也就没有故意。

第七节 责任能力

第一款 心神丧失与心神耗弱

一、概述

在行为人不具备对自己的行为负责的能力，换言之，在不具备**有责地实施行为之能力**的场合，就不能对于实施该当构成要件、违法行为的行为人进行法的非难，其责任被阻却。这样的旨在责任非难所要求的行为人的能力，称为**责任能力**。

没有责任能力的场合（**责任无能力**）称为**心神丧失**，被规定为责任阻却事由（刑法第39条第1款）。与此相对，虽存在责任能力但能力程度显著降低、能力显著受到限定的场合（**限定责任能力**）称为**心神耗弱**，被规定为责任减少事由，（刑法第39条第2款）作为其效果规定了刑罚的必要减轻。

此外，刑法曾经规定，由于先天的或者是在极其幼小的时候丧失了听觉能力从而失去了语言能力的（这称为"聋哑人"），肯定其责任阻却或者减少（刑法旧第40条），但通过平成7年（1995年）的刑法修正，删除了上述规定。

二、含义与判断基准

刑法第39条只是就心神丧失与心神耗弱规定了其法律效果（前者是不可罚的，后者是刑的必要减轻），而就责任能力的含义，即对于心神丧失、心神耗弱的含义理解来说，则要交由解释来处理。

对于心神丧失与心神耗弱的含义，判例（参见大判昭和6年（1931年）12月3日刑集10卷682页）以及通说依据**生物学的要件**（精神的障碍）和**心理学的要件**（辨认、控制能力），作如下理解（这样的规定方法，被称为将生物学方法和心理学方法并用的**混合方法**）。即，所谓心神丧失，是指由于精神障碍，不能辨认行为的违法性（**辨认能力**），或欠缺控制自己根据对违法性的辨认加以行动的能力（**控制能力**）的状态。不管是欠缺辨认能力还是欠缺控制能力的场合，都属于心神丧失。与此相对，所谓心神耗弱，是指由于精神障碍而导致辨认能力或者控制能力（虽未达到欠缺的程度）受到显著限定的状态。

是否属于心神丧失或者心神耗弱，根据判例，要结合病历、犯罪当时的病状、犯罪前的生活状态、犯罪的动机与样态、犯罪后的行动、犯罪以后的病状等，通过**综合考察**加以判断（参见最判昭和53年［1978年］3月24日刑集32卷2号408页）。这样的责任能力判断属于**法律判断**，即便是鉴定书上记载着曾有心神丧失的状况，也允许不采用该鉴定而进行不同的判断（最决昭和59年［1984年］7月3日刑集38卷8号2783页）。而且，即使是在裁判所采纳了一部分精神鉴定意见的场合，就责任能力的有无及程度而言，事实上也未受该意见的其他部分的约束，而能够结合上述各项予以综合判定（最决平成21年［2009］12月8日刑集63卷11号2829页）。再有，就成为责任能力判断之前提的生物学要素以及心理学要素来说，在与这样的法律判断的关系上，最终也是求诸于**裁判所的评价**（最决昭和58年［1983年］9月13日判时1100号156页）。不过，说到作为生物学要素的精神障碍的有无、程度以及这些内容对于心理学要素有无影响及其程度，考虑到这些诊断都是临床精神医学的分内之事，在属于专家的精神医学者的意见作为鉴定书成为证据的场合，除非是能肯定由于存在对于鉴定人的公正性和能力产生疑问、鉴定的前提条件存在问题等合理情况，因而鉴定意见不能被采用，否则就应该充分尊重这些意见且予以认定（最判平成20年［2008］4月25日刑集62卷5号1559页）。

在责任能力判断时作为生物学要件（精神的障碍）来说最常成为问题的，是精神分裂症（Schizophrenie（德））。该症之所以成为问题，是因为其有时伴随着幻觉、妄想，并与重大的犯罪有关联。判例认为，虽说是精神分裂症，但未必就一定能认定为心神丧失（针对同类案件的前引最判昭和53年［1978年］3月24日以及最决昭和59年［1984年］7

月3日，认为其属于心神耗弱）。此外，就兴奋剂中毒来说，在产生了类似于精神分裂症的幻觉、妄想的案件中，认为人格并没有完全地为幻觉、妄想所支配，因而认为其仅成立心神耗弱（东京高判昭和59年［1984年］11月27日判时1158号249页）。再有，就醉酒（饮酒酩酊）而言，通常的单纯酩酊的程度对于责任能力没有影响，只有达到了复杂酩酊、更进一步达到了病的酩酊（病理性醉酒）① 的程度，才认为对责任能力有影响。

第二款 刑事未成年

刑法第41条否定了未满14岁的年少者的责任能力，规定其不可罚。这一规定，并非认为未满14岁的人属于刑法第39条第1款中的心神丧失，而是基于这样的刑事政策理由，即对于这样的年少者来说，即便是从预防犯罪这一刑法目的的见地出发，抑制处罚也是适当的。

此外，即便是14岁以上的人，对于不满20岁者而言，从期待其健康成长的见地出发，少年法规定以适用该法所规定的措施为原则（但是，请参见少年法第20条2款②）。再有，对于年少者还肯定了这样的特别的处遇：对于犯罪时不满18岁的人不得科处死刑，还可以替代无期惩役或监禁而科处10年以上20年以下的有期惩役或监禁，等等（少

① 在日本，酩酊可以分为单纯的酩酊（一般看上去很痛快的状态、不会有异常行动）和异常的酩酊。后者又分为复杂酩酊和病的酩酊（相当于病理性醉酒）。而复杂酩酊虽能肯定酩酊者会变得粗暴、兴奋，但几乎不会丧失记忆，周围的人也能理解其行动的趋向。复杂酩酊又被称为量的酩酊，而病的酩酊则被称为质的酩酊。——译者注

② 日本少年法第20条：（第1款）家庭裁判所就相当于死刑、惩役或者是监禁的犯罪案件，根据调查的结果、犯罪的性质以及情状等认为作出刑事处罚相当时，必须通过决定，将案件移交给有管辖权的地方裁判所所对应的检察厅的检察官。（第2款）尽管有前项的规定，家庭裁判所在由于故意的犯罪行为致使被害人死亡的犯罪案件中，如在犯罪时是16岁以上的少年，也要遵循前项的决定。但是，考虑调查的结果、犯罪行为的动机以及样态、犯罪行为后的情况、少年的性格、年龄、品行、环境以及其他的诸种事项，在认为适用刑事处罚以外的措施合适时，不受此限。——译者注

年法第51条①）。

第三款　原因中的自由行为

一、同时存在的原则

在实行行为（构成要件行为）之时，必须存在责任能力。这称为责任能力与犯罪行为**“同时存在原则”**。从而，若是在直接引起构成要件结果的实行行为的时点处在心神丧失状态的话，就不能处罚。但是，尽管能够避免但却由于自己的饮酒行为等产生了心神丧失状态，并在该状态之下造成了构成要件结果的场合，要是连此时也不能处罚的话就是不妥当的；故而，一直以来都在探寻这样的场合针对引起了构成要件结果追究完全责任的法律结构。也就是说，一直以来的观点认为，就引起了直接结果的行为（这称为**结果行为**）虽没有责任能力（“不自由”），但要是追溯到成为其原因的行为（这称为**原因行为**）的话，由于此时存在责任能力（“是自由的”），从而就其引起了构成要件该当事实这一点，就能追究完全的责任（“就原因来说是自由的”）。这样的为了追究完全的责任的法律结构，称为**“原因中的自由行为”**（与此相对，对于肯定其可罚性持消极态度的见解，有浅田293页等）。

对于原因中的自由行为的理解，大致上，可区分为两种见解。第1种见解是，在维持同时存在原则的同时，将**构成要件该当事实**，特别是将实行行为溯及原因行为时（这称为**构成要件模式**。团藤161页以下，大塚165页以下，西田289页以下，等等）；第2种见解是，承认同时存在原则有“例外”，在仍将结果行为理解为实行行为的同时，将针对结果行为的责任追究溯及原因行为时（这称为**责任模式**。佐伯235页以下，西原春夫：《犯罪实行行为论》，成文堂，1998，150页以下，大谷327页以下，等等）。在这其中，第2种观点即责任模式因承认同时存

① 日本少年法第51条：对于犯罪时不满18岁的人，在应该处死刑时，科处无期刑（无期惩役或无期监禁）。对于犯罪时不满18岁的人，即便是应该处无期刑的，也可以科处有期徒刑或者监禁。在此场合，宣告其刑为10年以上20年以下。——译者注

在原则的例外而饱受诟病，因而第 1 种观点即构成要件模式受到多数学者的支持（本书第 1 版 221 页以及山口厚：《关于“原因中的自由行为”》，团藤古稀（2），162 页以下，也是从这一立场出发对问题加以讨论的）。与此相对，判例（参见最决昭和 43 年［1968］2 月 27 日刑集 22 卷 2 号第 67 页）将结果行为作为实行行为予以把握，通过原因行为当时的结果行为意思，肯定了对于作为实行行为的结果行为追究完全的责任，因此，能够认为其是依据了第 2 种见解的责任模式。

二、原因中的自由行为的法律结构

就过失犯（原因行为以及结果行为是非故意行为的场合）来说，即便是不应该采用主张所有参与形态都是正犯的统一正犯概念，由于能比较容易地肯定原因行为的实行行为性（正犯性），从而也就容易肯定其作为原因中的自由行为的可罚性。毋宁说，对于过失犯就没有必要采用原因中的自由行为这一特别的法构造，这样的理解占了人多数。从而，以下就对成为经常议论对象的、尤其是问题比较复杂的故意犯加以探讨。并且，就处在欠缺完全责任能力（心神丧失、心神耗弱）状态之下而引起了构成要件结果的行为来说，可分为两种场合：能够认定引起构成要件结果是出于故意的场合和不能认定是出于故意的场合，以下首先从后者的场合和事例开始讨论。

（一）结果行为是非故意行为的事例

首先，在物理地引起了构成要件结果的行为（结果行为）时对引起结果来说不能肯定故意的事例中，要想肯定故意犯的成立，当然，除了必须能认定在该行为之前的原因行为的时点具有故意之外，还必须能够肯定该时点上的实行行为性。在能够肯定这些的场合，接下来问题就变成了“是否是实行行为的危险性介入行为人自身的非故意行为而现实化为结果”这样的因果关系判断。如果能够肯定这一因果关系的话，也就能够肯定以原因行为为实行行为的构成要件该当性了。在这一场合，结果行为是否是在心神丧失、心神耗弱的状态下实施的，并不是什么特别的问题，对其会在判断能否肯定实行行为危险性的间接现实化时加以考虑。从而，就可以说，没有必要将其作为原因中的自由行为的问题而予以特别研究。

（二）结果行为是故意行为的事例

其次，再来讨论一下，对于物理地引起构成要件结果的行为（结果行为），能够认定行为具有引起结果的故意的情形。在这一场合，根据前面提到的第1种见解构成要件模式，为了肯定作为原因中自由行为的可罚性，就必须在原因行为中肯定实行行为性。为了肯定实行行为性，就必须要有导致构成要件结果的现实危险性（参见最决平成16年[2004]1月20日刑集58卷1号1页）；但是，尽管存在例外，在结果行为以前的原因行为阶段，通常是无法肯定这种现实危险性的。在这一场合，认为这是利用心神丧失者的间接正犯的逻辑（例如，参见西田289页），是有疑问的。这是因为，他人也许可以从外部进行“支配”，但行为人无法同样地“支配”自己。倒不如说，比起在心神丧失、心神耗弱的状态下实施犯罪来说，在完全责任能力状态下实施犯罪的场合，自己犯罪意思的实现可能性要更高一些，但在后一种情形下，在结果行为以及与其密切关联的行为之前的阶段中，是不能肯定实行行为性的。从而，即使结果行为是在心神丧失、心神耗弱的状态下实施的场合，也只能作同样的理解，就是说，不能就原因行为而言肯定实行行为性。而且，在间接正犯或是隔离犯的场合，即使是认为，对于针对属于被利用者的心神丧失者的推动等行为，并不能肯定实行的着手，事实上被利用者着手实施结果行为时才肯定实行的着手、追究引起构成要件结果的责任，但那也仅限于，结果行为的实施得到客观状况的切实保证的情形。即使是肯定了犯罪行为的恶习，对于这样的客观的担保来说，是否充分仍是有疑问的。这样来思考的话，则恐怕不得不说，即便是例外地存在着能够根据构成要件模式肯定原因中自由行为之可罚性的场合，通常而言，对此予以肯定也是有困难的。

从而，以通常的场合作为前提予以考虑的话，就只能是将物理地引起了构成要件结果的行为即结果行为本身当作实行行为把握，来考虑对于这种结果行为进行责任非难的可能性，从而就只能是第2种见解的责任模式。如前所述，判例也是根据这种理解作出的。根据责任模式，可以认为，出于实施结果行为的意思，实施了导致自己心神丧失或心神耗弱状态的行为（原因行为）的场合，与在完全责任能力状态下实施结果行为的场合能够进行同等的责任非难，从而，就能肯定作为原因自由行为的完全的可罚性。可以这样说，在结果行为当中同时的非难可能性虽然丧失或是减少了，但是却能够肯定事前的非难可能性。在这个意义上，就是认可了针对“同时存在原则”的“例外”处理，这一点虽也无法否认，但是在能够对责任非难予以实质肯定的意义上，这是一种有可能采纳的法律构造。从而，可以得出这样的结论：应当通过这样的解释模式对原因自由行为的可罚性予以判断。但是，在这一场合，在原因行为时必须是基于结果行为的意思而实施了结果行为（实行行为），从而，必须是在能够肯定原因行为时具有实施结果行为意思的同时，还能肯定在结果行为时存在故意。而且，为了肯定事前的责任非难，在原因行为时除了要具有作为结果行为意思的故意之外，还必须要能肯定其他的所有责任要素。另外，虽然必须是行为人自身的行为导致了其心神丧失或是心神耗弱的状态，但是却没有必要要求需预见到在这种状态下实施结果行为这一点。即使没有这种预见，只要实施原因行为时具有实施结果行为的意思，想来就有可能针对心神丧失或是心神耗弱的状态下实施的结果行为进行完全的非难。综上所示，就通过结果行为（实行行为）引起构成要件结果而言，责任非难是可能的。

三、实行途中责任能力的丧失或减弱

学说上认为，在出于故意而开始实施了实行行为（构成要件行为）之后陷入心神丧失或者心神耗弱的事例中，应该与一般的原因中自由行为作不同的处理，从而，能够更为容易地追究完全的责任。这样的事例，存在以下两种场合。第 1 种场合是，实行行为作为原因，导致了心神丧失或是心神耗弱的状态，在这样的状态下造成了结果；第 2 种场合是，通过与实行行为并行的饮酒等行为导致了心神丧失或是心神耗弱的状态，在这样的状态下造成了结果。就第 1 种场合来说，一个心神耗弱

的事例是，在实行途中，由于开始了加害行为而变得精神亢奋并因此陷入情绪性朦胧状态，实施了杀人的场合，有判决肯定了完全的责任（东京高判昭和54年［1979年］5月15日判时937号123页）；就第2种场合来说，在加害行为开始之后又继续进一步喝酒，陷入了复杂酩酊状态而致使被害人死亡的场合，也有判决肯定了完全的责任（长崎地判平成4年［1992年］1月14日判时1415号142页）。在这些场合，一种有力的见解认为，由于能够肯定故意的一连串实行行为（构成要件行为），只要是能够肯定实行行为与构成要件结果之间的因果关系，即便是属于经历了不同于行为人当初预想的因果经过而发生了构成要件结果的事例，充其量也不过是因果关系错误的问题而已，从而，就引起了构成要件结果而言，成立故意犯（参见中森喜彦：《实行开始后的责任能力的降低》，中山古稀（3），220页，山中敬一：《关于在实行行为的途中陷入责任能力的减弱、丧失状态之案件的一个考察》，产大法学32卷2、3号合刊，352页以下，等等）。

在这些场合中，是在具备完全责任能力的状态下开始的、指向引起结果的一连串、一体的实行行为，只要能够评价为之后仍在继续实施，则无论是由哪一个行为产生的结果，都属于是一连串、一体的实行行为产生的结果，进而都能够肯定责任（参见最决平成16年［2004］3月22日刑集58卷3号第187页）。从而，即使结果是由心神丧失或是耗弱的状态所导致的，也允许追究完全的责任（例如，大阪地判昭和58年［1983］3月18日判时1086号158页。再者，参见前引东京高判昭和54年［1979］5月15日）。与此相对，尽管是一连串的行为，但由于行为样态不同等原因而不能作一体评价的场合，恐怕就要按照前述通常的原因中自由行为的基准来判断可罚性了。

第七章　未遂犯

第一节　概　　说

一、处罚的早期化

在引起了构成要件结果、构成要件要素全部充足时，构成要件该当性得以肯定，犯罪即成立。比如说，出于杀人的意思对着人用手枪瞄准、发射了子弹命中了被害人，在被害人死亡时，即成立杀人罪（刑法第 199 条）。但是，若是不发生这样的构成要件结果则不成立犯罪从而就不能处罚的话，从法益保护主义的见地来看就存在着不合适的场合。比如说，要是直到人的生命遭到侵害，甚至到失去生命为止，旨在保护生命的刑法才能介入的话，对于生命的保护来说很明显是不充分的。在此，一方面，将犯罪的成立时期提前到其完成形态之前的时点，也就成了刑事政策上的要求。另一方面，若是仅有处罚时期的提前的话，则意味着会限制国民的行动自由。从而，如此的**处罚时期的早期化**，必须要在对法益保护的必要性（从法益的重要性等方面加以判断）和国民行动自由的保护两者进行衡量的基础上，慎重地加以决定。

二、阴谋·预备·未遂·既遂

若是从完成犯罪所经历的时间序列来观察犯罪的话，以有计划而实施的犯罪为例，能够想到的，首先是出于**阴谋**制定犯罪行为计划的方案等，而后进行犯罪的准备（**预备**），接着着手实行犯罪，之后是实现犯罪，也即完成犯罪行为。最终引起了构成要件该当事实所成立的犯罪，与在此之前的阶段成立的犯罪相对比的意义上称为**既遂犯**，虽着手于构成要件该当事实但得逞之前的阶段称为**未遂**，此时成立犯罪的场合称为**未遂犯**。在尚不能肯定既遂犯的之前的阶段，未遂犯处罚规定承认对于处罚范围在时间上的溯及、扩张至既遂犯成立以前的阶段（**处罚扩张事由**）。

一方面，现行刑法上并未采取对于未遂一般性地都加以处罚的态度。虽然设置了关于未遂犯的一般的定义规定，但在有必要处罚未遂的场合，个别地设置了旨在处罚未遂的明文规定对未遂予以处罚（刑法第44条）。但是，对于几乎全部的针对重要法益的加害行为，其未遂都被作为处罚的对象。[①] 另外，就过失犯来说，虽说并不意味着过失犯的未遂犯根本无法想象，但对其予以处罚就会导致处罚范围的显著扩张，是不妥当的，因此，过失犯的未遂犯未被作为处罚的对象。在此意义上，未遂犯限于故意犯。

另一方面，未遂以前的犯罪的**预备**，则仅仅只对于杀人罪、强盗罪等极其严重的犯罪例外地加以处罚（刑法第201条、第237条，等等）。至于**阴谋**，在现行刑法上，则不过是在内乱罪、外患罪这样的与国家的存立相关的重大犯罪，例外地予以处罚而已（刑法第78条、88条、93条，等等。这些犯罪的预备亦成为处罚的对象）。在此意义上，就主要的犯罪来说，是否成为未遂，由于可以说是划定了是否处罚的分水岭，所以何时成立未遂犯，在实务上也具有重要的意义。

---

① 在主要的犯罪中不处罚未遂的，只有伪造文书罪（刑法第155条、第156条、第159条），伤害罪（刑法第204条），侵占罪（刑法第252条—254条），损坏器物罪（刑法第261条）等。

第二节　实行的着手

一、概说

刑法第 43 条的正文（本文）规定，未遂就是“已经着手实行犯罪而没有达成的”，在处罚未遂犯的场合（刑法第 44 条），可以依照既遂犯的刑罚予以裁量地减轻。① 未遂犯的处罚规定，尽管不成立既遂犯，但仍认可将犯罪的成立时间予以提前的处罚扩张事由，作为其法律效果，规定了刑罚的裁量的减轻。

未遂犯的基本的问题在于，在犯罪实现过程的何种阶段，能够肯定未遂犯的处罚。刑法第 43 条本文将之规定为犯罪的**“实行的着手”**，这是一个划定未遂与只不过在例外地情况下才成为处罚对象的预备之间的界限的概念，也就是说，是在原则上区分出受处罚的领域和不受处罚的领域的概念来使用的。另外，就未遂犯的成立来说，应该理解为必须发生引起既遂的现实的、客观的危险（具体的危险）这一结果，对此如后所述。

二、学说的诸相

如何理解划定未遂犯之成立时期的“实行的着手”，在学说上素有争论。将“实行的着手”求诸于行为人的犯罪意思之征表的见解（**主观说**），现在在学说上几乎没有人主张，压倒多数说的见解是试图通过客观的基准来确定“实行的着手”（**客观说**）。要是认为单纯的犯罪意思的征表就构成“实行的着手”的话，预备也就成了未遂，“实行的着手”

---

① 由于未遂犯就是没有既遂的场合，从没有引起构成要件结果这一点上也可以说是比既遂犯要轻，但是也有可能存在着所引起的危险和既遂相当的场合，考虑到这些，刑法不是规定必须减轻刑罚，只是规定了对未遂犯裁量的减轻刑罚。

也就失去了限定未遂犯之成立的机能，由此来看，客观说是妥当的。

客观说又可以进一步分成形式的客观说和实质的客观说。形式的客观说认为，在具有引起既遂犯的构成要件结果之行为这样的限定的意义之下，实行的着手就要求是实行行为（构成要件行为）的着手（比如说，参见团藤354页等）。而实质的客观说则肯定了包含构成要件结果的发生甚至是现实的危险性的行为的着手或是开始就是“实行的着手”（比如说，参见大塚171页以下，大谷365页等）。

若是采纳形式的客观说的原本的思考方法的话，则直接引起构成要件结果的行为是实行行为（构成要件行为），这就要求着手于构成要件行为。但是，这样的话未遂犯的成立时期就会过迟，这样的理解也未获得一般性的支持。事实上，形式的客观说的论者本身也修正了其基准，从而形成了和后述的实质的客观说同样的见解（参见团藤355页）。根据形式的客观说，比如在盗窃罪的场合，就有必要着手于作为转移财物的占有行为（窃取行为），但如下所述，判例也并没有采纳这样的结论，而且学说也基本支持了这样的判例的立场。也就是说，根据判例，在侵入住宅盗窃的案件中，侵入住宅之后，在为了物色值钱的东西而接近柜橱的阶段就肯定了成立盗窃未遂（大判昭和9年［1934年］10月19日刑集13卷1473页。只要物色的话就成立盗窃未遂。参见最判昭和23年［1948年］4月17日刑集2卷4号399页[①]），在夜间侵入了电器用品店之后，虽然知道存放着电器用品，但是因为尽可能地想取得现金，在刚要去放有现金的烟草柜台的阶段就肯定了成立盗窃未遂（最决昭和40年［1965年］3月9日刑集19卷2号69页）。另外，在将被害女性从距离六千米的地方拖到自动卸货车的驾驶座上，于车内实施奸淫的案子中，不是在直接指向奸淫的暴行的着手，在拖到车内的阶段，[②] 判例肯定了成立强奸未遂（最决昭和45年［1970年］7月28日刑集24卷7

① 与此相对，在侵入后还没有开始物色时，判决则认为不成立盗窃未遂，从而判决不成立准强盗致死罪（刑法第240条、第238条）而成立伤害致死罪（刑法第205条）。参见东京高判昭和24年（1949年）12月10日高刑集2卷3号292页。

② 若是将被害人拉进汽车里很困难的状况的话，则不成立强奸未遂。参见京都地判昭和43年（1968年）11月26日判时543号91页。

号 585 页)。再有，在前几年有这样一个案件，被告人打算先使用氯仿致使被害人失神（第 1 行为），然后再将被害人装进汽车致其连人带车都坠入海中将其淹死（第 2 行为），在让被害人吸入了氯仿的阶段中，因第 1 行为是与第 2 行为密切相关的行为，显然能认定在实施第 1 行为的时点已经存在发展至杀人的客观危险性，因而以此为理由肯定第 1 行为成立杀人未遂（最决平成 16 年［2004 年］3 月 22 日刑集 58 卷 3 号 187 页。即使是第 1 行为导致被害人死亡的场合也肯定成立杀人既遂）。在该判例中，认可了将实行的着手溯及直接引起结果的行为之前的阶段。

如上所述，在将未遂犯的成立时期提前到着手于直接引起构成要件结果的行为之前的阶段的场合，问题就在于，这样做是以何为依据、以何为基准的。将未遂犯的处罚根据求诸于**“引起既遂的危险”**、以构成既遂的具体的危险为基准来划定未遂犯的成立时期的，是实质的客观说。言及**“实质的危险性”**（前引的最决平成 16 年［2004 年］3 月 22 日、最决平成 20 年［2008 年］3 月 4 日，刑集 62 卷 3 号 123 页），“客观的危险性”（最决平成 16 年［2004 年］1 月 20 日，刑集 58 卷 1 号 1 页）的上述判例的立场也能够看作是采纳了这样的见解。但是，问题在于，一旦采纳了这样实质的路径，由于危险概念是程度性的，要明确地划定界限就是困难的，这样不会导致实行着手的时期变得模糊、暧昧吗？（盐见淳教授由此出发，将置于构成要件之前的行为的开始作为实行的着手，考虑行为经过的自动性、时间的接近性、向被害人领域的介入等基准，而主张修正的形式的客观说。参见盐见淳：《关于实行的着手》，法学论丛 121 卷 2 号、4 号、6 号。）在此意义上，这一立场也不能无视通过形式的基准而为实质的基准设定界限的意义（平野Ⅱ 313 页以下，将开始了该当构成要件的行为或者是开始了构成要件的前置行为当作实行的着手）。因此，必须要理解为，这样的形式的基准与实质的基准具有相辅相成、相互补充的关系。近期的判例提到了（1）为了确实、容易地实施引起结果的行为，相应的行为是必不可少的，（2）在该行为之后实施犯罪计划已无障碍，（3）从“与引起结果的行为之间具有时间的、场所的接近性”出发而认可的**密接性和客观的危险性**，展示了判断这种能够理解为实行着手的构成要件前行为的基准，这一点非常重要（参见前引最决平成16年［2004年］3月22日）。再有，比如说，学说中还有见解肯定强奸罪实行的着手，要求已经着手了暴行、胁迫，进而肯定了通过法条用语来限制对实行着手的理解（参见西田305页）。即便能够理解该主张试图对于实行的着手限定地加以认可的问题意识，但一方面其在结局上还是又归结为形式的客观说了，另一方面，肯定这样文理上的限制想来也是缺乏解释上的根据的（参见佐伯仁志347页）。这些法条上的用语是作为既遂犯的构成要件要素所要求的，认为要肯定成立未遂犯也必须具备这些要素是否有根据就是有疑问的。判例在强奸的实行着手中所认可的暴行，与法条上作为奸淫手段所规定的“暴行”是不同的。

三、作为结果的危险

实质的客观说将未遂犯的处罚根据理解为**既遂的现实的、客观的危险**（具体的危险），其又可以进一步细分为不同的见解：**行为犯说**将此种危险理解为行为人的行为所能认可的属性，**结果犯说**则将该危险本身理解为独自的结果。

根据前者的行为犯说，在行为人的行为的时点就能肯定未遂犯。即，试图毒杀收货人而在外地邮寄了有毒的包子的场合，也就是行为与结果之间存在时间和场所上的间隔的**隔离犯**，对此而言，根据行为犯说，在行为时（邮寄了有毒的包子的阶段）就成立未遂犯（“邮寄时说”）；就利用了无故意的他人而引起了结果的间接正犯来说，在对被利用者做工作的阶段就成立未遂犯（参见团藤355页，大塚160页以下等）。这样的话，就会导致在既遂的危险还尚未现实化之前的阶段，现实的危险未被认可的阶段就肯定未遂犯的成立，这是不妥当的。在隔离犯的事例中，试图毒杀的对象身在札幌，而在东京的邮局给对方邮寄了有毒的包子的场合，要是毒包子没能寄到被害人家中的话，被害人就不会死。此外，如果行为人自己带去毒包子的话，在亲手将包子交到对方家里之后，方才成立杀人未遂。

这样来思考的话，就应该这样来理解：形成未遂犯的处罚根据的**既遂的现实的、客观的危险**，属于未遂犯的独自的**结果**，要想成立未遂犯，必要的就是要发生这种危险，从而，认为未遂犯是结果犯中的一种就是妥当的（**结果犯说**）。在隔离犯的场合，比如在上述的例子中，有毒的包子寄到了被害人家中、处在可能食用的状态时，才成立未遂犯（“到达时说”）。此外，在间接正犯的场合，在一般地能发生既遂的危险的阶段方才能肯定成立未遂犯（平野Ⅱ313 页，内藤（下Ⅱ）1239 页以下，大越・展开 131 页，西田 332 页，佐伯仁志 342 页等等。此外，参见山中 764 页以下）。在为了毒杀他人用小包裹给对方邮寄有毒的砂糖的案件中，判例也是认为“在置于能够饮食的状态”时属于实行的着手（大判大正 7 年［1918 年］11 月 16 日刑录 24 辑 1352 页）；行为人在乡间小道的道边上放了有毒的果汁，想让自己家里人捡到并喝掉，然后自己也去喝以便全家一起自杀，实际上是别的人捡到毒果汁并喝了，最终中毒而死，在此案件中，判决则认为毒果汁的放置是杀人预备，而在被害人正要捡到并去喝果汁之前则属于杀人的实行的着手（宇都宫地判昭和 40 年［1965 年］12 月 9 日下刑集 7 卷 12 号 2189 页）。

根据这样的结果犯说，“已经着手实行”（刑法第 43 条本文）这一法条的用语和未遂犯的成立时期的整合性就是个问题。在学说中，有观点建议说，是由于发生了危险而致行为人的行为事后地成为了“实行的着手”（山中 713 页以下，西田 301 页，齐藤彦弥：《危险概念的认识论的构造》，内藤古稀，79 页），这确实是个很巧妙的说明，还有见解将危险的发生当作和“实行的着手”不同的未遂犯的成立要件（曾根 217 页），但我想，到发生既遂的具体的危险时，直截了当地肯定“实行的着手”就足够了。

另外，严谨起见，顺带多说一下，即便是将未遂犯理解为结果犯（危险犯）的立场，要想认可未遂犯的成立，也必须有引起构成要件结果（既遂）的意思，仅有引起既遂的具体的危险的意思是不够的。之所以要求这样的引起既遂的意思，是因为未遂概念本身就是以打算既遂这一点为前提的，这是未遂概念本身所固有的要件。

四、既遂的现实的、客观的危险（具体的危险）

虽说成立未遂犯所必需的危险是引起既遂犯的构成要件结果的**现实的、客观的危险**，并非一般的、抽象的危险，而是具体地被认可的危险。在此意义上，虽说是具体的危险，但未遂犯也可以说是以既遂的具体的危险为结果的一种具体的危险犯。

另外，在判断是否发生这样现实的、客观的危险之际，要考虑行为人的试图实施引起法益侵害行为的**行为意思**，在此意义上，作为行为要素的行为意思是主观的违法要素。比如说，在用手枪指着被害人并把手指扣在扳机上的场合，要是具有扣动扳机的意思的话，就产生了开枪的现实的危险，就能肯定杀人未遂的成立。有见解否定将行为意思纳入具体危险的判断之中，认为即便是没有扣动扳机的意思，也肯定危险的发生，但是这要么会导致现实的危险的内容极为宽缓，要么走向相反的极端，会在只有已经开了枪、子弹命中了被害人的场合，才肯定危险的发生等，会导致其内容极为狭窄，总归是不妥当的。再有，根据判例，在判断是否存在危险时也要考虑行为人的**犯罪计划**（前引最决平成16年［2004年］3月22日），亦如下述，要是溯及直接引起结果行为的时点而认可实行的着手，可以说就有必要同时也一并采用这样的理解。

也存在着这样的场合：从法益保护的刑事政策上的必要性来看，根据直接引起法益侵害行为之前的行为的着手而可以肯定未遂犯的成立。这就是，像在侵入住宅盗窃案件中的物色等行为（前出大判昭和9年［1934年］10月19日，前出最判昭和23年［1948年］4月17日）、强奸的案件中将被害人拽进汽车里的行为（前出最决昭和45年［1970年］7月28日，东京高判昭和47年［1972年］12月18日判夕298号441页，等等），再有就是像在放火的案件中在屋里边泼洒汽油的行为（横滨地判昭和58年［1983年］7月20日判时1108号138页），像在杀人的案件中为了先使用氯仿致被害人失神后再将其装进汽车致其连人带车滚落到海中将其淹死而让被害人吸入了氯仿的行为（前引最决平成16年［2004年］3月22日）这样的，在能够肯定存在既遂的高度的客观的危险的场合，就能够肯定实行的着手，从而肯定未遂犯的成立。

第三节　不能犯

一、概述

即便是外形上看也到了“实行的着手”的阶段，但因为“不能”导致既遂，就不能肯定发生了属于未遂犯之处罚根据的既遂的现实的、客观的危险（具体的危险），从而就否定其成立未遂犯而成为不可罚的。这一场合称为**不能犯**（不能未遂）。虽说是不能“犯”，但却是不成立犯罪的场合。在何时能够肯定既遂的现实的、客观的危险（具体的危险），在何时则否定了这种危险，涉及既遂的现实的、客观的危险（具体的危险）的含义及其判断方法的问题。

二、一直以来的判例与学说

（一）判例

首先，在为了产生构成要件的结果而采取的方法是不适当的、未能导致结果发生的“**方法的不能**”的案件中，有若干个判决是作为不能犯而否定其成立未遂犯。其一，具有杀人的犯意而让被害人服下硫磺粉末的案件中，判例认为作为杀人的方法是“绝对不能”的，从而否定了成立杀人未遂（大判大正6年［1917年］9月10日刑录23辑999页①）。出于杀人的犯意拉开手榴弹的保险栓并向对方投掷过去，但因在地下埋

① 在此案件中，在让被害人服用了硫磺粉末之后，又实施了杀害行为，并导致了被害人死亡。就硫磺粉末的使用来说，若是成立杀人未遂的话，则与第2行为所导致的杀人既遂罪成立连续犯（刑法旧第55条），结局就是只能用杀人罪的刑加以处罚；而因为是否定了成立杀人未遂而成立伤害罪，由此就和第2行为所导致的杀人既遂罪成了并合罪（刑法第45条），刑罚反而是变重了（参见刑法第47条）。

的时间太久导致变质、失去了作为手榴弹的本来的性能，在这一案件中，判决据此认为“不存在发生（属于目的的）危险状态之虞”，从而否定了成立杀人未遂（东京高判昭和29年［1954年］6月16日东高刑时报5卷6号236页）。其二，在制造兴奋剂所使用的主要原料不是真货的案件中，判决认为“绝对不存在发生结果的危险”，从而否定了成立制造兴奋剂未遂（东京高判昭和37年［1962年］4月24日高刑集15卷4号210页）。与此等判决相对，出于杀人的犯意而向被害人的静脉中注射空气，因空气量不足而未能如愿，在此案件中，最高裁认为，“根据被注射人的身体条件等相关情况，不能说绝对不存在发生死亡结果的危险”，从而肯定成立杀人未遂（最判昭和37年［1962年］3月23日刑集16卷3号305页）。其三，想以有科学根据的方法制造兴奋剂，因催化剂的量不足而未能得到成品的案件中，判例认为随着触媒量的增加是有可能制造出兴奋剂的，从而肯定了制造兴奋剂未遂（最决昭和35年［1960年］10月18日刑集14卷12号1559页）。其四，夺过警察腰中佩带的手枪并开枪，但碰巧警察忘了装子弹，而未能导致警察死亡的结果，在此案件中，判决认为，警察佩带的手枪里“平常都应该是装着子弹的，这是社会一般共识……存在发生杀害结果的可能性”，从而肯定了成立杀人未遂（福冈高判昭和28年［1953年］11月10日判特26号58页）。

接下来，在因不存在客体等导致结果未发生的**“客体的不能”**的案件中，以如下的理由而肯定了未遂犯的成立。首先，在试图从行人那里夺取财物的案件中，“行人身上携有财物，如果这是一般可以想见的事实，那么，试图夺取财物的行为就具有发生该结果的可能性”，即便该行人身上未带有财物也肯定了成立强盗未遂（大判大正3年［1914年］7月24日刑录20辑1546页）。此外，想要给已经挨了枪击倒在地上的人致命一击，出于杀人的意思而用日本刀刺向该人，被害人当时已经死亡了，被害人当时到底死活鉴定的结论并不一致，在此案件中，就被害人的生死来说专家之间的见解也有分歧，不光是行为人相信被害人还活着，而且判决认为，“一般人当时也无从知道被害人当时已经死亡……

应该说感受到（被害人）会被刺死这一危险完全理所当然……从（被告人的）行为性质上也不能说没有发生结果的危险”，从而肯定了成立杀人未遂罪（广岛高判昭和 36 年［1961 年］7 月 10 日高刑集 14 卷 5 号 310 页）。

通过以上的介绍来看，可知在“方法的不能”的案件中，对结果发生的可能性的判断很多场合是在将科学的根据作为问题的同时，相当客观地加以判断的；而在“方法的不能”的案件中的一部分判决以及关于“客体的不能”的判决中，则通过援用一般人的危险感，通过接近于后述的具体危险说的基准而肯定了未遂犯的成立。

（二）学说

在未发生既遂的现实的、客观的危险（具体的危险）的场合，属于不能犯，但是如何来判断到底有无这一危险，这在学说上也有争论。就这一点，现在，多数的学说采纳了被称为**“具体危险说”**的见解，其以行为时一般人能够认识到的事实为基准（再进一步，很多见解还会考虑行为人所认识的事实）来判断危险的有无（这可称之为，在与根据行为人的犯罪意思来判断危险的“抽象危险说”相对比的意义上，要求具体的、客观的危险的见解）（平野Ⅱ 326 页，大塚 270 页以下，大谷 376 页以下，川端 510 页，野村 351 页，井田 412 页，等等。再者，请参见团藤 166 页以下）。可以说这种见解是以行为的时点（事前的）一般人的危险感为基准来判断是否成立未遂犯，以客体不能的案件的解决为中心，此种见解对实务也产生了影响（参见前引福冈高判昭和 28 年［1953 年］11 月 10 日，前引广岛高判昭和 36 年［1961 年］7 月 10 日，等等）。

与此相对，认为对作为未遂犯之成立条件的危险应该客观地判断的**“客观危险说”**近期亦多有论者主张（内藤（下Ⅱ）1273 页以下，中山研一：《刑法的论争问题》，成文堂，1991，155 页以下，铃木 190 页以下，村井敏邦：《不能犯》，现代的展开Ⅱ，165 页以下，曾根 225 页以下，浅田 383 页，西田 310 页以下，高桥 389 页，佐伯仁志 350 页，松原 310 页，等等）。如后所述，立足于这一立场基本上是妥当的。（参见山口厚：《危险犯的研究》），问题在于，如何“客观地”对危险加以判断这一点。这是因为，若是全部的事实都客观地考虑的话，在未发生结果的场合，不发生结果这一点就是遵从自然法则的、必然的结果，这很有可能就会导致也否定了危险的发生。这样的话，可以说就等于是否定了与“侵害”相区别的侵害中的“危险”的独自的意义。就上述这一问题的解决来说，即使在客观危险说的阵营之中，见解也并不一致。

三、现实的、客观的危险（具体的危险）的含义

一方面，以“行为时点一般人是否感知到危险”（事前的一般人的危险感）作为基准的具体危险说，作为危险判断的基准来说，既不充分，亦不妥当。首先，根据这一见解，比如，像某种化学物质是否会给人的生命带来危险成为问题的场合那样，在科学的知识在危险的判断中必不可少的场合，不具备专门知识的“一般人”是不可能进行危险判断。其次，比如一般人并没怎么感到危险，但要是现实发生了结果的话，就意味着形成了现实化为结果的危险。这样也就不能再否定危险的存在了。从而，即便是立足于具体危险说的见解，很多也是在行为人对为危险实际地奠定基础的事实具有认识的场合则肯定危险的存在，这样的话，由此就成了行为人有无对单纯的事实的认识左右着危险的有无之判断，想来这是不妥当的。这样考虑的话，危险并非“事前的一般人的危险感（认识可能性）”，而危险也必须依据客观的基准加以判断。

另一方面，对全部事实纯粹客观地加以判断，在相反的意义上同样也是不妥当的。像这样的立场，在未发生结果的场合，由于未发生结果总是有理由的，所以结果的不发生可以说就是必然的，从而，这就成了无法肯定危险的存在了。比如说，虽指向他人而开枪但子弹未能命中的场合，未命中的原因是枪口没能正确地对准被害人的方向。在此场合要是否定发生了危险的话，大概就会导致否定了与结果相区别的危险本身的独自的意义。想来这是不妥当的。

就结论来说，应对作为未遂成立要件的现实的、客观的危险（具体的危险）作如下判断。(1) 首先，搞清楚没有发生结果的原因，并且要科学地探明，在事实属于何种情况之下，就可能会发生结果。在此，是和一般人能够认识到什么样的事实无关的。(2) 接下来就要判断，应该导致如此结果的假定的事实是可能存在的吗（**假定的事实的存在可能性**）？这一判断的标准其实就是：由于不能进行客观的判断，但一般人在事后会不会认为"有可能会发生"（一般人的事后的危险感）。客观上虽然没有发生结果，但也仅仅是碰巧如此而已，可以认为发生结果是完全可能的场合，就能肯定存在具体的危险。比如说，属于"方法的不能"之事例的制造兴奋剂案件中，在整个制造的工程本身是适当的、仅因为某种药品的用量不足而致未能得到成品的场合，一方面，只要是能够认为使用适当的量这一点是完全可能的，则此时就成立未遂犯；另一方面，在主要的原料不是真东西的场合，恐怕是不能得到成品的，从而也就可以否定未遂犯的成立。

根据这样的理解，即便是在客体的不存在等"客体的不能"的事例中，也能通过"客体只是偶尔不存在，但一般认为是存在"而肯定成立未遂犯，从这样的见地来看，上述判例的案件的结论是可能正当化的。从而，在此要想将这些场合作为不能犯处理，就有必要同时采纳一个限定性的基准，即要求针对具体的被害法益发生"现实的"危险（参见山口·前引《危险犯的研究》167页以下）。"客体的不能"并不是直接就构成不能犯。

再者，在发生了危险的场合，即便危险的内容，也就是导致结果发生的设想的因果经过与行为人所认识、预见的不一致时，就像因果关系的错误并不重要一样，并不否定未遂犯的成立。比如说，向屋里泄漏天然气想把被害人毒死，不过因天然气并不含有一氧化碳所以并没有导致他人中毒死亡的危险，但在能肯定存在导致气体爆炸或者是因缺氧而死的危险的场合，仍能成立杀人未遂（岐阜地判昭和62年［1987年］10月15日判タ654号261页）。

第四节 中止犯

第一款 减免刑罚的根据

一、概述

在未遂犯之中，与只能减轻刑罚的一般的未遂犯不同，刑法第43条但书特别规定了在“出于自己的意思而中止了犯罪时”，必定会减轻或是免除刑罚（刑罚的必要的减免）。这种未遂犯的特殊形态称为**中止犯**（**中止未遂**）。有必要通过对于这样的特别对待的根据的明确，来明析与一般的未遂犯（这称为**障碍未遂**）不同的中止犯在何种场合得以成立。

另外，中止犯并不是不可罚，由于其依然成立未遂犯，所以包含于中止犯（从而未遂犯）之中的犯罪因法条竞合并不另外成立犯罪。比如说，就杀人未遂而成立中止犯的场合，例如发生了伤害的结果，由于其属于杀人未遂的内容故而就排除了伤害罪的适用，不能另外地通过伤害罪加以处罚（参见第九章第二节三、四）。

二、学说的诸相

中止犯减免刑罚的根据，一直以来都是作为中止犯的“法律特性”而引起了争论（参见香川达夫：《中止未遂的法律特征》，有斐阁，1963）。这主要是存在着政策说和法律说之间的不同。**政策说**将其理解为，中止犯的规定纯粹是基于政策性考虑，其就是为实施了未遂的犯罪人提供一个“为了回归的黄金之桥”；而**法律说**则认为，中止犯减免刑罚的旨趣和根据是和作为犯罪成立条件的违法性或责任相关的。近年来，也有观点认为有必要对中止犯的减轻刑罚的场合和免除刑罚的场合的基准予以区别（参见团藤361页），可以说，以往的朴素的政策说已成为过去的学说（参见山中敬一：《中止犯》，现代讲座（5），346页），刑罚的减免的根据在某种意义上有必要和违法性或者责任挂起钩来加以明确，这样的理解已成共识。不过，如后文所述，中止犯中政策的考虑已成必需的前提。

法律说又可以分为违法减少说和责任减少说（也有指出了违法、责任双方的减少的见解，参见大塚 258 页）。这里，之所以没有将违法或责任的“消灭”而是将其“**减少**”作为根据，是因为中止犯并非阻却犯罪的成立，而是在犯罪成立的基础上，仅仅不过是肯定了刑罚的减免而已。另外，所谓的违法性或者责任的“减少”的意义，可以这样理解：并不是说就能事后地否定一度所产生的未遂犯这一犯罪事实，亦即，无法做到未曾出现过未遂犯这一犯罪事实，而是理解为在未遂犯成立的前提下，因为中止行为而肯定了就全体来说违法性或者责任的“减少”。

违法减少说认为，中止犯的政策的意义在于，在着手实行之后防止结果的发生只能依赖于行为人的意思，因此，通过对行为人予以褒奖来为防止结果发生寻求最后的努力，从这样的立场出发，由于行为人放弃了属于主观违法要素的故意（据此消除了未遂的危险）或者是防止了结果的发生，据此就能够肯定其违法性的减少（平野Ⅱ 333 页）。这一见解对于责任减少说进行了如下的批判。即，若根据责任减少说，为了担保、保障责任减少的实质，成立中止犯很自然地就要限定在出于伦理上所能肯定的动机而中止的场合，但那样的话就会导致要求了刑法规定的要件之外的要件，再者，既然是因这样的动机实施了中止行为，那么既遂也要和未遂的场合同样对待，那才是一贯的态度，但既然中止犯是未遂犯的一种，则这样的解释就是有困难的（其他的采纳违法减少说的见解，有大谷 384 页等）。

早前，从人格责任论的立场出发，曾有见解主张中止行为中所显示的行为人的人格态度导致责任的减少（参见团藤 362 页），而最近，从有关违法性的结果无价值论的立场出发，**责任减少说**得以主张（内藤（下Ⅱ）1286 页以下，曾根 227 页以下，前田 117 页，等等。再有，参见浅田 391 页，山中 806 页以下，西田 316 页）。这种见解认为，不管是中止犯还是一般的未遂犯的场合，虽产生了既遂的具体的危险但未既遂这一点是一样的，两者的区别仅仅在于未既遂是否是基于行为人的“自己的意思”这一点而已，而且，认为这样的主观的要素对于违法性的判断产生了影响的考虑是不妥当的，以此理解为背景，此见解试图将这样与违法性没有关系的行为人的意思，在责任减少这一框架之内予以考虑（进一步地，此见解认为，刑罚的减轻与免除的区别应该通过责任减少的程度完成。再者，参见西田315页）。

三、危险消灭说

中止犯是以“出于自己的意思”（任意性）“中止了犯罪”（中止）为要件的，要问的是，对于这些要件如何加以理解、如何予以说明。

首先，一方面，通过责任减少说说明中止犯减免刑罚的根据存在不合理之处。这是因为，如果按照责任减少说的立场，因为实施中止行为的意思、动机是责任减少的根据，那么只要存在此种意思、动机就能肯定责任的减少；但作为未遂犯之一种的中止犯却还要在客观上存在“中止了犯罪”这一客观要件（参见山口·探究222页以下）。为此，也有见解主张中止犯是通过未遂犯的量刑情节的法定化来说明责任之减少的（认为中止犯减免刑罚的理由就是在责任层面上对未遂犯的量刑情节的法定化。参见西田316页）。为什么责任减少这一减免刑罚的旨趣仅适用于未遂犯的场合，不给出依据的话，可以说这就依然是个问题。对中止犯的减免根据的解释必须反映出中止犯是未遂犯之一种这一特征。

另一方面，违法减少说在能够说明客观的中止的要件这一点上是有优势的，但问题在于，如何理解违法减少的内容。违法减少说将（通过自己的意思）消灭了属于未遂犯之处罚根据的“既遂的现实的、客观的危险（具体的危险）”作为中止犯的要件，但尽管如此，如前所述，之所以不是将违法性的“消灭”而是将其“减少”作为减免刑罚的根据，是因为未遂犯一度已经成立了这一点是不能否定的。既然“过去的事实是在过去确定的”，也就无法改变。这样考虑的话，也可以说中止犯规定的意义就在于，必须要明确地将中止行为本身予以独立地检讨（亦请参见盐见淳：《中止行为的构造》，中山古稀（3），247页以下）。

由于行为人对因未遂犯的成立而遭受危险侵袭的被害法益在侵害的间隙消灭了既遂的危险，故而对于这样从侵害中的救助，为了奖励行为人本人而设置了纯然政策性的规定（参见平野Ⅱ 333 页以下）。换言之，这是将中止犯规定理解为和刑法第 228 条之 2 中所规定的“由于解放被害人而引起的刑罚的减轻”[①] 具有类似的旨趣。另外，针对这样将中止犯的趣旨作为政策予以考虑的见解，虽然被加以“政策对不知道规定的人不起作用”这样老套的批判，至少还是要以“不应当实施犯罪”“不应当侵害法益”这样一般的认识作为前提，刑罚减免这一特别的措施是基于这样的认识而实施的，不能够否认对救助被害的法益的危险消灭行为具有促进意义。另外，原本政策并不因存在不知该规定者而失去其意义。罚则也承担着预防犯罪的政策任务，其亦适用于不知罚则之存在者，发挥着重要的作用。因而，为了广泛体现政策之旨趣，最理想的做法是，让该旨趣广为人知，仅此而已。概括来说，在通过“出于自己的意思”的中止而消灭了既遂的现实的、客观的危险（具体的危险）时，作为对此的褒奖，给予了行为人以刑罚的必要的减免这样的特殊恩典，可理解为据此来促进通过犯罪的中止来救助具体的被害法益，中止犯的规定就具有这样的政策上的意义。不过，在对于由自己的行为而消灭了危险这一点没有认识（中止的认识）的场合，可理解为因为没有实施任何值得给予特殊恩典行为的意思，从而也就不能给予中止犯特殊恩典。如果不这么考虑的话，比如说开了一枪却未能命中，但因被害人装作被打中了而应声倒地，行为人就没有再开第 2 枪，在这样的场合客观上中止了犯罪，也就肯定了此场合成立中止犯。这样的结论恐怕明显是不妥当的。这意味着必须是在值得褒奖的心理状态之下实施中止行为。因此，只有在出于消灭危险的意思且实现了危险的消灭的场合，才能施予作为**褒奖**、**特殊恩典**的刑罚的必要的减免（**有意识的危险消灭说**）。这样的政策性的考虑要是用法言法语来表现的话，可以说是首先着眼于违法减少的见解。不过，若是违法减少说试图只通过违法减少来肯定中止

① 日本刑法第 228 条之 2：犯刑法第 225 条之 2、第 227 条第 2 款或者第 4 款之罪的人，在提起公诉之前，将被略取或被诱拐的人解放至安全场所的，减轻刑罚。——译者注

犯之成立的话，在其未将“对应于违法减少的责任减少”作为要件这一点上就是不妥当的。这意味着必须有值得施予褒奖、特殊恩典的心理状态。从这样的观点出发，由于也需要考虑责任减少的问题，如果遵从一直以来的习惯用法的话，以上的见解则能够标示为**违法·责任减少说**。再有，因为不管怎么说也都是以消除了危险、停顿于未遂这一点为前提的，从而责任减少的考虑在刑罚减免的具体判断中也具有重要的意义。

第二款　犯罪的中止

一、概述

要想成立中止犯，必要的是“中止了犯罪”。这意味着是通过行为人自己的行为消灭了因为实行的着手所产生的“既遂的现实的、客观的危险（具体的危险）”。如下文所详述，必须由中止行为产生危险的消灭的结果（因果关系）（客观的中止要件），而且行为人必须认识到是由自己的中止行为而导致了危险的消灭（主观的中止要件）。

二、未遂的类型与中止

在学说和判例中，存在着这样的一种思考方法：根据实行行为是否已经终了，将未遂区分为着手未遂（未终了未遂）与实行未遂（终了未遂），要想成立中止犯，就前者来说，有不继续实施实行行为的不作为就够了（这也称为**着手中止**），而就后者来说，有见解叙述：必须要有积极地阻止结果发生的作为（这也称为**实行中止**）（比如说，参见团藤364页以下，大塚261页以下。作为裁判例来说，有东京高判昭和51年［1976年］7月14日判时834号106页，东京高判昭和62年［1987年］7月16日判时1247号140页，等等）。根据此见解，“实行行为的终了”就成为了左右中止犯要件的中止的意义、内容的决定性重要的基准（参见山中敬一：《着手中止与实行中止》，关西大学法学论集34卷3-4-5号，195页以下）。在学说中，关于这一“实行行为的终了”的判断基准，又有不同的主张。有的主张终了的时期完全根据行为人的主观方面来判断，行为人所计划的行为并未完全终了的期间就属于着手未遂，单纯的不继续实施实行行为的不作为即成立中止（主观说），有的主张终了的有无要客观地加以判断，在产生了“不遮断因果关系的话就会导致结果发生状态”的场合，要想中止就必须有积极地阻止结果发生的作为，不作为足矣的要限于此外的场合（客观说），还有的见解进一步主张，仅有客观的事情尚不足够，还应该考虑行为人的认识（折中说）。但是，如后所述，想来这样的争论虽然也有一定的意义，但其重要性却存在着基本的疑问。这是因为，从实行行为终了与否的判断出发，并不能导出必要的中止行为的内容。其不过是事后地将必须要有积极地阻止结果发生的作为的场合命名为实行未遂和实行中止，将单有的不继续实施实行行为的不作为足矣的场合命名为着手未遂和着手中止而已。

三、危险的样态及其消灭

要想能说成是**中止**，就必须**消灭**了既遂的现实的、客观的危险（具体的危险），至于为此具体来说必须有什么样的行为，这要由现存的**危险的存在方式**而决定。由于现行刑法上并没有着手未遂与实行未遂的区别，中止犯的中止要件也没有对应于这样的区分而作不同的规定，所以从法条本身来说并没有必要以“实行行为的终了时期”为基准来将中止要件作相对应的不同解释，而且认为中止行为要结合是否“实行终了”而作不同解释，实质地来看也是不妥当的。抛开中止犯来考虑，比如说，出于杀人的犯意用利器一挥的话，不论其是否接触到了人的身体，也不论其打算要砍几回，这都没有关系，杀人的实行行为 1 回就终了了，从而就构成了“实行未遂”。但是，如下所述，根据在这一时点的状况的不同成为中止行为的内容也是不同的。①

比如说，像手枪中发射的子弹命中了被害人，产生了生命危险的场

① 即便是区分了着手未遂和实行未遂进而确定中止犯的要件的前引东京高判昭和 51 年（1976 年）7 月 14 日的判决中，也是根据一旦遗弃的话有无死的危险来决定不作为是否能成立中止，并据此来决定是着手未遂还是实行未遂。在此意义上，将未遂犯分为着手未遂和实行未遂的区别，作为判断中止要件的基准来说并没有发挥作用，不过是单纯的事后附加的理由而已。

合这样，独立于行为人的行为而产生了达到既遂的现实的、客观的危险（具体的危险）的场合，若是对该危险置之不理的话，就会发生结果，要想说成立中止，就必须通过积极的**作为**来消灭这一危险。与此相对，由于向法益侵害的行为继续，而产生了达到既遂的现实的、客观的危险（具体的危险）的场合，单纯地不继续实施该行为（**不作为**）就会导致危险的消灭。在后者的场合，即便是指向结果发生的行为未能奏效而归于失败，也并非就马上消除了危险，只要肯定行为人有继续实施该法益侵害行为的可能性，就依然存在着实施行为可能导致的危险（当初的行为人的意思，并没有成为此一危险判断的基准），能够理解为由于不去继续实施该侵害行为这一单纯的不作为而能够肯定中止（比如说，参见山中·前引：《着手中止与实行中止》，313页以下。在裁判例中，前引东京高判昭和51年［1976年］7月14日、东京高判昭和62年［1987年］7月16日等也都认可了这一点）。

只有在行为人认识到对应于此等中止之客观要件（**危险消灭的认识**）的场合，才能够说中止的要件已经充足。只有基于这样的意思而消灭了危险的人，才能够被奖励旨在奖励危险消灭的特别的恩典。

四、中止行为与危险消灭之间的因果关系

要肯定属于中止之客观要件的危险消灭，就要依据行为人所实施的中止行为（作为或不作为）来消灭危险，换言之，通过中止行为与危险消灭所导致的结果不发生之间必须要有**因果关系**。即，能够认定即便是没有中止行为也不会发生结果的场合，由于并不存在有必要通过赋予特殊的恩典来促使其中止的状况，就欠缺肯定中止犯的前提，从而就不能肯定中止犯的成立。从而，引起构成要件结果在具体情况下是不可能的，也因为可以肯定既遂的现实的、客观的危险（具体的危险）而成立未遂犯，但由于无法肯定中止行为与危险消灭所导致的结果不发生之间的因果关系，也就不成立中止犯。如上所述，在这一场合，由于即便是置之不理也不可能导致既遂，也就没有必要赋予特殊的恩典以防止结果的发生。从其他的角度来看，下文所指出的就是可能的。换言之，在引

起构成要件结果在具体情况下是不可能的场合，即便是想要肯定中止犯的成立，如何理解所应要求的中止行为的内容也是个困难。这是因为，在这一场合，既然是即便放置不管也不会发生结果，也就不存在为了阻止结果发生的必要的积极的作为。而且，要是没有能够引起进一步的结果的行为的话，虽能肯定该不作为与危险消灭之间的因果关系，但因为不存在这样的行为，由不作为而中止也是无从设想的。例如，就像手枪中只装了一发子弹，想要用这枪打死对方但是子弹却打偏了的场合没有成立中止犯的余地一样，虽想引起结果却不能如愿，因此，想来仅仅就是不成立中止犯的场合而已。既然被视为中止之要件的不是消灭危险的单纯的努力而是现实地消灭了危险，那么就不能回避上述结论。

对于这样的理解可能存在批判，认为上述处理与有可能引起结果的场合则成立中止的情况不均衡（参见平野Ⅱ 337 页）。但比如说，枪里只装了一发子弹并向被害人开枪，若子弹命中的话则就可能成立中止犯，若子弹偏了的话就不可能成立中止犯，就像这样，原本，就中止犯的成立来说，对待、处理上的均衡并不能成为关键性的要素。成为问题的只是，从救助具体的被害法益的见地出发，有没有必要给予其中止犯的特殊恩典、给予其中止犯的特殊恩典是否适当。另外，即便是与行为人没有关系而行动的其他人消灭了危险的场合，由于不能肯定危险消灭与行为人的中止行为之间的因果关系，也就不能肯定中止犯的成立。也有见解认为，只要是实施了“显示出为防止结果发生而真挚努力的行为”就够了，并不要求由此阻止了结果的发生，即便是这种显示了真挚努力的行为与危险消灭之间并没有因果关系的场合，也能肯定成立中止犯（参见团藤 364 页以下，大塚 263 页，西田 320 页，前田 125 页）。[①] 但是，只有在将中止犯的减免刑罚的根据全部求诸责任减少时，上述这样的见解方才成为可能（参见山中 819 页、西田 320 页），想来要是采

① 改正刑法草案第 24 条第 2 款规定，“行为人作出了足以防止结果发生的努力时，即便是由于其他情况使得结果没有发生的，也与前款同”（即“应当减轻或者免除刑罚”——译者注）。要是认为中止行为和危险消灭之间不需要有因果关系的话，确有必要设置这样的规定。这不仅仅是中止的场合，可以说即便是中止的“未遂”的场合，也会肯定扩张中止犯的成立。就政策上而言这是可能的应对。

纳了这一立场的话，那么即便构成既遂也肯定中止犯的成立才是一以贯之的。但是，将中止犯作为未遂犯予以规定的现行刑法的解释没有采纳这样的理解。

与中止行为和危险消灭之间的因果关系有关联的一个问题是，在要求实施作为而消灭危险的场合，是否必须由行为人单独地完成了危险的消灭呢？可认为即便是介入了他人，只要达成了危险的消灭也就足够了。在使他人的生命产生了危险的场合，若行为人不是外科医生的话自己就不能去救命从而就不能成立中止犯，这是不妥当的。

判例认为，“就防止结果发生来说，虽说并不一定需要由犯人单独完成这一点自不待言，但在结果之防止并非犯人一人之力的场合，至少就要求犯人为防止结果发生作了足够的努力，且其努力的程度使得结果的防止可以和犯人自己实现的场合同等看待”（大判昭和12年［1937年］6月25日刑集16卷998页）。还有判决认为，结果防止虽没必要是行为人单独达成的，但在该种场合中犯人本身必须作出了能够被视为是相当于防止结果的“真挚的努力”（东京地判昭和37年［1962年］3月17日下刑集4卷3、4号224页，大阪高判昭和44年［1969年］10月17日判タ244号290页，等等）。这样的判决认为没有必要要求行为人单独达成了危险的消灭，这一点虽然是妥当的，但又主张在该场合需要有“真挚的努力”，就是有疑问的。这样的要求只有从责任减少的观点出发才是可能被理解的（参见前田125页），但这是从强调伦理主义的观点来理解对于中止犯成立的不当的限制。前引的大阪高判昭和44年［1969年］10月17日判决以没有实施“完全的行动”为由否定了中止犯的成立。在学说中，有一种有力的见解主张“真挚性”是多余的要求，存在“积极的努力”或者“恰当的努力”就足够了（内藤（下Ⅱ）1311页以下，曾根229页），可以说这是从责任减少说的立场出发而试图对于判例的严格要求予以缓和。

行为人在着手实施了放火行为之后，看到火势蔓延而心生恐惧，一边对邻居叫喊“我放火了，请帮忙救火”，一边自己逃走，在这一案件（前出大判昭和12年［1937年］6月25日）中，要是认为肯定成立中止犯是不妥当的话，其理由并不在于行为人欠缺“真挚的努力”或者是“积极的努力”等，而是在于并没有实施足以消灭危险的行为，或者应该在于行为人的行为与危险消灭之间没有因果关系以及行为人在认识上有问题。

第三款　任意性

一、概述

在犯罪的中止是“出于自己的意思”的场合，成立中止犯。这里的“出于自己的意思”称为**任意性**的要件，关于其如何理解，存在着见解上的不同。一方面，主张中止犯减免刑罚的根据在于责任减少的见解非常重视这一要件，有倾向赋予了这一要件对是否属于特殊恩典的案件加以甄别的重要机能。另一方面，违法减少说则认为其仅是对于成为违法减少之根据的中止进一步加以限定的要件，对于任意性要件的意义来说评价则相对较低，可以说具有对给予刑罚的减免这一特殊恩典适当与否的判断的意义。

二、学说、判例的诸相

就任意性的含义而言，学说中有各式各样的见解得以主张。大致加以区分的话，可分为以着眼于行为人主观上认为“是虽然能行却打住了呢，还是觉得不行才打住的”为基准的**主观说**（平野Ⅱ 334 页，内藤（下Ⅱ）1291 页以下，曾根 230 页，堀内 244 页，等等），以及试图以某种客观的基准对行为人的主观加以评价从而来判断有无任意性的见解（也有观点在基本上采主观说的同时，又通过从一般人的立场出发的客观的评价对于行为人的主观加以限定，参见大谷 386 页）。而立足于后者的立场时，又可以进一步分为以“行为人所认识的情况在社会经验上一般是否会成为犯罪行为的障碍”为基准的**客观说**（西原 288 页，前田 119 页，等等）、出于“广义的悔悟”的场合则肯定其任意性的**限定主观说**（佐伯 324 页，西田 321 页，等等），以及基于脱离合理价值的不合理的决断的场合则肯定任意性的**不合理决断说**（山中 825 页）等。

虽也有判例主张仅限于不是出于外部原因而是完全出于内部原因的

场合才肯定任意性（以杀人的意思用短刀刺向被害人的胸部，看到迸射出来的血而感到害怕从而中止了的案件，判例否定了成立中止犯，见大判昭和 11 年［1936 年］3 月 6 日刑集 16 卷 272 页），但更多的判例则是通过对于行为人所认识的事情对其主观上产生了何种影响加以客观的评价，进而来判断有无任意性。也就是说，要是行为人所认识的事情能够使人放弃通常犯罪行为的犯罪念头的话则否定任意性，要是尚不至此但行为人是特意地打消了主意的场合则肯定任意性。比如说，担心犯罪行为被发觉而撤掉了放火的媒介物的案件中，由于担心犯行被发现“在一般经验上是足以妨碍犯罪实施的事情”从而否定了成立中止犯（大判昭和 12 年［1937 年］9 月 21 日刑集 16 卷 1303 页）。再有，已经着手了杀人的实行行为，由于惊愕、恐怖“丧失了完成犯罪的意志力”而中止的案件中，判例认为行为人的中止“是由具有足以妨碍犯罪完成这一性质的障碍所引起的”，因而否定了任意性（最决昭和 32 年［1957 年］9 月 10 日刑集 11 卷 9 号 2202 页）。因被强奸的被害人的皮肤上起了鸡皮疙瘩致性欲减退而中止的案件中，“一般的经验上，就这种行为来说，存在着对于行为人的意思决定应该能给予相当强度的支配力的外部的情况”，从而是欠缺任意性（东京高判昭和 39 年［1964 年］8 月 5 日高刑集 17 卷 6 号 557 页）。与此相对，在着手了杀人的实行行为后，出于惊愕和悔悟的情感而中止的案件中[①]，“即便是在外部事实的表象成为中止行为的契机的场合，在根据该表象犯人未必就会实施中止行为的场合，而其敢于实施中止行为时，就是出于任意的意思”，从而肯定了其任意性（福冈高判昭和 61 年［1986 年］3 月 6 日高刑集 39 卷 1 号 1 页）。再有，已经着手了强奸罪的实行行为，听到被害人“求你住手吧”的哀求而中止了的案件中，“并非遭遇了成为实施犯罪的实质障碍的事情，通常来说的话可以认为能够继续犯罪行为、达到所预期的目的”，

① 该案的案情是：被告人以杀人的未必的故意用水果刀向被害人的头部刺了一刀，伤及被害人的气管，但是看到从被害人的嘴里吐出大量的血后感到惊愕，同时想到问题严重了，出于对犯行的反省、悔悟之情等，给消防署打了电话，要求派救护车抢救，并用毛巾捂住被害人的头部，试图多少止住些流血，最终也因消防署职员和医生们采取了迅速的、适当的措施，从而避免了被害人死亡的结果。——译者注

从而肯定了若属于基于自己的意思中止的话则具有任意性（浦和地判平成4年［1992年］2月27日判夕795号263页）。

三、任意性的意义

从危险消灭说的立场出发，行为人出于消灭危险的意思并且也实现了消灭危险的场合，原则上就成立中止犯。欠缺任意性的，只是限于因恐怖、惊愕而导致“身体无法移动”的场合或像中止行为受到强制这样的例外的场合。可认为这是对此的基本的思考方法。在此意义上，任意性要件的意义是有限的。再有，判例多理解为，尽管“若是一般人的话不会去中止但行为人却中止了”，在这一点上就能够肯定责任的减少。即便是立足于危险消灭说的立场，如果一并重视责任减少这一点，也会考虑以这样的理解为依据。与此相对，像限定的主观说那样将悔悟、怜悯等要求为中止犯的必需的要件，恐怕会从伦理的观点出发对中止犯限定过度，想来是不妥当的。

另外，虽然已经有所论及，因行为人有继续实施行为之可能性而产生了既遂的危险、只要是不去继续实施行为这一不作为即成立中止的场合，仍有很多问题。在这一场合，在认识到外部事情的行为人已经不可能继续实施行为时，便失去了实施犯罪的事实上的可能性①，因为已经失去了既遂的危险，应该被消灭的危险已然不存在，也就不能成立中止犯了。在此意义上，就出于不作为的中止来说，虽说采纳主观说的基准可谓是妥当的，不过也可以说，较之说这是个任意性的问题而言，也可以说这原本就是一个中止的可否的问题。

第四款　预备罪与中止

成为问题的是预备罪能否也适用中止犯的规定。学说上对此持肯定

① 这是指现实的实施变得困难的场合，能够这样理解：即便存在担心犯行被发觉的情况，也并不径直就否定中止犯的成立（参见山口·探究233页）。不过，要是像判例那样，将是否属于“尽管若是一般人的话不会去中止但行为人却中止了”的情形作为问题的场合，则因担心犯行被发觉而放弃继续犯罪时，恐怕就会否定中止犯的成立了。

态度的见解占据了通说的地位（比如说，团藤367页，大塚264页，大谷392页，齐藤230页，野村372页，浅田399页，等等），但判例却予以了否定（最大判昭和29年［1954年］1月20日刑集8卷1号41页）。肯定对预备罪准予适用中止犯规定的实际意义在于，肯定了刑法第237条的强盗预备罪等相应预备罪的法定刑中没有规定刑罚之免除的场合，可能通过适用中止犯的规定而免除刑罚。

预备罪是未遂犯的前阶段，既然即便是未遂也有免除刑罚的余地，那么认为免刑的旨趣也要延及属于其前阶段的预备才是妥当的，这样的解释可谓是有相当的理由的。但是，就预备罪的法定刑来说，不同的预备罪中立法者已经区分出了是肯定刑罚的免除还是对此予以否定，所以也可以理解为，针对中止的对应已经被吸纳到预备罪规定的内部之中了。再者，由于中止犯原本就是政策性的，在欠缺明文规定的场合亦准予适用就是有困难的①，即便是实质上来说，在预备阶段还没有必要肯定救助被害法益具备紧迫性，则在此阶段不承认中止犯的适用也是有相当的理由的。这样说来，虽然没必要积极地反对在预备罪中适用中止犯的规定②，但是肯定此种适用在解释上可谓是有困难的（比如说，西田322页即认为没有必要肯定就预备罪适用中止犯规定）。

---

① 比如说，在与侵害犯的关系上，具体的危险犯带有一种未遂犯的属性，也能够肯定行为人所实施的防止引起侵害的努力具有刑事政策上的意义；但既然具体的危险犯终归是既遂犯，在达到既遂之后即便是防止了侵害的发生，也不可能准用中止犯的规定。再者，比如说，在实施了暴行之后由于被害人身负重伤，将其送往医院而保住了性命，在此案件中，是没有成立中止犯的余地的。这是因为，就伤害罪、伤害致死罪来说，两者当然都不存在未遂处罚规定的缘故。与此相对，要是当初的暴行是出于杀人的意思而实施的话，就有可能成立中止犯，但不能以和此种场合保持均衡为由，对伤害罪、伤害致死罪准用中止犯的规定。

② 再有，即便是在肯定了在预备罪中准予适用中止犯的场合，恐怕也应该只承认准予适用刑罚免除的规定。这是因为，与既遂、未遂相比，预备罪的法定刑本身已然是减轻的了，可理解为在预备罪中已经进行了减轻。

第八章 共 犯

第一节 共犯的基础理论

第一款 概 说

一、共犯

在复数的行为人参与了犯罪的施行的场合（这称为**共犯现象**），除了自己直接实现了相应犯罪的全部构成要件的人之外，并不能肯定其他参与者的行为具备相应犯罪的构成要件该当性。但是，由于这样无法肯定构成要件该当性的参与者之行为亦促进了犯罪的施行，从预防犯罪的见地来看同样也有必要予以禁止和压制。特别是，在多数人分担了犯罪之实行的场合，可以说较之单独犯罪的场合来说其危险性更高，若此时因为不管谁的行为都不能肯定构成要件该当性从而不作为处罚的对象的话，明显是不合适的。从这样的考虑出发，就设置了旨在将处罚扩张到处在构成要件该当事实周边的与犯罪参与者有关的行为的规定，即**共犯规定**（刑法第60条以下），在这个意义上，也可以称共犯是**处罚扩张事由**。并且，所规定的共犯构成要件，可说是对于基本的犯罪构成要件能够予以扩张的**修正构成要件**。

只要是该当了现行刑法的共犯规定所设置的以下共犯类型，即成为处罚的对象。①

第1种类型是共同正犯，可称其为“二人以上共同实行犯罪”（刑法第60条）。**共同正犯**被规定为“属于正犯”，意味着与单独实现了（正犯）构成要件的**单独正犯**（单独犯）同样对待。具体来说，不但法定刑和单独正犯是一样的，而且意味着对共同正犯的教唆、帮助是作为对“正犯”的教唆、帮助来处罚的。分担并实现了构成要件该当事实的场合（这称为**实行共同正犯**）是共同正犯的典型情况，在此场合，无论如何都不存在单独实现了（正犯）构成要件的人，可以说该规定具有能够把像这样的共同正犯作为“正犯”来处罚的意义。而且，就这一点来说，存在着单独或者共同实现了正犯构成要件的人即正犯（单独正犯或者是共同正犯），这一点与教唆、帮助场合不同。由这样的不同出发，以正犯的存在为前提的作为从属的参与形态的教唆、帮助被称为**狭义的共犯**，以便与作为非从属的参与形态的共同正犯相区别。而共同正犯与狭义的共犯合在一起，则称为**广义的共犯**。

第2种类型是**教唆**，意味着“教唆他人致其实行犯罪”。也就是，可称为使他人产生施行犯罪的意思，并致其实行了犯罪（刑法第61条第1款）。这是以存在成为教唆之对象的正犯为前提的**从属的**共犯类型，虽未规定“属于正犯”，但由于其作为犯罪的造意者，是实现犯罪重要的参与形态，所以刑法规定“判处正犯的刑罚”。从而，由于教唆并不是与单独正犯被同等对待的，对于教唆者的教唆并非当然地作为教唆来处罚，而是通过刑法第61条第2款的规定②方才成为了处罚的对象。而没有处罚的规定，对教唆者的帮助则是不处罚的，教唆不过是其法定刑与单独正犯相同而已。

---

① 这些共犯类型都属于就可能单独实现的犯罪构成要件所作的规定，称为**任意的共犯**。与此相对，在构成要件上要求复数行为人之参与的犯罪称为**必要的共犯**，对此如后文（本章第三节第二款）所述。

② 日本刑法第61条第2款：教唆教唆犯的，与前款同。——译者注

第 3 种类型是**帮助**，即“对正犯加以帮助”，也就是，可称为对正犯所实施的犯罪予以援助、辅助（刑法第 62 条第 1 款）。这也是以存在正犯为前提的**从属的**共犯类型，刑法规定其“属于从犯”（同条同款），其法定刑则按照正犯的刑罚予以减轻（刑法第 63 条、第 68 条）。

再有，就轻微的犯罪（只应处以拘留或科料之罪）而言，只要没有特别的规定，则其教唆犯和帮助犯不处罚（刑法第 64 条）。从而，侮辱罪（刑法第 231 条）的教唆、帮助就是不可罚的。与此相对，作为法定刑仅规定了拘留或者科料的轻犯罪法在其第 3 条，则设置了教唆和帮助“按照正犯对待”的特别的处罚规定。

概括一下以上所述，对于犯罪的施行形态，现行刑法肯定了以下类型。

犯罪的施行形态

单独犯	（单独正犯）	正犯
共犯	共同正犯	属于正犯
	教唆	判处正犯的刑罚
	帮助	从犯（减轻刑罚）

在不以正犯为前提、属于非从属的施行形态的意义上，单独犯以及共同正犯是**“一次责任”**类型（**正犯**）。与此相对，打个比方说，以正犯的存在为前提、属于从属的参与形态的教唆、帮助则可以说是在责任追究这一点上，是位于“一次责任”类型背后的派生的、从属的**“二次责任”**类型。

此外，就共同正犯的定位来说，因为其在刑法上被规定为“正犯”，学说上有两种不同的见解：一种见解认为，在属于正犯这一点上其与单独犯（单独正犯）是共通的，即强调其正犯性；另一种见解则认为，共同正犯终归是共犯的一种，即强调其共犯性。确实，共同正犯在实定法上被规定为“正犯”，针对其的教唆、帮助则成为处罚的对象，而且也不要求像教唆、帮助那样的“从属性”要件（对此后文详述），就这一点来说，也与属于从属的参与形态的被称为狭义的共犯的教唆、帮助有别。但是，比如说，A 和 B 经过意思疏通，想要射杀被害人而朝其开枪，但A的子弹命中了而B的子弹打偏了，在此场合，B的行为并未满足杀人既遂的（单独正犯）构成要件，但却作为杀人既遂的共同正犯而成为处罚对象，像这样即便是共同正犯，单独地以自己的行为并未满足犯罪构成要件却成为处罚对象这一点上，和教唆、帮助是相通的。在此意义上，共同正犯亦属处罚的**扩张形态**，刑法第60条并不仅仅是个单纯的确认规定，换言之，假如不存在该规定，在解释上就不能得出同样的结论，而所谓确认规定仅是对所得出的此种结论予以确认而设置的。[①] 共同正犯的正犯性较之单独正犯的正犯性也是被**扩张**了的。这样的思考的话，共同正犯的定位应该这样来理解：其终究是共犯的一种，考虑到该参与形态在犯罪施行中的作用方式以及重要程度，方才被评价为属于“一次责任”类型的正犯。

二、共犯的处罚根据

（一）共犯固有的犯罪性

首先必须要讨论的问题是，对于属于处罚的扩张类型的共犯加以处罚的根据。这是现在的共犯论中最为基础的问题，在学说中展开了热烈的讨论（对于处罚根据论予以系统研究的，有大越义久：《共犯的处罚根据》，青林书院新社，1981，等等）。根据共犯是否定借用正犯之可罚性来予以处罚的“可罚性借用说”，明确共犯固有的犯罪性所展开的研究，就是共犯的处罚根据论。

如同上一部分所述，作为共犯类型（广义的共犯）有共同正犯、教唆犯和帮助犯三种类型，那么所说的共犯的处罚根据是否对这三种共犯全部都是妥当的，还是只对作为狭义的共犯的教唆犯、帮助犯才妥当？与如何理解共同正犯被规定为正犯这一点的意义相关，围绕着共犯处罚根据的讨论存在着见解上的对立。前者的立场认为，就广义的共犯的全体来说，其将犯罪构成要件被扩张和修正的根据作为问题，而共犯的处罚根据论则作出了回答；而与此相对，后者的立场则强调共同正犯是

① 确认规定，中国读者更熟悉的译法或许是“注意规定”。——译者注

"正犯"，理解为共同正犯与教唆、帮助在构成原理上是不同的（比如说，齐藤诚二：《关于共犯处罚根据的浅见》，下村古稀（上），6 页认为，教唆、帮助是以"从属性"为原理的，而与此相对，共同正犯则以"行为支配"为原理），从而将共犯的处罚根据论的对象限定于教唆与帮助。但是，不管怎么说，正如后者的见解所指出的那样，共犯的处罚根据论终归是以教唆、帮助的情形为主而展开的。

虽说在不以存在正犯为前提的意义上，共同正犯是"一次责任"的类型，如后所述，不要求教唆、帮助那样的"从属性"的要件，但共同正犯，其即便属于"正犯"也并非"本来的正犯形态"，而是"**扩张的正犯形态**"，这是不容忽略的。通过强调共同正犯的"正犯性"，认为像后述那样的对教唆犯、帮助犯妥当的因果共犯论（惹起说）对于共同正犯则基本上不妥当，并认为不需要共同正犯行为与构成要件该当结果、法益侵害之间的因果关系，若是这样理解的话，无论如何都是不妥当的。因果共犯论（惹起说）对于共同正犯而言同样也是适用的，这与教唆、帮助不同，此时要求与单独犯的"正犯性"不同的内容，就能理解为要求有"正犯性"。

（二）处罚根据论

关于共犯的处罚根据，就基本的理解而言，可认为有以下三种学说。其中前两种学说是将教唆、帮助作为主要的讨论对象而展开的。

第 1，是**责任共犯论**。这种见解将致使正犯实施了（该当构成要件、违法且）有责的行为这一点作为共犯处罚的根据。其着眼于使正犯堕落、致其陷入罪责与刑罚这一点，也可以说，这一见解将制造出了所谓的犯罪人这一点理解为共犯处罚的根据。通过这样的理解，在引起法益侵害这一点上，教唆较之正犯是更为间接的形态，通过对教唆科处以正犯的刑罚，奠定了肯定教唆与正犯具有同样的可罚性的基础。也就是，能够理解为，致使正犯堕落这一点补充了所谓的教唆在引起法益侵害方面的不足之处。根据这一见解，要想成立作为狭义的共犯的教唆和帮助，正犯必须要充足构成要件该当性、违法性、责任等全部的犯罪成立条件，其结果就是采纳了后述的极端从属性说。这样的结论，是通过从责任判断的个别性这一理解，正犯要充足的责任要件并不是共犯成立的必须要件，这和通说的见解（关于后述的共犯的“从属性”的理解，只要求正犯具有构成要件该当性、违法性的限制从属性说，或者是只要求构成要件该当性的最小从属性说）不同，作为处罚根据的责任共犯论几乎没得到支持。

第2，是**违法共犯论**。这种见解将致使正犯实施了（该当构成要件且）违法的行为这一点作为共犯处罚的根据。根据这一见解，要想成立共犯，只要能肯定正犯的行为具有构成要件该当性及违法性就够了，这也就符合了关于作为狭义的共犯的教唆、帮助的成立条件的通说的理解（限制从属性说）。而且，从这一理解出发，在只要正犯行为违法则可能成立共犯的意义上，只要不存在共犯所固有的违法性阻却事由，共犯行为亦成为违法，这就肯定了“**违法的连带性**”。从而，就此见解来说，会导致“共犯的违法”是来源于“正犯的违法”，这就会招致“共犯的违法”是从“正犯的违法”所借来的违法性这样的批判。比如说，A委托B将A自己杀害，而接受委托的正犯B却杀A未果的场合，根据上述所理解的违法共犯论，由于是A致使B实施了受嘱托杀人未遂这一违法行为，则A也就成立嘱托杀人未遂的教唆。但是，以对自己的法益加害为理由而最终处罚了被害人本人，一般认为这样的结论是不妥当的。这是因为，“侵害自己的法益不受处罚”是刑法中不成文的法理。为此，在上述的例子中，此见解通过“例外地”肯定A和B之间的“**违法的相对性**”而主张A是不可罚的。可是，就违法共犯论的论理的归结来说，是有必要予以修正的，能够说这展示了违法共犯论的局限，或者说这一理论是有问题的。

第3，是**因果共犯论**。这种见解将介入了正犯行为而自己引起（惹起）了法益侵害（构成要件该当事实）这一点作为共犯处罚的根据（从而又称为**惹起说**）。根据这种理解，法益侵害的**直接惹起**是单独犯（正犯），介入了正犯行为的**间接惹起**是共犯（教唆、帮助），正犯与共犯的差异在于引起**法益侵害的样态的差别**。还有，与之相对的，共同正犯就可理解为法益侵害的**共同惹起**。从这样的理解出发，就能推导出共同正犯中的“部分实行全部责任”[1]。在因果共犯论看来，在上述的是否成立受嘱托的杀人未遂之教唆的事例中，由于不会处罚嘱托者A对自己的生命予以加害的行为，没有引起为处罚奠定基础的法益侵害（危险），所以A并不成立受嘱托杀人未遂的教唆。另外，就后述（本章第二节第一款一）的意图以未遂而结束的教唆“未遂的教唆”来说，正如正犯没有引起既遂的意思而不成立未遂一样，教唆犯因没有引起既遂的意思故不成立教唆。这也是基于因果共犯论而得出的结论。

这样的因果共犯论（惹起说），在指向法益保护的刑法体系中明确了共犯所固有的犯罪性，因而是妥当的。在这样的理解之下，单独犯是法益侵害的直接惹起类型，共同正犯是法益侵害的共同惹起类型，而教唆犯、帮助犯则是法益侵害的间接惹起类型。在这里，下一个问题在于，在这样的理解之下，在何种场合肯定共犯的成立才是妥当的。

（三）处罚根据与成立要件

共犯（共同正犯、教唆、帮助）的成立要件必须基于处罚根据论而加以明确。但是，如前所述，即便都是共犯，在共同正犯与教唆、帮助之间，也存在着是法益侵害的**共同惹起类型**还是**间接惹起类型**这样的区别。由此出发，指导如何理解这些共犯类型的成立要件的重要观点，就产生了不同（是**共同性**呢，还是**从属性**呢）。要是简单化地用比喻、图示来说的话，就成了共同正犯 ＝ 因果性＋共同性，而教唆或帮助 ＝ 因果性＋从属性。学说之中，也有将共同正犯和教唆、帮助放在一起论述“共犯的从属性”的立场。比如说，就教唆、帮助而言，在正犯的行为合法的场合是否仍然成立教唆、帮助就是个问题；即便就共同正犯而言，在其他的共同者的行为合法的场合是否仍成立共同正犯同样也可能成为问题。在有些时候共同正犯与教唆、帮助也都确实有必要予以类似的检讨，但将关于共同正犯的成立条件的诸种问题全部通过“从属性”这一观点加以处理是不合适的。这是因为，共同正犯不存在着“从属”

[1] 共同正犯之中，在共同参与者分别实行（分担）了构成要件行为的场合，各共同者分别都仅实行了一部分的行为，但却就共同引起的构成要件该当事实承担“全部的责任”。这称为“部分实行全部责任”。

于其他共同者行为这样的关系，所以在共同正犯中难以以“从属性”为观念，在共同者A的行为因违法性被阻却而合法、B的行为因违法性未被阻却而违法的场合，是从属于A的合法行为从而A、B双方都不成立共同正犯呢，还是从属于B的违法行为从而A、B之间成立共同正犯呢？这恐怕是无法确定的。上述立场可以说是过于强调共同正犯与教唆、帮助都属于共犯这一点，而忽略了共同正犯与教唆、帮助之间所存在的论理上的重要差异。在教唆、帮助中作为“从属性”的内容所处理的诸种问题，对共同正犯来说则有必要作为“共同性”的内容加以检讨。

以下，首先就指导教唆、帮助的成立要件的“从属性”观点进行讨论，然后再就指导共同正犯的成立要件的“共同性”观点予以检讨。

三、从属性——惹起说的诸相

（一）纯粹惹起说

将惹起说（因果共犯论）的理解原封不动地和共犯（教唆、帮助）的成立要件直接挂钩的见解，即**纯粹惹起说**。这种见解是将作为共犯处罚根据的法益侵害的间接惹起，理解为“从共犯的立场来看，通过正犯，引起了法益侵害结果（即构成要件该当事实）这一点”，要想成立共犯，可理解为未必要求正犯需要具备构成要件该当性，也就是说，否定了从属性的见解（佐伯328页以下，中255页，中山441页以下，浅田和茂《共犯论的备忘录》中山古稀（3）275页等。再者，参见山中861页以下）。因此，就此见解而言，不肯定正犯但成立共犯，也就是肯定了**“没有正犯的共犯”**。

此种纯粹惹起说，认为正犯与共犯的差异在于所引起的法益侵害的“方法的类型”之不同，认为正犯与共犯不过是通过有无正犯性（比如说，中229页着眼于是否介入了他人的规范障碍［反对动机形成可能性］；中山477页则着眼于利用人的心理）而予以区别。也就是说，可以理解为，正犯与共犯的差别，仅在于所引起的法益侵害的样态，而此外的构成要件要素则是相同的。共犯也是实施了自己本身的犯行，由于将共犯现象理解为不过是实施了自己的犯行的人之间的共动现象（参见佐伯332页），也就产生了肯定“没有正犯的共犯”的余地。进一步地，从这样的立场出发，就介入他人的法益侵害而言，由于广泛地肯定了共犯的成立，也就否定了间接正犯。

纯粹惹起说能够明确共犯固有的犯罪性，这一点是其得分之处；但即便是正犯因欠缺构成要件该当性、刑法要避免介入的场合也要追究其背后者的共犯责任①，这一点却是有问题的（更为详细的，请参见山口·探究238页）。原本，肯定“没有正犯的共犯”，可能就会遭到这样的批判：此时并不能说是“教唆他人致其实行犯罪”（刑法第61条第1款）或者是“帮助了正犯”（刑法第62条第1款），尽管如此却会肯定成立教唆、帮助，这就背离了现行法上的教唆和帮助的概念。而且在实务上，按照纯粹惹起说，（1）在身份犯中，比如，在泄露秘密罪（刑法第134条第1款）中，医师教唆护士泄露秘密的场合②，也就是说，在有身份者参与了非身份者之行为的场合，尽管非身份者不成立正犯，有身份者却会成立“没有正犯的共犯”。再有，（2）在消极的（责任）身份犯（以不具有一定的身份为要件的犯罪称为**消极的身份犯**）中，比如说，在隐灭证据罪（刑法第104条）③中，B教唆刑事案件的犯人A隐灭A的犯罪证据的场合，也就是说，在非身份者参与了有身份者的行为的场合，有身份者虽不成立正犯，非身份者也会成立“没有正犯的共犯”。还有（3）参与了不能成为处罚对象的法益主体本人所实施的自伤、自损行为的，在法益主体针对参与者并未放弃该法益的场合，也会肯定“没有正犯的共犯”。再者，（4）就正犯肯定违法性阻却事由，在该效果为一身专属、不会影响他人的场合，对该行为的参与者也会成立

① 在此，体现出了纯粹惹起说未将共犯责任作为“二次责任”来把握这一点，如后所述，这样的理解是有疑问的。

② 刑法第134条第1款：医师、药剂师、医药品贩卖业者、助产士、律师、辩护人、公证人或者曾经从事此类职业的人，无正当理由，泄露由于处理业务而知悉的他人的秘密的，处6个月以下惩役或者10万元以下罚金。——译者注

③ 刑法第104条：隐灭、伪造或者变造有关他人刑事案件的证据，或者使用伪造、变造的证据的，处2年以下惩役或者20万元以下罚金。——译者注

“没有正犯的共犯”。比如说，即便是因系公务员的职务行为而阻却违法性的场合，对公务员执行职务予以激励的人也会成立共犯。

考虑到这样的结论并不妥当，纯粹惹起说也对其见解进行了修正。比如说，主张就正犯行为来说虽不要求构成要件该当性，但却要求其属于“单纯的违法行为”（参见佐伯338页。再者，亦请参见主张“可罚的不法从属性说”的山中862页）。加以修正的话，可以说此种修正自己承认了这样一点，由于无法认可正犯行为的构成要件该当性或违法性，对于不能成为法律介入对象的行为的背后参与者追究作为共犯的责任是有问题的，实际上无非就是部分地承认了共犯责任的“二次责任性”而已。

（二）修正惹起说、混合惹起说

纯粹惹起说的问题点在于，其将共犯（教唆、帮助）的处罚根据和其成立要件直接关联起来。与共同正犯不同，从从属的参与形态的教唆、帮助的“二次责任性”出发，就被追究“一次责任”的正犯行为而言，只要是不能肯定其构成要件该当性以及违法性①（就违法性而言，存在着应该作为问题之处，对此后文详述），就不产生刑法应该介入、予以禁止、压制的事态，不能将共犯（教唆、帮助）作为处罚的对象。也就是说，对于属于从属的参与形态的共犯（教唆、帮助）的成立要件来说，要求正犯行为必须具有构成要件该当性和违法性。此即**共犯的从属性**的要件。认可以上这样的结论的（尽管存在着用语上的分歧），是被称为修正惹起说、混合惹起说的见解。前者系依据违法共犯论的立场，而后者则依据因果共犯论。由于违法共犯论是将处罚共犯的根据求诸致使正犯实施了该当构成要件且违法的行为这一点，就会认为有必要肯定正犯行为的构成要件该当性和违法性。

在支持作为共犯处罚根据的因果共犯论即惹起说的同时，一并考虑共犯（教唆、帮助）的“二次责任性”的场合，作为结论可采纳要求正犯行为具备构成要件该当性和违法性的**混合惹起说**。在能够肯定正犯行

① 此外，责任是应该按照每个行为人在性质上逐个地加以判断的，不要求正犯也需要具备责任。所谓“责任的个别性”，就表明了这样的一个理所当然的事情。

为具备构成要件该当性和违法性的场合，基于因果共犯论的立场，只要能够针对共犯（教唆、帮助）肯定其与受到保护的法益之侵害间的因果性及对此的有责性这些处罚要件，就可能肯定共犯（教唆、帮助）的（共犯）构成要件该当性，此时，只要是不能肯定共犯（教唆、帮助）具有违法性阻却事由或责任阻却事由，共犯（教唆、帮助）就可能成立。可以说这一点与犯罪的一般成立要件是一样的。也就是说，在这样的理解之下，所谓的“违法的连带性”，在肯定了正犯行为具备正犯构成要件该当性和违法性的场合，对此，（满足因果共犯论的处罚要件的）参与者就能够肯定共犯的构成要件该当性，只要是没有特别的违法性阻却事由，则共犯（教唆、帮助）行为也就是违法的。不过是意味着以上这样的当然的、不言而喻的事情而已，并不具备作为某种判断基准可能予以援用的特别的实质内容。

与此相对，共同正犯是将法益侵害（构成要件该当事实）的共同惹起作为处罚的根据的，由于其是和单独犯同样的“一次责任”类型，故而在共同正犯的成立要件上，并不要求，而且也没有办法要求和教唆、帮助那样的从属性。共同地实现构成要件，这原本就是共同正犯的本来的成立要件。

四、共同实行的含义——共同性

由于共同正犯系法益侵害的共同惹起形态、属于“一次责任”类型，故而从属性的要件是不妥当的。取而代之的是，在共同正犯中**共同性**成为要件。就共同正犯来说，与如何理解法益侵害的共同惹起、如何理解犯罪的“共同实行”的对象、含义相关，早前存在着见解上的对立。即，是认为共同正犯是共同实行了特定的犯罪、将共同正犯理解为“数人一罪”的“**犯罪共同说**”，还是认为共同正犯是共同地实施了行为而实行了各自的犯罪、将共同正犯理解为“数人数罪”这一“**行为共同说**”这样的对立。这一对立的实质意义在于，只要以同样的共同性作为要件这一前提来看，就是否仅就同样犯罪（罪名）才肯定共同正犯的成立这一点。

犯罪共同说认为是共同正犯实行了特定的犯罪，仅就相同的犯罪（罪名）才肯定成立共同正犯。将这一理解予以彻底化的是**完全犯罪共同说**，比如说，A和B分别出于杀人和伤害的故意，一起朝着X用手枪向其射击，结果只有一人的子弹命中X致其死亡的场合，两人不成立共同正犯，不过是各自分别承担单独犯的责任而已。这样，在具有杀意的A发射子弹导致了X死亡的场合，A成立杀人罪而B则充其量成立暴行罪；而A仅有伤害故意的话，B则成立伤害罪的共同正犯，在肯定结果加重犯之共同正犯的场合，则成立伤害致死罪的共同正犯。两者相比，结论是不均衡的。也就是说，就会产生“若A具有更重的罪之故意的话，B的刑事责任却变轻了”这一问题。在此，采纳了犯罪共同说的论者，为了消除这种不均衡，则采用了**部分犯罪共同说**（大塚300页，大谷402页，高桥421页，佐久间348页等）。就存在不同故意的共同者所试图共同实行的不同的犯罪而言，这种见解是在这些犯罪的重合的限度之内肯定其成立共同正犯。在上述的例子中，就会在杀人罪与伤害罪所重合的伤害（致死）罪的限度内肯定共同正犯的成立。但是，即便这样理解，对具有杀意的A所能肯定的过剩部分的罪责还是个问题。从而，这虽会按照A的单独犯（在上述事例中，杀人罪）予以处理，不过为了避免对于死亡结果的双重评价，就会认为A只成立杀人罪了。结果就是，A成立杀人罪，而B则成立伤害（致死）罪的共同正犯。另外，如果将上述的案例予以修正，A的子弹打偏了，X是因为被B的子弹打中而身亡的场合，究竟如何解决留下的问题。该场合，虽然A和B成立伤害（致死）罪的共同正犯，但成为问题的是A的刑事责任。从部分犯罪共同说的立场来看，不能肯定A成立杀人罪的共同正犯，另外，由于也不能肯定A成立杀人罪的单独犯，最终只能认定A成立杀人未遂的单独犯。而且，在和B伤害致死罪的限度之内成立共同正犯。此外，具有杀人故意的A只是与B共谋，事实上并没有实施任何实行行为的场合下，由于不能肯定A成立杀人未遂，所以A的杀人故意就没能得到评价。这并不妥当，A并非伤害（致死）罪的共同正犯，若肯定杀人罪的共同正犯的话，就有了脱离部分犯罪共同说，向下述的行为共同说靠拢的意思。

与此相对，**行为共同说**认为各人因共同的行为而实现了各自的犯罪的是共同正犯，因此，在所肯定的共同引起的法益侵害的范围之内，在与共同者各自的故意相对应的不同的犯罪（罪名）之间亦可成立共同正犯（佐伯332页，植田重正：《共犯的基本问题》，东京三和书房，1952，110页以下，平野Ⅱ 364页，浅田·前引：《共犯论的备忘录》，277页，西田396页以下，山中848页以下，松原352页，等等）。从而，在上述的例子中，无论X是中了谁的子弹而死亡，就A而言成立杀人罪的共同正犯，而B则成立伤害（致死）罪的共同正犯。

犯罪共同说认为共同正犯是共同地实行了特定的犯罪，仅就同样的犯罪（罪名）才肯定共同正犯（团藤390页，大塚338页等）。但是，要是这样理解的话，如上所述，在将其彻底化的场合，在具体结论的妥当性上就会产生疑问。而且，只要不采纳追究致使他人实施犯罪行为或者违法行为之责任的责任共犯论或者违法共犯论，认为将共同正犯理解为"仅就同样的犯罪方才成立"并没有什么必然的理由和必然性（大谷411页以下，实质上是主张了和行为共同说同样旨趣的见解）。行为共同说认为，在各个共同者通过共同的行为而实现了对应于各自故意的犯罪的场合，就能肯定成立共同正犯，这样的理解是妥当的。应该认为，即便在不同的犯罪之间也能成立共同正犯。从而，即便成立共同正犯以各共同者之间有意思联络为必需的要件，也没有必要要求就连故意也是共同的。作为共犯处罚根据的理解采纳了因果共犯论（惹起说），为行为共同说奠定了基础（参见山口·探究266页以下）。即，既然共犯也被理解为教唆、帮助介入正犯，就共同正犯而言和其他共同者一起，基于引起的构成要件该当事实（构成要件的结果）以共犯固有的违法、责任为根据而受到处罚，那么共犯现象就能理解为"数人所实施的（各自固有的）数罪"。共犯规定是将正犯或者是其他的共同者所引起的事实、结果，只要是能肯定共犯的因果关系也可能归属于共犯人的规定，共犯之所以被认为是"处罚扩张事由"，即是因为如此。但是，就教唆、帮助来说，不过是由其"二次责任"的特性出发而要求了从属性的要件而已。同时，共同正犯作为共同惹起形态，正是作为正犯而肯定“一次责任”的特性，而且，也要求这样的实体（基于扩张的因果性的扩张的正犯性），与此相反，也就不要求科以对教唆和帮助的从属性这一限定了。

根据以上的理解，共同正犯就只是在共同惹起的构成要件该当事实的范围之内、在充足了责任要件的限度内，来承担刑事责任的。这样思考的时候，共同正犯的实务中的重要问题是，在什么样的场合、在多大的范围之内能够肯定共同惹起（参见后文）。

就上述的问题来说，在A和B等共谋对X实施暴行、伤害之后，A出于杀意而将X刺杀的案件中，**判例**对于并无杀意的B等人，认为其在是杀人罪的共同正犯和伤害致死罪的共同正犯的构成要件相重合的限度内成立轻的伤害致死罪的共同正犯（最决昭和54年［1979年］4月13日，刑集33卷3号179页）。这已经是否定了此前实务的做法。以前的判例认为A以及B等人都成立杀人罪的共同正犯，对仅有伤害故意的B等则在伤害致死罪的限度内科刑，即肯定成立犯罪和科刑之间的分离。可以说这一方案在关于B之罪责的限度内，不管是从部分犯罪共同说还是从行为共同说哪个立场出发都能予以说明。两说的不同不过在于，就A而言，是属于杀人罪的单独正犯，还是属于共同正犯。这之后，在具有杀意的A和不具杀意的B共同构成因不作为的杀人罪（刑法第199条）与保护责任者遗弃致死罪（刑法第219条）的共同正犯的案件中，判例认为就A来说“成立杀人罪，与不具杀意的B之间在保护责任者遗弃致死罪的限度内成立共同正犯，这样来理解是适当的”（最决平成17年［2005年］7月4日刑集59卷6号403页）。在没有认可A成立杀人罪的共同正犯这一点上，判例并未采纳行为共同说，在肯定了在保护责任者遗弃致死罪的限度内成立共同正犯这一点上，可以理解为遵照了部分犯罪共同说。但是，这是能够肯定A成立杀人罪的单独正犯的案件，要是因不具杀意的共同者的行为而直接引起了死亡结果的案件的话，从部分犯罪共同说的立场来看，就不可以说A“成立杀人罪”，就A的罪责来说想来仍是留有疑问的。换言之，从部分犯罪共同说的立场来看，（1）A成立杀人未遂罪并在保护责任者遗弃致死罪的限度内成立共同正犯，或者（2）A并不分担实行行为，在作为单独犯不成立杀人未遂罪的场合，而是在保护责任者遗弃致死罪的限度内成立共同正犯，想来A的杀人故意都没有被完整评价。在这样的场合，特别是上述（2）的场合，由于没有完整评价A的杀人故意，其结论是存在着问题的，如果认为肯定A成立杀人罪的共同正犯是妥当的话，就有必要向行为共同说靠拢。

第二款 共犯的因果性

一、概述

如前所述，包括共同正犯在内的共犯的处罚根据在于，共犯行为引起了构成要件的结果。也就是说，就间接惹起类型的教唆、帮助而言，必要的是**介入正犯行为**而引起了构成要件结果[①]，必须要肯定教唆、帮助行为与构成要件该当事实（构成要件结果）之间具有因果关系。而且，即便是属于共同惹起类型的共同正犯，自身的因果作用和介入了其他共同者行为的因果作用相互结合，就要求共同正犯行为与构成要件该当事实（构成要件结果）之间存在因果关系。问题在于，如何理解这样的共犯的因果关系的内容这一点（对于共犯的因果关系加以检讨的比较新的研究，可参见岛田聪一郎：《广义共犯的一般成立要件》，立教法学57号，77页以下等）。

二、因果关系的内容

已如前述，因果关系可以理解为实行行为（构成要件行为）之危险性的现实化的过程。即便是就欠缺单独犯的正犯性的共犯行为与构成要件结果之间的因果关系的内容来说，除去构成要件行为与单独正犯的场合不同这一点之外，也可以作同样的理解。在这样的理解之下，作为与

① 在未介入正犯行为、和构成要件结果之间具有直接的因果关系的场合，若不成立单独正犯的话，则不可罚。这虽是个当然的思考方法，但在判例和多数的学说中这样的理解未必得到了彻底贯彻。

共犯固有的因果关系相关联的问题就有必要加以检讨的，就包括（1）对共犯行为与构成要件结果之间所要求的“行为危险性的现实化”的判断予以支撑的事实关系的内容，以及（2）通过控制共犯该当构成要件的行为来实现结果的回避，换言之，就是共犯中所要求的结果的发生，是否要求以与单独犯的结果回避义务相适应的义务的违反为基础这一问题。对于这些内容，以下依次予以检讨。

（一）事实的关系的内容

首先，就事实的因果关系的内容来说，**物理的因果关系**（**物理的因果性**）和**心理的因果关系**（**心理的因果性**）成为问题。不过，即便是单独犯的场合，就间接正犯而言，由于也存在着只能肯定心理的因果关系的场合，所以这并不意味着心理的因果关系是共犯固有的因果关系。前者的物理的因果关系的内容是，通过借给实施犯罪的必要的用具等，物理地促进正犯、共同者所实施的犯罪；而后者的心理的因果关系的内容则是，通过唆使犯罪的施行致使正犯或共同者产生实施犯罪的意思，或者是通过激励犯罪的施行等，维持、强化正犯或者共同者实施犯罪的意思，从而引起或促进正犯或者共同者施行犯罪的心理。学说之中，也有见解认为对于共犯的因果关系来说，唯有心理的因果关系才是本质性的，其对于共犯之成立来说是必不可少的（参见町野朔：《惹起说的整理与检点》，内藤古稀，128页以下①）。在认为共同正犯的成立必须有意思联络的场合，再者，在教唆、帮助的成立要求介入正犯行为的因果性的场合，虽然能够理解上述见解，但将心理的因果关系作为必需的要件这一点，想来仍是有质疑的余地的。首先，因借给道具等所产生的物理的因果性是很清楚的，但以犯罪施行意思的维持、强化为内容的心理的因果性却并不明确，或者光靠“不能明确立证”这一点就否定处罚共犯大概是有问题的。特别是，若根据这样的理解，在后述的**片面共犯**事例中，就不能肯定共犯的成立，况且由于此时肯定成立间接正犯也是有

① 作为其内容，能考虑到的是共犯人之间的“意思的疏通”。不过，由于心理的因果关系本身通过作用于他人的心理而得以肯定，所以即便没有相互之间的“意思的疏通”亦能够得到肯定。

问题的，结果就是，可能就会导致不能对其处罚，这可以说是有疑问的。

在教唆的场合，通过“致使他人产生完成犯罪的意思（惹起犯意）”，在帮助的场合，通过“对正犯施行犯罪予以援助”，必要的就是物理地或者是心理地对正犯的实行行为予以引起、促进[①]（针对精神的激励而肯定了杀人未遂之帮助的，有大判昭和7年［1932年］6月14日刑集11卷797页，还可参见最判昭和24年［1949年］10月1日刑集3卷10号第1629页）。因此，需要求教唆、帮助行为本身对正犯的实行行为有引起、促进的作用。该场合下这些行为可以被肯定为共犯构成要件该当行为。具有引起、促进正犯的实行行为危险性的行为是共犯构成要件该当行为，而这样的危险性不被认可的场合，则可以说不能称为教唆、帮助。（提供给强盗犯人一顶鸭舌帽和一双鞋套，判例否定了其成立强盗罪的帮助犯，参见大判大正4年［1915年］8月25日刑录21辑1249页；在他人的赌场开张之际，为了增添喜气而撒盐，裁判例也否定了成立赌场开张的帮助犯，参见名古屋地判昭和33年［1958年］8月27日一审刑集1卷8号1288页）。共犯行为的危险性，必须是能够引起或者促进实行行为的客观危险性，因而，仅仅是正犯完全没有将这种危险性用于实行行为的可能性这种程度，显然是不够的。在将业务行为这样的一般行为，作为结果而被正犯实行行为加以利用的场合，通过**中立行为予以帮助**就成为了特别的问题。例如，经营刀剑的商人贩卖刀剑，而购买了刀剑的人用其去杀人或是实施了伤害的场合，尽管卖出去的刀剑从结果上来说对于犯罪行为发挥了作用，但是可认为贩卖刀剑的人不能作为杀人或者伤害的帮助犯而受到处罚。帮助犯的成立，以存在犯罪行为的具体的契机为必要，而且，既然也以对帮助行为的危险性有认识的故意为帮助的要件，也就应当要求对这样的具体的契机的认识。将无论是以合法用途的还是以侵害著作权的途径都能够加以利用的文件共用软件，通过网络公开、适用的场合，在该软件被著作权侵害行为利用的案例中，判例（最决平成23年［2011年］12月19日刑集65

① 在直接引起构成要件该当事实的场合之外，共同正犯也可以参照教唆、帮助来考虑。

卷9号1380页［Winny事件］）认为，“就这种软件的提供行为而言，要成立帮助犯，就必须要求具有超过一般可能性的具体的侵害利用状况，而且要求提供者也要对此有认识、容忍”。

此外，为了肯定共犯构成要件的因果关系，还必须要能够认定，在教唆、帮助行为中所能肯定的引起、促进正犯实行行为的危险性已然现实化，在事实上引起、促进了正犯的实行行为。从而，尽管教唆、帮助本身可视为具有引起、促进犯罪行为效果之行为，但在该效果并未及于犯罪行为的场合，就会否定共犯的成立 。例如，为了防止手枪枪声被听见而在地下室望风，但正犯的杀人并未在该处施行，而且正犯也没有认识到这样的望风行为，在此场合，由于望风行为对杀人实行行为不管是物理上还是心理上都没有促进，所以就不是杀人罪的帮助行为（参见东京高判平成2年［1990年］2月21日判タ733号232页）。再有，共犯行为对于犯行的引起、促进作用已经在正犯行为中生效，同时，通过正犯的实行行为产生了构成要件结果（构成要件该当事实），最终，共犯犯罪行为的引起、促进效果必须及于由正犯引起的构成要件的结果。因此，在教唆侵入A家住宅盗窃的时候，正犯等决意去实施强盗行为，因没能发现侵入A家正房的方法所以放弃了这个念头，但是，觉得“不能就这么回去”从而就侵入了旁边的B商会实施了强盗，在此案件中，是否肯定教唆的因果关系就成为了疑问（参见最判昭和25年［1950年］7月11日刑集4卷7号1261页［得道大师事件］）。

为了肯定共犯的构成要件该当性，在肯定共犯行为时，正犯行为与构成要件结果之间必须要存在因果关系。在因果关系被否定的场合，共犯不成立。在后文所述的**承继的共犯**（本章第三节第六款）、**共犯关系的脱离**（本章第三节第七款）中，也要追问是否存在着共犯的因果关系。

（二）是否需要结果回避可能性

作为共犯的因果关系的内容，过去，是否也要求共犯行为与构成要件结果之间具备在单独正犯中的结果回避可能性（没有行为的话大概就不会发生构成要件结果这一关系）就成为了问题。但是，该讨论是以对过去的因果关系的理解为前提的，即必须存在作为正犯因果关系的“没有行为的话大概就不会发生结果”这一条件关系。现在对因果关系的理解，是将因果关系理解为“实行行为的危险性的现实化”，由此出发可以说原本讨论的前提已经发生了变化。但是，如前所述，即使在正犯的场合，由于从其他的理由来看仍要求“构成要件结果的发生是基于结果回避义务的违反”这一要件，所以，在共犯中是否有必要要求与正犯同样的要件，这一问题仍然是值得讨论的。也可以说这只不过意味着是与因果关系不同的东西而已。

成为讨论的前提的问题是，对共犯是否和正犯一样，原本也要科以结果回避义务。这是因为，要探讨结果回避可能性是在有回避结果的义务，而尽了义务也仍然不能回避结果的场合，由于以义务违反为理由而肯定犯罪的成立的话，在义务的目的没有达成的情形下追究义务违反的责任就是存在疑问的。对于共犯，特别是帮助犯，是否原本被科以了这样的结果回避义务？如前所述，如果以前述促进正犯的犯罪这种帮助意义为前提进行考察，可以说，即便就帮助作用能认定共犯具有引起有关结果的义务，但那也不过是，不促进正犯的实行行为，间接地不让结果发生的义务而已。从而，由于可理解为未对帮助犯科以直接回避结果的义务，所以要肯定帮助的成立，就与正犯不同，可认为构成要件的结果并没有必要以结果回避义务的违反为基础。这样考虑的话，共犯被科以的回避义务是以共同正犯、教唆犯、帮助犯这些共犯类型的意义为前提的，可以说有必要分别予以探讨。

首先，在**教唆**的场合，如后所述，由于致使不具有犯意者产生犯意属于必需的要件，教唆者的义务是不使正犯产生犯意的义务，如果不违反此义务的话，正犯恐怕就不会产生犯意，从而就不会实施犯行、不会引起构成要件的结果，故而结果就是，可以认为结果回避可能性本身是能够被肯定的。因此，就教唆而言，以上述的回避义务为前提进行考虑的话，可认为与单独犯的场合并没有什么不同。

与此相对，在**帮助**的场合，可预想到存在很多通过停止帮助行为仍然不能回避结果发生的情形。这是因为，如果帮助犯为正犯的实行行为提供不可或缺的条件的话另当别论，在除此之外的多数场合，可预想到的是停止了帮助行为，但正犯仍可能实施了实行行为、产生了构成要件的结果。比如说，在正犯实施侵入住宅盗窃之际，行为人帮着望风，可结果是谁也没来，就像这一事例这样，尽管可以考虑因心理的、精神上的促进作用而成立帮助，但很多时候却不能肯定没有帮助行为的话大概就不会发生构成要件结果这样的关系。学说之中，也有见解通过对帮助行为和结果的具体的把握而认为能够肯定结果回避可能性（内田（中）521页，曾根263页，等等），但即便如此也会在心理的、精神的帮助的场合，无法肯定“结果回避可能性”，从而会过于限定可罚的帮助之范围，结果就是，可能会淹没处罚帮助之规定的刑事政策的意义。原本促进正犯的实行是该当帮助构成要件的行为，只要以此理解为前提，帮助犯就不会被科以结果回避义务，可以说被课以的只是阻止正犯实行的义务或是不促进正犯实行的义务而已。从而，应认为就帮助犯而言结果回避可能性不成为问题。

可认为，以上在与其他的共同参与者共同引起构成要件结果的共同正犯场合也是适用的。这是因为，共同正犯的成立不限于由自己直接引起构成要件结果的场合，在即使对其他共同参与者的行为起到促进、强化作用的场合也有可能成立共同正犯，既然立足于这一前提，那么在共同正犯场合也是同样适用的。

作为结论而言，既然未必要对共犯科以直接回避结果的义务，虽然教唆的场合另当别论，但一般来说并不要求具有结果回避可能性，通过正犯、共犯对引起构成要件结果起到了**促进**作用的话就足够了。这样来理解的话，判例（大判大正2年［1913年］7月9日刑录19辑771页，等等）和通说（团藤377页，平野Ⅱ 381页，大谷446页，川端599页，西田341页以下，等等）也采用了如此的理解。不过，这并不是“共犯的因果关系”的问题，而是与共犯的义务内容有关的问题。可以说即使在共犯之中，因果关系也必须被理解为“行为危险性的现实化”。

第三款　共犯的从属性

一、概述

为了成立共犯（教唆、帮助），必要的是要充足了对于正犯的从属性的要件。如前所述，从属性要件仅对于以正犯之存在为前提的教唆、帮助来说是妥当的，而对于作为“一次责任”类型的共同正犯来说则并不妥当。

从属性要件的有无及其程度被作为问题（比如说，参见团藤375页等），与此相对，能够指出的是在从属性要件上包含着必须加以区别检讨的不同问题，对于从属性要件主张分为以下三个方面加以检讨：（1）实行从属性（是因为正犯行为已经达到了可罚性的阶段从而才成立共犯吗?），（2）要素从属性（作为共犯的成立条件，正犯行为必须具备怎样的要件?）以及（3）罪名从属性（是仅就同一罪名而言才能成立共犯吗?）（参见平野Ⅱ345页以下，以此为依据的观点参见西田384页以下，本书第2版308页以下）。但是，由于实行从属性要归于未遂犯的构成要件该当性的判断，而这已经包含在了要素从属性中，更进一步，问题最终要归结为如何理解罪名从属性也要受要素从属性的约束，虽然如前所述分为三种“从属性”，但由于不能损害其相互之间的整合性，可以说像这样对从属性进行区分予以探讨是存在疑问的。（参见山口厚：《围绕共犯的从属性》，三井古稀，277页以下）。从而，下文所谓的“构成正犯成立要件的正犯行为需要具备怎样的要件”，是以原本的共犯的从属性的问题为中心展开探讨，之后再就正犯所成立的罪名对于共犯的约束力这一问题进行探讨。

二、从属性的意义

（一）要素从属性学说的诸相与限制从属性说

属于从属的参与形态的教唆、帮助以正犯的存在为前提。为了肯定共犯的成立，**正犯行为**必须具备哪些要件，共犯的成立要从属于正犯行为的何种成立要件、要素[①]，就是**共犯的要素从属性**的问题。

---

① 这是实体法上的共犯的成立要件的问题，而无论是从何种见解出发，都没有要求正犯在实际上受到处罚。

关于这一点的理解，可认为存在着三种学说：（1）**最小从属性说**（要求正犯行为具有构成要件该当性），（2）**限制从属性说**（要求正犯行为具有构成要件该当性及违法性），（3）**极端从属性说**（要求正犯行为具有构成要件该当性、违法性以及责任）。其中，限制从属性说成为通说（团藤384页，大塚286页，内藤（下Ⅱ）1353页，高桥424页，等等），而最小从属性说亦得以有力主张（平野Ⅱ358页，大谷407页，西田395页，等等）。另外，虽然与共犯的处罚根据有关的纯粹惹起说也不要求肯定正犯行为构成要件该当性，但如前所述，否定教唆、帮助的“二次责任”的特性，而肯定“没有正犯的共犯”这一点是有疑问的。

构成要件该当性以及违法性展示了基于法益侵害性的行为的客观属性，只要是无法肯定这些属性，从法益保护的观点出发，不要求将其作为刑法处罚的对象。另外，存在构成要件该当性但在违法性被阻却的场合，该行为并不违法，在刑法的限度内即不能成为禁止、抑制的对象这点是不变的。从而，肯定将对于法令行为予以援助的行为作为处罚对象的最小从属性说就是不妥当的。最小从属性说作为一般的成立要件是不当的，可认为问题仅在于，在参与者之间是否具备违法性阻却事由存在差别的场合，是否应该例外地认为这一学说是妥当的。从这样的理解出发，为了追究对正犯行为具有引起、促进作用的共犯（教唆、帮助）的**“二次责任”**，就可理解为正犯行为具备构成要件该当性以及违法性这一点就是必需的要件。与此相对，由于责任是针对实施了该当构成要件且违法的行为的行为人，为了对其予以非难的要件，所以在其性质上，责任应该根据每个行为人逐一个别地加以判断。从而，尽管实施了构成要件该当且违法之行为的正犯行为人欠缺责任，但不可以将介入了正犯行为间接引起了构成要件该当事实的共犯径直从处罚对象中排除在外。①由于共犯也是就自己的行为被追究自己本身的责任，所以责任要件无论如何都必须按照每个行为人逐一个别地加以判断。这样考虑的话，就不需要正犯行为具备责任要件，从而，作为共犯的成立要件来说，极端从

① 但是，在正犯欠缺责任的场合，背后者有时候会成立间接正犯。

属性说想来是不妥当的。

从以上来看，就成为共犯成立条件的从属性的理解来说，**限制从属性**可以说是妥当的。另外，也有见解认为，虽说限制从属性说基本上是妥当的，但即便是正犯的构成要件该当行为阻却了违法性，仍然例外地存在着应该肯定成立共犯的场合，也就是说，是否存在最小从属性说例外的妥当的场合就成为了问题（参见岛田聪一郎：《利用适法行为的违法行为》，立教法学55号，21页以下），对于这一点，后文将有述及（本章第三节第三款）。

（二）是否要求对故意的从属性

为了成立共犯，正犯行为必须具备构成要件该当性以及违法性，但问题是，是否要求正犯必须存在故意（是否要求对**故意的从属性**）（关于狭义的共犯与间接正犯之间的错误的事例，有见解从否定作为抽象的事实错误来处理的立场出发，否定了对故意的从属性，请参见松宫孝明：《对于非故意行为的共犯》，立命馆法学231、232号合刊，237页以下）。这是一个需要检讨的问题，并且这是个是否仅对故意犯才能肯定共犯之成立，否定对于过失犯的共犯的问题，而与故意是否包含于构成要件之中无关。此外，在此成为问题的还有，对于过失犯能否成立**故意的**共犯。如后所述，由于欠缺**过失的教唆、帮助**的处罚规定，故其不可以成为处罚的对象。

在正犯系过失犯的场合，推动正犯的背后者想来在很多情况下会成立间接正犯，但根据背后者的参与样态来说，其也不限于成立间接正犯。比如说，在正犯实施了过失致死行为的场合，就虽预见到了会发生死亡结果但不过在心理上促进了共犯行为而已的人来说，由于肯定成立杀人罪的间接正犯是有困难的，问题就成了对于过失致死罪是否成立故意的帮助犯。只要不认为在这一场合应该是不可罚的，大概就不能否定对于过失犯成立故意的共犯。① 问题在于，是肯定对于过失致死成立杀人的帮助呢，还是只肯定成立对过失致死的帮助？这一问题就要取决

① 另外，有判决肯定了对于重过失致死的正犯成立杀人的帮助犯（京都地舞鹤支判昭和54年［1979年］1月24日判时958号135页），但这是肯定了对于心神丧失状态下所实施的杀人的帮助，并非肯定了对于过失犯成立故意的共犯。

于，就共犯而言是否肯定其对于正犯的罪名从属性。换言之，可认为否定正犯的罪名从属性的话即是前者，肯定的话则是后者。正如下文“三”所探讨的那样，如果应该承认针对正犯所成立的罪名的从属性、正犯的罪名对共犯的约束力，既然就正犯而言不能肯定重的故意犯的构成要件该当性（犯罪类型该当性），而仅能肯定过失犯的构成要件该当性（犯罪类型该当性），那么可以说成立对于过失犯的（故意的）教唆或帮助。也就是说，在上述的例子中，并非杀人的帮助，仅成立对过失致死的帮助。

（三）处罚根据与实行从属性

在将正犯未遂作为处罚的对象的阶段，也就是说，在未遂犯的构成要件该当性的阶段肯定正犯行为，方才成立教唆、帮助（在可处罚预备的场合是否成立共犯将在后文叙述）。比如说，在正犯成立盗窃未遂的阶段，教唆正犯去盗窃的人作为盗窃的**未遂教唆**而变得可罚。在未遂犯不能成为处罚对象的场合，正犯既遂之后方才成立共犯。在此之前的阶段，尚不过是不可罚的、**教唆未遂**而已。① 共犯的从属性这一共犯的成立要件所基于的是其背后对共犯（教唆、帮助）处罚根据的理解。也就是说，共犯的处罚根据与单独正犯一样，既然处罚共犯是因为其引起了法益侵害即构成要件结果（根据因果共犯论即惹起说），那么若没有发生为处罚奠定基础的法益侵害或者危险的话，也就没有产生使得刑法之介入与禁止（处罚共犯）正当化的事态。从而，即便是就否定了从属性的共同正犯来说，基于处罚根据的理解，和上述同样的结论也是妥当的。也就是说，通过共同者全体的行为，在引起了能够肯定未遂之成立的既遂的现实的、客观的危险（具体危险）的场合，就会作为未遂的共同正犯而成为处罚的对象。可以说这一点在后述的共谋共同正犯的场合，具有特别重要的意义。

（四）预备罪的共犯

对于**预备罪**是否能成立共犯，存在着否定说（团藤382页，大塚

---

① 肯定处罚教唆未遂的见解被称为共犯独立性说，像本书这样对此予以否定的见解则称为共犯从属性说。现行法上，除去将教唆未遂视为处罚对象予以特别规定的场合，教唆未遂因为欠缺处罚规定都不可罚（刑法第44条）。

324 页，佐久间 391 页，等等）和肯定说（平野Ⅱ 351 页，大谷 445 页，西田典之：《实行及正犯的概念与共犯成立的界限》，香川古稀，353 页，山中 938 页以下，前田 328 页，等等）的见解对立。由于预备罪的处罚范围之界限并不明了，并且关涉广泛，通过对此等预备罪适用共犯规定而进一步扩张处罚范围，这可能是有问题的（名古屋高判昭和 36 年［1961 年］11 月 27 日高刑集 14 卷 9 号 635 页），但即便这一点显示了作为预备罪的处罚本身是否妥当会是个问题，既然预备罪也是一个由刑法分则所规定的独立的犯罪，以上这些都还不能成为否定对预备罪可以成立共犯（共同正犯、教唆及帮助）的充分的理由。除了在战前的判例中就有肯定预备罪的帮助犯的先例（大判昭和 4 年［1929 年］2 月 19 日刑集 8 卷 84 页）之外，战后的判例也肯定了预备罪的共同正犯（最决昭和 37 年［1962 年］11 月 8 日刑集 16 卷 11 号 1522 页），并且也有下级审的判决肯定了预备罪的帮助犯之成立（大阪高判昭和 38 年［1963 年］1 月 22 日高刑集 16 卷 2 号 177 页）。

此外，就阴谋罪而言，比如说，像内乱预备罪与内乱阴谋罪（刑法第 78 条）这样，阴谋罪和预备罪一起被规定在同一条文之中的话，成立阴谋罪的共犯（教唆、帮助）是可能的。并且，共同正犯则能理解为构成阴谋罪本身。

三、对正犯罪名的从属性（罪名的拘束力）

就共犯（教唆、帮助）来说，其是成立和正犯所成立之犯罪同样的犯罪（罪名），即教唆、帮助的罪名是从属于正犯的罪名呢，还是也可能成立和正犯所成立之犯罪不同的犯罪（罪名）？这就成为了问题。比如说，（1）正犯成立杀人罪的场合，欠缺杀人的意思而仅有伤害的意思而实施的帮助是成立杀人帮助呢，还是仅成立伤害（致死）帮助呢？①（2）在欠缺杀意的正犯仅仅成立伤害致死罪的场合，具有杀意而实施的

---

① 根据是否肯定对于结果加重犯的教唆、帮助，结论不同（在正文的例子中，如果肯定对结果加重犯的教唆、帮助，则成立伤害致死的教唆、帮助；如果对之予以否定，则仅成立伤害罪的教唆与帮助——译者注）。

帮助是成立伤害（致死）帮助呢，还是成立杀人帮助呢？这些都是问题。

首先，先说一下结论的话，就教唆、帮助而言，根据以下的理由，可认为对正犯的罪名从属性虽说原则上应当否定，但在一部分场合则应肯定其拘束力。也就是说，仅有构成要件该当性以及违法性尚不成立犯罪，还必须进一步充足责任的要件。这样，由于仅就存在故意、过失的责任要素的人来说，以对应于这些责任要素的责任非难为基础，所以即便是在共犯人之间，责任也应该个别地加以判断。从而，根据所引起的客观的构成要件该当事实相关故意的不同而罪名（所该当的犯罪类型）亦不同的场合，比如说，在致人死亡的场合，若有杀人的意思则成立杀人罪，若仅有暴行或者伤害的故意则成立伤害致死罪，当然，在这一场合不同共犯人之间罪名也会有所不同。也就是说，是对应于自己的故意（责任）而成立相应的共犯。比如说，A出于杀人的意思而想要去砍人，B误认为A只想实施伤害而借给了他刀子，在被害人因A的加害行为而受到伤害的场合，B不成立杀人未遂的帮助（不过，即便认为B成立杀人未遂的帮助，根据刑法第38条第2款①，B也恐怕只能在伤害帮助的刑罚的限度内加以处断），而成立与自己的故意（责任）相对应的伤害帮助。

在正犯的认识（故意）超出了共犯的认识（故意）的场合，像这样共犯的罪名不从属于正犯的罪名这一点是妥当的，但是相反，在共犯的认识（故意）超出了正犯的认识（故意）的场合，则有必要进行其他不同的考虑。这是因为，共犯（教唆犯、帮助犯）的**“二次责任性”**要求就正犯而言产生了刑法应该介入的事态，也就是说，要求正犯实施了该当构成要件的违法行为，即是为在此限度内的共犯处罚奠定了基础。进一步说，由于要成立犯罪必须对该当构成要件的违法行为的有责性予以肯定，可以说作为“二次责任”类型的共犯（教唆、帮助）是在正犯成立犯罪的限度内成立的。总而言之，在正犯成立犯罪的限度内也成立共

---

① 日本刑法第38条第2款：行为人虽实施了应该属于重罪的行为，但行为时并不知道该当于该重罪的事实，则对之不能处以重罪。——译者注

犯，换言之，可认为共犯的罪名不能超越正犯的罪名。从肯定构成要件故意、构成要件过失的立场出发，在肯定正犯的构成要件该当性的范围内成立共犯，从否定构成要件故意、构成要件过失的立场出发，在肯定正犯的犯罪类型（构成要件该当性＋故意、过失）的范围内成立共犯。总之，共犯虽能较之正犯的罪名成立更轻的罪名，却不可能成立较之更重的罪名。比如说，A误认为倒在路上的被害人已经死亡，而B则知道该被害人只是单纯的失神而已，B教唆A将被害人手边的皮包拿走的场合，由于A仅成立遗失物等侵占罪（刑法第254条），受此制约，B也不成立盗窃教唆而是成立遗失物等侵占罪的教唆。[①] 另外，在否定了像这样的通过正犯之罪名对共犯之罪名的所谓**片面的制约、拘束**的场合，就会导致就正犯的构成要件该当性（或者是犯罪类型该当性）没有被肯定的犯罪而言肯定了共犯的成立，在此限度内就否定了共犯的从属性，从而也就否定了教唆、帮助的“二次责任性”。因而可以说，只要正犯受到某种犯罪的处罚，仅此就满足了共犯的从属性，这种理解是存在疑问的。

第四款　共同正犯的共同性

如前所述，就属于构成要件该当事实（构成要件结果）之共同惹起类型的共同正犯来说，从属性的要件并不妥当，指导其成立要件的，是共同性的观念。从而，在共同正犯中检讨从属性是不适当的，共同正犯的成立要件有必要以共同性的有无、范围为中心加以检讨。关于这一点，放在本章第二节第三款加以检讨，在本款之中，就对于教唆、帮助来说在从属性的见地来看成为问题而在共同正犯之中亦需检讨的问题加以考察。另外，就共同正犯而言所成立的罪名问题，前面已经探讨过了。

首先，共同正犯在共同者中的一人引起了既遂犯或者未遂犯的构成

---

① 此外，在此案件中，就B而言，其进一步是否成立盗窃罪的间接正犯也可能是个问题。

要件结果，构成要件该当事实的场合即告成立。这一点是从将犯罪的处罚根据求诸法益侵害、危险的惹起的立场出发而推导出来的，不论对单独犯还是教唆、帮助以及共同正犯都是妥当的基本性理解。就教唆、帮助来说，由于是肯定了正犯行为的（既遂犯或者未遂犯的）构成要件该当性，从而才将其作为处罚的对象，也可以说这一理解是包含在共犯的从属性之中的；而就共同正犯来说，由于与共犯的从属性没有关系，可从处罚根据出发而直接推导出来。

其次，问题是，其他共同者的行为之法律评价对于是否成立共同正犯会带来何种影响。首先明确的是，其他共同者的行为并没有必要一定能肯定单独犯的构成要件该当性。在这一点上，就共同正犯而言，可以说原本就不存在讨论从属性的前提。尽管如此，在共同正犯中成为问题的是，在能够肯定其他的共同者的行为存在**违法性阻却事由**或者**责任阻却事由**的场合，是否能成立共同正犯。(1) 由于责任是按照每个行为人个别地加以判断的，所以当然能够肯定比如欠缺责任能力的人和具备责任能力的人之间的共同正犯（能够肯定与刑事未成年人之间成立共同正犯。最决平成13年［2001年］10月25日刑集55卷6号519页）。(2) 比如说，在A和B共同地致使被害人伤害的案件中，对A有急迫且不法的侵害时，在A成立正当防卫的场合是否能成立共同正犯就是个问题。在此场合，由于为了他人而正当防卫是可能的，如果正当防卫的其他要件也充足了的话，就B而言也会成立正当防卫，但即使肯定了构成要件该当性，仍因违法性被阻却而不会成立共同正犯。与此相对，像判例那样，在通过对侵害的预期和积极的加害意思而否定侵害的急迫性的场合，或者是从要求防卫意思的场合，在肯定B存在对侵害的预期和积极的加害意思或者是由于专门出于攻击的意思实施了行为，从而无法肯定其防卫意思时，可以说就不能肯定B成立正当防卫。在此场合，由于在共同正犯中并不能认可对于其他共同者的行为的从属性，就能够认为成立正当防卫的A和不成立正当防卫的B之间成立共同正犯（在最决平成4年［1992年］6月5日刑集46卷4号245页，肯定了成立防卫过当的人和不成立防卫过当而单纯构成犯罪的人之间成立共同正犯[①])。在该场合下，若承认对其他共同行为人的行为的从属，究竟从属于A还是从属于B，这一点并不明确。也就是，最终会变得，无法决定究竟是从属于A，认定B也无罪，抑或从属于B，认定A也应受到处罚。由此，共同正犯中从属性并不能成为问题，从而，就意味着违法性阻却事由的判断也有必要按照每个共同者个别地加以判断。但是，比如说，一般市民B援助、协助了想要对嫌疑人实施令状逮捕的警官A的事例中，由于以对于实施法令行为的A予以援助这一点本身为依据，就可能肯定B所固有的违法性阻却，并不意味着B会成立逮捕罪的共同正犯。也就是说，可认为有必要留意在共同者中可能会存在着**固有的违法性阻却事由**。[②] 另外，在上述的实例中由于并没有肯定正犯该当构成要件的违法行为，所以无论如何都不成立以从属性作为成立要件的帮助。

第二节　共犯类型

第一款　教　唆

一、成立要件

在“教唆他人使之实行犯罪”的场合成立**教唆**。这意味着使他人产生施行犯罪的意思，并致使其实行犯罪。必要的是，要实施了足以使人产生犯意的教唆行为，能够肯定由该教唆行为使正犯产生了施行犯罪的意思并且基于此意思而实施了实行行为，产生了作为该危险性现实化的构成要件的结果。

---

① 该案的案情是：A充分预见到C的侵害，准备了凶器并伺机反击，并叫来了B；在C实施侵害时，A将凶器交给B让其反击，最终杀害了C。对此，B成立防卫过当，但由于A具有积极的加害意思，并不能构成正当防卫或者防卫过当。判例肯定了A和B构成杀人罪的共同正犯，其中B成立防卫过当，而A则是单纯的杀人罪。——译者注

② 这里的“固有的违法性阻却事由”，其中“固有的”是日本汉字的原文，或许翻译成“天生的”更容易理解。——译者注

前已述及，在肯定了正犯行为具有构成要件该当性以及违法性的场合即可成立教唆犯（限制从属性），而且教唆也可能成立不同于正犯所成立之犯罪（罪名）的罪名。

如前所述，在可理解为也能成立对于**过失犯的教唆**的场合，结果就是，致使其产生了施行实行行为（构成要件该当行为）的意思就足够了。这也就是上述的实施犯罪的意思。但是，可认为通常情况下会成立间接正犯。[①]再者，就教唆行为本身来说，由于没有过失犯处罚规定（参见刑法第38条第1款但书[②]），故而出于**过失的教唆**就不是处罚的对象。

如同要成立未遂，除了实施实行行为的意思之外，还要求具有**引起既遂结果的意思**一样，要想肯定教唆之故意，除了对正犯**惹起施行犯罪之意思的认识、预见**之外，也要求对于引起正犯既遂的认识、预见。这是因为，教唆的处罚根据在于，其是介入正犯而引起了构成要件的结果（构成要件该当事实）。因此，若没有产生构成要件的结果（构成要件该当事实）的意思（认识、预见），就不能肯定教唆的故意。为此，就未遂的教唆（agent provocateur（法）密探）[③] 而言，尽管肯定其成立教唆的见解（团藤407页，平野Ⅱ 350页，大塚311页，大谷434页，前田375页，等等）亦很有力，但因其没有故意，故而是不可罚的（西田339页，等等）。

二、对教唆的参与

刑法第61条在第1款规定了处罚正犯的教唆，在第2款则规定了

---

① 此时成立间接正犯，肯定间接正犯的故意成为当然的前提。出于致使正犯产生故意的意思而实施了教唆、但正犯并未产生故意的场合，具有教唆之故意的，对其不能肯定单独正犯（间接正犯）的故意。

② 刑法第38条第1款：没有犯罪故意的行为，不处罚，但法律有特别规定的，不在此限。——译者注

③ 此处所说的未遂的教唆，又称唆使的警官（agent provocateur），是指起初便出于将对方作为犯人逮捕的目的，而教唆他人实施犯罪，等到被教唆者实施犯罪时，再当场实施抓捕。实际上此时已经预期到了所教唆的犯罪不可能既遂而会以未遂告终。在搜查、打击毒品犯罪时所采取的“线人搜查”中的线人（诱饵）即属于此。（这里所说的未遂的教唆，和本章第一节第三款第二项“从属性的意义”部分所说的未遂教唆并不是同一概念，在该处是指正犯已经开始实行行为且因意志以外的原因而未能得逞的场合。——译者注）

处罚对教唆者的教唆（**间接教唆**）。此外，刑法第 62 条第 2 款，还规定处罚对从犯（帮助者）的教唆。再者，既然共同正犯亦被认为是正犯，所以肯定对共同正犯之教唆的可罚性就不存在问题。

问题是，与此相对，在 B 对教唆者 A 进行了教唆时，教唆了 B（**再间接教唆**）的人由于其处罚规定并未明文化，还能够成为处罚的对象吗？判例以对教唆者进行了教唆的人也是教唆者为理由，通过适用刑法第 61 条第 2 款，对其可罚性给予了肯定（大判大正 11 年［1922 年］3 月 1 日刑集 1 卷 99 页）。学说上，虽说也存在着否定说（团藤 410 页，大塚 317 页，等等），但其可罚性还是能够肯定的（平野Ⅱ 352 页，大谷 440 页，西田 388 页以下，山中 957 页，前田 373 页，等等）。这是因为，虽说共犯是处罚扩张事由、只要没有明文的处罚规定就不能肯定其可罚性，但在间接教唆的场合，只要能说成是介入了 B 而教唆了教唆者 A，就能够通过适用刑法第 61 条第 2 款而肯定其可罚性。再者，认为介入了教唆者 A、B 而教唆了正犯，从而直接适用刑法第 61 条第 1 款也是可以考虑的。[①] 将教唆本身理解成了刑法第 61 条第 1 款的“犯罪”是有疑问的。[②]

第二款　帮　助

一、成立要件

帮助意味着通过对正犯予以援助、对其构成要件该当行为予以促进，并且进而促进惹起构成要件该当事实（“使他人的犯罪变得容易”就是帮助，参见最判昭和 24 年［1949 年］10 月 1 日刑集 3 卷 10 号 1629 页）。通过促进正犯实行的帮助行为来促进正犯行为，必须要产生

① 在如此理解的场合，在此限度内，刑法第 61 条第 2 款也就成为了确认规定（即注意规定——译者注）了。

② 即便这样理解，也并不违反刑法第 61 条第 1 款前后文的逻辑性，不过由于教唆的结果是成立正犯，该款中只不过没有规定教唆“正犯”（而是规定了“教唆他人”）而已；与刑法第 62 条第 1 款一样（该款规定，“帮助正犯的，是从犯”。——译者注），认为刑法第 61 条第 1 款规定了对于正犯的教唆是恰当的。

正犯行为危险性现实化的构成要件结果（构成要件该当事实）。

必须要能够肯定正犯是该当了构成要件且违法的行为（限制从属性），而且帮助也可能成立不同于正犯所成立之犯罪（罪名）的罪名，这些和教唆都是一样的。

再者，**对于过失犯的帮助**也是可能的，但**出于过失的帮助**因为欠缺处罚规定从而不能成为处罚的对象，这些也都和教唆的场合是一样的。

就故意的要件来说，和教唆的场合一样，除了要求对于正犯犯罪行为之促进的认识、预见之外，就连由正犯引起既遂这一点也必须要有认识、预见。

二、对帮助的参与

刑法第62条第1款规定了对于正犯之帮助的可罚性。另外，肯定被认为是正犯的共同正犯之帮助的可罚性也不存在问题。

成为问题的是，从犯（帮助者）的帮助（**间接帮助**）、教唆的帮助的可罚性。就间接帮助而言判例以间接地帮助了正犯为理由肯定了其可罚性（最决昭和44年［1969年］7月17日刑集23卷8号1061页），是妥当的（在学说上，可参见大谷447页以下，前田381页，等等）。也有见解从教唆、帮助亦可成立共同正犯的前提出发，认为帮助本身属于刑法第62条第1款中所说的“正犯”，从而肯定了间接帮助的可罚性（参见西田典之：《实行以及正犯的概念与共犯成立的界限》，香川古稀，349页），但对照一下将正犯与从犯加以区别的现行刑法的前后文逻辑（文理），可知这样的主张是有疑问的。若根据这样的理解，根据刑法第61条第1款、第62条第1款，对教唆、帮助的教唆、帮助亦当然地成为可罚。刑法第61条第2款、第62条第2款只规定了对教唆、帮助的教唆的可罚性，而并没有规定对教唆、帮助的帮助的可罚性。我们在进行解释的时候，恐怕不能无视这样立法上特意为之的区别。判例在说明理由的时候，可理解为也考虑了这种立法上的区别。再者，既是实质地考虑，这种帮助并没有对正犯行为起到促进、强化的作用，没有必要将其作为“帮助的帮助”予以处罚，倒不如说是不能处罚的，像前面那样理解也就足够了。

再者，对**教唆的帮助**，因没有处罚规定而不能成为处罚的对象。对于帮助犯，刑罚得以减轻是明确的，由于帮助的犯罪性较之共同正犯和教唆更低，对教唆的教唆者及对帮助的教唆设置了明文的处罚规定，而与此相对，对帮助而言则并未设置类似的规定。如上所述，从这样的共犯规定的存在方式相对于教唆场合的反对解释来看，也可以说肯定对教唆的帮助之处罚是有疑问的。将教唆也作为刑法第 62 条第 1 款中所说的“正犯”，无视立法上的区别，想来是不妥当的。

第三款　共同正犯

一、概述

在“二人以上共同实行犯罪”的场合，成立**共同正犯**（刑法第 60 条）。在能够肯定共同引起了构成要件的结果（构成要件该当事实）的场合，即成立共同正犯。关于如何理解其具体内涵，如后所述。

已如前述，就共同正犯而言从属性的要件是不妥当的。而且应该理解为，在不同的罪名之间亦能成立共同正犯。这样，故意犯与过失犯的共同正犯也是可能的，并且如后所述，过失犯的共同正犯亦属可能。

此外，为了肯定故意犯的共同正犯要件之故意，和其他的共同者共同地对于引起既遂结果具有认识、预见是必要的。

二、共同正犯的范围

（一）形式的正犯概念

如上所述，由于共同正犯是以共同地引起构成要件的结果（构成要件该当事实）为其内容的。**实行行为**（构成要件行为）的**分担实行**虽是其典型的形态，但如后所述并不仅限于此。说到底是否共同引起构成要件的结果（构成要件该当事实）才是最终的、终极的判断标准。

由于共同正犯属于多个人共同地实现构成要件这一危险性极高的犯罪行为形态，就各个行为人来看的话，可能并不能肯定其单独犯的构成要件该当性，但这样的话又是不合适的，为消除此种不当之处，将共同正犯作为处罚的对象。比如说，在A实施暴行而B则夺取财物来共同实行的强盗的场合，A和B所共同实行的强盗较之单独的强盗来说，在类型上是更为危险的犯罪行为形态，但若没有共同正犯之规定，就会成了仅仅是A成立暴行罪、B成立盗窃罪而已，而不能适当地将这种危险的犯罪形态作为处罚的对象。成为问题的是，考虑到与其他共犯类型（教唆、帮助）之间的关系，应如何具体划定这种共同正犯的成立范围？关于这一点，将共同正犯限定于实行行为的分担实行场合的**“形式的正犯概念”**，在过去为多数的学说所采纳（参见团藤395页[①]等）。在这一见解看来，就通过有无实行行为（构成要件行为）的分担，来区别共同正犯与教唆和帮助。

（二）共谋共同正犯

判例并未采用这样的“形式的正犯概念”，对于像侵入住宅盗窃等的现场的望风也肯定了其成立共同正犯（大判明治28年［1895年］12月19日刑录1辑5卷89页，最判昭和23年［1948年］3月16日刑集2卷3号220页等多个）。甚至，对于仅仅参与了犯罪之谋划（日文为：**谋议**）的人也肯定了其成立共同正犯（大审院联合部判决昭和11年［1936年］5月28日刑集15卷715页，最大判昭和33年［1958年］5月28日刑集12卷8号1718页［练马事件］等多个）。此种形态的共同正犯称为**共谋共同正犯**。再者，与之相对，以参与实行这种形态出现的共同正犯，则称之为**实行共同正犯**，但这并不是说，存在实行共同正犯与共谋共同正犯这样两种不同类型的共同正犯。事实上，两者在均需满足共同正犯的成立要件这一点上是相通的，不过是两者之间的差异、区别是连续性的东西而已。

当初，判例就诈骗罪、恐吓罪等所谓的智能犯肯定了共谋共同正犯，此后，则将其适用范围延伸至杀人罪、放火罪，再后则扩展至盗窃罪、强盗罪等所谓的实力犯。作为能够肯定并未伴有实行之分担的共谋共同正犯的根据，在大审院时代，是求诸“共同正犯的本质在于两个以

---

① 不过，在现在，团藤教授也在一定范围内承认了后述的共谋共同正犯，见团藤401页注31。

上的人如同一体同心一般地相互倚重、相互支援，共同地实现各自的犯意从而实行特定的犯罪”（前引大审院联合部判决昭和 11 年［1936 年］5 月 28 日）这一后述的“共同意思主体说”的理解。与此相对，最高裁判所则展示了如下的理解。即，“两个以上的人进行了如下内容的**谋划**，即为了施行特定的犯罪而在**共同意思**之下结成一体，**相互间利用他人的行为，将各自的意思转化为实行**，据此而实行了犯罪，欲成立共谋共同正犯，就必须能够肯定这样的事实”“既然能够肯定（以上这样的）参加了共谋的事实，则即便并未直接参与实行行为的人，在将他人的行为作为所谓自己的手段而实施了犯罪的意义上，就应该没有理由认为这些人之间在刑事责任问题上存在差异”“是否直接参与了实行行为，其行为分担以及角色如何并不左右以上共犯的刑事责任本身的成立”（前引最大判昭和 33 年［1958 年］5 月 28 日）。[①] 这样，在最高裁看来，在基于共谋的基础上而实行了犯罪的场合，就共谋的参加者来说，不论其有无分担实行行为，都会追究其作为共同正犯的刑事责任。[②] 共谋不仅是在事前形成（**事前共谋**），也可能是在犯罪行为的现场所完成的（**现场共谋**）。再者，为了肯定共谋，并非必须实施具体的谋划行为；即便仅仅是共同者之间存在默示的意思联络的场合，也能够肯定共谋，进而能够肯定共同正犯的的成立（参见最决平成 15 年［2003 年］5 月 1 日刑集 57 卷 5 号 507 页［斯瓦特事件］）。判例中，被告人在共同实施犯罪的合意之下，以实施“自己的犯罪”的意思而参加的场合，肯定成立共同正犯的倾向可窥见一斑。其结果就是，在下级审判决中，如后所述，也存在着这样的裁判例：即便是施行、分担了实行行为的人，只要不是作为“自己的犯罪”而参加的，即否定共同正犯的成立，而只处罚帮助。

---

① 判例并且认为，谋划、共谋，属于共谋共同正犯中的**构成犯罪的事实**，需要**严格的证明**。但是，共谋通过严格的证明而得以肯定，既然其证据在判决中已经列举，则并不要求关于谋划的时间、场所、内容的具体的判示。

② 共谋共同正犯可以分为两种类型：上位者优越地支配着下位的实行担当者的**支配型**，以及各自分担了必要的行为的**分担型**。

（三）实质的正犯概念

在学说之中，**“共同意思主体说”**作为奠定由判例而生的共谋共同正犯之基础的理论，而在昭和初期得以提倡（草野豹一郎：《刑法改正上的重要问题》，严松堂书店，1950，297页）。该说认为，通过数人的共谋而成立同心一体的共同意思主体，其中一人的实行就只能属于是共同意思主体的活动而别无其他，其责任亦归属于各共同者。现在的学说中，多数的见解并没有采纳此种蕴含着与个人责任主义存在矛盾契机的理论说明，而是通过对正犯概念作实质的理解，对共谋共同正犯加以肯定（团藤401页注31，平野Ⅱ397页以下，大谷424页以下，西田典之：《关于共谋共同正犯》，平野古稀（上），361页以下，前田352页以下，高桥433页，等等）。不过，反对说亦依然顽强地得以主张（村井敏邦：《共谋共同正犯》，刑法31卷3号，54页以下，曾根254页以下，浅田418页，野村稔：《共谋共同正犯》，现代的展开Ⅱ，219页，山中936页以下，等等）。

共同正犯的范围，换言之，共同正犯与教唆、帮助的区别，应该从共同正犯是**共同惹起**了构成要件该当事实这一理解出发加以划定。“形式的正犯概念”试图仅在实行行为（构成要件行为）的分担这一形式框架的范围内才肯定这一共同惹起。但是，即使是在这样的理解之下，自己分担实行实现的事实之外的构成要件该当事实，只不过是通过其他共同者的行为来实现的。可以说为了担负起包含这些的共同正犯的责任，实行行为的分担是有必要的这一点未必没有理由。诚然，若将共同正犯的成立限于那些分担了实行行为的情形，也许能够明确地限定共同正犯的范围。但是，同时，在这样的理解之下，通过实行行为的分担之外的方法对于引起构成要件该当事实发挥了重要作用的人，只要不是教唆，便作为帮助犯减轻刑罚。比如说，在假装投资而诈骗的案件中，和巧舌如簧地鼓动别人为了投资而拿出钱来同程度地，编造些甜头来诱惑对方也是非常重要的，即便是仅仅参与了后者的人也常常被评价为帮助犯，得以相当大幅度的刑法减刑，但是能否说是相当的，这可以说是有疑问的。虽未伴有实行行为（构成要件行为）的分担，但在其他共同参与者的意思联络之下，对于惹起构成要件该当事实发挥了重要的事实的作用，能够看作是实质上共同惹起了构成要件该当事实。可认为将这样的场合也纳入共同正犯的范围之内是妥当的。在这一意义上，可以认为，通过着眼于实质的共同惹起的**“实质的正犯概念”**而划定共同正犯与教唆、帮助的界限是妥当的。

学说上为了将共谋共同正犯予以正当化而主张的见解中，“共同意思主体说”更多的似乎是一种偏离了个人责任原则的逻辑，因而并不妥当；再者，也有的见解对之展现了和间接正犯类似的构成或者是着眼于行为支配，但这样的见解就共同者中的一人支配着其他的共同者的**“支配型”**的共谋共同正犯尽管有可能是妥当的，但对共同者间实质地分担了实行行为的**“分担型”**的共谋共同正犯则并不妥当，可以说是不充分的。基于与其他的共同者共同的意思，通过对构成要件该当事实引起的重要事实的实现，可认为以构成要件该当事实全体的共同惹起为基准是妥当的。为严谨起见可以说，最终的基准是“共同惹起”，也就是是否属于共同引起了构成要件结果的共同者中的一员。**“重要的事实的作用”**不过是判断**共同惹起**的重要的判断基准而已。这是因为，在引起了犯意的意义上可以说教唆属于“重要的事实的作用”，但尽管如此并不意味着教唆就会成为共同正犯（西田350页以下也着眼于“重要的角色”，但其也没有提到共同正犯与教唆的区别，而仅仅是将“重要的角色”作为区分共同正犯与帮助的基准而已）。也有的裁判例根据是实施自己犯罪的意思还是为其他人的犯罪加功的意思来区分共同正犯与帮助（比如说，千叶地松户支判昭和55年［1980年］11月20日判时1015号143页），单纯的意思的存在方式并非问题，而应该将实质的共同惹起作为问题。

另外，如前所述，还有的裁判例从主观地划定共同正犯之范围的见地出发，即便针对实现了构成要件该当事实的人，也因其欠缺“正犯意思”而作为帮助予以处罚（这称为有故意的帮助的道具。如横滨地川崎支判昭和51年［1976年］11月25日判时842号127页，大津地判昭和53年［1978年］12月26日判时924号145页，等等），既然是全部亲手实行了实行行为（构成要件行为），想来就不得不说是正犯而不能作为帮助犯了。

三、教唆、帮助的共同正犯

能够肯定**预备罪的共同正犯**这一点已如前述，问题是，能否肯定教唆的共同正犯、帮助的共同正犯？

判例肯定了**教唆的共同正犯**（最判昭和23年［1948年］10月23日刑集2卷11号1386页）以及**帮助的共同正犯**（大判昭和10年［1935年］10月24日刑集14卷1267页，大阪高判平成5年［1993年］3月30日判夕840号218页）。这恐怕是以刑法第60条中的“犯罪”当然包括教唆、帮助也是犯罪这样的理解为前提的。但是，在肯定教唆、帮助的共同正犯的场合，教唆、帮助也会成为刑法60条所说的“正犯”，“正犯”与“从犯”也就被理解成了单纯的关系概念。这即使从文义解释来看也是有很大疑问的。并且，若根据这样的理解，刑法第61条第2款以及第62条第2款也就成了单纯的确认规定（注意规定）。再者，也可能导致会认为就连教唆、帮助的帮助也是可罚的，其结果就是，共犯处罚也就失去了限定性。可以说这是有疑问的。

教唆、帮助的共同正犯，只有在其本身能够被评价为对正犯的教唆、帮助，以及能被评价为教唆的教唆（刑法第61条第2款）或帮助的教唆（刑法第62条第2款）的场合，才是可罚的，这样来理解就足够了。

第三节　共犯的诸问题

第一款　共犯与身份

一、概述

就存在一定的**“身份”**成为构成要件要素的**身份犯**而言，问题在于，在非身份者和身份者参与了构成要件之实现的场合，其共犯关系有何种规律？假设有必要检讨的状况包括以下场合：(1) 非身份者对于身份者给予加功（教唆、帮助）的场合；（2）身份者对于非身份者给予加功（教唆、帮助）的场合；（3）身份者与非身份者共动（共同正犯）的场合。

关于这一问题，现行刑法设置了**刑法第 65 条**这一关于身份犯的共犯关系之规律的规定。即，该条第 1 款规定，在对于“因犯罪人的身份而构成的犯罪行为”给予加功时，可肯定非身份者亦成立身份犯的共犯；该条第 2 款则规定，“因为身份而特别加重或者减轻刑罚时”，对非身份者“科以通常之刑”。也就是说，刑法第 65 条规定了两种身份犯，一种是由于具备身份方才成为犯罪行为的**“构成的身份犯”**（亦称为**真正身份犯**），此时的身份（构成的身份）具有“连带作用”；另一种即便没有身份亦能成立犯罪，由于身份的存在而导致刑罚的加重、减轻的场合，这叫**“加减的身份犯”**（亦称为**不真正身份犯**），此时的身份（加减的身份）则具有“个别作用”。

关于身份的“作用”，上述规定是否设置了乍看上去自相矛盾的规则，对于该如何解释上述的刑法第 65 条，学说上有几种不同的主张。①

第 1 种见解认为，和刑法第 65 条的文理（条文的前后逻辑关系）同样，该条第 1 款规定了构成的身份的连带作用，而同条第 2 款则规定了加减的身份的个别作用。这一见解为判例（参见大判大正 2 年［1913 年］3 月 18 日刑录 19 辑 353 页，等等）以及多数说（大谷 453 页以下，前田 336 页以下，高桥 476 页等）所采纳。

第 2 种见解认为，刑法第 65 条第 1 款对于包括构成的身份犯和加减的身份犯在内的身份犯成立共犯的问题作了规定，而同条第 2 款则专门规定了加减的身份犯的刑罚的个别作用（团藤 418 页，大塚 331 页，等等）。

第 3 种见解则认为，刑法第 65 条第 1 款规定了关乎行为之违法性的身份（违法身份）的连带作用，而同条第 2 款则规定了关乎行为人之责任的身份（责任身份）的个别作用（平野Ⅱ 366 页，西田 402 页以

① 除了下述三种学说之外，还有见解认为，责任身份的个别作用在理论上是当然的事情，刑法第 65 条是专门就违法身份所作的规定，同时，即便是构成的身份也应该尊重该条第 2 款的精神而考虑酌定减轻刑罚（佐伯 365 页，等等）。这种见解即便是就违法身份而言，亦否定了其连带作用。

下，等等。此外，请参见西田典之：《共犯与身份》，成文堂，1982）。

在这其中，第1种见解是以在形式上能够区别构成的身份犯与加减的身份犯为前提的。但是，这一见解并不能说明非身份者也成立身份犯之共犯的理由，也不能展示构成的身份和加减的身份其不同作用的理由何在，就这两点来说，此种见解是存在基本的问题的。原本，加减的身份犯也是因为存在身份而成立相应的身份犯，在此意义上也属于“因犯罪人的身份而构成的犯罪”（构成的身份犯），所以通过形式论理是无法区分构成的身份犯和加减的身份犯的。对此，由该见解出发，就不得不认为针对除去身份的行为加以处罚规定的场合则属于加减的身份犯。比如说，即便除去业务上侵占罪（刑法第253条）中业务者这一身份而作为侵占罪（刑法第252条）加以处罚，因此，就可以认为业务上侵占罪是加减的身份犯。但是，在除去侵占罪中占有的受托者这一身份的场合，是认为其没有处罚的规定呢，还是认为遗失物等侵占罪（刑法第254条）就是其处罚的规定呢？这还有讨论的余地，是否可以说存在针对除去身份的行为加以处罚的规定？也就有这样的自我解释的余地。包括判例在内，想来这一学说的论者是采纳了前者即没有处罚规定的立场，既然已经有遗失物等侵占罪这样的处罚规定，这一结论并不能从这形式上的解释得出。可以说，遗失物等侵占罪必须要以“其不是侵占罪的减轻类型”为实质的基础。结果就是，两种类型的身份犯的区别在形式论的框架内是无法解决的。

对第2种见解可以这样来理解，即，构成的身份犯和加减的身份犯通过形式论理是不能加以区别的，以此为前提，则索性就肯定两者的身份都具有连带作用。但是，无身份者也成立以身份为要件的身份犯的共犯的理由依然是不明确的，再者，对于虽承认成立身份犯的共犯，但仍需第65条第2款对其科以非身份犯之刑这一点，也无法提出其根据或者理由。另外，就加减的身份犯来说，这一见解会导致其中的非身份者成立犯罪（就罪名而言成立身份犯的共犯）与科刑（科处非身份犯的共犯之刑）之间的分离、区别，这本身也是有问题的。这是因为，刑罚是根据犯罪而成立的，并且在所成立之犯罪的限度内科处刑罚才是正当的，从而，不能肯定区别于所成立之犯罪的科刑。

这样，在对刑法第 65 条进行解释时，必须展示存在非身份者成立身份犯之共犯的场合与不可能成立的场合这两种情况的理由以及两者的区别基准。从而，以上的第 3 种见解，尽管在与法条文理的关系上还存在着若干的难点这一点不容否定，但其却能够展示以上的实质的理由与基准，故而可以说其基本上是妥当的。不过，如后所述，通过将违法身份解释为全部属于构成的身份，这样的文理解释上的问题点几乎就能够消除了。再者，就构成的责任身份而言，准用刑法第 65 条第 2 款，属于非身份者的参与者就会成为不可罚。刑法第 65 条的解释问题必须以共犯的处罚根据和成立条件的理解为基础而加以解决。

二、违法身份、责任身份

属于构成要件要素的身份，是为了限定主体的范围而在法律条文上明文规定的属性，而实质地说来，其可以分为关系到违法性的身份（违法身份）和关系到责任的身份（责任身份）（此外，关系到违法性与责任的违法·责任身份也是可能存在的）。

违法身份意味着能够产生成为相应犯罪之处罚根据的法益侵害这一地位。比如就受贿罪（刑法第 197 条以下）的“公务员”这一身份来说，由于存在这一身份才有可能侵害职务的公正性这一保护法益。另外，在强奸罪（刑法第 177 条）中，如果不是男性的话，就不能“奸淫女子”，但由于条文上并未将犯罪的主体限定于男性，女性也可能利用处在心神丧失等状态的男性而通过间接正犯构成强奸罪（参见最决昭和 40 年［1965 年］3 月 30 日刑集 19 卷 2 号 125 页）。此种并未像身份犯那样在法条上限定主体的范围，而实行所限定的构成要件的行为在事实上会限于具备一定属性者的犯罪，可称为**疑似身份犯**。判例虽然将强奸罪解释为构成的身份犯（前引判例最决昭和 40 年［1965 年］30 日，“就女性来说，能够适用刑法 65 条第 1 款，肯定其强奸罪的共同正犯的成立”），但作为对身份犯这一概念的理解是有问题的。要以强奸罪的共同正犯来处罚女性，并没有必要适用刑法第 65 条第 1 款，同时，就会变得无法将女性作为强奸罪的间接正犯来处罚。这样的话，对于无法以强奸罪的间接正犯来处罚的女性，变得有必要以共同正犯来进行处罚，但是这样一来就会给间接正犯的概念带来混乱。就以上述以违法身份为要素的违法身份犯而言，非身份者虽然不能单独地引起法益侵害，但通过介入身份者则能够间接地引起法益侵害。在此意义上，就能奠定非身份者也成立关于违法身份犯之共犯的基础。刑法第65条第1款所规定的身份的连带作用，在这里能够找到其根据。

责任身份则意味着能对于所引起的法益侵害加重或者减轻责任这一地位。比如说，业务上侵占罪（刑法第253条）的“业务（上占有）”者这一身份，对于属于侵占罪的构成要件结果（法益侵害）的委托关系以及所有权的侵害奠定了施诸更重的责任非难的基础。再有，堕胎罪（刑法第212条）的“妊娠中的女子”这一身份，则可以说是考虑到其身心状况，而使得属于堕胎罪之构成要件结果（法益侵害）的对于胎儿生命的侵害的责任得以减轻。在这样的责任身份中，从责任判断的个别性出发，仅对存在这样的身份者来说，才可能为责任的加重或减轻奠定基础。刑法第65条第2款所规定的身份的个别作用（参见前引大判大正2年［1913年］3月18日［常习赌博罪］、最判昭和32年［1957年］11月19日刑集11卷12号3073页［业务上侵占罪］），在这里能够找到其根据。

这样考虑的话，沿袭着关于共犯处罚根据论等的理解，认为刑法第65条第1款规定了违法身份的连带作用、同条第2款则规定了责任身份的个别作用，这样的理解是妥当的。就与法条的文理的关系来说，可理解为违法身份全部是刑法第65条第1款所说的构成的身份，而责任身份则全部是刑法第65条第2款所说的加减的身份。在违法身份犯的场合，即便存在着对非身份者的处罚规定，那也是由于根据身份的有无而将不同的法益侵害作为处罚的对象，而并非仅仅是针对所引起的同一个法益侵害的单纯的加重或减轻刑罚的规定。在此意义上，违法身份犯，即便看上去像是加减的身份犯也全部都是构成的身份犯，这从文理上来说也是有充分可能的解释。与此相对，就责任身份犯来说，在不存在对于非身份者的处罚规定的场合，就意味着是对于所引起的同一个法益侵害，只有在能够肯定更重的责任非难的场合才作为处罚的对象，所以在非身份者因为欠缺可罚的责任这一理由中，由于责任被减轻到以致否定可罚性的程度，就准用第 65 条第 2 款而不可罚。在此意义上，责任身份犯即便是看上去像是构成的身份犯也全部都是加减的身份犯。可以说通过以上的解释，就有可能对于刑法 65 条的规律进行整合的解释。

另外，针对以上见解，也有观点指出，是违法身份还是责任身份的解释无法统一确定。但既然身份的含义要根据个别构成要件的解释来确定，这也就是理所当然的事情。刑法第 65 条只会在身份的性质通过解释而决定之后再加以适用。在这个意义上，前述这样的观点恐怕并不能成为对于上述见解的批判。再有，在身份之中，应该说成是违法·责任身份的情形也是存在的，但就非身份者来说，按照其性质来对待也就足够了。①

再者，有论者指出，比如说，针对属于违法身份犯的受贿罪（刑法第 197 条第 1 款），由于非身份者被理解为受贿之共犯形态的行贿罪（刑法第 198 条），而且其法定刑较之受贿罪配置得更轻，所以即使是就违法身份犯来说非身份犯也并非当然成立身份犯的共犯（参见松宫 303 页）。但是，在此场合，双方处于必要的共犯的关系，就必要的参与者来说，认为其是基于责任的个别性、分别被科处对应于责任程度的相应的刑罚的话也就足够了。也就是说，对于参与了同样地“侵害了公务的公正性”的受贿者和行贿者来说，规定了对应于各自责任的法定刑，结果就是，受贿罪的法定刑更重而行贿罪的法定刑则相对更轻。

三、刑法第 65 条的解释

刑法第 65 条的规定，有必要以上述的思考方法为基础而加以解释。

---

①　就欠缺违法·责任身份（比如，业务上侵占罪中的业务上的占有者）的人来说，就会在其中违法身份（比如，侵占罪中的占有者）的限度内成立共犯，而在不存在以具有违法身份者为主体之处罚规定的场合，则不成立共犯。在侵占的例子中，对于业务上侵占罪予以加功的非身份者虽成立侵占罪的共犯，但那是因为存在着作为违法身份犯的侵占罪的规定的缘故。

（一）身份的范围

首先的问题是，刑法第65条中所说的“身份”的范围。判例认为，“刑法第65条中所说的身份，并不限于仅指男女的性别、本国人与外国人这样的差别、亲属的关系、作为公务员的资格这样的关系，而是指与一定的犯罪行为相关的**犯罪人的全部人际关系的特殊地位或者状态**”（最判昭和27年［1952年］9月19日刑集6卷8号1083页），对身份的含义作了很宽泛的理解，不但包括能看作是所谓社会的身份的场合，而且也包括犯罪人的一时的状态。过去的判例曾认为拐取罪中的“营利的目的”不属于刑法第65条中的身份（大判大正14年［1925年］1月28日刑集4卷14页），而从上述对身份的宽泛理解出发，后来的判例则认为进口毒品罪中的“营利的目的”作为“犯罪人的特殊的状态”，也属于刑法第65条中的身份（最判昭和42年［1967年］3月7日刑集21卷2号417页）。

在将行为人的主观目的等从身份中排除的场合，由于对于欠缺目的等的参与者亦成立相应犯罪的共犯，结果就是，这和适用刑法第65条第1款的场合是一样的。在此意义上，是否将某种构成要件要素解释为“身份”，可以说对刑法第65条第2款的适用是有实际上的意义的。另一方面，在将行为人的目的等作为责任要素而特别要求的场合，由于其并非身份，对于欠缺目的等的参与者来说也肯定其成立相应犯罪的共犯在实质上就是有问题的。在此意义上，虽然会和“身份”这一用语的日常理解有若干的偏离，但像判例那样对于身份的含义予以宽泛的理解并对应其性质进行处理，可以说这也能肯定是具有妥当性的。

存在着没有一定的身份成为构成要件要素的场合，这称为**消极的身份**。比如说，医师法第21条第1款第1项之17条所规定的无照行医罪是以不具备医师的身份为成立要件的，“不是医师”这一消极的身份便成为构成要件要素。即便这一场合，就“欠缺一定的身份”这一身份而言适用刑法第65条的话就足够了，并不会产生特别的问题。比如说，由于前述若不是“不具有医师执业资格的人”就不可能产生无照行医罪的法益侵害，该罪就是以不具有医师执业资格者这一违法身份为要件的违法身份犯，持有医师执业资格者若是介入无照者的话，也能够间接地引起法益侵害。因此，对于由无照者构成的无照行医罪予以加功的医师亦成立无照行医罪的共犯（大判大正3年［1914年］9月21日刑录20辑1719页）。

此外，还存在着这样的场合：法律条文上似乎是书写了犯罪的主体限定于一定的人，但这能否说成是刑法第65条中规定的“身份”就是个问题。**事后强盗罪**刑法第238条规定，“盗窃犯”（1）在窃取财物后为防止财物的返还，或者是（2）为逃避逮捕或者隐灭罪迹，而实施暴行或者胁迫的，成立事后强盗罪，以强盗论。在此，仅参与了盗窃犯所实施的事后的暴行、胁迫的人，其罪责如何就成为了问题。下级审判决对此的立场并不完全一致，有的认为“盗窃犯”属于刑法第65条第2款中的身份，事后的参与者成立关于暴行、胁迫的共犯（东京地判昭和60年［1985年］3月19日判时1172号155页［但是，又认为其成立强盗致伤罪的共同正犯，而刑罚则仅止于伤害的限度内，这一点不同于现在的判例的一般的思考方法］）；也有的认为“盗窃犯”属于刑法第65条第1款的身份，事后的参与者成立（事后）强盗致伤罪的共同正犯（大阪高判昭和62年［1987年］7月17日判时1253号141页）。但是，根据盗窃的未遂与既遂来决定事后强盗罪的未遂与既遂这一一般的解释（参见最判昭和24年［1949年］7月9日刑集3卷8号1188页），事后强盗罪原本并非身份犯，而无非是将事前的盗窃罪和事后的暴行、胁迫罪予以结合并且追究强盗罪之罪责的结合犯而已。也就是说，之所以是根据盗窃的未遂与既遂来决定事后强盗罪的未遂与既遂，是因为盗窃这一法益侵害为事后强盗罪的处罚奠定了基础。身份犯中的身份，因其为实行行为的违法性或者责任奠定基础，又或作为加重减轻的情节而成为犯罪的成立要件，而取得身份本身并不能作为法益侵害为处罚奠定基础。在这个意义上，进而如后所述，将“盗窃犯”解释为“身份”是有问题的。再者，即使假设将“盗窃犯”理解为“身份”，也不能据此恰当地说明事后强盗罪的意义。这是因为，无法通过“盗窃”来肯定事后的暴行、胁迫奠定和强盗实质上同等的法益侵害。这一点在盗窃未遂的场合尤其明确。即使存在肯定利益强盗（刑法第236条第2款）的法益侵害的场合，此时也只不过是有可能成立同罪而已。从而，将“盗窃”理解为违法身份就是有困难的。此外，也难说“盗窃犯”一旦实行暴行、胁迫的话，由于责任被加重而能追究和强盗同样的罪责，因此“盗窃犯”也不是责任身份。这样，由于事后强盗罪并非身份犯，事后的参与者不能适用刑法第65条，结局就是，如本章本节第六款“承继的共犯”处所检讨的，由于仅止于就自己所参与的时点以后的事实才追究刑事责任，则事后的参与者只成立有关暴行、胁迫的犯罪。另外，再补充一句，若是将行为人所实现的法益侵害事实作为“身份”的话，也就将这一事实从由实行行为所引起的对象中排除在外了，从而，该法益侵害事实也就具有了以下的意义，那就是否定为相应犯罪的处罚奠定基础。如前所述，就事后强盗罪来说，若除去盗窃这一法益侵害，就不能恰当地为同罪的处罚奠定基础。在此意义上，可以说将“盗窃犯”理解为“身份”是存在根本性的问题的。在将“盗窃犯”解释为身份的基础上再去讨论其属于刑法第65条中的何种身份，这就是极为肤浅的讨论（参见山口厚：《“共犯的因果性”的一个侧面》，神山古稀（1），349页以下）。

（二）共犯规定对共同正犯的适用

刑法第65条第1款是否适用于共同正犯也被认为是个问题。判例虽对此给予了肯定（参见大判明治44年［1911年］10月9日刑录17辑1652页［其认为刑法第65条是关于共同正犯的例外规定］，大判昭和9年［1934年］11月20日刑集13卷1514页，等等），而在学说之中，强调共同正犯属于正犯，对此予以否定的见解亦得以主张（团藤420页，大塚332页以下，则认为就**构成的身份犯**而言，以非身份者不可能出现共同实行的情况为理由，则刑法第65条第1款并非共同正犯，而是肯定了帮助犯的成立）。

若是共同正犯属于和单独正犯同样意义上的正犯的话，那么非身份者大概就不可能成立身份犯的共同正犯。但是，共同正犯即便是属于“一次责任”类型，在共同惹起了构成要件该当事实的意义上，其也是单独正犯的扩张形态，属于是共犯的一种。在此意义上，就像非身份者也能够以参与身份者的行为而成立身份犯的教唆、帮助那样，存在身份并不是成立共同正犯的不可欠缺的要件。也就是说，尽管单独不能成为正犯，但若和身份者一起的话，就可能共同地惹起构成要件该当事实，故而非身份者亦可能成立身份犯的共同正犯。但是，这一点仅就违法身份犯来说是妥当的，对于责任身份犯则并不妥当。在此意义上，可以认为，刑法第 65 条第 1 款也能适用于共同正犯。

四、身份者与非身份者的共犯关系

从已述的理解出发，身份者与非身份者之间的共犯关系，可作如下理解。

（一）非身份者对身份者的加功（教唆、帮助）

比如说，受贿罪（刑法第 197 条以下）的“公务员”，在身份为相应构成要件中的保护法益奠定了侵害可能性的基础，即属于**违法身份**的场合，由于非身份者介入身份者也可能间接地引起法益侵害，这也就奠定了其成立身份犯之共犯的罪责基础。

与此相对，在身份属于就所引起的相应构成要件的法益侵害而言左右其责任之程度即属于**责任身份**的场合，针对不能肯定存在着这样的加重、减轻责任之情形的非身份者来说，可作如下理解：即，在身份加重了责任、属于责任加重身份的场合，非身份者不成立身份犯的共犯，或者是非身份者的行为（非身份犯）成为处罚对象时成立非身份犯的共犯，或者是在非身份犯未成为处罚对象时不可罚。与此相对，比如说堕胎罪（刑法第 212 条）的“妊娠中的女子”，在该身份属于责任减少身份的场合，非身份者则成立身份犯的共犯。这是因为，由于正犯仅仅成立责任减少身份犯，而不能肯定对应于更重的非身份犯（要是存在责任减少身份犯的处罚规定的话，则非身份犯当然是可罚的）的构成要件该当性，从共犯（教唆、帮助）的“二次责任性”、要素从属性的要件出发，只能是在正犯所能肯定的身份犯的构成要件该当性的限度之内成立共犯。从而，对妊娠中的女子所实施的堕胎行为予以加功的人，不成立同意堕胎罪的共犯而成立自己堕胎罪的共犯（参见大判昭和 10 年

［1935年］2月7日刑集14卷76页，等等）。再者，如后所述，判例以及学说中的有力说虽认为，在此场合，非身份者成立更重的非身份犯的共犯。但若采这一立场的话，就会将刑法第65条第2款理解为一种特别规定，其为成立较之正犯所成立之犯罪更重的罪名的共犯奠定了基础。

另外，在身份犯中，还存在着这样的情况：在能够引起作为构成要件内容的法益侵害的人中间，主体被限定为能够引起次要的法益侵害或者是能够加诸更重的责任非难之人。比如说，就像泄露秘密罪（刑法第134条）的主体中并未包含有护士等非身份者一样，尽管非身份者也可能泄露秘密，但该罪的犯罪主体却限定为医师等人。① 在这一场合，有论者以非身份者已经排除在正犯之外为理由认为其作为共犯亦不可罚（参见大越・展开166页以下），但恐怕不能这样理解。根据主体限定的旨趣究竟属于上述哪种情况来判断是否成立共犯，这才是妥当的。也就是说，若是从引起次要的法益侵害的见地出发对主体加以限定的话，则非身份者亦成立共犯；而若是从责任非难的见地出发加以限定的话，则非身份者不成立共犯。

（二）身份者对非身份者的加功（教唆、帮助）

在此场合，作为直接行为人的非身份者不能肯定其身份犯的构成要件该当性，根据共犯的从属性的要件，当然，身份者不成立身份犯的共犯。从而，在属于违法加重身份或者责任加重身份且能够肯定非身份者的非身份犯的构成要件该当性的场合，则身份者在非身份犯的限度内成立共犯。与此相对，如后所述，在认为刑法第65条第2款是完全地否定了正犯罪名的拘束力的特别规定的场合，身份者则成立身份犯的共犯。不过，即便是这样理解，在非身份犯不可罚的场合，不得不说身份者也不成立共犯，在此限度内也不得不肯定正犯罪名的拘束力。与此相对，就违法减少身份或者责任减少身份的场合，身份者在违法减少身份犯的场合时，即便是身份者，也可能介入非身份者而引起更重的法益侵害，从而成立非身份犯的共犯，而在责任减少身份犯时，由于可以说是

① 此外，护士或者是准护士泄露秘密的，和保健师泄露秘密一起，在保健师助产士护士法第44条之3中，依据和刑法第134条同样的法定刑加以处罚。

身份者，故责任减轻，则成立身份犯的共犯。

可是，如前所述，亦有见解主张，就加减的身份犯之中的责任加重身份犯而言，属于非身份者的正犯虽成立轻的非身份犯，身份者则成立重的身份犯的共犯（比如，平野Ⅱ 376 页，西田 411 页以下，等等）。比如说，关于删除前的杀害尊亲属罪（刑法旧第 200 条），子女 A 教唆其朋友 B 让其杀害自己的父（母）亲的场合，B 虽成立通常的杀人罪（刑法第 199 条），而 A 则成立杀害尊亲属罪的教唆，该种主张会得出这样的结论。这样理解的场合，就杀害尊亲属来说并不存在正犯行为的构成要件该当性，但尽管如此，却肯定了杀害尊亲属罪之教唆的成立，在此限度内共犯从属性的要件被否定了（西田教授的前引《共犯与身份》，207 页以下，认为刑法第 65 条第 2 款属于规定了从属性原则之修正的特别规定）。可认为判例也是采纳了同样的立场（关于常习者对单纯赌博者的帮助，判例肯定其成立常习赌博罪的帮助，参见大审院联合部判决大正 3 年［1914 年］5 月 18 日刑录 20 辑 932 页）。

学说上，在上述的杀害尊亲属的事例中，有见解主张 A 成立通常的杀人罪的教唆（团藤 417 页以下），根据共犯从属性的要件，这一见解肯定了对于正犯之（轻的）罪名的**片面的从属性**。对于这种就共犯从属性的要件进行修正，部分否定共犯从属性的观点，作为刑法第 65 条第 2 款的解释来说也不是不可能，但是将从属性在该限度内予以否定的理论根据是不明确的，可以对之提出这样的疑问来。另外，这种对从属性持部分否定态度的观点也仅仅是在加重要素作为身份加以规定的场合并且其身份为加减的身份时才可能是妥当的。

（三）非身份者和身份者的联动（共同正犯）

即便是非身份者，通过和身份者的共动，也可能成立身份犯的共同正犯（刑法第 65 条）。此外，如前所述，就共同正犯来说，从属性的要件是不妥当的。

就违法身份犯而言，必要的是通过共动而引起了身份犯的构成要件结果，在该场合身份犯和非身份犯能够成立身份犯的共同正犯。不过，在身份为违法减少身份的场合，会成立非身份犯之重罪的共同正犯，这一点大概不容否定。

与此相对，就责任身份犯而言，非身份者则不成立身份犯的共同正犯。只有身份者才成立身份犯的共同正犯，就非身份者而言，在因没有处罚规定而不成立犯罪的场合，身份者仅作为单独正犯受到处罚。

第二款　必要的共犯

一、概述

刑法第60条以下的共犯规定，规制、处罚的是多数人参与的亦能够单独触犯之罪的场合，因此，依据此规定而成为处罚对象的犯罪（共同正犯、教唆、帮助）称为**任意的共犯**。

与此相对，在犯罪之中，还存在着这样的场合：作为犯罪类型所规定的是多数人的共动、加功本身，或者是以此为前提的行为。比如说，内乱罪（刑法第77条）、骚乱罪（刑法第106条）、重婚罪（刑法第184条）、赌博罪（刑法第185条）、受贿罪（刑法第197条以下）与行贿罪（刑法第198条）、准备凶器集合罪（刑法第208条之3）等都属于此类，这样的场合称为**必要的共犯**。

必要的共犯又可以进一步分为两种类型，一种是将指向同一方向而实施的共动予以类型化的**多众犯**或者**集合犯**（比如说内乱罪等），另一种是将对向（相对的方向）的共动、加功予以类型化的**对向犯**（比如说，受贿罪与行贿罪）。

问题是，就这些必要的共犯而言，其是否排除刑法中共犯规定的适用？若认为存在排除适用的场合的话，其理由何在？

二、多众犯

首先，是否对**多众犯**排除共犯规定的适用是个问题。即，在属于多众犯的内乱罪（刑法第77条）中，按照首谋者（同条第1款第1项）、参与谋划者或指挥群众者（同条第1款第2项）、从事职务者（同条第1款第2项）、附和随行者及参加暴动者（同条第1款第3项）这样的角色的不同而规定了罚则。由此，有见解（团藤434页等）主张，这一规定具有这样的旨趣，其考虑了集团犯罪或者是群众犯罪的特性而试图将处罚的对象限定于一定样态和一定限度的参与者，未加规定之样态的参与行为则置于处罚范围之外，故而就此类犯罪而言则否定共犯规定的适用。

即便就集团内部的人来说，能认为是规定了对应于其角色的处罚；但对从集团外部参与的人否定适用共犯的规定是没有理由的。再者，破坏活动防治法的第38条第1款将内乱罪的独立教唆作为了处罚的对象，而在成立内乱罪的场合教唆不能是不可罚的；就准备凶器集合罪来说，想来也不能否定其共犯的成立。早有论者指出（平野Ⅱ 380页），以上都是共犯规定适用否定说的问题。

三、对向犯

在**对向犯中**，就当然预想到的对向行为的一方来说，在没有对其之处罚规定的场合，问题就是，是否能排除共犯规定的适用呢？也就是说，对未设置罚则的一方的对向行为来说，不仅不作为正犯加以处罚，是否也能不当作受到处罚的对方的对向行为的共犯而被处罚？

（一）判例

在过去的旧刑法时代，只处罚受贿罪而欠缺对行贿罪的处罚规定，当时的判例认为，“从刑法对官吏受贿必不可缺的行贿人不设处罚规定的宗旨来看，理所当然地应该解释为对该罪的教唆或者从犯也不予处罚”，以此为理由，否定了对行贿人作为受贿罪的共犯来处罚（大判明治37年［1904年］5月5日刑录10辑955页）。

再有，并非律师者为了得到报酬而处理法律事务，这为律师法第72条所禁止和处罚，行为人将自己的法律案件的和解谈判委托给并非律师的人，并给予对方报酬或者是约定给予报酬，对此，判例依据如下所述，否定了行为人成立违反律师法的共犯（最判昭和43年［1968年］12月24日刑集22卷13号1625页）。即，律师法第72条的规定当然预想到了委托人的行为，可以认为没有其他人的参与行为该罪也不可能成立，但还是没有设置处罚相应参与行为的规定。“像这样的在成立某种犯罪时当然能预想到的、甚至可以说要想成立某种犯罪**不可欠缺的参与行为**，既然不存在着对之加以处罚的规定，原则上就应该理解为，将委托人作为受托人所实施的可罚行为的教唆或帮助加以处罚，这并非法律意图之所在”。

这样，判例遵循了这样的旨趣，即，对于成立犯罪当然预想到的必不可少的参与行为来说，在没有对之的处罚规定的场合，其行为原则上就是不处罚的，从而就否定了将该行为作为对向的可罚行为之共犯加以处罚。①

（二）立法者意思说及其质疑

在学说之中，也有见解与判例一样，在对于对向犯中未设置处罚规定的一方能否适用共犯处罚规定的问题上，主张只要没有立法者的明确的反对的意思，立法者的旨趣恐怕就是即使将另一方的行为作为共犯也不予处罚，依据这样的“立法者意思”，就能否定此时适用共犯规定（**立法者意思说**）。进一步，该主张还认为，即便是在立法时“当然地能定型地预想到”的行为，其作为共犯也不被处罚（团藤432页以下）。

要是认为上述这样的“立法者意思”能够确认的话，将其在解释上予以援用就是理所当然的。这就是，对于没有设置处罚规定的另一方的对向行为，若是认为不是将该行为视为不可罚而是将其作为设置了处罚规定的对向行为之共犯来处罚，将其理解为这样的旨趣（“立法意思”）的场合，那么，这就意味着会否定该行为不可罚之结论。不过，假如通过上述的解释成为不可罚的行为限定于不可欠缺的参与行为的话，其射程也并不那么宽泛。如果认为成为不可罚的行为的范围过于狭窄，并且将从处罚对象中排除的行为（超出对于可罚的行为之实施来说不可欠缺的参与行为）扩张到“定型的参与形式”的话，就会产生处罚的界限会变得不明确这样的问题。比如说，散布猥亵文书罪（刑法第175条第1款）中被处罚的有偿散布（贩卖）行为尽管必须存在买主，但却未设置处罚买受行为的规定。在此场合，要是单纯地买下了所卖出的猥亵物的

① 再者，关于引入存款的案件，请参见最判昭和51年（1976年）3月18日刑集30卷2号212页。

话就不处罚，而要是说了“卖给我吧”就被处罚的话，这样的区别到底有多少理由的确是有疑问的。由此，“卖给我吧”这一行为也属于当然能预想到的定型的行为，从而不能成为散布猥亵文书罪的共犯，这一解释也是能充分理解的。但是，在这样解释的场合，被视为不被处罚的“定型的参与形式”可以设想扩展到何种行为就是个问题，其界限恐怕是相当不明确的。也就是说，要是认为单纯地“卖给我吧”这一行为尚不可罚，而要是积极地推动、唆使对方贩卖的场合则成立共犯的话，则不可罚的行为与受到处罚的行为之间的界限就变得极不明确了。在这一点上，在否定作为共犯的可罚性时，不是将其根据求诸实质的理由（欠缺违法性、责任）而是依据“定型性”的观念，这样的解释可以说是有局限的。另一方面，将不可罚的行为限定于“概念性地当然必要的对向性参与行为”（参见西田 379 页），这样考虑能否适当地划定处罚范围就是有疑问的。从这一点出发，首先应该对于实质的根据加以探讨，判断其是否具有作为共犯的可罚性。在依据“立法者意思”的场合，由于上述理由而有必要予以慎重的判断，限定在值得与必不可少的参与行为被同等评价的参与行为的范围内，才应否定其作为共犯的可罚性。

（三）否定共犯成立的实质理由

就欠缺处罚规定的对向行为而言，作为否定其成立共犯的实质的理由，可以举出（1）没有惹起成为共犯处罚根据的法益侵害，（2）不能肯定就共犯而言的责任。

第 1，在必要的参与者为“被害人”、正如即使自己侵害而不被处罚所理解的一样，保护法益对其来说并未被保护的场合，不可以说惹起了成为共犯处罚根据的**法益侵害**，即不能作为共犯成为处罚的对象。比如说，在前述的违反律师法第 72 条的案件中，委托人的利益是保护法益，正如即使是委托人自己侵害了该利益而不被处罚一样，即使间接地侵害了该利益也不能作为共犯成为处罚的对象。在此场合，参与者的行为是否属于必要的、不可或缺的参与行为不会成为问题。不论是何种固执的委托行为，都应该不可罚。

第 2，不能肯定必要的参与者就引起法益侵害来说存在可罚的**责任**

的场合，亦不能作为共犯成为处罚的对象。比如说，就像不处罚犯罪人自身的隐蔽、隐灭行为的理由是欠缺期待可能性（可罚的责任），犯罪人所实施的藏匿犯人等罪（刑法第103条）或者是隐灭证据罪（刑法第104条）的教唆，就教唆而言应同样理解为因无法肯定责任而不被处罚。判例（最决昭和40年［1965年］9月16日刑集19卷6号679页）肯定了犯罪人成立隐灭证据的教唆，这想来是存在疑问的。这里也是一样，参与者的行为是否属于必要的、不可欠缺的参与行为不会成为问题。

第三款　共犯与违法性阻却事由

一、问题之所在

在正犯的构成要件该当行为肯定正当防卫等违法性阻却事由的场合，就对其的加功而言，能否肯定其具有作为教唆、帮助的可罚性？这是一个问题。如前所述，由于教唆、帮助是“二次责任”类型，在正犯行为的违法性被阻却的场合，就并未产生通过刑法的介入予以阻止的事态，因此对其参与者追究刑事责任也无从正当化，从而也就否定了教唆、帮助的成立。比如说，对于向嫌疑人实施令状逮捕等法令行为的人进行教唆、帮助，并不成立共犯。在此意义上，限制从属性说也是妥当的。即便是这样的场合，肯定教唆、帮助之成立的最小从属性说也是不妥当的。

成为问题的是，参与者中的部分人否定了违法性阻却事由的适用，结果就是参与者之间在违法性阻却事由的适用问题上存在差异，在这样的例外的场合，共犯关系该怎样处理。（关于这一问题，参见岛田聪一郎：《利用适法行为的违法行为》，立教法学55号，21页以下。）比如说，在正当防卫适用与否成为问题的场合，由于部分参与者存在对侵害的预期和积极的加害意思，就不能肯定针对该人的侵害的急迫性，从而否定了正当防卫的成立，其他的参与者对这样的事情并不予承认的时候，共犯关系该如何处理就成为了问题。

二、教唆、帮助的场合

首先的问题是，在正犯能够适用违法性阻却事由而共犯（教唆、帮助）却不能适用的场合。由于共犯并未像正犯那样获得法益的处分权从而不能援用被害人同意的场合，由于共犯在对侵害的预期外具有积极的加害意思故而否定了侵害的急迫性，而不能援用正当防卫的场合，等等，都会出现这样的问题。有见解主张，在这一场合也可能例外地肯定共犯的成立。也就是说，采纳了最小从属性说的见解在这样的例外的场面会可能会肯定共犯的成立。但是由于教唆、帮助是为正犯行为加功的“二次责任”类型，在正犯阻却了违法性从而刑法的介入无从正当化的场合，追究针对为正犯行为加功的**“二次责任”**亦无从正当化，应该认为此时不成立共犯（教唆、帮助）。应当理解为，成为问题的仅仅是利用了适法行为的**间接正犯**的成立而已。

与此相对，正犯虽然否定了违法性阻却事由的适用但共犯却肯定了其适用的场合，即便共犯自己并不能违法地引起构成要件该当事实，但由于正犯可能引起这样的事实，而共犯介入正犯引起这样的事实也是可能的，因此，只要是行为人认识、预见到了正犯违法地实现了构成要件该当事实，就可以理解为，在正犯成立的同时，共犯亦成立。

三、共同正犯的场合

在从属性并不妥当的共同正犯的场合，违法性阻却事由的适用就需要个别地加以考虑。关于这一点，判例认为，“在成立共同正犯的场合是否成立防卫过当，应通过分别探讨各个共同正犯者是否满足各自的要件而决定，即便某一共同正犯者成立防卫过当，其结果并不当然地适用于其他正犯者，即并不能当然地认定其他共同正犯也成立防卫过当”，针对实施了现实的侵害行为的人来说，在认定了急迫不法的侵害并肯定了成立防卫过当的同时，就并未实施现实的侵害行为的共同者而言，以其存在侵害的预期和积极的加害意思为由，无法肯定侵害的急迫性，而否定了防卫过当的成立（最决平成4年［1992年］6月5日刑集46卷4

号245页）。在该案件中虽是防卫过当成立与否的问题，但即使是对于直接的侵害行为人的正当防卫的成立问题也应该同样地考虑。这是因为，由于不成立防卫过当的理由是不能进行正当防卫，所以就正当防卫而言，同样的事情也当然是适用的。

第四款　共犯与错误

一、概述

共犯（教唆者、帮助者）或者是共同者所认识、预见的事实和正犯或者是其他共同者所实现的构成要件该当事实不同的场合，陷入错误的共犯或者是共同者成立何种犯罪，这就是**共犯与错误**的问题。这其中，正犯或者是其他共同者实现了超出共犯或是共同者所认识、预见的犯罪的场合，也被特别地称为**共犯的过剩**。

这一问题的解决，需要根据已述的关于在处理认识错误时判断有无故意的一般的基准（虽然**具体的法定符合说**是妥当的，但是判例采用了**抽象的法定符合说**。参见第六章第三节）。以下，从这一立场出发加以检讨。

二、教唆、帮助与错误

就正犯所实现的构成要件该当事实和共犯（教唆者、帮助者）所认识、预见的事实不同的案件来说，能够想到的，包括该错误处在同一构成要件内的场合（具体的事实的错误）和该错误跨越不同构成要件的场合（抽象的事实的错误）。

（一）同一构成要件内的错误

此问题也包括客体的错误、方法的错误以及因果关系的错误，已如前述，其判断基准和单独犯的场合是一样的。从而，比如，在教唆他人去侵入A的住宅盗窃现金时，侵入了A宅的正犯没有盗窃现金而是盗窃了宝石的场合，仅仅是有在构成要件评价上并不重要的错误的场合，不失共犯的故意。

关于共犯所产生的特殊的问题是，正犯的错误对于共犯来说具有怎样的意义。**判例**所采用的抽象的法定符合说的立场是只要是属于同一构成要件内的错误，就不阻却故意。从而，以下主要是从具体的法定符合说的立场出发对所形成的何种结论进行解说。首先，在正犯存在**方法的错误**的场合，比如说，正犯被人教唆去杀掉 A，试图枪杀 A 却失败了，但却打死了旁边的 B 的场合，正犯就所发生的构成要件该当事实而言不存在故意，亦不能肯定共犯就所发生的构成要件该当事实存在故意，这一点想来是很明确的。从而，不成立对于 B 的杀人教唆，仅止于能成立对 A 的杀人未遂的教唆。与此相对，从判例所采用的抽象的法定符合说的立场出发，无论何者都能肯定故意。其结果就是，对 B 成立杀人教唆，和对 A 成立的杀人未遂教唆构成观念竞合。其次，在正犯存在**客体的错误**的场合，比如说，正犯被人教唆去杀掉 A，以为是 A 事实上却打死了 B 的场合，虽能肯定正犯就所发生的构成要件该当事实存在故意，但问题是，对共犯来说却是方法的错误，难道能肯定其就所发生的构成要件该当事实存在故意吗？从而，问题就是，对 B 来说难道不是不成立杀人教唆吗？与此相对，从判例所采用的抽象的法定符合说的立场出发，故意得以肯定，即成立对 B 的杀人教唆。在学说之中，即便是从具体的法定符合说的立场出发，亦有见解主张，该场合对共犯来说也是客体的错误从而能够肯定其故意（平野Ⅱ387 页）。尽管会遗留有疑问，但支持该种见解想来并不是不可能的。从而，成立对 B 的杀人教唆。这是因为，在上述例子中，就共犯的认识而言，在正犯将客体特定的时点上，不由正犯将某人特定化为“A”，就不可能将 A 杀害，“A”与“被正犯特定化为 A 的人”是重合的，因此，就可以解释为，能够肯定存在着对“被正犯特定化为 A 的人”（实际上是“B”）的故意。这就与在方法的错误部分所处理的汽车爆炸杀人事例中肯定了故意的理论是相同的。此外，针对这样的见解，也有观点指出了这样一个问题（参见西田典之：《关于共犯的错误》，团藤古稀（3），103 页），即，要是认为在客体的错误的场合也能肯定共犯的故意，那么在正犯发现了错误之后再一次侵害了正确对象的场合又该怎样处理呢？在那样的场合，肯定两个杀人教唆之间成立观念竞合也是可以考虑的，不过，既然共犯只有杀害一个人的故意，那么就应该认为，只能就最初成立的杀人既遂一罪来追究共犯的罪责。

（二）跨越不同构成要件的错误

正犯所实现的构成要件该当事实与共犯所认识、预见的构成要件该当事实属于不同的构成要件的场合，从判例、通说所主张的法定符合说的立场来看，只要是不能肯定两者在构成要件上的**“形式的符合**或是**实质的符合”**（关于其含义，请参见本书前文的抽象的事实错误部分），就不能认定共犯具有故意，从而也就不成立共犯。比如说，在正犯实施了遗弃罪（刑法第217条），对于误以为是在遗弃尸体（刑法第190条）而予以帮助的人来说，遗弃罪与遗弃尸体罪的保护法益不同从而不能肯定两罪之间的构成要件的符合，从而共犯也就不能成立。

与此相对，在能够肯定构成要件之符合的场合，根据正犯的罪名，共犯的罪名受到一定的拘束，按照构成要件该当事实的轻重，采用不同的解决方法。首先，在正犯所实现的构成要件该当事实较之共犯所认识、预见到的事实更重的场合，比如说，教唆他人去盗窃，结果正犯却实施了强盗的场合，共犯所认识到的构成要件该当事实包含在正犯所实现的构成要件该当事实中，即成立对应于共犯之认识的较轻的犯罪的共犯。从而，在上述的例子中，成立盗窃的共犯（参见最判昭和25年［1950年］7月11日刑集4卷7号1261页）。再有，正犯出于实行基本犯的这一意思而加功，却由正犯实现了结果加重犯的场合，比如说，教唆了伤害而正犯却实现了伤害致死的场合，成立结果加重犯的伤害致死罪的共犯（参见大判大正13年［1924年］4月29日刑集3卷387页）。就结果加重犯的加重结果而言，根据要求过失的通说的理解，就共犯所引起的加重结果产生这一点的过失被认可的场合，则成立结果加重犯的共犯。

其次，在正犯所实现的构成要件该当事实和共犯所认识、预见的事实同等轻重的场合，比如说，以为是兴奋剂而对正犯所实施的转让给予了帮助，实际上其是属于毒品的海洛因的场合，如同在抽象的事实的错误部分所说明的那样，严密说来，通过两罪规定的解释引导的“共通构成要件”，共犯得以成立。从而，在上述例子中，虽成立转让兴奋剂罪和转让毒品罪的共通构成要件的帮助，但作为方便的解决，就会和判例一样，肯定成立转让毒品罪的帮助。

再次，在正犯所实现的构成要件该当事实较之共犯所认识、预见的事实更轻的场合，比如说，以为是用于杀人而借给了正犯刀剑，结果正犯实施了伤害的场合，成立正犯所实现的较轻犯罪的共犯。从而，在上述例子中，成立伤害罪的帮助。这即取决于教唆、帮助的“二次责任”的类型。

三、共同正犯与错误

即便是共同正犯中的共同者间的错误，基本来说以上这些内容也是妥当的。

但是，由于对属于“一次责任”类型的共同正犯来说并不能适用从属性的要件，由此就会形成不同的结论。而且，根据判例所采用的部分犯罪共同说，虽只在相同罪名的范围内成立共同正犯，但如前所述，在不同的罪名之间肯定共同正犯成立的**行为共同说**才是妥当的。

成为问题的是，共同者间所认识、预见的犯罪事实存在轻重的场合。比如说，A出于杀人的意思而B出于伤害的意思共同对于被害人加以伤害，结果被害人死亡的场合（参见最决昭和54年［1979年］4月13日刑集33卷3号179页），在客观上所共同引起的人的生命侵害这一构成要件该当事实的范围之内，就会成立对应于各共同者之认识内容的共同正犯，即A成立杀人罪的共同正犯，B则（在对死亡存在过失的场合）成立伤害致死罪的共同正犯。此外，若根据采纳了**部分犯罪共同说**的判例的立场，在因A的行为而致被害人死亡的场合，恐怕就是A成立杀人罪，而且和B在伤害致死罪的限度内成立共同正犯。

四、参与形态间的错误

参与形态之间的错误也是个问题。比如说，出于教唆的意思而形成帮助的场合，例如，教唆他人实施盗窃时，对方已然有了实施犯罪的意思，由于教唆行为使得犯意得以强化却成了帮助的场合（**共犯形态间的错误**），出于间接正犯的意思而形成教唆的场合，例如，医生出于杀人的意思，隐瞒了药品有毒的事实而让护士给患者注射，护士已经觉察出来是毒药但仍给患者注射了，因此却成了教唆的场合（**正犯与共犯间的错误**），成为问题的是参与者要承担何种罪责。

由于不管教唆、帮助、共同正犯还是单独正犯（间接正犯）都只不过属于构成要件该当事实的不同的惹起形态，肯定此等之间在实质地更轻的惹起形态限度内的（实质的）符合，也即在此限度内就能肯定关于客观上所实现的事实与认识、预见的事实的共通部分的犯罪的成立。比如说，出于教唆的意思却成了帮助的场合则成立帮助，出于帮助的意思却成了教唆的场合仍成立帮助。再有，出于间接正犯的意思却成了教唆的场合则成立教唆（参见仙台高判昭和27年［1952年］2月29日判特22号106页）。出于教唆的意思下却成了间接正犯的场合仍成立的了教唆。再有，出于间接正犯的意思下却成了教唆的场合，也存在着成立间接正犯的未遂的可能性。关于这一点，由于是以被利用者为基准判断间接正犯的着手与未遂，而间接正犯成立未遂前被利用者已经知情，所以虽有见解认为并无肯定成立间接正犯未遂的余地（西田333页），但也有被利用者尚未发现就去实行的可能性，以此为理由就能够肯定未遂的成立。在毒药的调剂中出现错误致使他人喝了未达到致死量的毒药的事例中，成立杀人未遂，这和前面所说的是一样的道理。

第五款　片面共犯

一、问题之所在

为了成立教唆、帮助或者共同正犯，要求共犯行为与构成要件的结果（构成要件该当事实）之间存在因果关系，这一点前面已经谈到了。作为此种因果关系的内容来说，能够考虑到的是物理的因果性和心理的因果性，问题是，由于基于欠缺意思联络而不存在心理的因果性、仅仅存在**物理的因果性**的场合，是否成立教唆、帮助或者共同正犯？另外，严密地说来，即便不存在意思联络的场合，通过对正犯、共同者的意思发挥作用也能够肯定心理的因果性。但是，即便是这样肯定了心理的因果性，由于仅能认定单方的参与，是否成立共犯仍旧又成为了问题。在属于共犯（或者是共同者）对正犯（或者是其他的共同者）单方地予以加功的场合的意义上，这样的共犯的样态称为**片面共犯**，其成立与否存有争论。比如说，在X对A实施强奸时，在没有被X注意到的情况下Y摁住了A的腿使得其强奸得逞，在这一场合，问题就是，Y是否成立强奸的共犯（帮助或者是共同正犯）?①

二、判例与学说

判例就这一问题采取了这样的态度：就帮助而言，单方地对于正犯的犯行予以援助是可能的，从而，由于未必一定要求具有和正犯之间的相互的意思联络，**片面帮助**就是能成立的（大判大正14年［1925年］1月22日刑集3卷921页，大判昭和3年［1928年］3月9日刑集7卷172页，东京地判昭和63年［1988年］7月27日判时1300号153页，等等）；但就共同正犯来说，由于为了能说成是共同地实行则相互的意思联络是必要的，所以不成立**片面共同正犯**（大判大正11年［1922年］2月25日刑集1卷79页，等等）。

学说上，则有三种不同的学说得以主张。即（1）**肯定说**（植田重正：《片面共犯》，齐藤还历，231页以下，平野Ⅱ390页以下，中238页、258页，堀内293页以下，西田355页，等等），（2）**否定说**（植松正：《走向否定片面共犯的路标》，齐藤还历，251页以下，町野朔：《惹起说的整理与检点》，内藤古稀，143页，曾根250页，等等），（3）肯定片面帮助但却否定片面共同正犯的**中间说**（大塚仁：《片面共犯的成否》，植松还历（法律篇），387页以下，齐藤诚二：《围绕片面的共犯》，成蹊法学16号，1页以下，大谷424页，斋藤267页，前田343页、382页，高桥445页，佐久间374页、井田467页、491页，等等）。

---

① 另外，比如，将丈夫搞婚外情的现场照片和一把手枪放在桌子上，看到这些的妻子产生了杀害丈夫的意思并将其杀害这样的场合，在被教唆者并未意识到其受到教唆的片面教唆时，当然能肯定心理的因果性，但却无法肯定相互之间的意思联络。但是，就教唆来说，要求要认识到受到教唆这一点是很难找出理由的，肯定片面教唆是没有问题的。从而，是否成立片面共犯在实务上成为问题的，是共同正犯与帮助。

三、因果性的内容和共犯的成立与否

尽管肯定片面共犯（帮助、共同正犯）的见解是只通过物理的因果性而肯定共犯的成立，而否定说则从由相互的意思联络而形成的心理的因果性是为了成立共犯所不可欠缺的要件这样的立场出发，就否定了没有心理的因果性的片面共犯（帮助、共同正犯）的成立。

从因果共犯论、惹起说的立场来看，帮助的因果关系虽然必须要介入正犯行为，但也可能是不介入正犯的心理而是通过对正犯行为的物理的促进而肯定和构成要件结果之间的因果关系。对于共犯的因果关系来说，虽说心理的因果性确实具有重要的意义，但也没有理由认为其基于相互的意思联络的心理的因果性就是不可欠缺的。而且，若是认为基于意思联络的心理的因果性对于共犯因果关系来说必不可少的话，如后所述，就会产生无法忽视的处罚空隙。从而，想来就能够肯定**片面帮助**。

在认为只将物理的因果性作为帮助的因果关系就足够了的场合，就没有理由否定这一点，即便对共同正犯来说也是作同样理解的。不过，由于共同正犯是构成要件该当事实的共同惹起，认为“意思的联络”“共同实现的合意”作为担保其**共同性**的特别的要件，而否定片面的共同正犯这样的解释是完全可以考虑的。倒不如说，判例、多数说就是以此为理由而否定片面的共同正犯的成立。虽说是当然的事情，肯定相互之间的意思联络的场合也是共同正犯通常的形态。但是，如后所述，若是从片面的参与者这一方来看的话，以物理的因果性，或者是单方的心理的因果性为基础，就能够肯定是片面地或者说单方地和其他的共同者一起惹起了构成要件该当事实这样的关系，能够认为此场合是例外。这样，作为结论，就可以理解为在一些例外的、限定的场合也能肯定**片面的共同正犯**并非不可能。

从否定片面帮助以及片面共同正犯的立场出发，在正犯单独地故意实现了构成要件该当事实时，单方地对此予以参与的行为人可能就会变成不可罚，这想来是不妥当的。不过，在仅否定片面共同正犯的场合，由于能够肯定成立片面帮助，这虽然会遗留下评价为帮助是否妥当的问题，却也可以避免不可罚这一存在疑问的归结。比如说，把人关进有“吃人的老虎”的屋子里，结果被害人被老虎吃了的场合，将被害人关进屋子的人会成立杀人罪；而若是将人关进杀人者A所等候的屋子里，结果被害人被A所杀害的场合，将被害人关进屋子里的人（行为人）不成立杀人罪（的间接正犯）。这是因为，只要是具备自律性、答责性的A具有杀人的意思，就不能说行为人介入了A的行为而支配了引起被害人的死亡结果（参见第四章第五节）。从而，在这一场合，由于只要是不肯定成立杀人罪的片面共犯（帮助以及共同正犯），就无法追究行为人的刑事责任，所以就可以说完全地否定片面共犯之成立的见解是不妥当的。在上述的案例中，将被害人关进屋子里的人，协助了A的杀人行为，与其说是其援助行为，不如说是积极利用A的杀人行为实现了自己杀害被害人的意图。在这个意义上，不单单止于对他人犯罪行为的侧面帮助，可以说是从自我出发，主体性地实现了杀害A的意图，并非可减轻刑罚的“帮助”，可以说给予“正犯”的评价更为合适。根据思考方式的不同，也要考虑到存在肯定间接正犯的成立的案例。这样一来，在这样例外的场合，并不是肯定片面的帮助，而是与杀人的实行行为者一起，片面地实施了共同的杀人行为，将其评价为片面的共同正犯，可认为是针对该案例适当的评价。这样一来，通常来说，为了成立共同正犯，虽然共同行为者之间相互的意思联络是必要的，但是能够认为例外的情况下也有余地肯定成立片面的共同正犯。

第六款 承继的共犯

一、问题之所在

先行行为人X实施了指向构成要件之实现的实行行为（构成要件行为）的一部分之后，Y得知了该情形并开始了对实现构成要件的加功，问题是，对于后行为人Y来说，能否追究其包含加功前的事实的共犯（这称为**承继的共犯**）的罪责？

判例的态度根据犯罪类型不同而未必完全一致（参见西田典之：《共犯理论的展开》，214页以下，大越义久：《共犯论再考》，成文堂，

1989，90页以下），不过以前曾经存在着这样一个大审院的判例。即丈夫X告知妻子Y自己已经出于强盗目的杀害了被害人，并请Y对抢夺财物的行为提供帮助，妻子Y迫不得已就答应了并举起蜡烛，使丈夫X更容易地完成了抢夺财物的行为，对这一案件，判例认为，由于强盗杀人罪是单纯一罪，在加担、帮助属于该强盗杀人罪之一部分的抢夺行为之时，成立强盗杀人罪的帮助，而不仅止于是单纯的强盗罪、盗窃罪的帮助（大判昭和13年［1938年］11月18日刑集17卷839页）。但是，在裁判例中，后行为人并不仅仅是对先行行为人的行为以及由此产生的结果有所认识和容忍，而是在以其为自己的犯罪实现的手段予以积极利用的意思之下，从中途通过共谋参与到构成实体法上的一罪（不限于狭义的单纯的一罪）的先行行为人的犯罪中，可以说将这些行为等实际上作为犯罪实行的手段来利用的场合，肯定了承继的共犯之成立，可以说后述的中间说的立场就成为有力说。① 不过，通过这样的基准能够对承继的共犯的成立予以肯定的理由并没有被明确地展示。在这之中，在先行行为人对受害人施加暴行使其受伤之后，后行为人在与先行行为人共谋参与的基础上又对被害人施加暴行，导致其伤势变得相当严重。在这一案件中，最高裁判所展示的如下的判决，尤为引人注目。换言之，判例（最决平成24年［2012年］11月6日刑集66卷11号1281页）认为，在该场合，由于在后行为人共谋参与之前，先行行为人已经致使伤害结果的发生，这与后行为人的共谋以及基于此的行为并**不具有因果关系**，后行为人并不承担作为伤害罪的共同正犯的责任，而只对共谋参与之后通过足以引起伤害的暴行，对**受害人伤害的发生产生的贡献**，作为伤害罪的共同正犯承担责任。受害人受到先行行为人的暴行而负伤，尽管后行为人利用其逃亡和抵抗都变得困难的状态再次实施暴行，但是这不过是后行为人在共谋参与之后再次施加暴行的动机或是契机而已，可以说这不能成为针对共谋参与前的伤害结果追究刑事责任的理由。本判例就后行为人加重了由先行行为人造成的伤害的事例而言，可作如下理

① 作为代表性的裁判例的是，大阪高判昭和62年（1987年）7月10日高刑集40卷3号720页，等等。

解，如果伤害仅仅是由先行行为人的暴行产生，后行为人的暴行对于伤害没产生任何贡献的话，虽然可以否定后行为人的共犯责任，但后行为人的暴行使得先行行为人造成的伤害变得更加严重的情形下，就最终产生的结果（伤害）是可以肯定其共犯责任的。换言之，可认为是以后行为人对最终的结果产生了贡献为根据而肯定其共犯责任，而不是肯定其仅就对由先行行为人的暴行产生的伤害的加重部分的共犯责任。只限于其伤情加重部分的理解也只止于补足意见。本判例虽然仅是关于伤害罪的判断，但是依据对前引的大阪高判昭和 62 年［1987 年］7 月 10 日的中间说的理解，它撤销了原判决肯定后行为人对包括先行行为人造成的伤害在内的全体伤害的共同正犯责任这一点，可以说是认可了其在实务上、理论上都具有极其重要的意义。尤其是，就后行为人而言，并非按照前述大阪高判昭和 62 年［1987 年］7 月 10 日判决的标准，就能论证其与参与共谋之前的事实之间存在因果关系，这一点尽管是理所当然的结论，但很重要。由此也可以说，这里充分暴露出，该判决标准的根据是不明确的。

对于后行为人是否对包含加功前的事实也能肯定其作为共犯的罪责，即是否能够认可承继的共犯，学说上的见解不同，大致可作如下区分。（1）**肯定说**（西原 336 页等），（2）**否定说**（植田重正：《共犯论上的诸问题》，成文堂，1985，101 页以下，中 242 页，町野朔：《惹起说的整理与检点》，内藤古稀，131 页以下，曾根 258 页，浅田 422 页，相内信：《关于承继的共犯》，金泽法学 25 卷 2 号，23 页以下，松原 386 页，等等。也有虽然否定了承继的共同正犯，但是肯定了承继的帮助的观点。高桥 447 页、井田 473 页，等等），（3）**中间说**（根据论者的不同其内容亦未必一致，但都是对已经发生的结果不能肯定后行为人的罪责，在承继了先行行为人的行为或者是其行为效果并加以利用的场合，在该限度内肯定后行为人成立承继的共犯。平野Ⅱ382 页，大塚 294 页以下，大谷 418 页以下，堀内 291 页，西田 366 页以下，前田 357 页以下，伊东 378 页，佐久间 368 页，等等）（关于学说，可参见齐藤诚二：《围绕承继的共犯》，筑波法政 8 号，1 页以下，参见照沼亮介：《体系的共犯论和刑事不法论》，213页以下，等等）。

二、因果共犯论及其整合性

因果共犯论主张共犯（教唆、帮助、共同正犯）的处罚根据在于引起了构成要件该当事实，亦即，就教唆、帮助而言，是通过介入正犯行为而间接地引起了构成要件该当事实；就共同正犯来说，则是共同引起了构成要件该当事实。可以说，立足于这种立场，对于连后行为人参与之前的事实也要肯定共犯责任的承继的共犯，从根本上来说，是很难承认的（**否定说**）。其理由在于，针对后行为人加功以前发生的过去的事实无法肯定其因果关系，为了肯定共犯的成立，必须要对于全部的**构成要件该当事实具有因果性**，所以仅对一部分构成要件该当事实具有因果性是不够的。虽然也有否定后者理解的见解，但并没有展示对其允许的实质性的根据。不得而知的是，虽然是在一罪的范围内依据罪名的形式的从属性而认定共犯，但是并不能说明为何甚至对于没加功部分也要承担共犯责任。从而，由于后行为人只对加功后的事实承担罪责，加功后在能够肯定其与先行行为人共同实现了的事实的构成要件该当性的限度内，后行为人成立就此的共犯（参见山口·探究262页以下）。既然是采纳了因果共犯论，想来就不可能有此外的别的归结。在近期的最高裁判例（前引最决平成24年［2012年］11月6日）中也根据后行为人的行为并不具有对加功前的事实的因果关系而否定了有关加功前的伤害的共犯责任。但是在该决定中以下补足意见被添加在内，“在承担强盗、恐吓、诈骗等罪责的场合，由于可能有通过利用共谋参与前先行行为人的行为的效果，来维持对犯罪结果的因果关系而能够成立犯罪的场合，有可能肯定成立承继的共同正犯”。该意见启示的是，就强盗罪等有关的犯罪而言，只要肯定了行为与最终的犯罪结果之间的因果关系，就有可能成立承继的共犯。但是，由于犯罪并不是仅仅引起了最终的结果就能成立，所以只以针对结果的因果性为根据并不能为共犯的成立奠定基础。例如，在强盗罪的场合，其问题就在于：为什么后行为人不用参与暴力、胁迫压制被害人反抗的行为亦可成立共犯呢？其根据并不明确；而且，后行为人仅仅参与了夺取财物的行为，这难道不是只能为盗窃罪等犯罪的共犯责任奠定基础吗？到底该在何种论理之下肯定对强盗罪等有关的承继的共犯的成立，可以说这是在前引的最决平成 24 年［2012 年］11 月 6 日的判例之后残留下的课题（参见山口·新判例 118 页以下）。

在学说中，特别是以强盗罪等为核心的**中间说**得到了有力的主张，在下级审的裁判例中，近年来这一立场亦极为有力。在后行为人承继、利用了先行行为人的行为之效果的场合，该学说即肯定成立承继的共犯。据此，比如说，在前面所提到的大判昭和 13 年（1938 年）11 月 18 日的案件中，虽会否定成立强盗杀人的帮助，但能够肯定利用了先行行为人所引起的由杀人所造成的压制反抗的状态，从而就能够肯定成立强盗罪的帮助。再有，在诈欺、恐吓的案件中，先行行为人实施了欺骗、胁迫之后，后行为人仅利用了被害人的错误、恐怖的状态而对物的取得予以了加功，也肯定了其诈骗罪、恐吓罪共犯的罪责。与此相对，在先行行为人实施暴行之后后行为人又加诸了暴行，虽然致被害人产生了伤害，但不清楚伤害究竟由谁的行为所致的场合，通常，既然无法肯定是后行为人利用了先行行为人的行为的效果，从而就否定了成立承继的共犯。因此，即便是从途中开始产生了共犯关系的场合，是否也可能适用刑法第 207 条[①]就是一个问题。作为这样的中间说的理由和论据，主要提出了如下两点：（1）后行为人的事后的共谋参加行为是，将先行行为人的行为和结果作为后行为人实现犯罪的手段加以利用，通过引入的后行为人的犯罪行为，就价值上来说能够视为与事前的共谋具有同等的价值。（亦请参见东京地判昭和 40 年［1965 年］8 月 10 日判タ 181 号 192 页）。（2）比如说，在上述的诈欺、恐吓的事例中，欺骗、胁迫后的取得财物行为，从先行行为人的角度来看就是骗取、吓取，由于后行为人参与了这样的（骗取、吓取）行为，从而就成立诈骗罪、恐吓罪的共犯；比如说，在强盗罪的场合，强盗罪中的强取，由于并不是暴

① 刑法第 207 条（同时伤害的特例）：二人以上实施暴行伤害他人的，在不能辨别各人暴行所造成的伤害的轻重或者不能辨认何人造成了伤害时，即便不是共同实行的，也依照共犯的规定处断。——译者注

行、胁迫和窃取合体的东西，其自身是一体的、独立而不能被分割的东西，在这之中仅仅参与了财物的夺取（窃取）也可谓是参与了强取的全体活动（参见平野Ⅱ 383页、西田366页。佐伯（仁）387页）。但是，无论哪一条作为理由来讲都是不充分的。首先，就第（1）点来说，即使没有同先行行为人的共犯关系，该理由也是适用的，但是这样的解释一般来说是被否定的。可以说其中不包含共犯的理论是该理由最根本的问题点。即使先行行为人和后行为人只在有共犯关系的场合可适用此理由，但是为什么只有在有共犯关系的场合，后行为人的“取得效果”才是可能的？其理由仍是不明确的。有必要对这一点予以揭示。而且，可以说（2）也正是以此作为问题点的。但是，就（2）来说，以强盗为例，强取在暴行、胁迫和窃取（财物夺取）之中分割是有可能的，对压制被害人的反抗不知情的后行为人，也很明显只能肯定盗窃罪的共同正犯。让后行为人担负强盗罪、恐吓罪和诈骗罪的罪责是有可能的，在这个意义上，就不可以说强取、恐吓取得和诈骗取得的不可分割的一体性是被认可的。而且，共谋参与之后的行为，从先行行为人的角度来看，是强取、恐吓取得和诈骗取得，如前所述，从后行为人参与开始就成立强盗罪、恐吓罪和诈骗罪的共犯，以此理由作为根据也是有疑问的，作为结论，在一罪的范围之内，除了以作为结论最终会发展至积极说——即在一罪的范围之内肯定完全的承继——的“罪名的形式上的从属性”为根据之外，何以可以这么说，其根据是不明确的。从将暴行等考虑在内出发，对于先行行为人也只能说是强取而已，而且就后行为人来说，为什么加功前的暴行等不被考虑在内仍然是问题。由于上述的理由除了结论先行之外恐怕并没包含更多的东西，在这些点上存在疑问，因而无法消除“后行为人为什么不能只是就共谋加担之后的行为成立共犯”这一疑问。既然并没有揭示这几点的理由，也就无法避开“只阐述了结论”的评价。这样考虑的话，（1）（2）两点给出的理由并不成功。

同时，到此为止学说、实务上对于否定说（消极说）的执拗的抵抗并非完全没有理由。仍然不能否定的是，要力求确保共犯合适的成立范围。在本书看来，立足于那种视角，即便无法将对于没有因果关系的事实也肯定责任的积极说予以正当化，但只要在维持仅就参与共谋之后的事实对后行为人追究共犯责任这一立场的同时，探讨是否可能存在就抢劫罪、敲诈勒索罪、诈骗罪得出中间说那样的结论的理论模式即可。应该说，要推导出那种结论，也并非完全不可能。针对此，试论如下：后行为人参与先行行为人共谋后，就共谋参与前的由暴行胁迫产生的压制反抗、由恐吓产生的畏惧、由欺骗产生的错误来说，肯定了各种各样不作为的胁迫、欺骗，以此能够肯定与先行行为人之间的共同正犯的成立。换言之，可认为（1）通过先行行为人的暴行、胁迫，被害人的反抗被压制，之后仅参与夺取财物的后行为人成立不作为的胁迫（强盗罪的不作为犯），与先行行为人成立共同正犯；（2）从因先行行为人的威胁而恐惧的受害人那里得到财物交付的后行为人成立不作为的恐吓（恐吓罪的不作为犯），与先行行为人成立共同正犯；（3）从因先行行为人的欺骗行为而陷入错误的被害人那里接受财物交付的后行为人成立不作为的欺骗（诈骗罪的不作为犯），与先行行为人成立共同正犯。“先行行为人的行为是强取、恐吓取得和诈骗取得，参与此的后行为人也参与了强取、恐吓取得和诈骗取得”，对于这种学说的理解，如果我们不是简单地因其根据不明而就此搁置，而是认为其旨趣在于，参与共谋之后的后行为人的参与行为本身能够与强取、恐吓取得和骗取被等同视之，并尝试将其予以理论化，那么，我们难道不可以采取下述理论模式吗？也就是，利用先行为人的行为所引起的效果（反抗压制状态、畏惧状态、陷入错误状态）的后行为人的参与行为，与亲自实施暴力或者胁迫、敲诈、欺诈之后再夺取财物或者接受财物之交付一样，正属于不作为的抢劫、敲诈勒索、诈骗。

在这里，这样的理论构成如何才是可能的就成为了问题。首先，没有消除反抗压制状态、畏惧状态和陷入错误状态，这一点就出于不作为的胁迫、欺骗来说虽说是必要的，但是只要能够肯定其是基于保障人地位的作为义务，这样的理论构成就是可能的。虽然没有消除反抗压制状态和畏惧状态这一点不能说是不作为的暴行，但说成是不作为的胁迫还是完全可能的。在这里，接下来成为问题的是，对后行为人是否肯定这样的作为义务。比如说，在受害人陷入错误之后受领金钱这样的场合，即使单独考虑后行为人，虽然考虑到有肯定保障人的地位（作为义务）的余地，但是以其与先行行为人共谋参与为理由，可认为一般是可以肯定这样的作为义务的。

作为前提，有必要提及先行行为人也产生的作为义务。换言之，可以说开始实行犯罪的先行行为人直到结果发生都被科以对犯罪实行的回避义务。当然，既然能够对先行行为人肯定作为犯的成立，在处罚上就没有必要援用这样的不作为（作为义务的违反）。但是，（1）既然着手实行犯罪，对于通过自己的意思进行回避结果的人来说，并不仅是肯定其作为中止犯的特殊待遇；（2）如后所述（本章第七款），基于共谋着手实行犯罪的人，只要其他共犯人的罪行仍在继续恐怕不能解消的话，脱离的共犯关系的消除就不被认可。特别是，在后者（2）中，可认为对开始实施犯罪的人科以面向结果回避的作为义务就是很清楚的了。

后行为人通过对先行行为人的共谋参与，共有了先行行为人的保障人的地位。换言之，后行为人和先行行为人一样，作为使被害人产生被犯罪行为压制的状态、恐惧状态和错误的人而要承担保障人的地位（作为义务）。因此，后行为人作为不作为犯，成立强盗罪、恐吓罪和诈骗罪。而且，就这些犯罪来说，可以说后行为人与作为作为犯的先行行为人成立共同正犯。这样一来中间说的结论便被正当化了。这是以后行为人在共谋参与的事实的限度内追究责任为前提，可以说因果共犯论的组织框架是充分整合的。

而且，如果将这样的理解进一步推进的话，后行为人参与共谋之后的先行行为人被认为是强盗罪、恐吓罪和诈骗罪的不作为犯，但这也没有考虑到其和作为作为犯加功的后行为人之间成立共同正犯的这一构成。从前所述可知，这样的理解还是十分有可能的。但是，将先行行为人从中途重新评价为不作为犯就不自然了，无论如何，可认为在先行行为人通过这样的行为产生了致人死伤这一结果的场合下，由于有必要将其作为作为犯来追究刑事责任，所以从理论构成来说并不为过。但是，在后行为人参与帮助的场合，因为共犯的从属性成为问题，由于在开始加功之后，有必要对先行行为人行为的构成要件该当性予以肯定，这样的理论构成，只要以肯定作为帮助犯的后行为人的共犯责任为前提就是有必要的，但是从别处来说，由于后行为人与先行行为人的共谋，能够对后行为人的保障人的地位予以认可，可认为肯定两者成立强盗罪、恐吓罪和诈骗罪的共同正犯的方法是稳妥的构成。

在采纳上述理论构成的场合，就后行为人共谋参与之前已经产生的结果来说，后行为人不承担共犯责任，并且，在强取的案件中被害人已经死亡的时候，既然针对死者出于不作为的胁迫恐怕完全是不可能的，后行为人就成立对遗失物等侵占罪的共犯，或者说，即使肯定后行为人与其之间的“死者的占有”关系，但这顶多是以后行为人与先行行为人的共犯关系为根据，以肯定成立盗窃罪的共犯为限度的。虽然针对这样的结论可能仍有一些抵抗感，但是对于先行行为人则仍成立强盗杀人、强盗致死罪。而且被害人在共谋参与之前既然已经死亡，后行为人并没有针对被害人产生财物夺取之上的法益侵害，可认为宜再次考虑是否有必要认定这样的后行为人真的成立强盗罪的共同正犯（以上相关，参见山口厚：《承继的共犯论的新展开》，曹时 67 卷 12 号，1 页以下）。

第七款　共犯关系的脱离

一、问题之所在

作为共犯处罚根据采用因果共犯论及惹起说的实务上的意义是，对于和自己的共犯行为（教唆行为、帮助行为或者是共同正犯行为）之间欠缺因果关系的构成要件该当事实来说，不能追究其作为共犯的罪责。从而，即便是实施了共犯行为，由于已经祛除了该行为所具有的犯罪引起、促进效果，和构成要件该当事实之间的因果关系也就不存在了，这样的话，就能肯定通过脱离来消除共犯关系，此后即便是由正犯或者是其他的共同者引起了构成要件该当事实，就此也不承担作为共犯的罪责。这就是因共犯的因果关系（物理的因果性以及心理的因果性）的切断而致的**共犯关系的消除**（在共同正犯的场合，也称为共谋关系的消除）。

在肯定了通过脱离而共犯关系消除的场合，若脱离是在正犯或者其他的共同者“实行的着手”之前的话，则脱离者（预备罪的场合除外）不产生刑事责任；即便脱离是在这些人“实行的着手”后但只要是在既遂之前的话，脱离者就仅在未遂的限度内产生共犯的责任。再有，在该脱离是“出于自己的意思”的场合，则成立中止犯。

二、因果性的祛除、遮断

通过脱离来消除共犯关系的要件是，祛除、切断由共犯行为所致的物理的因果性以及心理的因果性这两者。学说之中，也有见解从因“意思的疏通”而形成的心理的因果性是共犯的本质要件这一立场出发，认为只要祛除了心理的因果性的场合即肯定共犯关系的消除（参见町野朔：《惹起说的整理与检点》，内藤古稀，136页以下），但如前所述，这样的关于共犯因果关系之本质的理解是有疑问的。而且，比如说，像提供犯罪行为所必不可少的道具，正犯的犯罪行为使用了此道具的场合，也存在这样的情况——物理的因果性的存在是清楚明白的，在提供了道具之后，只是不能肯定特别的“意思的疏通”或者心理的促进作用，也就是说仅以心理的因果性存有疑问，就否定共犯之成立的话，共犯的成立就不稳定，且共犯的成立范围过于狭窄，这是不妥当的。

以下为了便于说明，分成正犯或者其他共同者“实行的着手”前和“实行的着手”后，对于肯定共犯关系解消的要件加以检讨（另外，参见西田典之：《共犯理论的展开》，240页以下）。如以下所见，很明显在两者之间存在中间的案例，该案件的区别也只是暂时的。从而可以说，认为在这些类型中的每一种共犯关系消除的要件都不同，这样的理解是有疑问的（参见山口·新判例第92页以下）。

（一）着手前的脱离

在裁判例之中，于实行的着手之前改变主意并表示了脱离的意思，其他的共犯人对此也予以同意的场合，即肯定了其从共犯关系的消除（东京高判昭和25年［1950年］9月14日高刑集3卷3号407页）。脱离的意思即便没有明示的表明、但在其他的共犯人已经认识到了这一点而仍继续实施犯罪行为的场合，也有判决认为脱离共犯关系的默示的意思已经被接受从而肯定了共犯关系的消除（福冈高判昭和 28 年［1953 年］1 月 12 日高刑集 6 卷 1 号 1 页）。但就共谋者团体的首领来说，判决认为，要想肯定其共犯关系的消除，必须要求其恢复到没有共谋的状态之下（松江地判昭和 51 年［1976 年］11 月 2 日刑月 8 卷 11—12 号 495 页）。

在**教唆**的场合，必要的是切断、祛除因教唆行为所产生的心理的因果性。为此，必须要使正犯放弃实施犯罪的意思，或者至少是使正犯一度改变主意。在此场合中，即便此后正犯再度改变主意并且实施了犯行，由于能够理解为一度已经消灭了教唆的犯行促进效果，则可认为对正犯所引起的构成要件该当事实就不承担教唆的责任。与此相对，要是无论如何努力都没能让正犯改变主意的话，既然是由正犯引起了构成要件该当事实，就无法避免教唆的罪责。

在**帮助**的场合，则有必要切断物理的因果性以及心理的因果性。首先，就物理的因果性来说，比如说在提供了供犯罪行为使用的道具的场合，就有必要将该道具取回。不过，即便是没有取回，如果一度使正犯改变主意的话，似乎也可以以消灭了实施犯罪之虞为理由而肯定切断了因果性。其次，就心理的因果性而言，必要的是要消灭对于犯意的强化、促进作用，通过脱离共犯关系的意思表示或者只要是正犯认识到了脱离这回事，就可能肯定这一点。

在**共同正犯**的场合，能够具备类似于教唆、帮助时共犯关系消除的要件（心理的因果性、物理的因果性的祛除、切断）就足够了。但是，比如说，在去犯罪现场的途中突然想起有急事，仅是留下“剩下的交给你了”便离开的场合，由于也被理解为尚残留有共谋的效果，不能说仅有单纯的脱离意思表示就消除了共犯关系。在这样的场合，必须是也消除了参与共谋的效果。另一方面，如果只是单纯一起加入其他共犯的犯罪，可认为将脱离的意思表示传达给共犯者，是能够肯定共犯关系的消除的。

（二）着手后的脱离

关于实行着手后的脱离，判例对于肯定共犯关系的消除采取了慎重的态度。X 和 Y 出于强盗的目的进入 A 宅想要抢取金钱时，A 妻说自己家中没钱而仅拿出了900日元，Y没有拿钱而对X说“回去吧”并且走出房子，而X则夺去了900元后出去，在这一案件中，“既然没有阻止X抢取金钱而是予以放任了”，则Y也不能免除强盗既遂的罪责（最判昭和24年［1949年］12月17日刑集3卷12号2028页）。在此，可以说是要求阻止共同者的犯罪行为。但是，此后又出现了下面这样一个判例，给出了这样的结论。X和Y在共谋的基础上，将A带到X的地方并实施暴行，在Y说“俺回去了”并离开现场后，X又实施了进一步的暴行，最终A死亡，但死亡的结果是由Y离开之前的暴行所致还是由其离开之后的X的暴行所致无法证明，在这一案件中，判例认为，“在被告人（Y）离开现场的时点上，X仍有可能对A继续实施制裁这一危险并未消失，尽管如此，被告人并未采取特别防止措施，而不过是任由局势发展自行离开，因此不能说X与Y当初的共犯关系在上述的时点上已经消除，应认定X此后的暴行也是基于上述共谋，这一结论是恰当的”，“即便A的死亡结果是被告人Y离开之后因X所实施的暴行所致，被告人仍负伤害致死的罪责”（最决平成元年［1989年］6月26日刑集43卷6号567页）。在此，可以理解为如果消除了“继续实施制裁的危险”的话，即能肯定共犯关系的消除。另外，在近期的判例中，被告人与数名共犯人共谋侵入住宅、强盗时，一部分共犯人在侵入有人在家的住所之后，负责放哨的共犯给入室的共犯只通过打电话单方面地传达说：“还是停止犯罪比较好，我先回去了。”被告人并没有采取停止之后的犯罪行为的措施，只是从待命的地方和放哨者一起脱离了，此后，剩下的共犯人实施了强盗的场合，被告人脱离是在强盗行为着手之前，假如被告人是在认识到放哨者上述电话内容的基础上而脱离的，而即使存在剩下的共犯人直到被告人脱离之后才知道这一情况的，也不能消除当初的共谋关系，认定共犯其后的抢劫也是基于当初的共谋而实施的行为，这样认定是妥当的（最决平成21年［2009年］6月30日刑集63卷5号475页）。该判例虽然就强盗本身来说是在着手之前脱离，但是就共犯人已经侵入住宅之后从现场脱离的案件而言，这与着手后脱离的前述判例（前引最决平成元年［1989年］6月26日）相同，要求

“阻止犯罪实行的措施”。这里可以说是展示了实行的着手前和着手后的共犯关系消除的要件未必不是不同的。另外，要肯定共犯关系、共谋关系的消除，虽然要求具有这样的“阻止犯罪实行的措施”，但是这是以犯罪恐怕会继续实行为理由，而基于此产生的负担（作为义务）。从而，可以说在阻却至今为止实施的行为的违法性的场合，由于被科以这样的特别的负担的理由未被肯定，所以以没有实行该措施这一理由否定共犯关系、共谋关系的消除就是有疑问的。就这一点来说，判例也认为，在共同实行正当防卫行为的时候，在对方的侵害结束之后，另一部分共同参与人进而继续构成要件行为（实行行为）的场合，共犯关系的消除并不是问题，就正当防卫后的追击行为而言，有必要对新的共谋的成立予以确认（最决平成6年［1994年］12月6日刑集48卷8号509页）。

在肯定了正犯或是其他的共同者的“实行的着手”的场合，有时候会脱离于行为人的行为而设定了直至独立地引起构成要件结果的因果经过，因此，在这样的场合，只要是行为人的犯罪促进效果没有消除，就不能肯定共犯关系的消除而认为其罪责仅止于未遂，甚至是中止犯。从而，前引的最决平成元年［1989年］6月26日的案件中，既然是共同设定了“继续实施制裁的危险”的状况，只要是这样的状况没有消除，就不能肯定共犯关系的消除。另外，正如前引最决平成21年（2009年）6月30日的案件，即使是在实行的着手之前，恐怕会有犯罪行为的场合，也要求将其消除。在这个意义上，也不会因究竟是实行的着手之前还是着手之后，而导致脱离共犯关系的成立要件完全不同。总之，可以说这只不过是要求与想要脱离的时点的状况相适应的举措而已（进一步请参见山口·探究260页以下）。

另外，在实行的着手之后，因其他共同参与者的暴行失去意识，而被从此后的犯罪行为中排除的场合（参见名古屋高判平成14年［2002年］8月29日判时1831号158页），即使因残存的物理的因果性等无法肯定共犯关系的消除，但是肯定从共谋关系中的单方的排除，而能够认为其不承担共同正犯的责任，只追究帮助的责任。

第八款　过失与共犯

一、概述

过失犯并不完全都是正犯，即使是在过失犯中也能够肯定单独正犯、教唆犯、帮助犯和共同正犯的区别。某行为若是出于故意则会作为帮助犯而得以减轻刑罚，倘若是出于过失，则要升格为正犯而不能减轻其刑罚，这种理解无疑是承认其与刑法的可罚性评价之间不具有整合性的结论，应该说是存在疑问的。需要检讨的问题是（1）是否有对这些行为予以处罚的规定；（2）在某些场合其成立要件是什么。

首先，出于**过失的教唆、帮助**，由于欠缺过失犯处罚规定而不可罚（刑法第38条第1款但书）。这是因为，即使对过失致死罪（刑法第210条）等过失犯的处罚规定适用刑法第61条、62条，根据刑法第38条第一款的正文也仅能推导出“针对过失犯的故意的教唆、帮助”的处罚规定，先暂且不管该旨意的不明确这一点，所以依据同条同款的但书，就不得不理解为不存在对过失的教唆、帮助的处罚规定。学说中，依据肯定了对结果加重犯成立教唆、帮助的多数见解的场合，就结果加重犯的加重结果要求过失是通说的见解，既然以此为前提，由于要处罚出于过失的教唆、帮助，也有人指出就应当不得不考虑其处罚规定的存在（西田380页）。若是那样的话，就会与结果加重犯的教唆、帮助一起，一般也处罚过失的教唆或者帮助。既然承认存在相应的处罚规定，如果因这种做法不妥当就否定处罚，那就不过是欠缺实定法上的根据的政策论、立法论而已。但是，肯定了对结果加重犯的教唆、帮助，这和出于过失的教唆、帮助的可罚性是两回事，是能够将两者区别开来考虑的。原本，从对结果加重犯的加重结果并不要求过失的判例的立场出发，即便是肯定了对结果加重犯的教唆、帮助，也不会产生是否成立出于过失的教唆、帮助这样的问题。与此相对，与判例不同，从责任主义的见地出发，关于结果加重犯的加重结果要求过失，与限定其处罚范围有着同样的意义，即便对基本犯是故意的教唆、帮助，为了肯定针对结果加重犯的教唆、帮助的成立，即使就加重结果要求过失，那也不过是从责任主义的见地出发对教唆、帮助所特别附加的限定而已。而且，这是基于结果加重犯的解释的，限定为对结果加重犯的教唆和帮助。从而，虽说是肯定了对于结果加重犯的教唆、帮助这一点，也不意味着就必须肯定出于过失的教唆、帮助的一般的可罚性。

与出于过失的教唆、帮助不同，由于可以理解为个别的、具体的过失犯处罚规定通过刑法第 60 条而能得以扩张，就可能肯定存在着**过失犯的共同正犯**的处罚规定（参见山口·探究 270 页以下）。从而，过失犯的共同正犯只要在理论上不被理解为不可能，可以说就能肯定其可罚性。对于“会不会导致过剩的处罚”这一担心，即使其存在，只要要求对要件论慎重地检讨，想来并不能成为否定现行法上处罚的理由。

二、判例

判例曾经认为“关于共犯的总则规定并不应该适用于过失犯”（大判明治 44 年［1911 年］3 月 16 日刑录 17 辑 380 页），采取了否定成立过失犯的共同正犯的态度（不过，亦请参见对立足于过失共同正犯肯定说的原判决予以认可的大判昭和 10 年［1935 年］3 月 25 日刑集 14 卷 339 页），不过此后则转变为对此给予了肯定。即，在 A 和 B 所共同经营的饮食店里，没有留意也没有经过必要的检查就将含有超出法定量以上的甲醇的液体（威士忌——译者注）基于意思联络而卖给了客人，客人饮后死亡。在这一案件中，原判决肯定了 A、B 两人成立有毒饮食物管理令第 4 条第 1 款后段的过失犯（过失贩卖含有甲醇的饮食物罪）的共同正犯，而最高裁的判决对此也给予了认可（最判昭和 28 年［1953 年］1 月 23 日刑集 7 卷 1 号 30 页）。此后的下级审判决在以下各案件中，均肯定了其成立过失犯的共同正犯。即，（1）A、B 二人共同将砂锅炉带进办公室一起烹煮食品之后，既未采取措施防止过热也未采取灭火措施就下班回家了，最终引发了火灾的案件（名古屋高判昭和 31 年［1956 年］10 月 22 日裁特 3 卷 21 号 1007 页）；（2）A、B 二人酒后出于好奇心驾驶游览船，一人负责掌舵一人负责机器操作，（因二人共同驾驶该船的过失行为而出现操作失误）导致该船触礁损坏的案件（佐世保简判昭和36年［1961年］8月3日下刑集3卷7－8号816页）；(3) A、B二人同属负责铁路道口安全工作的职员，二人均因疏忽而未能觉察到火车临近，由于没有关闭道闸而导致撞车事故的案件（京都地判昭和40年［1965年］5月10日下刑集7卷5号855页）；(4) 铁厂的工人A、B二人采用一人焊接另一人在旁边监视这样的方法交替从事焊接作业，由于并未采取措施将焊接作业点与可燃物隔开，最终因辐射热量及焊接火花而引起了火灾的案件（名古屋高判昭和61年［1986年］9月30日判时1224号137页）；(5) A、B两人都是通信工程公司的工人，两人共同从事电话电缆的修理业务，由于在作业结束之际并未完全熄灭焊枪的微火而引发了火灾的案件等（东京地判平成4年［1992年］1月23日判时1419页133页）（再有，参见山口·探究272页）。

三、学说

学说之中，从犯罪共同说的立场出发，要求共同的故意、否定成立过失犯的共同正犯的见解曾经很有力（比如，参见团藤重光：《过失犯与人格责任论》，日冲还历（1），65页以下）。但是，最近肯定说则处在有力化的状况之中（参见内田文昭：《刑法中的过失共动的理论》，有斐阁，1973；松宫孝明：《关于“过失犯的共同正犯”的理论基础》，立命馆法学339、340号，449页以下；大塚裕史：《过失犯的共同正犯的成立范围》，神户法学杂志62卷1、2合刊号，1页以下；嶋矢贵之：《过失犯的共同正犯论》，法协121卷1号，77页以下；121卷10号，151页以下，内海朋子：《关于过失共同正犯》、金子博：《关于过失犯的共同正犯》，立命馆法学326号，26页以下等。与此相对，最近的否定说，则有浅田426页，曾根257页，高桥则夫：《共犯体系和共犯理论》，86页，等等）。

首先，从早先的行为共同说的立场出发，若有共同的行为即能够肯定成立共同正犯，可肯定过失犯的共同正犯（比如，参见前引植田重正：《共犯的基本问题》，123页）。其次，即便是从犯罪共同说的立场出发，也有肯定说得以主张。该见解认为甚至不要求“故意的共同”，只要肯定“犯罪的共同”即可，另一方面，若有共同地实施过失犯的“实行行为”的意思的话，其作为（成为共同正犯中的“部分实行全部责任”之根据的）“意思疏通”来说就足够了（比如，参见福田 269 页）。而且，最初在共同正犯中，由于即使是故意犯也不可能对“责任”的共同分别予以判断，所以就不要求过失责任的共同，可以说以不可能判断责任的共同这一理由是不能否定过失犯的共同正犯的。

此后，从试图限定地肯定过失犯的共同正犯的见地出发，要求“**共同义务的共同违反**”之成立要件的观点作为最近的肯定说得以有力主张。即，两人以上在实施包含有易于产生犯罪结果之高度危险性的共同行为之际，在能够肯定各个共同者被科处了共通的注意义务的场合，由于各人违反该注意义务而致发生了犯罪结果时，就能够认定共同的过失。这是因为，各共同者都应该遵守该注意义务，不但是自己本身要遵守，而且还必须努力让其他的共同者也要遵守，在存在以上这样的关系的场合，违反了该注意义务时，则全体共同者都有理由接受就此的责任归属（参见大塚仁：《过失的竞合与过失犯的共同正犯》，福田平、大塚仁：《刑法总论Ⅰ》，377 页以下，以及大塚仁：《过失犯的共同正犯的成立要件》，曹时 43 卷 6 号，1 页以下）。尽管存在着细微的差别，但上述的见解在主要看法上获得了多数学说的支持（阿部纯二：《过失的共犯》，基本判例，75 页，藤木 294 页，大谷 413 页以下，盐见 124 页，等等。再有，参见杉田宗久：《过失犯的共同正犯》，大塚仁、佐藤文哉编：《新实例刑法总论》，332 页以下）。在多数说那里，要考虑的是“一方必须连同另一方的行为也要注意的场合”（参见平野Ⅱ395 页，内田文昭：《关于最近的过失共同正犯论》，研修 542 号，24 页，中森喜彦：《过失的共同正犯》，法七265 号，81 页，等等）。

可是，针对这样的见解，也有观点指出，在能够肯定“共同义务的共同违反”的场合，由于可以根据各自的注意义务违反追究过失责任，就可以将其消除于过失同时犯，未必有必要认定为共同正犯（同时犯消除说）（参见西田 383 页，等等）。

四、结果回避义务违反行为的共同

即使肯定过失犯的共同正犯，如本款一开始所说的那样，并不违反罪刑法定主义。若是将属于故意犯作为共同正犯概念的前提的话，固然没有肯定过失犯的共同正犯的余地，但作为构成要件结果之共同惹起的共同正犯恐怕并没有这样的概念上的限定。而且，根据如下理由，可以认为是能够肯定过失犯的共同正犯的。

第1，有观点认为，由于即便对过失犯不肯定共同正犯也能够作为单独犯加以处罚，所以也就没有必要肯定成立共同正犯。但是不能这么认为。由于共犯的构成要件该当性较之单独犯的场合要更为扩张，作为过失单独犯不能处罚的事例可能会作为过失犯的共同正犯来处罚，从而，肯定过失犯的共同正犯是有不容忽视的实际意义的。再者，原本也有观点将过失的共同正犯理解为“基于相互监视义务的一种监督过失”，从而将其消除于过失同时犯（参见西田383页），但这也是不行的。这是因为，共同者相互间并不存在上下关系因而不能肯定其监督关系，从而，就不可以说原本存在肯定监督过失的结果回避义务的根据。在以此为前提的基础上，有必要对肯定共同的结果回避义务的根据加以检讨。

再有，即使如上述的见解着眼于“相互监视的义务”，但在并非共同正犯而是单独犯的论理下考虑的场合，在无法证明“是由谁的行为产生了结果”的时候，结局就是，有必要考虑因怠于对他人行为监视的义务而成立过失犯。这是因为，仅在“出于相互监视义务违反的过失责任”，以及“由于自己的行为而产生了结果的过失责任”这两种情形中，无论哪种都不成立过失犯之时，在没有任何明确的认定的情况下，过失犯的成立即不能被立证，相应的也就不成立过失犯。但是，如果只把相互监视义务的违反作为问题的话，这与以监督过失为前提的监督义务的场合并不同，由于这只能被评价为以不作为对他人的结果回避义务违反行为助长、促进，只能被认定为是对并非处罚对象的过失的帮助而已。换言之，只要就过失犯而言不采取共同正犯、教唆犯、帮助犯无区别的看法（统一的正犯概念），就不能肯定过失犯的成立，从而，就不能用同时犯来消除过失的共同正犯。而且，如果将上述场合包含“出于过失的帮助一切都不可罚”这一旨趣的话，同时犯消除说其自身虽是可能被理解的，但是基于这样的理解的处罚范围的妥当性就会成为问题了吧。

第 2，肯定过失犯的共同正犯，具有充分的根据。对于构成要件该当事实的因果性为共同正犯中的“部分实行全部责任”奠定了基础，这种因果性由物理的因果性和心理的因果性所构成。但物理的因果性和有无故意是没有关系的，而即便是没有共同的故意，通过关于构成要件该当行为之实行的意思联络等，也能肯定心理的因果性。而且，即便没有共同惹起构成要件结果的意思（故意），也能够根据客观上共同的实行行为（构成要件行为），来肯定其作为共同正犯特征的共同惹起这一点。这样，就可能通过构成要件该当事实的过失而肯定共同惹起。

这样来考虑的话，虽然在过失犯中为共同惹起奠定了基础，但是从什么样的理由或是根据出发对过失行为（结果回避义务违反行为）的共同予以肯定便成为了问题。而且，由于原本是与不作为犯中作为义务同质的过失犯的结果回避义务通过“结果原因的支配”（危险源或是被害人的脆弱性的支配）为过失犯的结果回避义务奠定基础，所以共同的结果回避义务是通过**“结果原因的共同支配”**来奠定基础。因此，过失的教唆、帮助就被排除在处罚范围之外。这里被肯定的结果回避义务包含了对其他的共同参与者行为的考量，而要求共同地直接回避结果的义务。而且，这样的结果回避义务并不是单独犯的义务，要成为为共同正犯奠定基础的义务，那么作为结果原因的共同支配的要件，是否要求共同参与者之间的意思联络就成为了问题。虽说可以料想到共同参与者在通常情况下会有意思联络，不过，通过不改正其他的共同参与者所实施的结果不回避行为，来助长、促进结果回避义务违反的情况下，也能够对共同参与者之间的共同引起关系予以肯定。这样一来，在肯定结果原因的共同支配的场合也就肯定了共同的结果回避义务，基于对此的违反而发生构成要件该当事实时，就可作为过失犯的共同正犯来处罚。

再有，就过失犯的共同正犯来说，有人担心，共犯的因果性和过失概念相互结合，恐怕就会带来处罚范围过度宽泛的问题（西田典之：《过失的共犯》，法教 137 号，20 页）。不过像前引的最判昭和 28 年（1953 年）1 月 23 日的事例以及后面再次讨论的结果加重犯的共犯那样，对故意行为的部分存在共同的事例中，并不存在否定作为共同正犯处罚的理由，这一点是很明确的。通过对结果原因的共同支配、结果回避义务的共同予以严格的认定，是能够防止处罚范围的不当扩大的。

对以上作个总结。如肯定共同参与者对结果原因的支配是基于对共同的结果回避义务的违反的话，那么据此就能肯定对共同参与者违反结果回避义务的行为的促进、助长而形成的构成要件该当事实（结果）之共同惹起，以对构成要件该当事实（结果）惹起的预见可能性为前提，即成立过失犯的共同正犯。这一场合的结果回避义务的内容，不但包括要关照不要因为自己的行为发生构成要件的结果，还包括也要关照不要因为其他共同者的行为而发生构成要件的结果，对结果回避义务的违反，可以说，是通过对共同参与者违反结果回避义务的行为的促进、助长来为肯定共同正犯之根据的共同惹起关系奠定了基础。

五、结果加重犯与共犯

最后，想涉及一下与结果加重犯之间是否成立共犯的问题。从成立结果加重犯时要求对加重结果具有过失的通说的立场出发，结果加重犯就会被理解为故意犯与过失犯的结合形态，结果就是，这一问题也就和与过失犯之间是否成立共犯的问题挂起钩来了。

（一）结果加重犯的教唆与帮助

判例虽肯定了结果加重犯的教唆与帮助（肯定了伤害致死罪的教唆的，参见大判大正13年［1924年］4月29日刑集3卷387页），但判例认为就加重结果而言并不要求过失，这一点是需要留意的。从而，也就不产生出于过失的共犯问题。

是否能够肯定**针对结果加重犯**成立**共犯**（教唆、帮助），有几种不同的情况存在问题。首先，出于杀人的意思而实施了帮助时正犯却犯了伤害致死罪的场合，通过教唆、帮助的“二次责任”性和共犯的从属性的要件，在伤害致死罪的限度内成立帮助。其次，出于伤害的意思而实施了教唆或帮助时正犯却犯了伤害致死罪的场合，根据通说的理论，为了就正犯所引起的加重结果追究共犯的罪责，由于从责任主义的观点出发要求共犯就加重结果具有过失，如前所述，问题就是，即便是部分的，能否肯定出于过失而成立针对过失犯的共犯？从而，否定成立结果加重犯之共犯（教唆、帮助）虽然也是可以考虑的（参见团藤 428 页注 6），但如前所述，共犯中针对引起加重结果的过失的要件，是从责任主义的观点出发为了限定结果加重犯成立共犯而特别要求的要件，所以可以特别地肯定针对结果加重犯的共犯的成立。

（二）结果加重犯的共同正犯

虽然可以说判例站在了关于加重结果不要求过失的立场上，但其却肯定了结果加重犯之共同正犯的成立（最判昭和 26 年［1951 年］3 月 27 日刑集 5 卷 4 号 686 页）。

如上所述，在肯定了过失犯的共同正犯的场合，当然，也能肯定成立**结果加重犯的共同正犯**。在学说之中，除了共同正犯肯定说之外，有见解在否定过失犯的共同正犯的同时却肯定结果加重犯的共同正犯（比如，参见团藤 402 页注 2，西田 384 页），还有见解既否定过失犯的共同正犯，又否定结果加重犯的共同正犯（比如，参见曾根 258 页）。在这里，既然前提是成立（属于故意犯的）基本犯的共同正犯，由于就加重结果的原因来说能够肯定共同支配，因为能够肯定对共同的结果回避义务的违反，想来就没有理由否定就结果加重犯能成立共同正犯。

第九款　不作为与共犯

一、概述

关于不作为（特别是不真正不作为犯中的不作为）与共犯的关系，可以区分为**针对不作为犯的共犯**问题和**出于不作为的共犯**问题（关于后者，参见西田典之：《共犯理论的开展》，135 页以下，岛田聪一郎：《关于出于不作为的共犯》，立教法学 64 号，1 页以下、65 号，218 页以下）。从而，以下就对于这两个问题依次加以检讨。

二、针对不作为犯的共犯

不作为犯的特色在于其**主体**在法条上或是在解释上有所**限定**。比如说，像保护责任者不保护罪（刑法第 218 条）的主体限定于保护责任者，不退去罪（刑法第130条）的主体限定于处于他人的住宅等处的人，法律明文对其主体加以限定，再者，通过解释可认为对不真正不作为犯，只有具备**保障人地位**的人才成为其主体。从而，不作为犯是一种身份犯，而且属于**违法身份犯**。

从这样的理解来看，即便是没有构成要件要素的身份的人，因为若介入具备该身份的人也能够引起构成要件该当事实，而形成其核心的法益侵害，所以就能够成为不作为犯的共犯（包括共同正犯）。可认为就真正身份犯来说，有必要适用刑法第65条第1款，但就不真正身份犯来说则没有必要适用同款项的规定。

三、出于不作为的共犯

首先，在不作为的场合如何辨明**正犯与共犯的区别**一直是个问题（关于学说，参见神山敏雄：《围绕着不作为的共犯论》，成文堂，1994）。在此成为问题的不作为的共犯虽是不真正不作为犯，但既然原本不真正不作为犯是由于其能够和作为犯同等对待而成为处罚对象的，那么不作为场合的正犯与共犯的区别，就必须是和作为犯的场合两者的区别是一致的。也就是说，对故意实现构成要件该当事实的直接行为人能够肯定对结果原因的支配；与之相反，就不作为中的参与者而言，原则上要否定其对结果原因的支配，所以就不能肯定不作为正犯，而仅止于成立出于作为形式的正犯的共犯而已。

要想肯定成立出于**不作为的共犯**，当然必须要有**保障人地位**。① 在更多的成为问题的通过不作为来帮助的场合，作为义务成为问题的并不是直接防止和回避结果发生的义务，而是阻止正犯实行的义务，在如果对此懈怠而正犯的实行就会变得容易的场合，可理解为成立不作为的帮助（参见札幌高判平成12年［2000年］3月16日判时1711号170页）。要肯定这样的作为义务，可以准照于在单独犯中为了肯定保障人地位所

① 与正犯之间存在意思疏通的场合也不意味着全部成立出于作为的共犯，也有的场合需要检讨保障人地位。关于这一点，参见岛田聪一郎前引《关于出于不作为的共犯（1）》17页以下。

需的那些状况（结果原因的支配），将正犯实行行为的阻止委托给被告人的情形也是必要的（肯定了出于不作为的帮助的，有大判昭和 3 年［1928 年］3 月 9 日刑集 7 卷 172 页，大阪高判昭和 62 年［1987 年］10 月 2 号判夕675 号 246 页，等等；否定了出于不作为的帮助的，则有大阪高判平成 2 年［1990 年］1 月 23 日高刑集 43 卷 1 号 1 页，东京高判平成 11 年［1999 年］1 月 29 日判时 1683 号 153 页，等等）。另外，在不作为的共同正犯的场合，基于结果原因的共同支配，有必要对共同的作为义务（结果回避义务）予以肯定。

第九章　罪　　数

第一节　概　　说

一、罪数论的含义

所谓**罪数**，是指犯罪的个数。先对犯罪的个数（罪数）加以判断、进而在实施了数个犯罪的场合再考虑对其如何适用刑罚，研究这一问题的就是**罪数论**。也就是说，就罪数论而言，首先，（1）问题在于，行为人所实施的犯罪是几个，换言之，是一个罪呢，还是数个罪。要问的是，以何为基准对此加以判断。这就要通过对犯罪成立要件的检讨予以解决。其次，（2）在评价、判断认为行为人实施了数个罪的场合，问题在于，针对这数个犯罪，应该承认其何种法律效果。虽然这终归是个刑罚论领域的问题，但如后所述，即便是数个犯罪，但由于其存在方式未必相同，对此等数个犯罪所能肯定的法律效果亦有差异，故而一项重要的课题就是，要判断相应的具体事例在此等“数个罪”的不同存在方式（类型）之中究竟属于何种类型。在这里，成为问题的是“数个罪”的进一步区别，从而，与犯罪的个数（前述（1））问题相关联，罪数论呈现出了错综复杂的状况。

二、犯罪的个数

作为决定“是一罪还是数罪”这一**犯罪个数**的基准，历来有如下不同的主张：(1) 以行为的个数为基准的见解（行为说），(2) 以行为人的意思的个数为基准的见解（意思说），(3) 以结果（法益侵害）的个数为基准的见解（结果说），(4) 以构成要件评价的回数为基准的见解（构成要件基准说），其中，(4) **构成要件基准说**在学说上一直占据了非常有力的地位（作为其代表性的主张，如团藤 437 页等）。但是，这一见解也可能被批评为“虽然什么都说了，但是和什么都没说一样”。这是因为，即便可以说犯罪的个数是由构成要件评价的回数所决定的，但应该通过什么样的基准来决定构成要件评价的回数呢？这仍是个问题，对此必须给予明确的回答。如后所述，由于数罪中亦存在着不同的种类，这些种类的区别在实务上也具有极为重要的意义，所以即便可以说区分一罪与数罪并不具有决定性的重要意义，但在将完全不能说是数罪的犯罪加以明确的限度内，也可以说，对于划定犯罪个数之基准予以明确，仍然是有意义的。

若是遵从为了保护法益而以法益侵害为根据诉诸处罚，并且构成要件该当性依据每个被害法益而判断这样的理解、认识的话，在决定构成要件评价的回数时，就能够理解为，结果（法益侵害）的个数成为了决定性的重要基准。在此意义上，就可以说是“一个法益侵害一个犯罪”（参见铃木茂嗣：《罪数论》，现代讲座 (3)，287 页）。不过，虽说有点重复，但需要留意的是，如后所述，即便是从上述基准出发被认为是数罪的场合仍可能被评价为“一罪”（包括一罪、科刑上一罪），在这个意义上，就不能过度重视罪数的决定基准的意义。

三、罪数的诸形态

如前已述，按照法益侵害的个数来决定犯罪的个数（是一罪还是数罪）是可能且必要的，但尽管如此，在依这一观点被认定为数罪的情形之中，仍存在着在法律评价上判断属于一罪适当还是应该与一罪同样对待才适当的场合。在此意义上，相对于把犯罪区分为一罪和数罪来说，对于这样的犯罪个数的诸种形态（罪数的诸形态）加以辨明，对其根据、要件以及区别等加以明确，可以说这作为解释论来说才是更具建设性也是更为重要的。

从这样的观点来看，作为罪数的诸形态，可以区分为：(1) **单纯一罪**（引起了1次构成要件该当事实的场合），(2) **包括一罪**（存在着数个单纯一罪，在此意义上虽属数罪但却仍作为一罪处理的场合），(3) **科刑上一罪**（虽存在着数个单纯一罪或是数个包括一罪，但却仅按照其中最重的刑罚处断的场合），(4) **并合罪**（虽属数罪，但因为具有同时审判的可能性，在科刑时予以特别的考虑，仅宣告了一个加重的刑罚的场合）与 (5) **单纯数罪**（属于数罪且不具有并合罪的关系）。较之犯罪的个数是否是一个而言，该当于以上罪数诸形态中的哪一种在实务上来说是更为重要的。以下，对于这些罪数的诸种形态的要件及其区别，依次加以解说。

第二节　法条竞合

一、概述

由于仅仅是因一个行为而引起了一个法益侵害结果，只能进行一回构成要件该当性的评价，从而只成立一个犯罪的场合，是**单纯一罪**。针对一个法益侵害的事实可能适用数个刑罚法规，看上去像是成立数个犯罪，但从此等规定、法条的相互关系来看只可能适用其中的一个法条，从而只成立一个犯罪的场合，称为**法条竞合**。法条竞合是单纯一罪的一种。在学说上，也有见解认为，法条竞合属于在构成要件上能够认识为是成立数罪的场合，从而将其作为评价上一罪，而与作为认识上一罪的单纯一罪相区别（铃木茂嗣：《罪数论》，现代讲座（3），284页）。但即便此种见解，也将法条竞合视为“当然一罪”而认为其不同于后述包括一罪的场合。

肯定针对一个法益侵害的事实而成立复数的犯罪，会导致对同一事实的双重评价，是不能被允许的（町野朔：《法条竞合论》，平野古稀（上），411 页认为，将法条竞合作为数罪处罚是与禁止双重处罚的原则相抵触的）。就法条竞合来说，就是根据看上去可能适用的复数个法条之间的相互关系，仅选择其中的一个法条加以适用，并且也只成立该法条所对应的犯罪。

二、法条竞合的类型

一直以来，法条竞合都常常被区分为四种类型：（1）**特别关系**（两个法条之间存在一般规定与特别规定关系的场合），（2）**补充关系**（一个法条处在对另一个法条加以补充关系的场合），（3）**择一关系**（两个法条之间存在择一关系的场合），（4）**吸收关系**（一个法条将另一个法条予以吸收的场合）（比如说，参见团藤 456 页以下）。但是，只要不否定存在着包括一罪这一不同于法条竞合的罪数形态、罪数类型，那么就上述（4）的吸收关系来说，既然其能够肯定存在着复数的法益侵害事实，就必须将其理解为并非法条竞合而属于后述的包括一罪。此外，上述的（2）补充关系则可以说是（1）特别关系的一种。这是因为，例如，从某种一般的客体中去掉一定的东西（在这个意义上属于特殊的东西）而创造出的类型是基本类型，以剩余的客体作为对象的类型就是补充类型，由于能够从基本类型中去掉一定的特殊要素的类型属于补充类型，就能够肯定两者间存在一般（补充类型）与特殊（基本类型）的关系。进一步说的话，就特别关系来说，由于从特别类型中拿掉一定的特殊要素的场合所形成的是一般类型，在此也能理解为和补充关系同样的关系。这样的特别关系、补充关系，可以说是一方的构成要件（一般类型、补充类型）包摄了另一方的构成要件（特别类型、基本类型），在此意义上可以理解为**包摄关系**。再者，就（3）的择一关系来说，在两个构成要件并无重合的场合，由于法条的竞合（以是否该当于双方的构成要件作为问题）原本就不会成为问题，故而也就不是法条竞合；从而，作为法条竞合的择一关系是指，并非两个构成要件中的一方包摄了另一方而是双方处在**交错关系**的场合。即，交错关系是指两个并未完全重合的圆部分地交叉的关系，正是在这个交差的领域中双方的法条的竞合成为问题。

从以上这样的理解出发，法条竞合即可区分为（1）**包摄关系**（特别关系、补充关系）和（2）**交叉关系**（择一关系）。

（一）包摄关系

所谓包摄关系，是指一方的**法条**所规定的构成要件包摄了另一方的法条所规定的构成要件的场合，一般所说的特别关系和补充关系均属此列。就特别关系来说这一点很容易理解，即便是就补充关系而言，由于从基本类型中拿掉一定的特殊要素就成了补充类型，由此来看，就能够理解为补充关系同样属于包摄关系。

像侵占罪（刑法第252条）与业务侵占罪（刑法第253条）这样基本类型与加重类型以及像杀人罪（刑法第199条）与同意杀人罪（刑法第202条）这样基本类型与减轻类型关系的场合，即能够肯定**特别关系**。在这些场合，从加重类型或者减轻类型中拿掉加重要素或者减轻要素则属于基本类型。此外，就强盗罪（刑法第236条第1款）这样的结合犯来说，该罪与暴行罪（刑法第208条）、胁迫罪（刑法第222条）以及盗窃罪（刑法第235条）亦可以说具有特别关系。在这一场合，由于在一般规定之外存在着规制特别情形的特别规定，则“特别法优于一般法”，在存在该当于特别类型（加重类型或减轻类型）之事实的场合，即不适用该当于一般类型、基本类型的法条，而仅适用该当于特别类型的法条。

像对现住建筑物等放火罪（刑法第108条）以及对非现住建筑物等放火罪（刑法第109条）、对建筑物等以外之物放火罪（刑法第110条）那样，在以现住建筑物和非现住建筑物为对象的放火罪之后，紧接着在法条上补充地规定了以“前两条规定以外之物”为对象的放火罪，在这样的场合，即能够肯定**补充关系**。这称为**明示的补充关系**。与此相对，像伪造公文书罪（刑法第155条）与伪造私文书罪（刑法第159条）那样，在以公文书为对象的伪造罪之后，又补充地规定了以（公文书以外的）一般文书为对象的伪造罪的场合，能够肯定**默示的补充关系**。另外，在此场合，就伪造公文书罪的对象来说，虽然没有明文规定，但在对其作“与权利、义务或者事实证明相关”的限定性理解时，认为伪造公文书罪是关于一般文书的伪造罪的加重类型（特别关系）也是可能的。因为，补充类型是为了对在基本类型中未处罚的事实予以处罚而设置的规定，在补充关系中，由于“基本法优于补充法”，从而，存在着该当于基本类型的事实的场合，即不适用该当于补充类型的法条，而仅适用该当于基本类型的法条。从而，在不适用该当于基本类型的法条的场合，方才适用该当于补充类型的法条。

另外，在犯罪既遂的场合，在达到既遂之前的阶段，已经因该引起既遂的实行行为而成立未遂，因而仅适用既遂犯的法条，而不适用未遂犯法条。即，未遂犯的法条只在未能达到既遂的场合方才适用，在此意义上，相对既遂犯而言，未遂犯就属于补充关系。但既遂犯与未遂犯并非总是属于补充关系。这是因为，在虽实施了实行行为犯罪却停顿于未遂，进一步又实施了新的实行行为并因该行为而成立既遂的场合，由于是因不同的行为而分别成立未遂与既遂，就并非作为法条竞合而仅适用既遂犯的法条，而不过是未遂犯被既遂犯作为包括一罪吸收而已。预备与未遂、既遂的关系也是一样，由于各自的事实是由不同的行为所实现的，故而并非法条竞合的补充关系。预备不过是被未遂犯或者既遂犯作为包括一罪吸收了而已。

（二）交叉关系

所谓交叉关系，是指一方的法条所规定的构成要件和另一方的法条所规定的构成要件部分地重合的场合。就此重合的部分而言，既然只有一个法益侵害，则只能适用其中某一方的法条。一般所说的择一关系的一部分即属此列。在择一关系之中，不属于包摄关系并且两个构成要件没有交叉的场合，由于原本就没有产生法条之竞合的问题，也就不属于法条竞合。

在略取或诱拐未成年人罪（刑法第224条）与营利目的等略取或诱拐罪（刑法第225条）、侵占罪（刑法第252条）与背任罪（刑法第247

条）等场合，即能够肯定交叉关系。也就是说，在出于营利目的等诱拐了未成年人的场合，略取或诱拐未成年人罪与营利目的等略取或诱拐罪发生了竞合；处理他人事务的人基于委托而占有了他人的财物，在该人的背任行为侵占了委托物的场合，侵占罪与背任罪亦发生了竞合。在这些场合中，由于只引起了一个法益侵害，则要先通过解释来确定优先的法条，进而仅适用该法条定罪处刑。在上述的例子中，只适用规定了更重的法定刑的营利目的等略取或诱拐罪以及侵占罪的法条。

三、法条的优先关系

在法条竞合的场合，在所竞合的法条中，只能适用优先者，而这之外的法条则不予适用（不过，参见后述四）。问题是，如何确定所竞合的法条的优先关系。对于所该当的具体事实要适用更为适宜的法条，但哪个更为适宜则必须通过解释加以明确。在包摄关系中的“特别法优于一般法”、“基本法优于补充法”这样的原则，可以说是作为结论展示了法条优先关系的判断基准。特别规定是在该当了一般规定的事实之中，因存在加重、减轻理由的情形，为了科处加重或者减轻的刑罚而特别设置了相应的规定；再者，补充规定则是为了对不该当基本规定的事实补充地予以处罚而特别设置的规定，因此可以说，上述的原则当然就是妥当的。与此相对，就交叉关系来说，在立法形式上并没有明示出所竞合的法条之中何者优先，因此，在此场合应该采取何种解决方案就是个问题。不过，由于没有否定适用规定了更重法定刑之法条的理由，就可以理解为，要优先适用规定了更重法定刑的法条。另外，在规定了重的法定刑的法条（一般类型）与规定了轻的法定刑的法条（减轻类型）竞合的场合，若两者的关系属于法条竞合中的包摄关系，则适用在立法形式上处在优先地位的减轻类型的法条，而不能适用一般类型的法条；若两者属于交叉关系，由于在立法形式上并未展示发生竞合的两个法条的优先关系，则特意不适用重的法条而适用轻的法条也并非不可能。例如，在侵占行为亦属背任的场合，不适用侵占罪而以背信罪处罚这种做法并未受到禁止，就这一点而言，可以说法条的优先关系的含义，在交叉关系中和在包摄关系中是有所不同的。

在判断法条的优先关系时产生问题的，是加重类型的法条和减轻类型的法条两者竞合的场合。比如说，在过去，受到尊亲属的嘱托而将其杀害的场合，究竟适用杀害尊亲属罪（刑法旧第 200 条）还是受嘱托杀人罪（刑法第 202 条）就可能是个问题。在这一案件中，杀人罪（刑法第 199 条）的加重类型（杀害尊亲属罪）与减轻类型（受嘱托杀人罪）发生了竞合，这就存在着究竟优先适用哪个法条的问题。针对违法的事实而言在能够肯定责任的限度内，方才成立犯罪，而且，一个法益侵害事实也仅仅成立一罪，在这样的背景下才能够肯定法条竞合之成立。由此来看，在决定法条的优先关系时，成为基准的首先（第一次的）就是违法性（参见町野朔：《法条竞合论》，平野古稀（上），425 页以下。不过在违法加重类型与违法减轻类型竞合的场合，究竟何者优先，这恐怕只能从加重、减轻的宗旨出发进行判断）。从而，就受嘱托杀人罪与杀害尊亲属罪竞合的场合来说，在将其理解为属于违法减轻类型和责任加重类型的竞合时，就优先适用属于违法减轻类型的受嘱托杀人罪。再有，在违法加重类型和责任减轻类型竞合的场合，若根据上述的一般论来看的话，似乎就意味着要优先适用违法加重类型的法条；但从犯罪在责任的限度之内始得成立这一理解出发，无论违法性的轻重，都要优先适用责任减轻类型的法条，这样的理解大概也是可能的。要是这样理解的话，其结局就成了要优先适用减轻类型的法条。

四、被排除适用的法条的法定刑的作用

问题是，因法条竞合而不适用的法条所规定的法定刑是否依然发挥着某种作用。比如说，强取的目的虽实现了但强奸却未遂的案件中，有裁判例认为，虽成立强盗强奸未遂罪（刑法第 241 条、第 243 条），但在因未遂而减轻处罚时，不能在因法条竞合而不适用的强盗罪法定刑之下限（惩役 5 年）以下减轻刑罚（宫崎地判昭和 53 年［1978 年］2 月 16 日判时 900 号 118 页）。与此相对，同样也存在着否定如此限定的裁判例（东京高判平成 5 年［1993 年］12 月 13 日高刑集 46 卷 3 号 312

页）。要是认为强盗强奸罪是为了加重强盗罪的刑罚而设的犯罪类型，并且，也不能无视内含于未遂罪中法益侵害的事实的话，大概就会认可不被适用的法条即强盗罪的意义并肯定对于未遂减轻所施加的限制（前引町野朔：《法条竞合论》，434 页）。再有，比如说，想用小刀刺杀他人但在只致其负伤的阶段就基于自己的意思而中止了杀人，据此成立杀人的中止犯的场合，尽管只适用杀人未遂罪（中止未遂）的法条、因法条竞合而不适用伤害罪的法条，但问题是，能否这样认为，在确定杀人之中止犯的刑罚时，尽管不适用伤害罪的法条，但实质上伤害罪已经成立这一点不容否认，既然如此，就不能低于伤害罪的法定刑下限判处更轻的处罚，从而就不能免除刑罚。在这一场合中，根据犯罪中止的奖励这一中止未遂的特别政策目的，恐怕也可能将因中止未遂所致的减免刑罚效果亦推及于不被适用法条之犯罪，从而能够理解为，最终仍有可能免除刑罚（参见前引町野朔《法条竞合论》，434 页）。

第三节　包括一罪

一、概述

虽然存在着复数的法益侵害事实，但在能够通过一个法条的适用将其包括地评价的场合，称为**包括一罪**。构成包括一罪的个别的法益侵害事实，由于其本身是能够该当于构成要件的，而作为犯罪成为处罚对象的，仅仅是在复数的法益侵害事实全都处罚的场合将其全体作为一罪来对待而已，抽出其中的一个法益侵害事实来，仅将其作为处罚的对象而不处罚其他也是可能的。再有，只参与了被作为包括一罪包括评价的复数法益侵害事实中的一个法益侵害事实的人，也可能作为包括评价对象的个别犯罪的共犯而加以处罚。在此意义上，可以说包括一罪并非单纯一罪，而具有和科刑上一罪相近似的性质。就是说，包括一罪和科刑上一罪在都存在着复数法益侵害事实这一点上是一样的，也可以说两者的区别仅仅在于，科刑上一罪对此等复数法益侵害事实在适用复数的法条的基础上，在形成处断刑之时则作为一罪加以处理；而与之相对，包括一罪则排除了复数的法条的适用本身。从而，就包括一罪来说，和科刑上一罪的场合相同，也应该认为其处断刑不能低于被包括评价的轻罪的法定刑的下限。

包括一罪是引起了复数的法益侵害事实，其在具备如下条件的场合得以肯定：(1) 能够将所引起的次要的法益侵害事实包含于主要的法益侵害事实中加以评价，或者是能够综合评价为引起了同一的法益侵害事实；(2) 引起法益侵害事实的行为是一个行为，或者是可以按照一个行为来看待。也就是说，可理解为以 (1) 引起的法益侵害事实的一体性 (**法益侵害的一体性**) 以及 (2) 引起法益侵害事实的行为的一体性 (**行为的一体性**) 为要件，而能够肯定包括一罪的成立。在行为的一体性这一点上和科刑上一罪虽是一样的，但包括一罪还要求必须要有法益侵害的一体性，较之科刑上一罪的一罪性更强。根据法益侵害的一体性，复数的法益侵害在包括一罪场合下较之在个别地、独立地引起的场合，其违法性可能作为整体获得相对较轻的评价；再者，根据行为的一体性，较之基于复数的意思决定、行为而引起法益侵害的场合而言，其责任也可能作为整体获得相对较轻的评价。因此，就能够针对包括一罪只适用一个法条、作为一罪处理。

作为包括一罪，存在着两种场合，(1) 轻罪为重罪的刑罚所吸收的场合 (这称为**吸收一罪**)，以及 (2) 同样的数个罪包括地作为一罪的场合 (这称为**狭义的包括一罪**)。

二、吸收一罪

轻罪为重罪的刑罚所吸收的场合属于吸收一罪，其包括 (1) **伴随行为**、(2) **共罚的** (不可罚的) **事前行为或事后行为**，以及 (3) 其他的场合。以下依次予以解说。

(一) 伴随行为

虽是因为一个行为而引起了复数的法益侵害，但可以认为，附随于主要的法益侵害所引起的次要的法益侵害并非独立地另外成为处罚的对象，而是为了在所引起的主要法益侵害作为处罚对象的犯罪的法定刑框架之内作为情节加以考虑，就可以理解为，以引起的主要法益侵害为处罚对象的犯罪的刑罚中吸收了处罚次要法益侵害的犯罪，只适用将主要法益侵害作为处罚对象的法条即可。也就是说，就伴随于主要的法益侵害所引起的次要的法益侵害（**伴随行为**）而言，认为其被吸收评价于处罚引起了主要法益侵害的犯罪的刑罚之中就够了。比如说，在用手枪将他人杀害的同时所发射的子弹还损坏了被害人的衣服的场合，可以理解为，就后者的法益侵害所能肯定的损坏器物罪（刑法第 261 条）的事实被杀人罪（刑法第 199 条）的刑罚所吸收了。再有，殴打对方的脸由此造成被害人所戴的眼镜的镜片破损的场合，损坏器物罪则为伤害罪（刑法第 204 条）的刑罚所吸收（东京地判平成 7 年［1995 年］1 月 31 日判时 1559 号 152 页）。此外，行使伪造的货币而购入商品的场合，可以认为诈骗罪（刑法第 246 条）为行使伪造的货币罪（刑法第 148 条第 2 款）的刑罚所吸收（大判明治 43 年［1910 年］6 月 30 日刑录 16 辑 1314 页）。在对现住建筑物放火而致人死伤的场合，亦有判决认为，针对死伤者的重过失致死伤罪（刑法第 211 条后段）为对现住建筑物等放火罪（刑法第 108 条）的刑罚所吸收（熊本地判昭和 44 年［1969 年］10 月 28 日刑月 1 卷 10 号 1031 页）。

（二）共罚的（不可罚的）事前行为或事后行为

针对同一个，或者是可视为同一个的法益、客体的复数的行为存在目的与手段或者是原因与结果的关系的场合，属于手段的犯罪事实为属于目的的犯罪的刑罚所吸收的，称为**共罚的事前行为**。此种情形一直以来是作为法条竞合的一种类型，作为吸收关系的场合，而称为**不可罚的事前行为**。再者，属于结果的犯罪事实为属于原因的犯罪的刑罚所吸收的，称为**共罚的事后行为**。此种情形一直以来也是作为法条竞合中吸收关系的场合，被称为**不可罚的事后行为**。无论是共罚的事前行为还是共罚的事后行为，这些行为作为犯罪来说也都是成立的，从而，针对此等行为就可能成立共犯，但却为事后行为之罪的刑罚或者是事前行为之罪的刑罚所吸收了。

比如说，在预备与未遂犯、既遂犯的关系中，预备罪就是共罚的事前行为的例子。此外，虽然着手实行犯罪，但未能达到既遂（成立未遂犯），由于再度实施了实行行为而达到了既遂的场合，在与既遂犯的关系上，这里的未遂犯亦属于共罚的事前行为。再有，在要求了贿赂、约定了贿赂并且收受了贿赂的场合，（刑法第 197 条的）要求贿赂罪、约定贿赂罪在与收受贿赂罪的关系上也属于是共罚的事前行为。就以上这些来说，与前阶段的行为相关之罪被更重的后阶段的行为所能肯定之罪的刑罚所吸收了。

共罚的事后行为的例子，比如说，盗窃犯人将盗窃所得的财物予以毁弃的事例中存在的损坏器物，损坏器物罪（刑法第 261 条）即为盗窃罪（刑法第 235 条）的刑罚所吸收。再比如说，像在对他人的不动产擅自设定并登记了抵押权之后，再进一步将同一不动产的所有权擅自转移、登记的事例一样，就对侵占所得之物再度侵占的事例而言，以前的判例曾认为事后所实施的侵占行为（属于不可罚的事后行为）而不属于处罚的对象（先实施、后实施的行为方双方受到起诉的案件，可见大判明治 43 年［1910 年］10 月 25 日刑录 16 辑 1745 页；仅后实施的行为被起诉的案件，可见最判昭和 31 年［1956 年］6 月 26 日刑集 10 卷 6 号 874 页），不过最高裁后来变更了昭和 31 年（1956 年）的判例，认为只要能够针对后行为肯定侵占罪的构成要件该当性，就能作为侵占罪加以处罚（最大判平成 15 年［2003 年］4 月 23 日刑集 57 卷 4 号 467 页）。但就先实施的行为方与后实施的行为方双方被起诉的场合的罪数处理（是成立并合罪，还是成立包括一罪），判例则没有给出明确的评判，这只能是求诸今后的判断了。

此外，在事后行为伴随**新的法益侵害**的场合，就不能将其作为共罚的事后行为，为事前行为成立的犯罪之刑罚所吸收。比如说，要是利用盗窃的存折、印鉴从银行的窗口取出了存款的话，就成立针对存折、印鉴的盗窃罪和针对所取出的现金的诈骗罪两罪而成立并合罪（最判昭和 25 年［1950 年］2 月 24 日刑集 4 卷 2 号 255 页）。在上述的侵占物的侵占的事例中，在能够肯定与同一物品相关的再一次法益侵害的场合，对先实施的行为、后实施的行为之关系如何评价就是一个问题。再有，即便是针对同一法益、客体的行为，如果存在着复数的实行行为，且不能认为这些行为具有能按照一个意思决定来对待的关系时，就不能成立包括一罪。这是因为，与基于复数的意思决定所实施的行为之场合相比，不能肯定由于行为的一体性所导致的责任评价的相对的减少。比如说，由于业务上的过失而致被害人重伤，此后又故意将被害人杀害的场合，尽管先前的过失行为与随后的故意行为针对的是同一被害人，但却不能认为这两个行为具有能按一个意思决定来看待的关系，从而，就不属于是杀人罪的包括一罪，而成立业务上过失伤害罪与杀人罪的并合罪（最决昭和53年［1978年］3月22日刑集32卷2号381页）。

（三）其他的场合

出于杀害的目的，针对同一人在不同的时间地点实施了多次攻击，一开始时虽以着手未遂告终，最终还是实现了杀人的目的，在这样的场合中，有判例认为仅成立杀人罪一罪（大判大正7年［1918年］2月16日刑录24辑103页［日本大学学生被害事件］）。在这样理解的场合，恐怕也就是按照共罚的事前行为的扩张形态来理解了。不过，就这样的场合而言，在连续犯（刑法旧第55条）被废止的现行刑法之下，认为应该理解为并合罪也是可能的。

在能够肯定不同罪名的数个犯罪之间存在密切关系时，对这些犯罪能否作为包括一罪（这称为**混合的包括一罪**）来处理也是一个问题。首先，(1) 在侵入了他人的住宅并实施了盗窃（盗窃既遂）之后，被事主所发现，接着就对该事主实施了暴行、胁迫并抢走了财物的案件中，判决认为成立强盗罪的包括一罪（高松高判昭和28年［1953年］7月27日高刑集6卷11号1442页）。其次，(2) 某人对他人实施了暴行之后，又产生了强盗的意思并对同一被害人进一步实施了暴行，在无法查清伤害是由产生强盗的意思之前的暴行所导致还是由其后的暴行所导致的，就不能肯定强盗伤人罪的成立，这一场合，问题在于，能否肯定成立伤害罪与强盗罪的（混合的）包括一罪？对此持肯定态度并诉诸判决的，有仙台地判昭和39年（1964年）7月17日下刑集6卷7－8号865页，新泻地判昭和42年（1967年）1月13日下刑集9卷1号31页，福冈地判昭和47年3月29日刑月4卷3号615页，名古屋高判金泽支判平成3年（1991年）7月18日判时1403号125页，等等。在这一场合，要是按照前述的包括一罪的一般判断基准来看的话，肯定包括一罪的成立就会产生疑问。但是，因为并非出于一个行为的场合，就不能认为其属于伤害罪与强盗罪的观念竞合，再者，要是认为成立该两罪的并合罪的话，只要是将其处断刑选择为有期惩役刑的场合，就会导致较之强盗伤人罪反而更重，由此问题意识出发，强盗罪与伤害罪混合的包括一罪说得以主张。可以说，这一场合说到底都应该是在和具体案件之处理的关系上加以考虑的类型。再次，（3）在窃取或者是骗取了他人的财物（兴奋剂）之后，出于免于返还该财物或者是免于支付应该支付的价款而实施了杀人行为（未遂）的案件中，最高裁肯定其成立盗窃罪或是诈骗罪与第2项的强盗夺人未遂罪的包括一罪（最决昭和61年［1986年］11月18日刑集40卷7号523页）。这是因为，由于盗窃、诈骗行为与强盗行为实质上是针对同一财产的行为，并且两行为之间具有密切的关联性，从而肯定了这样的结论。最后，（4）在不法融资的案件中，也有几个裁判例肯定了诈骗罪与行使伪造的有印私文书罪之间成立包括一罪（东京地判平成4年［1992年］4月21日判时1424号141页，东京地判平成4年［1992年］7月7日判时1435号142页，东京高判平成7年［1995年］3月14日判时1542号143页）。就这些判决而言，虽然从行为的先后关系来看将之理解为两罪的牵连犯是有困难的，但由于就实际情形来说和牵连犯实质上是同样的案件，因此，就可按照包括一罪来处理。

三、狭义的包括一罪

在能够将同样的数个罪包括地作为一个犯罪评价的场合，就是**狭义的包括一罪**。如下依次所述，狭义的包括一罪亦有若干类型。

第1，一个行为中针对一个被害人引起了复数的同样的法益侵害的场合，作为全体则成立包括一罪。比如说，用霰弹枪朝被害人扫射、致被害人的身体多处负伤的场合，即成立伤害罪的包括一罪。在这一场合，其一罪性是非常明显的，甚至都没必要说成是包括一罪。再者，因一个行为而烧毁了属于同一被害人的数个所有物的场合，不成立数个损坏器物罪而是成立损坏器物罪的包括一罪。此外，与此等场合不同，在被害法益、被害物的所有者不同的场合，则不能成立包括一罪。比如说，因一个行为而致数人死亡的场合，不成立杀人罪的包括一罪，而是根据被害人的人数成立杀人罪的观念竞合。

但是，近期最高裁判所显示出了与上述理解不同的判断。在长达约2个月的时间内，以街头募捐的名义安排了多名不知情的募捐活动人员，从多名行人中骗到了现金。在这一案件中，最高裁认为，针对不特定多数的行人一概实施了同一内容的相同类型的诱导以招募捐款，且是基于同一个意思、企图而继续实施活动，况且不会对被害人投入的捐款逐个区分后再予以接收，基于这些原因，即使被害人不同，也能够理解为，这是将被害人全体作为一个整体予以评价的包括一罪（最决平成22年［2010年］3月17日刑集64卷2号11页）。对此应当从这样的观点出发予以理解，即其是针对这一案件的特殊性而提供的解决方案，将这里体现的思考方法一般化、将包括一罪予以扩张是不恰当的。在被害人不同的场合不构成包括一罪，这一原则还是应该得到确认的。

第2，根据连续地实施的数个行为、针对同一被害人引起了数个同样的法益侵害的场合，在全体上亦成立包括一罪（这称为**接续犯**，日文即为“接续犯”）。这是因为，尽管是数个行为，但在基于一个意思决定或者可以按照基于一个意思决定来看待的场合，即能够肯定行为的一体性。比如说，连续多次对同一被害人进行殴打，致其身负多处伤害的场合，即成立伤害罪的包括一罪。在这一场合，同样可以说其一罪性是非常明显的，甚至没必要说成是包括一罪。再有，在短时间之内分几次将仓库中所保管的物品偷出来的场合，成立盗窃罪的包括一罪（最判昭和24年［1949年］7月23日刑集3卷8号1373页）。与这些相对，尽管是连续实施的同种的行为但在具体的被害人、被害法益不同的场合，亦不能成立包括一罪。判例认为，在同一场所针对不同的观众实施的数次公然猥亵行为不成立包括一罪（最判昭和 25 年［1950 年］12 月 19 日刑集 4 卷 12 号 2577 页）。此外，在超过了限速的状态下持续驾驶汽车的场合，判例也认为，不同场所的速度违反行为不成立包括一罪。在此场合，由于也不能说是出于一个意思决定，也能理解为不成立包括一罪（最决平成 5 年［1993 年］10 月 29 日刑集 47 卷 8 号 98 页）。

已经废除的刑法旧第 55 条，曾经设置了“连续实施的数个行为在触犯同一罪名时作为一罪予以处断”这一连续犯（日文即为“连续犯”）规定。而且，即使在承认这样的连续犯的当时，上述的接续犯也被承认是一罪。这里的连续犯，虽因其解释而导致了其适用范围的显著扩张，但若构成连续犯的犯罪中的部分犯罪存在确定的判决则就全体而言一事不再理的原则即生效，对于其他的行为就变得不能加以处罚了。对此，在现行刑事诉讼法之下，起诉前的拘留期间等搜查的限制变得更为严格，这就会因以上连续犯的规定而产生不能加以处罚的事态，故而这一规定在昭和 22 年（1947 年）就被废除了。但是，即便是在连续犯的规定废止之后，判例也认为，在一定的限定性的范围之内，连续犯的情形仍旧属于包括一罪。也就是说，在几个月之间连续几十回针对同一名毒品中毒患者施用了毒品的案件中，判例认为是基于单一的犯意从而成立包括一罪（最判昭和 31 年［1956 年］8 月 3 日刑集 10 卷 8 号 1202 页）。另外，在近期的判例之中，针对同一被害人在四个月或者是一个月这样一定的期间内反复实施了一系列暴行而使其受到各种伤害的案件，被告人以与被害人的人际关系为背景，在某种程度上限定的场所内，从共同的动机出发反复产生犯意，由于主要是从反复累计的同样样态的暴行出发，将各种各样的伤害全体评价为一个整体，进而肯定了成立包括的一罪（最决平成 26 年［2014 年］3 月 17 日刑集 68 卷 3 号 368 页）。

第 3，像常习犯、营业犯这样的，在构成要件上已经设想到会实施多个同样行为的场合，这些行为的全体也成立包括一罪（这称为**集合犯**）。比如说，即便作为常习多次实施了赌博行为，也只是包括地成立常习赌博罪（刑法第 186 条第 1 款）一罪而已（最判昭和 26 年［1951 年］4 月 10 日刑集 5 卷 5 号 825 页）。再有，在贩卖（颁布）猥亵图画罪（旧刑法第175条前段，刑法第175条第1款）中，也理解为包含着性质上反复实施的多次行为，即便是在多次贩卖的场合，也仅是包括地成立一罪而已（大判昭和10年［1935年］11月11日刑集14卷1165页）。与此相对，就经营金融业的人多次实施的违反出资法的犯罪来说，判例则认为是根据不同的契约而成立不同的犯罪（最判昭和53年［1978年］7月7日刑集32卷5号1011页）。

第四节　科刑上一罪

一、概述

刑法第54条第1款规定，“一个行为同时触犯两个以上的罪名”的场合，以及“作为犯罪的手段或者结果的行为触犯其他罪名”的场合，“按照其最重的刑罚处断”。前者的场合称为**观念竞合**（由于是一个行为该当于数个法条，故也可称为“一行为数法”。此外，中国读者一般习惯于将其称为“想象竞合”。——译者注），后者的场合称为**牵连犯**。在这些场合中，虽然也可以认为存在着数个单纯一罪，但因为在科刑上是作为一罪来处理的，所以称为**科刑上一罪**。另外，在诉讼法上亦作为一罪对待，一事不再理的效果及于科刑上一罪的全体。

与包括一罪的场合不同，在科刑上一罪的场合，虽然发生了数个应该独立评价的法益侵害，但因为是属于一个行为或者可以按照一个行为看待的场合，也就是属于出于一个意思决定或者可以按照出于一个意思决定来看待的场合，故而和因数个行为（意思决定）引起数个法益侵害的场合比较起来，其责任相对地减少了，从而也就肯定了按照“其最重的刑罚”处断。

关于“最重的刑罚”，判例是采纳了以刑法第72条[①]的加重减轻之

① 根据日本刑法第72条规定，在由法定刑形成处断刑时，按照（1）再犯加重，（2）法律上的减轻，（3）并合罪的加重，（4）酌定减轻这样的先后顺序进行加重与减轻。——译者注

前的法定刑为基准加以判断的立场，但在学说中，有这样一种有力的见解得以主张，即认为应该就各罪来说先选择刑种，再施以再犯加重和法律上的减轻之后，以这样形成的刑罚作为基准（参见团藤 461 页。再者，亦请参见平野Ⅱ422 页）。另外，刑罚的下限也不能低于轻罪的刑罚的下限（最判昭和 28 年［1953 年］4 月 14 日刑集 7 卷 4 号 850 页）。

二、观念竞合

“一个行为同时触犯两个以上的罪名”的场合（刑法第 54 条第 1 款），是**观念竞合**，此时，不论“两个以上的罪名”是同样的罪名（比如说，开了一枪而杀死了 A、B 两人的场合）还是不同的罪名（比如说，开了一枪而杀死了 A 并损坏了 B 的所有物的场合）。如前所述，由于是由一个行为（意思决定）而引起了复数的法益侵害，可以说较之由复数的行为（意思决定）引起复数的法益侵害的场合而言，相对地减少了责任，正是这种责任减少是观念竞合作为科刑上一罪特别处理的根据所在。

问题在于，是否为“**一个行为**”的判断基准何在。判例认为，所谓“一个行为”是指“抛开法律评价并舍弃构成要件性观点，在自然性观察之下，行为人的动态可以接受社会观念上‘一个动态’这一评价的场合”（最大判昭和 49 年［1974 年］5 月 29 日刑集 28 卷 4 号 114 页）。确实，在判断行为的个数时，并不需要连所引起的结果也包含在内的行为的重合，但由于行为终究是作为该当构成要件的行为而成为问题的，所以可以理解为，还是有必要从构成要件的观点出发而肯定受到限定的行为的重合（参见平野Ⅱ424 页），并且，这也就够了。无论如何，出于一个意思决定这一点可谓是“一个行为”的实质的意思。

在问题多多的交通犯罪中，依照上述基准，判例认为，醉酒驾驶罪与驾驶中所实施的业务上过失致死罪（现在是过失驾驶致死罪）之间，无论醉酒驾驶是否是过失的内容，都并非观念竞合（前引最大判昭和 49 年［1974 年］5 月 29 日）。由于醉酒驾驶和业务上过失致死行为（过失驾驶致死行为）是出于不同的意思决定而实施的，故而判例的立场是可以得到支持的。此外，在无照驾驶与醉酒驾驶（最大判昭和49年［1974年］5月29日刑集28卷4号151页）、无照驾驶与无车检车运行（最大判昭和49年［1974年］5月29日刑集28卷4号168页）的场合，判例则肯定其成立观念竞合，由于无照驾驶与醉酒驾驶，或者是无照驾驶与无车检车运行都是出于驾驶行为这一个意思决定的场合，所以判例的判断也就是妥当的。

与此相关联，比如就非法持有枪炮刀剑类这一继续犯与在持有过程中所实施的使用枪炮刀剑类的强盗行为来说，由于在实施强盗的阶段中能够肯定不同于非法持有的新的意思决定，从而也就不能成立观念竞合（最判昭和24年［1949年］12月8日刑集3卷12号1915页）。

此外，就既遂时期不同的进口兴奋剂罪与关税法上的无许可进口罪而言，判例认为"在社会见解上应该评价为一个兴奋剂进口行为"从而作为观念竞合来理解（最判昭和58年［1983年］9月29日刑集37卷7号1110页）。虽说从一个意思决定这一点上对此判例的立场亦能实质地予以理解，但这里对"一个行为"仍是作了宽泛的解释，这一点是有问题的。

三、牵连犯

"作为犯罪的手段或者结果的行为触犯其他罪名时"（刑法第54条第1款），属于**牵连犯**。行为虽是复数的，但在这些行为之间存在着手段与目的或者是原因与结果的关系的场合，属于可以按照一个意思决定看待的场合，能够肯定相对的责任减少，也是作为科刑上一罪来处理的。

成为问题的是，在什么时候能够肯定牵连犯的牵连关系。判例认为，"数罪之间要想成立牵连犯，不但要求犯罪人主观上认为其所实行的一个行为是另一行为的手段或是结果，而且也要求该数罪之间必须应该存在着**罪质上的通常的手段结果的关系**"（最大判昭和24年［1949年］12月21日刑集3卷12号2048页）。具体来说，在侵入住宅罪与盗窃罪或强盗罪（大判明治45年［1912年］5月23日刑录18辑658

页）、侵入住宅罪与杀人罪（大判明治43年［1910年］6月17日刑录16辑1220页）、伪造公文书罪与行使伪造的公文书罪（大判明治42年［1909年］7月27日刑录15辑1048页）、伪造私文书罪与诈骗罪（大判明治42年［1909年］1月22日刑录15辑27页）等之间，判例都肯定了存在牵连犯的关系。但是，判例关于牵连关系的判断是否具有一贯性并不明确，比如说，杀人罪与遗弃尸体罪（大判明治44年［1911年］7月6日刑录17辑1388页）、营利目的的受让毒品罪与毒品让渡罪（最判昭和54年［1979年］12月14日刑集33卷7号859页）之间，则否定了牵连犯的关系。此外，判例还否定了监禁罪与恐吓罪之间成立牵连犯（最判平成17年［2005年］4月14日刑集59卷3号283页）。

四、不作为犯的罪数

就不作为犯来说，问题在于，在什么样的场合能够肯定观念竞合。在引起了交通事故时未履行救助义务以及报告义务就逃离了事故现场的案件中，判例认为，由于违反各个义务的不作为“在社会生活中应该评价为逃逸这一个社会性事实”，所以认为《道路交通法》中的违反救助义务罪（第72条第1款前段、第117条）与违反报告义务罪（第72条第1款后段、第119条第1款第10项）存在观念竞合的关系（最大判昭和51年［1976年］9月22日刑集30卷8号1640页）。

这里，在基于什么也不做这一个意思决定这一点上，所说的两个不作为虽能理解，但由于不可能同时履行两方的作为义务，所以肯定两个不作为之并存进而同时肯定两方的不作为犯的构成要件该当性（这些是肯定观念竞合的前提）本身可以说是有疑问的。在这一场合，妥当的是，两义务违反或是成立并合罪，或是仅成立重的违反救助义务罪（参见平野龙一：《救助义务违反与报告义务违反的罪数》，平野·诸问题（上），214页以下）。①

① 也就是说，是否是“一个行为”，这是行为的“重合问题”，而非行为的“广度”问题，既然一个行为不能同时履行救助义务与报告义务，也就不能认为这两罪是由“一个行为”所引起，故而认为其构成“一行为触犯数罪名”的观念竞合就是有问题的。——译者注

五、共犯的罪数

（一）教唆、帮助的罪数

教唆、帮助罪的个数虽遵从正犯所实行的犯罪的个数，但在教唆或帮助行为是实施了一个行为的场合，则数个教唆或帮助罪则作为观念竞合而成为科刑上一罪。在过去，判例虽然认为即便只有一个教唆行为也是按照正犯的罪数而成立数个教唆罪（大判昭和2年［1927年］10月28日刑集6卷403页），不过现在，也肯定了此时作为观念竞合成立科刑上一罪这一点（最决昭和57年［1982年］2月17日刑集36卷2号206页）。

此外，在数个教唆或帮助行为中，教唆或帮助了正犯的一个犯罪的场合，成立教唆或帮助的包括一罪；在为了引起同一个结果而教唆或帮助了数名正犯的场合，亦成立教唆或帮助的包括一罪。再有，在实施了教唆或帮助行为之后又亲自实行的场合，则成立共同正犯的包括一罪。

（二）共同正犯的罪数

数人共同引起了复数的法益侵害的场合，成立复数的共同正犯，并属于并合罪（最决昭和53年［1978年］2月16日刑集32卷1号47页）。但是，在仅参与了共谋等能够认定只有一个共同正犯行为的场合，也有成立复数的共同正犯之间的观念竞合的余地。

六、搭扣现象

A罪与B罪间原本具有并合罪的关系，但又实施了X罪，X罪与A罪以及X罪与B罪之间都具备科刑上一罪的关系，这种场合如何处理是一个问题。就是说，问题在于，能否将X罪作为“搭扣”，将原本具有并合罪关系的A罪与B罪涵括进来，认为3罪之全体成立科刑上一罪（这称为搭扣现象）。由于属于搭扣的X罪的存在，并合罪被更轻地处断，这岂非不恰当？对此存在着这样的争论。

判例认为，(1) 在X1与A罪是观念竞合、X2与B罪是观念竞合且X1与X2构成X罪的包括一罪的场合，则全体具备科刑上一罪的关系（有判例认为，属于集合犯的违反劳动基准法的个别行为和违反职业安定法的行为具有观念竞合的关系。参见最决昭和 33 年［1958 年］5 月 6 日刑集 12 卷 7 号 1297 页）；（2）X 罪与 A 罪是牵连犯、X 罪与 B 罪也是牵连犯的场合，则全体处于科刑上一罪的关系（关于侵入住宅与复数的杀人的案件，可见最决昭和 29 年［1954 年］5 月 27 日刑集 8 卷 5 号 741 页）。

首先，在因与构成包括一罪的个别行为之间存在观念竞合而产生了搭扣现象的场合，既然是肯定了成立观念竞合，恐怕就应该按照并合罪来处理（若 X 罪是“最重的刑罚”的话则成立包括一罪）。这是因为，A 行为与 B 行为的实行之间并不存在可以按照一个意思决定来看待的关系。其次，在由牵连犯而产生了搭扣现象的场合，只肯定处在可以按照一个意思决定来看待的与最初犯罪行为之间的牵连犯关系，而与后面的行为之间则成立并合罪，这样来处理是妥当的。

第五节　并合罪

一、概述

“未经确定判决的两个以上的罪”，是**并合罪**（刑法第 45 条），如后所述，在科刑这一点上有特别的对应。不但具有**同时审判的可能性**的数罪是并合罪，而且在对某罪存在处以监禁以上刑罚的确定判决时，则该罪与该裁判确定前的罪亦成立并合罪。再者，裁判确定后的数罪虽是并合罪，但夹在确定裁判前后的数罪相互之间则并不存在并合罪的关系。

就具有同时审判的可能性的数罪来说，在考虑全体的基础上而决定处断刑是妥当的，因此，而肯定了并合罪的存在。

二、并合罪的处断

关于并合罪的处断，加重主义、吸收主义以及并科主义得以并用。

就有期惩役、有期监禁以及罚金来说，采用了**加重主义**。即，在并合罪中有两个以上判处有期惩役或者有期监禁的犯罪的场合，应将最重的罪所规定的刑罚的最高刑期加其二分之一作为最高刑期，但不得超过对各罪所规定的刑罚的最高刑期的总和（刑法第47条。参见最判平成15年［2003年］7月10日刑集57卷7号903页）；在并合罪中有两个以上的罪判处罚金时，应当在各罪所规定的罚金的最高数额的总和以下处断（刑法第48条第2款）。

就死刑或者无期惩役、无期监禁来说，则采用了**吸收主义**，即在并合罪中有一个罪判处死刑、无期惩役或者无期监禁时，则不判处其他的刑罚，而只判处死刑或者无期惩役或者无期监禁（刑法第46条）。但是，在死刑的场合，得以并科没收（刑法第46条第1款但书），而在无期惩役、无期监禁的场合，则得以并科罚金、科料或者没收（刑法第46条第2款但书）。在此时，则是采用了**并科主义**。

虽然惩役、监禁和罚金得以并科（刑法第48条第1款），拘留、科料则得以与死刑之外的其他的刑罚并科（刑法第53条），但无期惩役、无期监禁与拘留则不能并科（刑法第46条第2款）。

第十章　刑法的效力范围

第一节　刑法的时间效力

一、罚则的施行

某种行为要想作为犯罪成为处罚的对象，就必须在行为时存在具有效力的处罚规定。这是日本宪法第 39 条所规定的**禁止溯及处罚**的要求。

在对其作出规定的法令**施行**以后，罚则开始具有效力。法令通常是在公布之后经过一定时日后开始施行，但就规定了“在公布之日起施行”的法令来说，由于可以认定为，通过政府公报公布的法令在“将法令内容置于一般国民所应能知悉的状态之下”之时点，也就是说，处在一般市民若希望阅读或购买则能够阅读或购买之状态的最初时点，即属法令已经公布，则自该时点起即认为法令已施行（最大判昭和 33 年［1958 年］10 月 15 日刑集 12 卷 14 号 3313 页）。

二、犯罪时

在罚则的施行后实施犯罪的场合，则可以适用罚则对相应犯罪行为加以处罚。在此，何时实施了犯罪（这称为**犯罪时**）就是一个问题。犯罪是在从实行行为时到结果发生时的一定时间跨度内所实施的，这样的构成要件该当事实必须全部能够在罚则的施行后得到认定。判例和学说是采纳了将实行行为时作为犯罪时的理解，但其旨趣恐怕有必要如此来理解。在此意义上，在实行行为时罚则必须已经施行了（参见团藤第76页），并非只要结果发生时罚则已经施行就行了（大判明治43年［1910年］5月17日刑录16辑877页则认为，只要是罚则施行后能够认定行为的效果就够了）。

在横跨罚则施行前后所实行的继续犯（最决昭和27年［1952年］9月25日刑集6卷8号1093页）、包括一罪（大判明治43年［1910年］11月24日刑录16辑2118页）、牵连犯（大判明治42年［1909年］11月1日刑录15辑1498页）的场合，判例都肯定了适用施行后的罚则，但这恐怕是不妥当的。再有，在正犯行为横跨罚则的施行前后实施时，尽管有判例肯定了在罚则施行前已经终了的共犯亦适用该罚则（大判明治44年［1911年］6月23日刑录17辑1252页），但既然共犯行为也是共犯的构成要件该当事实，要是在罚则施行后没有实施共犯行为的话，想来就不能针对共犯适用罚则（大阪高判昭和43年［1968年］3月12日高刑集21卷2号126页）。

三、刑罚的废止

罚则光在犯罪时存在还不够，在**裁判时**也必须存在。要是在裁判时不存在罚则的话，就不能认为裁判所存在处罚犯人的权限。现行法中，认为在该场合属于“由于犯罪后的法令而致**刑罚的废止**”，从而就会受到**免予起诉**的判决（刑事诉讼法第337条第2款）。此外，即便是罚则在犯罪之后被废止，但如果在废止法令中专门规定“对于废止前行为的处罚仍循前例”的话，则只要是犯罪时所存在的罚则处罚在其存在期间所实施的犯罪，就可以说在此限度内罚则仍然是存在的，这就不属于“刑罚的废止”（参见最判昭和30年［1955年］7月22日刑集9卷9号1962页，只是这一判例也与刑法第6条的适用相关）。

就附时限的法令来说，曾经有人主张在法令失效后罚则也当然存在效力的“限时法理论”。该主张的根据在于，就附时限的法令来说，如果在法令失效后罚则也跟着失效的话，那么对于在罚则就要失效时所实施的行为来说，由于在罚则的有效期间中实际上无法处罚，在此限度内也就失去了罚则的威慑力。但是，这是一个能够通过立法技术、立法方法得以解决的问题，肯定如此特殊的理论，可以说既无必要，亦不妥当。

在构成要件要素的含义因其他法令而变更的场合，或者是就罚则的内容而委任的法令变更了的场合，能否说是罚则的废止（“刑罚的废止”）也是一个问题（对于这些问题，参见高山佳奈子：《刑罚的废止与变更》，成城学园 80 周年・成城大学法学部 20 周年纪念论文集，377 页以下）。对此，恐怕要根据这样一点加以判断，即，法令的变更是否也伴随着对变更前的行为之犯罪性评价的变更？在（旧的）构成杀害尊亲属罪（刑法旧第 200 条）之后，即便是由于民法的改正使得被害人已经不属于直系尊亲属，判例也认为不属于刑法第 6 条所说的“刑罚的变更”，而能够适用杀害尊亲属罪的规定（最判昭和 27 年［1952 年］12 月 25 日刑集 6 卷 12 号 1442 页）；在实施了违反物价控制令第 3 条的行为后，即便是基于该控制令而指定了价格等的控制额的主管大臣的告示已废止，判例也认为不属于“刑罚的废止”（最大判昭和 25 年［1950 年］10 月 11 日刑集 4 卷 10 号 1972 页）。但前者（昭和 27 年 12 月 25 日的判例）却是有疑问的。与此相对，按照政令的规定，龙美群岛被视为外国，被告人因实施将黑砂糖从龙美群岛走私到九州的行为而被起诉，其后政令发生变化，不再将龙美群岛视为外国，对此，判例认为属于“刑罚的废止”（从而宣告被告人的行为并不构成犯罪——译者注）（最大判昭和 32 年［1957 年］10 月 9 日刑集 11 卷 10 号 2497 页）。再有，（旧的）《道路交通取缔法》规定具体罚则交由相关部门发布的命令决定，受此委任之后，旧的《道路交通取缔法施行令》第 41 条再将罚则的制定委任给各地公安委员会的规则，新泻县公安委员会制定的（旧）新泻县道路交通取缔规则第 8 条依据此施行令禁止两人共同骑乘装有电动车的第 2 种自行车，被告人因违反此规则而被起诉，此后，该规则被改正，禁令不再包括此类自行车。对此，判例认为，根据各个阶段的需要，前述施行令第41条会对公安委员会所制定的相关限制作适当变更，这是当然能够预想到的，违反行为当时之限制的行为是具有可罚性的，从而对其加以处罚，就该规则废止前所实施的行为而言并不能说是属于“刑罚的废止”，对于空白补充规定肯定了一种意义上的“限时法理论”的适用（最大判昭和37年［1962年］4月4日刑集16卷4号345页）。

此外，处于法条竞合关系中的罚则的一方在犯罪成立后失效的场合，不是“刑罚的废止”而是下面所涉及的“刑罚的变更”（关于杀害尊亲属加重处罚规定的废除，请参见最判平成8年［1996年］11月28日刑集50卷10号827页）。

四、刑罚的变更

刑法第6条规定，“因犯罪后的法律致**刑罚的变更**时，适用处罚较轻的法律”。从禁止溯及处罚原则的角度来说，是不允许事后的刑罚的加重的，因此，这里所说的“刑罚的变更”，重要的是刑罚的减轻。刑罚的减轻，由于是部分的“刑罚的废止”，所以这也可以说就是当然的事情。

在犯罪成立后存在复数回的“刑罚的变更”的场合，要适用**最轻的刑罚**。这是因为，要是在刑罚变轻的当时加以处罚的话，由于就会按照轻的刑罚加以处断，由于裁判的迟延等导致被告人的利益受到剥夺是不适当的，所以可以认为，仍然让行为人得到这一利益才是适当的。

问题是，何种场合才存在“刑罚的变更”。虽然法定刑的变更是其主要情形，但判例认为，一方面，即便是扣留于劳役场的期间变更，认为其相当于“刑罚的变更”也是妥当的（大判昭和16年［1941年］7月17日刑集20卷425页），而另一方面，缓刑条件的变更则不属于“刑罚的变更”（最判昭和23年［1948年］6月22日刑集2卷7号694页）。

第二节　刑法的空间效力

一、国内犯

刑法适用于“在日本国内犯罪”的场合（这称为国内犯）（刑法第1条第1款）。对在处于日本国外的船舶或者日本航空器内犯罪的人，亦同样适用刑法（刑法第1条第2款）。这一旨趣的规定无论怎么说都是理所当然的，这称为**属地主义**的原则。

构成要件该当事实的一部分发生在日本国内（包括日本船舶、航空器在内，下同）的场合，就属于犯罪的场所（这称为**犯罪地**）在国内，就作为国内犯而成为处罚的对象（如此关于犯罪地的理解称为**遍在说**。关于遍在说，参见山口厚：《对于越境犯罪的刑法适用》，松尾古稀（上），409页以下）。若行为发生在国内，即便结果发生在国外也属于国内犯（大判明治44年［1911年］6月16日刑录17辑1202页）；同样，即便行为发生在国外，只要结果发生在国内仍属国内犯。再有，如果犯罪的共谋是在国内实施的话，由于共谋本身就是共同正犯的犯罪构成要件该当事实，所以即便犯罪行为本身发生在国外，仍然是国内犯（东京地判昭和56年［1981年］3月30日刑月13卷3号299页，仙台地气仙沼支判平成3年［1991年］7月25日判夕789号275页）。同样，在国外教唆、帮助了国内的正犯行为的场合（最决平成6年［1994年］12月9日刑集48卷8号576页），或是在国内教唆、帮助了国外的正犯行为的场合，都可能将共犯作为国内犯处罚。

此外，关于犯罪地的事实的认识错误，应该理解为阻却故意。仅有对属于国外犯的事实的认识的人，由于欠缺对于立法者作为处罚对象的事实的认识，无法肯定其作为国内犯的故意。可以说，这也是罪刑法定主义的要求所在（参见前引山口：《对于越境犯罪的刑法适用》，424页）。

二、国外犯

针对犯罪地不在国内的场合的**国外犯**，只要不存在肯定刑法适用的特别规定，则其不成为处罚的对象。现行法关于国外犯设置了如下规定：(1) 所有人的国外犯（刑法第2条），(2) 国民的国外犯（刑法第3条），(3) 国民以外的人的国外犯（刑法第3条之二），(4) 公务员的国外犯（刑法第4条），(5) 依据条约的国外犯（刑法第4条之二）。可以说，(1) 是立足于保护日本国利益的**保护主义**的见地，(2) 是立足于**积极的属人主义**的见地的。再者，可以说 (3) 是基于**保护主义**，(4) 则是基于积极的属人主义或者是**保护主义**，而 (5) 则是立足于**世界主义**的。

第十一章　刑罚论

一、刑罚的种类

针对犯罪所能科处的刑罚，其种类是由法律规定的（刑法第 9 条）。这就是，作为**主刑**的死刑、惩役、监禁、罚金、拘留及科料，作为**附加刑**（只有附加于主刑才能科处①）的没收。此外，关于各种主刑相互之间轻重的判断基准，亦由法律所规定（刑法第 10 条）。

刑罚的实质是对成为处罚对象的犯罪人的恶害（利益侵害性），若根据所侵害的利益对刑罚加以区分的话，可以认为现行日本刑法认可了生命刑（死刑）、自由刑（惩役、监禁、拘留）和财产刑（罚金、科料、没收）。鞭笞、砍手之类的身体刑未被刑法所认可。

（一）生命刑

属于**生命刑**的**死刑**，是剥夺犯罪人生命的终极的刑罚，判例认为，剥夺生命的死刑以及为此所使用的绞首的执行方法，都并不违反宪法（最大判昭和 23 年［1948 年］3 月 12 日刑集 2 卷 3 号 191 页，最大判

① 需要提请读者注意的是，日本的附加刑只能附加于主刑适用，这和中国的三种附加刑（罚金、剥夺政治权利和没收财产）既可以附加适用又可以独立适用不同。——译者注

昭和30年［1955年］4月6日刑集9卷4号663页）。

（二）自由刑

作为**自由刑**，刑法典规定了**惩役**、**监禁**和**拘留**三种。其中，拘留是未满30日的短期自由刑（刑法第16条），是作为适用于违反轻犯罪法的罪等轻微的犯罪的刑罚而规定的。

惩役和监禁，都包括**无期**和**有期**两种，其中规定有期的刑期是1个月以上20年以下（刑法第12条第1款、第13条第1款）。但是，有期惩役和有期监禁加重或者减轻的场合，最高可以到30年，最低则可以不满1个月（刑法第14条）。惩役和监禁都是在监狱（刑务所）拘禁，其差别在于，在受惩役的场合，犯人要被科处“从事规定的劳动”即在监狱劳动。对于自由刑来说，是否应该如此区分设置成包含劳动作为刑罚内容的惩役和不包含劳动的监禁，在立法论上是一个检讨的课题。①

此外，受惩役或监禁处罚的人在存在“悔改表现”时，如果是有期刑，服完刑期的三分之一，如果是无期刑经过10年以后，根据行政机关（地方更生保护委员会）的决定，可以实行**假释**（刑法第28条）。对受拘留处罚的人来说，也可以“根据情节”依据行政机关（地方更生保护委员会）的决定提前离开（假出场）。就扣留于劳役场的人来说亦是如此（刑法第30条）。

（三）财产刑

作为**财产刑**，除了属于附加刑的**没收**之外，刑法典还规定了**罚金**与**科料**两种。科料是1 000日元以上不满1万日元的轻微的财产刑（刑法第17条），和拘留一样，也是作为适用于违反轻犯罪法的罪等轻微的犯罪的刑罚而规定的。罚金则是1万元以上，上限则规定在具体的罚则之中。此外，在减轻的场合罚金也可以减到1万日元以下（刑法第15条）。

---

① 一种十分有力的主张认为，将自由刑分为要求劳动的惩役和单纯的拘禁（监禁），是国家用伦理的判断来区分犯罪，有失妥当，应该用所谓“拘禁刑”“自由刑”之类的名称使之一体化（自由刑单一化论）。单纯从语脉上来看，山口教授似乎也持自由刑单一化论的立场。——译者注

在不能缴清罚金或科料的场合，则被扣留于劳役场（**劳役场留置**）。在宣告罚金或者科料时，应同时规定并宣告不能缴清罚金或科料时扣留于劳役场的期间（刑法第 18 条）。

在宣告主刑的场合，可以作为附加刑宣告**没收**（刑法第 19 条，此外参见第 20 条）。没收是将对象物归属于国库的处分，具有财产刑的性质。成为没收对象的，（1）像行使伪造的货币罪中所伪造的货币等，构成犯罪行为之物（**构成犯罪的物品**），（2）像为杀人所使用的属于凶器的道具等，供犯罪行为所使用或将要供犯罪行为使用之物（**供犯罪所用的物品**），（3）伪造货币罪中所伪造的货币等因犯罪行为所产生的物品（**犯罪生成物品**），因赌博而获得的金钱等因犯罪行为而获得的物品（**犯罪取得物品**），或者是作为犯罪行为的报酬所得的物品（**犯罪报酬物品**），（4）作为犯罪生成物品、犯罪取得物品或者是犯罪报酬物品的对价所获得之物（**对价物品**）。没收只限于没收不属于犯罪人（包括共犯）以外的人所有之物。但是，在犯罪后知情人取得该物时，尽管属于犯罪人以外的人所有，仍可以没收（刑法第 19 条第 2 款）。再有，若是犯罪生成物品、犯罪取得物品、犯罪报酬物品或者是对价物品的全部或者是部分无法没收时，为了不给犯罪人留下不法的利益，可以**追征**相同价额的金钱（刑法第 19 条之 2）。以上刑法第 19 条以及第 19 条之 2 中所规定的没收、追征是任意处分，是由法官来裁量确定的；除此之外，在刑法的其他规定（比如说，关于所收受的贿赂的刑法第 197 条之 5[①]）或者是法令（比如说，有关有组织的犯罪的处罚以及犯罪利益的规制等的法律）中，还存在着强制性的没收、追征等重要的规定。

（四）缓刑

对于（1）以前未被判处监禁以上刑罚者，或者（2）以前虽被判处过监禁以上的刑罚，但从执行完毕或者获得免除执行之日起，在 5 年之内未再被判处监禁以上刑罚者，在对其宣告 3 年以下惩役、监禁或者 50 万元以下的罚金时，“根据情节”，可以在判决确定之日起，在 1 年

---

① 刑法第 197 条之 5 规定，犯罪人或者知情的第三人所收受的贿赂，应当没收。贿赂的全部或者一部分无法没收时，追征其价款。——译者注

以上5年以下的期间内**暂缓其全部的刑罚执行**（刑法第25条第1款）。此外，以前虽被判处过监禁以上的刑罚但经缓刑的人，在被判处1年以下的惩役或者监禁的场合，“具有应当特别斟酌的情节时”，同样也可以暂缓其全部的刑罚执行。但是，已交付保护观察的人在此期间内又犯罪的，则不能适用缓刑（刑法第25条第2款）。对于依据刑法第25条第1款宣告缓刑的人，在缓刑期间内可以交付保护观察；而对于依据刑法第25条第2款宣告缓刑的人，在缓刑期间内，则应当交付**保护观察**（刑法第25条之2）。

全部刑罚的缓刑宣告未被撤销并经过缓刑期间时，刑罚的宣告即丧失效力（刑法第27条）。

另外，针对具有此前未曾被判处监禁以上刑罚等情形的人，宣告3年以下惩役或是监禁的场合，“考虑到犯罪情节轻重、犯人境遇以及其他情况，有防止再犯之必要，并且，在认定相当的场合”，可定1年以上5年以下的期间，**暂缓其部分刑罚的执行**（刑法第27条之2第1款）。该场合下，对于未予暂缓执行部分的刑期应予执行，并从该部分的期间执行终了之日或是免除执行之日起，开始起算缓刑期间（同条第2款）。

二、刑罚的适用

（一）法定刑、处断刑与宣告刑

量刑的过程是，先根据罚则中所规定的刑罚（这称为**法定刑**），通过结合相应案件中所适用的刑罚的加重、减轻规定确定能够科处的刑罚（这称为**处断刑**），再考虑具体的情节，在处断刑的范围之内宣判一定量的刑罚（这称为**宣告刑**）。也就是，对于法定刑施以加重、减轻形成处断刑，再在此范围之内宣判宣告刑。

在由法定刑形成处断刑时，按照（1）再犯加重，（2）法律上的减轻，（3）并合罪的加重，（4）酌定减轻这样的先后顺序进行加重与减轻（刑法第72条）。就加重来说另外地存在着对应于加重事由的规定，而针对减轻（法定的减轻以及酌定的减轻）的方法也设置了具体规定（参见刑法第 68 条以下。比如说，在有期惩役、有期监禁减轻时，将其最高刑期与最低刑期减去二分之一；在罚金减轻时，将其最高数额与最低数额减去二分之一）。

（二）再犯加重

被判处惩役的人，自执行完毕或者免除执行之日起，5 年之内又犯应当判处有期惩役之罪的，是**再犯**（刑法第 56 条第 1 款），再犯的刑罚，是对其犯罪所规定的惩役的最高刑期的 2 倍以下（再犯加重，刑法第 57 条）。

此外，因犯与应当判处惩役的罪性质相同之罪而被判处死刑的人，自免除执行之日起，或者因减刑而减轻至惩役，则自执行完毕或者免除执行之日起，5 年之内又犯应当判处有期惩役之罪的，亦属再犯（刑法第 56 条第 2 款）。再有，已按照并合罪受到处罚的人，其并合罪中有应当判处惩役的罪，但因为该罪不是最重的罪而没有被判处惩役时，就适用关于再犯的规定而言，视为被判处过惩役（刑法第 56 条第 3 款）。

三、刑罚的执行

经确定的裁判所宣告的刑罚之执行，按照检察官的指挥进行（刑诉法第 472 条）。执行的手续由刑事诉讼法规定，此外也要根据关于刑事设施以及受刑人处遇的法律等行刑法规的规定，来执行刑罚。

第2版 译者后记

2004年9月，经导师陈兴良教授积极推荐，并经成蹊大学金光旭教授和日本著名出版社成文堂的编辑部长本乡三好先生的悉心协调，我获得了由西原春夫先生所主持的安田和风亚洲青少年基金的资助，有幸得到去东京大学法学部访问研修两年的机会，接受著名刑法学家山口厚先生的指导。刚到日本时，我的日语仅止于断断续续学来的《标准日本语》初级的水平。记得9月初我接受山口老师和东大的另一位教授面试的时候（那也是我第一次见到山口先生），还闹出了一个小笑话。当时我生涩地背诵了事先准备好的一些自我介绍后，又用日语说“山口老师在中国的学者、特别是年轻学者中有很高的人气”，由于日语水平本身就不过关再加上紧张的缘故，我把“年轻的”（わかい）说成了“可爱的”（かわいい），虽然两者发音有点接近，但含义相去甚远。当我说出“山口先生在中国的学者、特别是‘可爱的’学者中有很高的人气”时，山口老师和另一位教授先是一怔，待我反应过来及时纠正时，他们才明白，并且会心地笑了。

在日本的那两年，我得到了山口先生很多实实在在的指导和帮助，也留下了很多美好的回忆。我上了他前后两个学期的《刑法总论》课程，前后三个学期参加了他的三期ゼミ（小型讨论课），并且也常去他的研究室请教一些问题。ゼミ之后和先生以及同学们一起去吃饭喝酒，上完他的课后和他一起从东大駒場校区坐电车回到本乡校园，在北海道和山口老师的各位弟子们一起吃鲜美的海鲜……这些都会长久地留在我的记忆之中。在我离开日本回国之前，山口老师还特意在本乡校园附近找了个小酒馆，我们两人喝了大概3个小时的酒，说了大概3个小时的话……那两年日本学习的经历，会成为我人生中一笔宝贵的财富，一抹绿，一丝甜，一个梦……

从日本回来之后，我有幸到人大法学院工作，并产生了翻译山口先生著作的想法，且获得了先生的认可。我先是和刘隽博士一起译完了先生的《从新判例看刑法》（有斐阁2008年第2版，中国人民大学出版社2009年版），接着又蒙先生信任，获得了翻译山口厚《刑法总论》和《刑法各论》的资格。记得2009年10月在人大召开的中日刑法学术研讨会之后，我和爱人一起请山口先生和金老师等在友谊宾馆的小酒吧喝酒。等我们都醉意朦胧时，我和先生之间有这样的一段对话："您在多大程度上信任我的翻译呢?""要说百分之百地信任那是假话，但我是百分之九十九地信任。""那我一定争取少出错误。""不，要争取不出错误!"我诚惶诚恐地翻译了这本《刑法总论》并且尽量争取不出错误（但这于我而言几乎是不可能的），就是为了对得住先生的信任。不管怎么说，现在是翻译完了，请先生多多包涵，并请各位日本刑法方面的前辈们多提意见吧。

为了尽量保证翻译的质量，我在译完全书之后，先是请日本中央大学刑法学博士李勇（中国人民大学法学院博士后研究人员）和我的学生、学日语出身的中国人民大学法律硕士研究生王晓敏对照原文进行了校对，他们都给出了很多很好的修改意见，特别是李勇兄，在此郑重向他（她）们致谢。我按照他们的意见进行修改后，将我仍有疑问或者和他们有分歧的地方标记出来，并且全文呈给了成蹊大学金光旭教授，请他作最终的审校。金老师在最短的时间内校对了全文，并且对我有疑问的地方进行了认真的修改和订正。经过金老师的修改，全文较之从前更为准确和顺畅，我也学到了不少翻译的技法。尽管金老师谦虚地表示不需要在封面上写出“译校金光旭”的名字，但我和《刑法各论》的译者昭武学兄都懂得，那是对我们的提携和厚爱，这让我们分外地温暖和感动。为了保证翻译的顺利进行，我将山口先生的《刑法各论》之翻译委托给了好友、苏州大学的王昭武学兄，他也极其负责地完成了任务。在翻译过程中，我也时常向他请教一些问题。如果这本《刑法总论》的翻译总体上是过关的，那有赖于金老师和前述诸位的帮助；如果译本中存在着这样那样的问题，那是我水平不足。

在本书即将出版之际，由衷地感谢我的两位恩师陈兴良先生和梁根林先生。两位老师现在都是中日刑法交流的积极推动者，也都对我翻译山口先生的著作给予了很大的鼓励。陈老师在给《从新判例看刑法》所写的译序中明确表示“但愿早日能见到山口厚教授的《刑法总论》和《刑法各论》在我国问世”，这次又欣然为这两本书的中译本分别作序，手写的序言入情入理，从而也直接增加了山口先生的《刑法总论》和《刑法各论》中文版的可读性；梁老师也曾多次向我认真询问翻译的进度，鼓励我坚持下去而不要计较一时的得失。真诚地谢谢两位老师。也要感谢我的同事和师长刘明祥教授、冯军教授和谢望原教授。他们都是外国刑法著作翻译方面的前辈，我也时常向他们汇报翻译的进度、请教应注意的问题，乃至宣泄翻译过程中的苦恼。他们给了我足够的肯定、鼓励和宽容。也要感谢中国人民大学法学院院长韩大元教授。尽管我并不是一个善于和愿意讨领导喜欢的人，但我还是得说，我愿意在韩老师的领导下努力工作，因为他是尊重法学院每一位师生的，是想做事的，是愿牺牲的。翻译过程中，许多亲友也都时常询问翻译进度，在此，也算是一并给你们一个交代了。

师兄邓子滨博士在译完《反思刑法》之后，曾坦言“再也不做翻译这种劳而少功的事了”。在合作译完山口先生的《从新判例看刑法》后又单独译完先生的《刑法总论》，我还有心力去翻译日本刑法方面的下一部著作吗？实话实说，在想尽办法保证这本译作本身尽量过关的前提之下，我真的理解了邓师兄的心声。从 2011 年开始，大概需要十年的时间，我要老老实实地完成近代日本刑法史的梳理工作（这是我承担的教育部的青年项目和中国人民大学的“明德青年学者”项目），还要力争写出自己的体系化的教科书。无论哪项工作，都要耗费极大的心血，非勤奋刻苦且持之以恒则无法完成。所以，再系统翻译恐怕要到十年之后（届时还有心力的话）了吧，但至少，翻译山口厚先生这本《刑法总论》，我确实获益良多，并且无怨无悔。

付立庆

2011 年 7 月 12 日　改定于明德楼研究室

第3版　译者后记

我翻译的山口厚先生《刑法总论》(第2版)于2011年在人大出版社出版，至今已经超过了6年。在2014年左右，书店和网络销售渠道就已经断货，时常听到“哪里可以购买山口《总论》中文版”的询问。这让我既感动于学界同仁与学生诸君对日本刑法理论的持续关注，也为山口老师的著作翻译到中国仍不乏读者而高兴。在中文版第2版译者后记的最后，我曾发过些类似于“译事艰辛”之类的感慨，但在该书于2016年出了日文第3版之后，我还是无怨无悔地承担了这个并不轻松的第3版翻译，这是我的责任和宿命，同时，能让中国的读者们尽快读到山口老师的最新成果，也是我的荣幸。

第3版相对于第2版的改动不算小。除了针对性地增加了对于最新判例和学说的评判研析之外，对自身学说也有进一步的扩充深化，这些都在著者本人的“第3版前言”中交代过了。特别是，著者在坚持了结果无价值论基本立场的同时，也在很多场合对最高裁判例的不同立场表示了理解，从而使得书中的结论更可能为司法实务所接受。不是单纯满足于体系严整和逻辑连贯，而是同时考虑实务中的既有做法和司法实践对理论主张的接受程度，这是我在翻译过程中的切身体会，这一点也能保证这本体系书产生更大的影响力。我在第3版的翻译过程中借助了山口老师提供的电子版，这样可以清晰地看出从日文第2版到第3版的改动之处，在构成要件的类型与含义、因果关系、不作为、正当防卫中侵害的紧迫性、质的过当与量的过当、假定的同意、过失犯的构造、过失犯的构成要件该当性、过失的要件、管理过失、同时存在原则、原因自由行为、共犯因果关系的内容、共犯从属性、共同正犯的范围、共犯与身份、承继的共犯、共犯着手后的脱离、过失与共犯等很多场合，都是整段整段的增删修改，部分地方甚至反复修改多达四五次，时间跨度很长。每每阅读和翻译到这样的地方，我总会感到激动和鼓舞，在头脑中想象着山口老师在六十岁之后为了教科书的完善而在电脑前孜孜不倦、精耕细作的样子。

第2版中文版的翻译虽得到了不少国内同仁的肯定，但也发现了一些文字上甚至翻译本身的小的问题，这些都尽可能地在第3版中文版中作了完善。中文版第3版的翻译，也得到了很多人的帮助。恩师陈兴良先生再次为中文版第3版赐序，直接增加了全书的可读性。王昭武兄对日本刑法著作和文章的翻译有情有力，这次更是直接帮我完善了不少我有疑问的地方，获益良多。我的学生简爱、毕凯丽、刘俊杰、李至也在翻译过程中帮我做了很多具体工作。我还曾向陈家林、王充、钱叶六等好友请教一些具体翻译细节。第3版翻译，得到了中国人民大学出版社编辑的帮助。在此一并向他（她）们表示感谢。当然，最终落实到文字上的所有责任，都应由我承担。

山口厚先生于2014年4月从东京大学退职转到早稻田大学任教，2017年1月被任命为最高裁判所判事，成为继团藤重光之后又一位刑法学者出身的最高裁大法官。此后，他在书籍出版、论文写作等方面就不自由了，此时翻译出版他的《刑法总论》的第3版，就显得尤其难得了。我曾在2015年9月陪山口先生到吉林大学和华东政法大学演讲，并和他一起品尝了鲜美的烤全羊，游览了美丽的乌镇；在2016年陪山口先生到中国人民大学和苏州大学演讲，又一起重游了颐和园，畅饮了茅台酒。这些都已成为宝贵的回忆。我当在努力做好在人民大学的本职工作的同时，为中日刑法学术交流贡献自己的更多心力。同时，我期待着几年之内也能高质量地完成自己的教科书。因此，山口厚《刑法总论》第3版的翻译出版，于我来说也是一种鞭策。

付立庆

2017年11月

图书在版编目（CIP）数据

刑法总论/（日）山口厚著；付立庆译．—3 版．—北京：中国人民大学出版社，2018.1

（当代世界学术名著）

ISBN 978-7-300-25375-6

Ⅰ.①刑… Ⅱ.①山… ②付… Ⅲ.①刑法-研究-日本 Ⅳ.①D931.34

中国版本图书馆 CIP 数据核字（2018）第 000571 号

当代世界学术名著

刑法总论（第 3 版）

［日］山口厚　著

付立庆　译

Xingfa Zonglun

出版发行	中国人民大学出版社		
社　　址	北京中关村大街 31 号	**邮政编码**	100080
电　　话	010－62511242（总编室）		010－62511770（质管部）
	010－82501766（邮购部）		010－62514148（门市部）
	010－62515195（发行公司）		010－62515275（盗版举报）
网　　址	http://www.crup.com.cn		
	http://www.ttrnet.com（人大教研网）		
经　　销	新华书店		
印　　刷	德富泰（唐山）印务有限公司		
规　　格	155 mm×235 mm　16 开本	**版　　次**	2018 年 1 月第 1 版
印　　张	29.25 插页 3	**印　　次**	2022 年 5 月第 4 次印刷
字　　数	413 000	**定　　价**	99.00 元